Eberhard Beckherrn / Alexej Dubatow

DIE KÖNIGSBERG-PAPIERE

Eberhard Beckherrn
Alexej Dubatow

DIE KÖNIGSBERG PAPIERE

Schicksal einer deutschen Stadt

NEUE DOKUMENTE AUS RUSSISCHEN ARCHIVEN

Mit 32 Fotos und 6 Dokumenten

Langen Müller

Das Foto auf dem Schutzumschlag zeigt die Ruine des Königsberger Schlosses im Jahre 1947. Sie wurde gegen den Protest von Architekten und Intellektuellen 1969 abgerissen.
(Foto: Russisches Staatsarchiv)

Umschlaggestaltung: Wolfgang Heinzel
Satz: Filmsatz Schröter GmbH, München
Gesetzt aus: 10/11.5 Times auf Linotronic 300
Reproduktionen: Graphisches Atelier
Richard Krah GmbH, Geisenbrunn
Druck: Jos. C. Huber KG, Dießen
Bindung: Großbuchbinderei Monheim
Printed in Germany
ISBN 3-7844-2479-1

Inhalt

Vorwort

Dieses Buch wäre vor wenigen Jahren noch undenkbar gewesen. Es berichtet über das Schicksal von mindestens 137000 deutschen Zivilisten, die in der Stadt Königsberg und im nördlichen Ostpreußen bei Kriegsende den sowjetischen Truppen in die Hände gefallen waren. Über ihr Leben, ihr Hungern, ihre Leiden und ihr Sterben bis zur Deportation in den Jahren 1947 und 1948 lag zwar eine Reihe von Augenzeugenberichten vor. Aber sie mußten sich auf den engen persönlichen Blickwinkel beschränken. Nun ist es möglich, dieses Geschehen durch die Papiere der sowjetischen Verwaltung und des Geheimdienstes zu ergänzen.

Dokumente aus Moskauer Archiven und dem Staatlichen Archiv des Kaliningrader Gebietes lassen erkennen, welche Absichten die Sowjets mit »ihren« Deutschen hatten und wie sie mit ihnen umgingen. Sie zeigen die Macht des sowjetischen Geheimdienstes, der die Aussiedlung der Deutschen vorbereitete, während die Verwaltung des Gebietes gerade Schulen für die deutschen Kinder eingerichtet hatte und Planungen für die Zukunft der Deutschen Klubs anstellte. Die Papiere zeigen die präzise Routine, mit der der sowjetische Geheimdienst arbeitete, der reiche Erfahrungen aus früheren Deportationen ganzer Völkerschaften hatte.

Nach den geheimen Vorbereitungen durch den Sicherheitsdienst, der als Nachfolger des NKWD die russische Abkürzung MWD trug, beschloß die sowjetische Regierung unter Stalin am 11. Oktober 1947 die Aussiedlung aller Deutschen. Die Ausführung leitete der Innenminister, Generaloberst Sergej Kruglow. Alle Dokumente, die zwischen der MWD-Filiale in Kaliningrad, dem Innenministerium in Moskau und Stalin, Molotow und Berija hin und her gingen, trugen den Vermerk »Streng geheim« oder mindestens »Geheim«. Diese Akten enthüllen, daß das MWD und die sowjetische Führung genauestens über die Auszehrung der Deutschen, die Seuchen, den langsamen Hungertod und die Fälle von Kannibalismus unterrichtet waren und nichts dagegen unternahmen.

Die Dokumente sagen aber auch, daß eine weit größere Zahl von Deutschen dem Inferno von Königsberg entronnen war als bisher angenommen. Danach waren es nicht 25000, wie im Westen geschätzt, sondern über 100000.

Dieses Buch soll noch etwas anderes zeigen. Die Sieger glaubten an die Endgültigkeit der Ergebnisse des Zweiten Weltkrieges, die Verlierer daran, daß das Verlorene unwiederbringlich war. Aber Geschichte endet nicht an einem Tag und beginnt nicht an einem Tag neu. So ist auch für Königsberg der Tag der Kapitulation durch den deutschen Festungskommandanten General Lasch am 9. April 1945 nicht mehr die absolute Stunde Null, sondern nur eine tiefe Zäsur. Das in Kaliningrad umbenannte Königsberg sucht wieder die Anknüpfung an seine Geschichte, möchte die mit dem Namen des kommunistischen Funktionärs Michail Kalinin verbundene Last abschütteln. Ein Teil der Deutschen aus Rußland, Kasachstan und anderen Nachfolgestaaten der Sowjetunion glaubt, hier ein Gebiet zu finden, in dem endlich ein Leben in Sicherheit und nach deutscher Tradition möglich ist. Die Enkel der nach dem Krieg hierher gekommenen russischen Neusiedler – besonders die jungen Intellektuellen unter ihnen – denken weniger an Rußland als an Europa. Aber die Situation ist schwierig und birgt ständig die Gefahr in sich, daß hier ein neuer Krisenherd entsteht.
Und schließlich noch ein Wort in eigener Sache. Vor wenigen Jahren wäre es auch unvorstellbar gewesen, daß ein deutscher und ein russischer Journalist, selbst wenn sie sich seit vielen Jahren kennen, gemeinsam ein solches Thema aufgreifen.

Februar 1994 *Eberhard Beckherrn/Alexej Dubatow*

Befehl ausgeführt

Am 18. November 1948 meldete Generalmajor Djomin, der Leiter der Verwaltung des sowjetischen Innenministeriums für das Gebiet Kaliningrad, nach Moskau, daß die Aussiedlung der gesamten deutschen Bevölkerung aus dem früheren Nordostpreußen abgeschlossen sei. Dieses Gebiet mit der Hauptstadt Königsberg, die seit über zwei Jahren Kaliningrad hieß, gehörte nun zur Sowjetunion. 102125 Deutsche waren in drei Schüben in die Sowjetische Besatzungszone Deutschlands abtransportiert worden.
In dem mit den Worten »Streng geheim« überschriebenen Bericht teilte Djomin dem sowjetischen Innenminister, dem Generaloberst und Genossen Kruglow, mit: »Hiermit melde ich die Erfüllung Ihrer Befehle Nr. 001067 von 1947 und 00205 von 1948 über die Aussiedlung der deutschen Bevölkerung aus dem Gebiet Kaliningrad in die Sowjetische Besatzungszone Deutschlands.« Das Innenministerium mit der Abkürzung MWD hatte seit 1946 wesentliche Aufgaben der bisherigen Geheimpolizei NKWD, des früheren Volkskommissariats für Innere Angelegenheiten, übernommen.
Minister Kruglow war sehr zufrieden. Er schrieb links oben auf die erste Seite des Berichts aus Kaliningrad: »Bitte einen ausführlichen Bericht an die Regierung mit Vorschlägen für die Auszeichnung unserer Mitarbeiter vorbereiten.«
Unter dem aus Kaliningrad eingegangenen Abschlußbericht findet sich ein handschriftlicher Vermerk: »Brief an die Genossen Stalin, Molotow, Berija wurde abgeschickt.« Die Ausweisung aller Deutschen aus dem Gebiet hatte die oberste sowjetische Führung angeordnet. Auch Innenminister Kruglow handelte nur auf Anweisung.
Generalmajor Djomin schlug 19 Auszeichnungen vor. An der Spitze der Liste stand der Oberstleutnant der Miliz A. M. Baranowski, der stellvertretende Leiter der Gebietsmiliz bei der Verwaltung des Ministeriums für Innere Angelegenheiten. Diese umständliche Bezeichnung der Verwaltung war der Name der Kaliningrader MWD-Filiale. Baranowski wurde für die Ehrennadel »Verdienter Mitarbeiter des Innenministeriums« vorgeschlagen. Er hatte die Aussiedlung der Deutschen vor Ort geleitet. Generalmajor Djomin begründete den Antrag damit, daß Baranowski als zuständiger Leiter für die Zusammenstellung und Abfertigung der Züge den

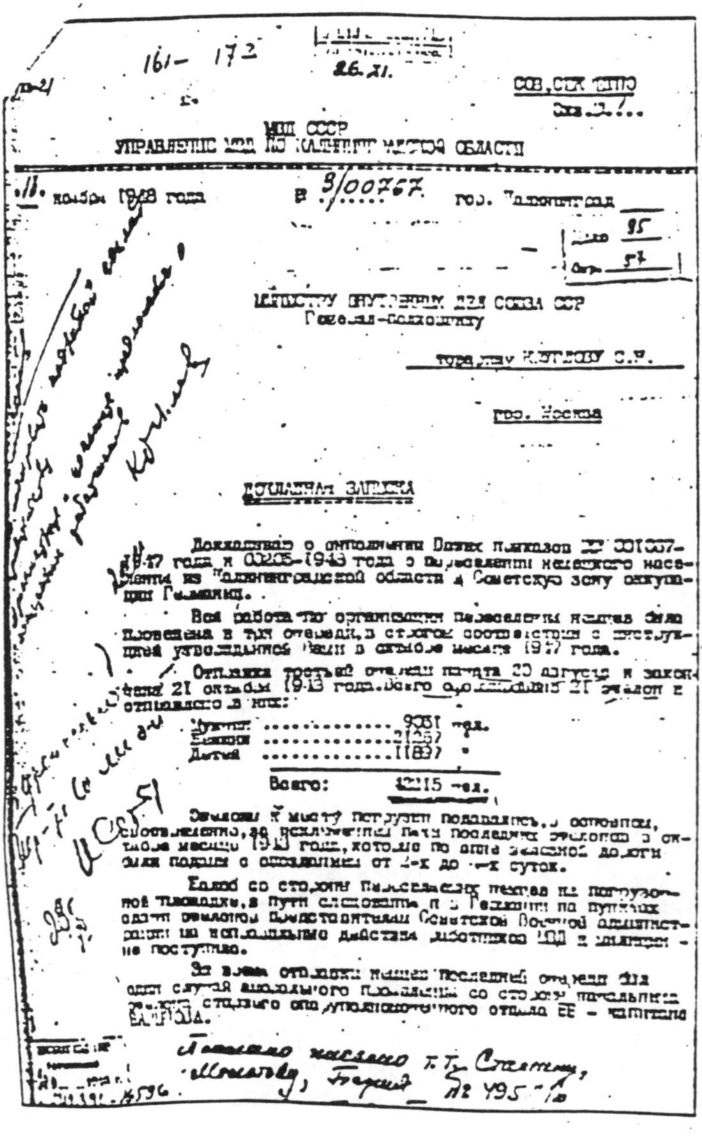

Am 18. November 1948 meldete Generalmajor Djomin Innenminister Kruglow den Abschluß der Umsiedlung von 102125 Deutschen aus Königsberg. »Brief an die Genossen Stalin, Molotow, Berija weitergeleitet«, notierte Kruglow am unteren Rand. Ein Indiz, daß der Befehl von ganz oben kam. Der Aktion wurde höchste Bedeutung beigemessen: »Bitte einen Bericht ... über die Auszeichnung unserer Mitarbeiter vorbereiten«, notierte Kruglow links oben.

Abtransport der Deutschen in allen drei Schüben organisatorisch richtig und mit Eigeninitiative gesichert habe. »Arbeitete viel, angespannt und äußerst gewissenhaft«, hieß es.

Für die Ehrennadel wurde auch Major I.G. Jurkin, der Leiter der selbständigen Grenzkontrolle des Innenministeriums im Kaliningrader Hafen vorgeschlagen. Die Hafenkontrollstelle war für die letzte Überprüfung der Ausgesiedelten zuständig, obwohl die Abfertigung auf dem Güterbahnhof erfolgte. Jurkin habe eine ausnehmend gewissenhafte und aktive Arbeit bei der Kontrolle von Zügen und bei der Verhinderung der Ausreise von Personen geleistet, die versuchten, die Grenze illegal zu passieren. Er war dafür verantwortlich, daß Polen und Russen, aber auch aus Kriegsgefangenenlagern und Arbeitslagern geflüchtete Deutsche sich nicht unter die Aussiedler mischen konnten.

Drei MWD-Offiziere sollten zum Dank Uhren erhalten. Hätten die Deutschen das gehört, hätten sie schallend gelacht. Zehntausende Uhren hatten ihnen sowjetische Soldaten und NKWD-Angehörige in den ersten Tagen nach dem sowjetischen Einmarsch mit dem Ruf »Uri, Uri« gestohlen. Uhren waren auch für die MWD-Kommandanten aus dem Küstenbezirk im Samland und aus Slawsk, wie nun die Stadt Heinrichswalde in der Elchniederung hieß, vorgesehen. Sie hatten die Deutschen aus ihren Bezirken nach Kaliningrad zur Bahnverladung zuführen müssen. Acht Mitarbeiter, darunter der Dolmetscher der Grenzkontrollstelle im Kaliningrader Hafen, Leutnant M. S. Frojerman, eine Stenotypistin und eine Telefonistin wurden mit einem Dank und einem Monatsgehalt ausgezeichnet. Fünf MWD-Mitarbeiter wurden für eine Dankesäußerung vorgeschlagen, darunter der Obersergeant W. P. Prokopenko, Gefängniswärter in der Anstalt Nr. 1. Er hatte die in der Stadt inhaftierten Deutschen abzuschieben, soweit sie nicht lange Strafen in Arbeitslagern erhalten hatten. Ihm sollte gedankt werden »für ausnehmend gewissenhafte Ausführung der Aufträge der Führung des Innenministeriums in dem ihm anvertauten jeweiligen Arbeitsbereich in Erfüllung der Befehle des Ministers über die Umsiedlung der Deutschen«.

Die Kreml-Führung mit Stalin, Molotow und Berija und die sowjetischen MWD-Generäle werden damals geglaubt haben, daß mit der Ausweisung das Problem der Deutschen in der Stadt Kaliningrad und dem umliegenden Gebiet für alle Zeiten erledigt war. Fast ein halbes Jahrhundert später erwies sich das als Irrtum.

Die Kapitulation

Am 9. April 1945 entschloß sich der Königsberger Festungskommandant, General der Infanterie Otto Lasch, nach Rücksprache mit seinen Stabsoffizieren und den erreichbaren Kommandeuren seiner längst nicht mehr existierenden Divisionen zur Kapitulation. Der General und sein Stab saßen eingeschlossen in einem Bunker unter dem Paradeplatz im historischen Herzen der ostpreußischen Hauptstadt. Unweit davon lagen das Schloß und der Dom. Die Erde erzitterte seit drei Tagen pausenlos von den Einschlägen der sowjetischen Artillerie und den Bomben der Schlachtflieger. Der Bunker hielt stand, begann aber mit Wasser vollzulaufen.

Lasch, seine Divisionskommandeure und Stabsoffiziere wußten, was die Kapitulation bedeutete. Sie handelten gegen den Befehl Hitlers, der grundsätzlich seine Truppen bis zum letzten Mann in den Tod treiben wollte, auch wenn sie keinen Schuß Munition mehr hatten. Wer mit dem Feind verhandelte, wer eine Kapitulation unterzeichnete, den bedrohte Hitler mit dem Tod durch Erhängen.

Nach draußen existierte aus dem Bunker noch eine Funkverbindung. Lasch informierte das Oberkommando des Heeres davon, daß der Kampf um Königsberg beendet sei. Die Munition sei verschossen. Die Verpflegungslager seien ausgebrannt. Das Wort »Kapitulation« kam in dem Funkspruch nicht vor.

Es war gar nicht so einfach zu kapitulieren. Lasch gelang es nicht, mit den Sowjets – oder wie damals alle Welt sagte, mit den Russen – Kontakt aufzunehmen, obwohl sie die Festung wiederholt zur Kapitulation aufgefordert hatten. Zu diesem Zeitpunkt glaubte der General noch an eine halbwegs zusammenhängende Front um den nördlichen Kern der Innenstadt, der alles in allem vielleicht zwei Quadratkilometer umfaßte. Im Süden standen die Russen höchstens 500 Meter vor dem Bunker. Nach Nordwesten wurde in 700 Metern Entfernung noch die Trommelplatz-Kaserne gehalten. In Wirklichkeit existierte auch diese Front nicht mehr. Die letzten Verteidiger konzentrierten sich auf ein paar Ruinenblöcke um den Paradeplatz, auf das nahegelegene Schloß, auf vier Bastionen der aus dem vorigen Jahrhundert stammenden Festung und eben auf die Trommelplatz-Kaserne.

Am 9. April meldeten die Divisionskommandeure Oberst Völker und Generalleutnant Haehnle sowie Generalleutnant Mikosch, der Kommandeur einer Kampfgruppe, daß sie den Widerstand nicht mehr aufrechterhalten könnten.

General Otto Lasch wurde nach der Kapitulation und seiner Gefangennahme im Hauptquartier der 3. Weißrussischen Front durch Oberstleutnant Iwanow vernommen, den Leiter der Untersuchungsabteilung bei der Aufklärung der Roten Armee. Übersetzer war Leutnant Lewinski. Lasch berichtete dabei, Generalleutnant Mikosch und Oberst Völker hätten am 9. April noch einmal mit ihm die Lage besprochen. Sie seien der Meinung gewesen, daß jedes weitere Blutvergießen völlig sinnlos sei. Lasch sagte bei seiner Vernehmung: »Danach beschloß ich, in Verhandlungen mit den Russen über die Kapitulation der Reste unserer Streitkräfte einzutreten und schickte zwei Parlamentäre zu den Russen, Oberst Völker und Oberstleutnant Kerwien.« Völker war Kommandeur der 69. Infanteriedivision, Kerwien Kommandant des Stützpunktes Trommelplatz-Kaserne. »Sie gingen mit einer weißen Fahne los und baten darum, daß Offiziere zu Verhandlungen zu uns kommen sollten. Die Parlamentäre kehrten lange nicht zurück.«

Lasch versuchte dann, mit den Russen über Funk in Kontakt zu kommen. Aber er gelang nicht, eine Verbindung herzustellen.

»Am späten Abend kehrte der Parlamentär Oberstleutnant Kerwien zu meinem Befehlsstand zurück«, berichtete Lasch weiter. »Mit ihm kamen ein russischer Oberstleutnant und zwei Hauptleute. Die russischen Parlamentäre händigten mir ein Ultimatum von Marschall Wassilewski über die Kapitulation aus. Das Ultimatum wurde vorgelesen, ich nahm es an und verfaßte einen Befehl an die Truppen der Garnison mit der Aufforderung, den Kampf einzustellen und zu kapitulieren. Das Feuer wurde jedoch nicht sofort eingestellt. Zu etlichen Einheiten gab es keine Verbindung. Sie erhielten meinen Befehl nicht und leisteten den Russen weiterhin Widerstand. Nach einiger Zeit wurde auch ihr Widerstand gebrochen. Die russischen Parlamentäre fuhren mit uns ab. Das war schon am 10. April um 02.00 Uhr. Ich wurde zum Gefechtsstand von General Zaganow gebracht. Später sprach Marschall Wassilewski mit mir.« (Anhang in einer 1991 in Moskau erschienenen Ausgabe von Laschs Buch »So fiel Königsberg«. Der hier benutzte Text ist eine Rückübersetzung aus dem Russischen.)

In seinen nach der Rückkehr aus der sowjetischen Gefangenschaft

verfaßten Erinnerungen schrieb Lasch: »Nach Eintreffen beim Oberkommando der russischen Front begann dann der Leidensweg in den endlosen, meist nächtlichen Vernehmungen und den bekannten Androhungen von Hunger und sonstigen Repressalien, wenn wir nicht genehme Aussagen machten.«
Lasch diktierte in seinem Bunker noch einen Befehl, der bereits das Datum 10. April trug. Er wurde von ihm und seinem Generalstabschef, Oberst v. Süßkind-Schwendi, unterzeichnet. Darin ordnete Lasch an, wie die Soldaten sich verhalten und in die Gefangenschaft abmarschieren sollten. Angesichts der chaotischen Zustände in der Stadt fehlte ihm allerdings der Bezug zur Wirklichkeit. Der Befehl war in zehn Punkte gegliedert, von denen der erste hieß: »Die Offiziere behalten ihre Seitenwaffen (aber nur blanke Waffe).« Auch die nächsten Punkte beschäftigten sich mit den Offizieren und ihrem Gepäck. Jeder Offizier könne eine persönliche Ordonanz mitnehmen. »Die Offiziere führen ihr Gepäck mit sich (soweit es persönlich oder durch die Ordonanzen getragen werden kann).« Erst danach beschäftigte sich der General damit, wie die Soldaten sich in Kompanien oder Zügen unter Führung eines verantwortlichen Offiziers oder Unteroffiziers zu sammeln, bis zum Erreichen der russischen Linie eine weiße Fahne zu tragen und beim Zusammentreffen mit russischen Truppen Waffen und Munition niederzulegen hätten.
Dieser Befehl hängt heute in dem zum Museum umgebauten Bunker. Im letzten Raum am Ende eines schmalen Ganges ist Laschs Arbeitszimmer rekonstruiert – ein Tisch, zwei Telefone, die Schreibmaschine, auf der der letzte Befehl geschrieben worden sein soll, ein paar schwere Stühle. Das Museum ist kaum zu finden. Auf dem einstigen Paradeplatz stehen Wohnhäuser in der üblichen Plattenbauweise. Zum Glück verdecken sie schon große Bäume. Hinweisschilder auf den Eingang zum Bunker gibt es nicht.
General Lasch hatte wohl selbst nicht daran geglaubt, daß die Sowjets die in Flugblättern und durch Lautsprecher über die Front hinweg gemachten Zusicherungen einhalten würden. Diese Zusicherungen betrafen den Erhalt des Lebens, ausreichende Verpflegung und würdige Behandlung in der Gefangenschaft, Sorge für Verwundete und Zivilisten sowie Rückkehr nach dem Krieg in die Heimat oder in ein Land der Wahl. »Daß keine dieser Zusicherungen später von russischer Seite eingehalten werden würde, konnte ich damals freilich nicht ahnen«, schrieb Lasch in seinen Memoiren.

Jeder einfache deutsche Soldat wußte, ahnte und befürchtete das allerdings.

Die Nachricht von der Kapitulation konnte in der Stadt nur wenigen bekanntgemacht werden. Für die meisten war sie ohnehin ohne Bedeutung. Sie befanden sich längst in sowjetischer Hand.

Das Königsberger Fernmeldeamt lag zwischen der Poststraße, die an den Paradeplatz mit dem Gefechtsstand General Laschs anschloß, und dem Schloß, von dem es der Gesekusplatz trennte. Johannes Schmidt, ein Bediensteter des Fernmeldeamts berichtete: »Am späten Nachmittag gegen 16 Uhr überbrachte uns ein deutscher Offizier die Nachricht, daß Königsberg nunmehr kapituliert habe. Darauf wurde auf unserem Gebäude die weiße Flagge gehißt. Nach Hissung der weißen Flagge dauerte es auch nicht lange, bis die ersten sowjetischen Soldaten unsere Kellerräume betraten. Als erster Soldat erschien ein junger sowjetischer Offizier, der ein fast ungebrochenes Deutsch sprach. (...) Nun wurden wir aufgefordert, unser Hand- und Rückengepäck aufzunehmen und uns abmarschbereit zu halten. Aber als die ersten von uns die Kellerräume in Richtung Gesekusplatz verließen, wurde plötzlich auf uns aus dem Schloß geschossen, wo sich noch einige Widerstandsnester befanden. Es gab mehrere Verwundete. Wir wurden darauf vorläufig in den Kellerräumen des Fernsprechamts festgesetzt. Draußen erhob sich erneut ein Feuerlärm mit Artillerieeinsatz, bis auch die Schloßbesatzung überwältigt war. Dann wurden wir wieder aufgefordert, die Kellerräume zu verlassen. Es war inzwischen vollständig dunkel geworden.« (Ostpreußenblatt, 8. 4. 1961.)

Um dieses Schloß hatte es in der Bevölkerung wilde Gerüchte gegeben. Angeblich wollte der Gauleiter Erich Koch, der selbst rechtzeitig aus der Stadt geflüchtet war, seine Getreuen hier das letzte Gefecht führen lassen. Tatsächlich gab es keine Vorbereitungen, das Schloß zu einer Bastion auszubauen. Hierhin hatten sich aber etwa 100 SS- und Polizeiangehörige zurückgezogen, die den Befehl zur Kapitulation nicht befolgten, die weiterkämpften und auch deutsche Zivilisten wie die aus dem Fernmeldeamt, die die weiße Flagge gehißt hatten, beschossen.

Das Schloß hatte im preußischen Staat eine große historische Vergangenheit. Ein Vorläufer wurde 1255 als hölzerne Burg errichtet. Bald darauf wurde mit dem Bau aus Stein begonnen, der in den folgenden Jahrhunderten viele Um- und Zubauten erfuhr. Hier wohnte der Hochmeister des Deutschen Ordens, nachdem die

Marienburg an Polen verlorengegangen war. In der Schloßkirche wurden mehrere preußische Könige gekrönt, im Schloß hatten sie ihre königlichen Gemächer, auch wenn sie in Potsdam oder in Berlin residierten.
Der SS-Oberführer Böhme, der Befehlshaber des SD in Ostpreußen (also des politischen Sicherheitsdienstes), erklärte General Lasch für abgesetzt, als er von der Kapitulation erfuhr. Er ernannte den Generalmajor der Ordnungspolizei Schuberth zum neuen Kommandanten der nicht mehr existierenden Festung Königsberg. Schuberth wich aus und sagte, er halte sich nicht für geeignet. Er schlug einen Polizeimajor vor, der auch annahm. Die SS- und Polizeiangehörigen, die wußten, daß sie von den Sowjets nichts zu erwarten hatten, versuchten in kleinen Gruppen den Ausbruch aus dem Schloß in Richtung Westen, um sich zur Hafenstadt Pillau durchzuschlagen. Dort hielt sich noch ein mit Menschen und Material überfüllter Brückenkopf, von dem die Marine Flüchtlinge, Soldaten und Verwundete über See abtransportierte. Weder Böhme noch der neue Festungskommandant kamen durch. Der Polizeigeneralmajor Schuberth hat sich wahrscheinlich selbst erschossen.
Von der Kapitulation erfuhr das Oberkommando der Wehrmacht offensichtlich nur auf dem Umweg über aufgenommene Berichte aus Moskau. Im Lagebuch des Oberkommandos der Wehrmacht heißt es am 10. April 1945: »Widerstand in Königsberg ist zum Erliegen gekommen. Der Gegner spricht von einer Kapitulation. Der Kommandant der Festung war der General d. Inf. Lasch. Ihm standen 27000 Mann Besatzung zur Verfügung.«
Der deutsche Wehrmachtsbericht meldete allerdings noch am 10. April Angriffe mit erdrückender Übermacht von allen Seiten gegen Königsberg. »Die tapfere Besatzung verteidigte jedes Haus gegen den bis in das Stadtinnere eingedrungenen Feind mit großer Standhaftigkeit.«
Der sowjetische Heeresbericht meldete an diesem Tag dagegen: »Truppen der 3. Weißrussischen Front haben am 9. April Festung und Stadt Königsberg erobert.«
Am 12. April teilte der deutsche Wehrmachtsbericht mit, daß General Lasch wegen der Kapitulation zum Tode durch den Strang verurteilt worden sei. Seine Sippe werde haftbar gemacht.
Oberstleutnant Iwanow fragte den gefangenen General Lasch bei der Vernehmung: »Wissen Sie schon, daß ein Hitler-Gericht Sie für

die Übergabe Königsbergs zum Tode verurteilt hat?« Der General antwortete: »Mich beunruhigt das wenig.« Nur die Lage seiner Familie, die nach Dänemark evakuiert sei, bereite ihm Sorge. Einige Familienangehörige wurden tatsächlich verhaftet.
Lasch hatte sich nach eigenen Worten entschlossen, den Kampf zu beenden, weil er zur Erkenntnis gekommen sei, daß bei weiterer Kampfführung nur noch Tausende seiner Soldaten und Zivilisten sinnlos hätten geopfert werden müssen. Eine solche Verantwortung habe er vor Gott und seinem Gewissen nicht mehr tragen können, heißt es in seinen Erinnerungen. Als aber am späten Abend des 9. April die drei sowjetischen Offiziere in den Bunker des deutschen Generals unter dem Paradeplatz hinabstiegen, wurde in Königsberg kaum noch gekämpft. Es war schwer genug, die Soldaten von der Kapitulation zu unterrichten. Was mit den Zivilisten geschehen sollte, wurde nicht erörtert. Sie saßen verängstigt in den Kellern. Für sie war der Krieg aus, als sowjetische Soldaten die Türen aufstießen und ihnen mit Taschenlampen in die Gesichter leuchteten.
Die Stadt war ein einziger brennender Trümmerhaufen. Die Straßen waren übersät mit Granat- und Bombentrichtern. Die Luft stank nach Brand, nach Pulver, nach den Abgasen von Panzermotoren. Menschen hetzten im Feuerschein zwischen den Trümmern umher. Deutsche Soldaten wurden von sowjetischen irgendwo hingetrieben. Betrunkene russische Soldaten fuhren auf erbeuteten Fahrrädern. In die Vororte war inzwischen schon der Troß mit endlosen Kolonnen von Pferdewagen eingerückt. Überall lagen Leichen herum. Das Inferno war ausgebrochen.
Bei Beginn des Großangriffs auf Königsberg waren in der Stadt höchstens 30000 deutsche Soldaten. Wie viele noch in den letzten Tagen gefallen sind, wurde niemals ermittelt. Die Zahl der Zivilisten wurde von deutscher Seite meistens mit 110000, manchmal mit bis zu 135000 angegeben. Nach einem NKWD-Geheimbericht, der im früheren Parteiarchiv in Moskau liegt, gab es im gesamten Königsberger Gebiet nach dem Einmarsch der sowjetischen Truppen 137000 deutsche Zivilisten. Als Quelle wurden Eigeninformationen des NKWD angegeben. Zu den Deutschen kamen noch etwa 15000 ausländische Arbeiter. Auf den Werften hatten besonders Franzosen gearbeitet. Sie wußten nicht, daß in den Flugzeugen, von denen sie angegriffen wurden, auch französische Piloten vom Geschwader Normandie-Neman saßen, die auf sowjetischer Seite

kämpften. »Neman« ist das russische Wort für den Fluß Memel. Und die Piloten hatten keine Ahnung, daß sie ihre Bomben auf ihre französischen Landsleute warfen und mit ihren Bordwaffen auf sie schossen.
Die deutschen Soldaten, eine unübersehbare Menge, wurden am Sackheimer Tor, einem Platz im Osten der Innenstadt, gesammelt. Von hier marschierten sie in die Gefangenenlager. Viele Soldaten, besonders diejenigen aus der Etappe, die nicht zu den Kampftruppen gehört hatten und die es auch hier reichlich gab, schleppten soviel Gepäck mit, wie sie tragen konnten. Offiziere hatten ihre Koffer dabei. Der Marsch der meisten gefangenen Soldaten führte auf den alten deutschen Truppenübungsplatz Stablack, der gut 30 Kilometer südlich von Königsberg lag. Als sie dort ankamen, waren Uhren, Wertgegenstände, gute Kleidungsstücke und Koffer längst gestohlen.
Auch die Zivilisten wurden aus den Kellern zusammengetrieben und mußten in Kolonnen aus der Stadt marschieren. Sie wurden ausgeplündert wie die gefangenen Soldaten. Außerdem begannen sofort die Vergewaltigungen der deutschen Frauen durch die vom Sieg berauschten sowjetischen Soldaten. Zwei Begriffe rissen für Jahre einen tiefen Graben zwischen Deutschen und Russen auf. Sie hießen »Frau komm« und »Uri Uri«.
General Otto Lasch, sein Stab und einige andere Kommandeure fuhren mit dem Auto in die Gefangenschaft. Ihnen folgte ein Lastwagen mit ihrem Gepäck und ihren persönlichen Burschen. Aber nach einiger Zeit blieb der Lastwagen wegen einer angeblichen Panne stehen und fuhr nach Königsberg zurück, wo er vollständig ausgeplündert wurde.
Lasch wurde nach ersten Vernehmungen zusammen mit den anderen in Königsberg gefangenen Generälen nach Moskau geflogen und kam dort ins Butyrka-Gefängnis, eine Durchgangsstation für eine endlose Zahl von politischen Häftlingen und Deutschen, denen Kriegsverbrechen vorgeworfen wurden. Lasch, von Hitler zum Tode verurteilt, wurde wegen von ihm bestrittener Greueltaten der von ihm geführten Division im Osten zu 25 Jahren Arbeitslager verurteilt. Er kam 1955 nach dem historischen Besuch von Konrad Adenauer in Moskau frei.
Über Königsberg senkte sich an diesem Tag ein dichter Vorhang. Aus dieser Stadt in einem fortan hermetisch abgeriegelten Sperrgebiet kamen etwa viereinhalb Jahrzehnte lang nur unbestimmte und

vage Informationen, die nicht überprüft werden konnten und sich oft genug widersprachen. In der Sowjetunion lag nun mit Königsberg eine Großstadt mit einer deutschen Bevölkerung von mehr als 100 000 Menschen.

Hätte der Festungskommandant General Lasch früher kapituliert, hätte sich am Schicksal der Zivilbevölkerung wahrscheinlich nichts geändert. Die NKWD-Truppen hatten mit Sicherheit schon vor dem Sturm auf die Stadt die Befehle erhalten, wie sie mit den Zivilisten zu verfahren hatten. Aber viele Zivilisten und natürlich auch viele Soldaten wären am Leben geblieben, wenn die Kapitulation nicht erst erfolgt wäre, als die sowjetischen Truppen schon in die unmittelbare Nähe des Bunkers des Festungskommandanten vorgedrungen waren. Es war klar, daß Königsberg dem Ansturm nur wenige Tage unter ungeheueren Verlusten standhalten konnte. Mit dem Beginn des Angriffs am 6. April war bereits alles verloren. Die Verteidigung der Stadt war von Hitlers Durchhaltebefehlen bis zum letzten Mann und zur letzten Patrone bestimmt. Ein Sinn für den Widerstand hätte darin gelegen, sowjetische Truppen zu binden, die sonst gegen das Samland und Pillau, den letzten mit Flüchtlingen und Verwundeten vollgestopften Hafen, hätten eingesetzt werden können. Aber auch bei einer früheren Kapitulation hätten die Sowjets eine längere Zeit für Umgruppierungen gebraucht, ehe sie ihre Truppenmacht gegen die Samlandfront hätten werfen können.

Seit dem Beginn des Sturms auf Königsberg hätte jeder frühere Zeitpunkt der Kapitulation Sinn gehabt. Die Sowjets hatten den Tag des Angriffs mit Lautsprechern über die Front hinweg unter Begleitung alter deutscher Marschmusik sogar angekündigt, wobei sie gleichzeitig ihre Aufforderung zur Kapitulation ständig wiederholten. Der Ausgang der Schlacht war klar. Alle Menschen, Soldaten und Zivilisten, die zwischen dem 6. und dem 9. April Opfer des Gemetzels wurden, starben sinnlos.

Solche Überlegungen sind heute leicht anzustellen. Lasch war kein politischer General. Seine Welt war die des Militärs. Er wurde 1893 in Schlesien geboren und war niemals etwas anderes als Offizier gewesen. 1913 trat er in die kaiserliche Armee ein und wechselte nach dem verlorenen Ersten Weltkrieg wegen der Verkleinerung der Reichswehr auf 100 000 Mann zur Polizei. Er war zuletzt Major und Adjutant des Generalinspekteurs der Polizei in Breslau. Wie Lach dem sowjetischen Vernehmungsoffizier sagte, war er ein Jahr lang NSDAP-Mitglied. 1935 kehrte er in die Wehrmacht zurück. Berufsoffiziere konnten damals nicht Parteimitglieder sein. Er diente sich dann in ostpreußischen Garnisonen hoch und wurde im Oktober 1939 als Oberst Kommandeur des in Königsberg stationierten 43. Infanterieregiments. Im Feldzug gegen die Sowjetunion machte er den Vormarsch über Riga nach Leningrad mit. Im Herbst 1942 wurde er Divisionskommandeur und rückte bald zum Generalleutnant auf. Danach stieg er zum Kommandeur von Armeekorps auf, erhielt das Ritterkreuz und wurde zum General der Infanterie befördert. Nach einer Erkrankung im Oktober 1944 war seine letzte militärische Aufgabe die des Festungskommandanten von Königsberg.

Er war mit Befehlen und Gehorsam groß geworden. Ihn beschäftigten nur die militärischen Aktionen, nicht ihre politischen Ursachen und Auswirkungen. Als der Vernehmungsoffizier Oberstleutnant Iwanow ihn fragte, ob er der Meinung sei, daß Deutschland den Krieg verliert, antwortete er allerdings: »Ja, das ist für mich völlig klar. Zu dieser Überzeugung bin ich schon früher gekommen. Die Niederlagen Deutschlands im Sommer 1944 im Osten und im Westen waren vorentscheidend für den Ausgang des Krieges.«

An eine Kapitulation in Königsberg zu einem früheren Zeitpunkt hat er aber wohl nicht gedacht. Sie hätte ihm möglicherweise tatsächlich den Kopf gekostet. Es ist fraglich, ob dann alle seine Kommandeure mitgemacht hätten.

Hinausgezögert wurde schließlich die Kapitulation auch von sowjetischer Seite, weil sie bevollmächtigte Offiziere erst mit mehrstündiger Verspätung schickte.

Aber jede Stunde, die versäumt wurde, forderte neue Opfer. Jeder Tag, an dem früher kapituliert worden wäre, hätte vielen zunächst wenigstens das Leben gerettet und mancher von ihnen hätte auch das folgende Inferno überstanden. Der pausenlose Hagel von Granaten und Bomben zerstörte auch die Reste der Infrastruktur der Stadt und viele Lebensmitteldepots. Jede Stunde, jeder Tag einer früheren Kapitulation hätte das Ausmaß der Zerstörungen verringert. Dadurch wären die folgenden Plünderungen nicht verhindert worden. Es wären aber dennoch mehr Vorräte in Kellern und Verstecken übriggeblieben, die vielen das Überleben ermöglicht hätten.

Die Schlacht um Ostpreußen

Am 17. August 1944 hatte die 5. sowjetische Armee die ostpreußische Grenze erreicht.
Am 27. Jahrestag der Oktoberrevolution, der wegen der Änderung des Kalenders stets erst am 7. November gefeiert wurde, hielt Josef Stalin 1944 in Moskau eine Rede als Vorsitzender des Staatlichen Verteidigungskomitees. Als Oberster Befehlshaber erließ er außerdem den Befehl Nummer 220. Die Rede endete mit den Worten: »Tod den faschistischen deutschen Okkupanten!« Stalin erhielt stürmischen Beifall, der in eine lang anhaltende Ovation überging, war in dem in den Zeitungen veröffentlichten Einheitstext zu lesen. Auch der Befehl des Obersten Befehlshabers Stalin endete mit ähnlichen Worten: »Tod den deutschen Okkupanten.«
Und der Königsberger Partei-Kreisleiter und Volkssturmführer Ernst Wagner schloß am 5. Februar 1945 einen Aufruf an die Bevölkerung mit den Worten: »Tod den Bolschewisten! Es lebe der Führer und unser deutsches Volk!«
Während beide sich gegenseitig den Tod wünschten, war der Kampf um Ostpreußen bereits voll entbrannt. Die Moskauer Feier zur Erinnerung an die Oktoberrevolution war ganz anders als die des Jahres 1941. Damals waren deutsche Panzer bis an die Stadtgrenze Moskaus vorgedrungen. Trotzdem hatte auf dem Roten Platz eine Truppenparade vor Stalin stattgefunden. Und auch damals hatte Stalin gerufen: »Tod den deutschen Okkupanten!«
Seitdem hatten die Deutschen schwere Niederlagen an allen Fronten erlitten. Sowjetische Truppen hatten auf ihrem Vormarsch die deutsche Reichsgrenze überschritten und die ersten Städte in Ostpreußen besetzt.
Im Oktober 1944 ging die Grenzstadt Eydtkau, das frühere Eydtkuhnen, verloren. Die Kreisstadt Goldap nahmen die Sowjets nach schweren Kämpfen. Im Oktober eroberten sie auch die kleine Ortschaft Nemmersdorf nördlich von Goldap, die heute Majakowskoje heißt. Als die deutschen Truppen den Ort nach einem Gegenangriff wieder einnahmen, bot sich ihnen ein entsetzliches Bild. Die sowjetischen Soldaten hatten ein unbeschreibliches Blutbad unter der Zivilbevölkerung angerichtet. Nemmersdorf wurde zu einem Wort, das mit sowjetischen Greueltaten gleichgesetzt wurde.
Der Plan für die Operationen im Winter und Frühling des Jahres

1945 wurde im sowjetischen Generalstab im November 1944 ausgearbeitet. Der 2. und der 3. Weißrussischen Front, die auf Ostpreußen angesetzt werden sollten, standen 1,6 Millionen Soldaten, 25426 Geschütze und Granatwerfer, 3800 Panzer und Artillerie auf Selbstfahrlafetten sowie 3000 Flugzeuge zur Verfügung. Marschall Wassilewski, der zunächst sowjetischer Generalstabschef war und nach dem Tod von Armeegeneral Tschernjachowski die 3. Weißrussische Front übernahm, schätzte die Übermacht der sowjetischen Truppen gegenüber den deutschen auf 2,1mal bei den Soldaten, 3,1mal bei Artillerie, 5,5mal bei Panzern und 4mal bei Flugzeugen. Für beide Fronten standen 13,3 Millionen Granaten, 620 Millionen Patronen und 2,2 Millionen Geschosse für Raketenwerfer zur Verfügung.

Der sowjetische Großangriff auf Ostpreußen begann am 13. Januar 1945 bei der 3. Weißrussischen Front von Osten aus in Richtung auf Königsberg. Am nächsten Tag griff die 2. Weißrussische Front aus dem Süden in Richtung Elbing, Frisches Haff und Weichselmündung an, um Ostpreußen von seinen Landverbindungen nach Westen abzuschneiden. Der Angriff bekam immer mehr Schwung.

In der Moskauer Zeitung »Iswestija« erläuterte ein Oberst N. Bakanow am 9. März 1945 die Absichten der sowjetischen militärischen Führung. In Stalingrad habe die Zerstückelung und Vernichtung der eingeschlossenen gegnerischen Truppen erst einige Zeit nach der vollendeten Einkesselung begonnen. In Ostpreußen »ging die Rote Armee wie ein erfahrener Chirurg souverän ans Werk, lange bevor die ostpreußische Heeresgruppe des Gegners von Zentraldeutschland abgeschnitten wurde. (...) Die wichtigste Idee dieses Einkreisungsmanövers ist die Zerstückelung der eingekesselten Truppen und deren stückweise Vernichtung.« Tatsächlich gelang es den Sowjets, vor allem wegen Hitlers Starrsinn, der keinen Fußbreit Boden aufgeben wollte, die deutschen Truppen in mehrere Kessel aufzusplittern.

Ein Heer von Flüchtlingen setzte sich in Bewegung. Einige Grenzgebiete waren im Herbst, als das Mündungsfeuer der Artillerie Nacht für Nacht wie ein Gewitter von der nahen Front zu sehen war, bereits von den Zivilisten geräumt worden. Die Bevölkerung des Kreises Lyck in der südöstlichsten Ecke Ostpreußens war beispielsweise, soweit sie nicht für dringende Arbeiten gebraucht wurde, teils nach Thüringen, teils aber auch in Ostpreußen in die

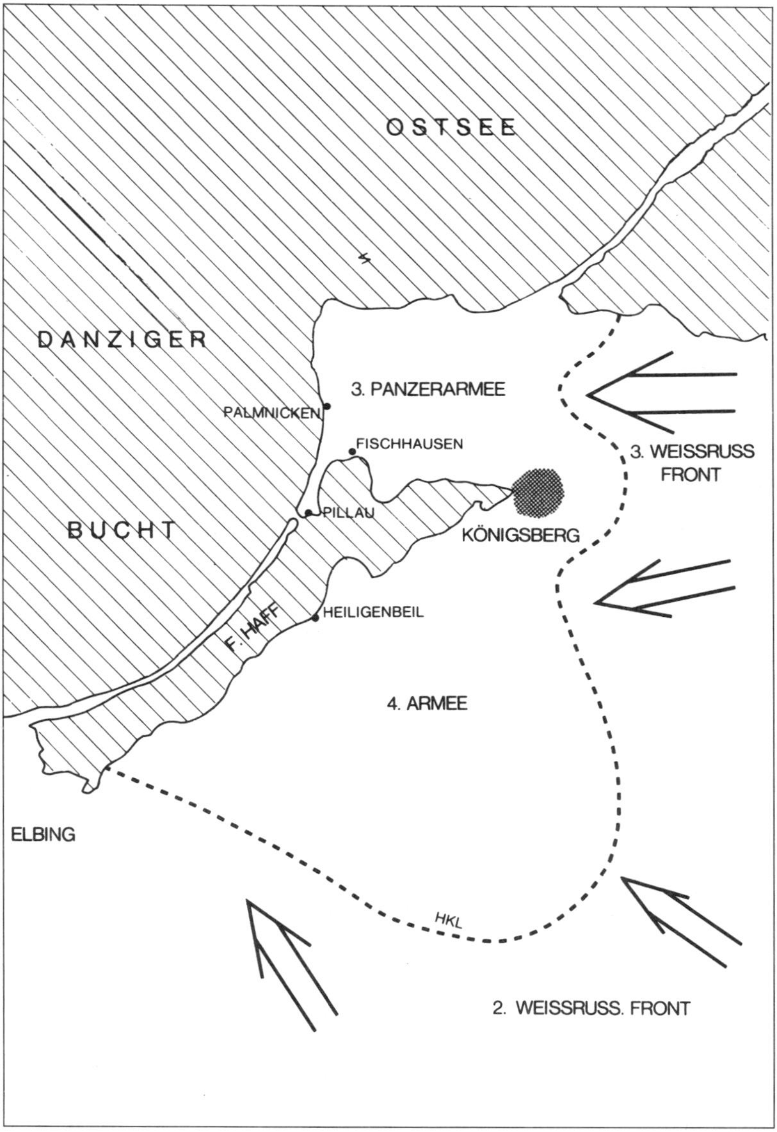

Der sowjetische Großangriff auf Ostpreußen beginnt am 13. Januar 1945

Gegend nördlich von Allenstein evakuiert worden. Genau dorthin zielte nun der Stoß der sowjetischen Panzer nach Norden.
Der Befehl zur Evakuierung kam fast überall zu spät oder überhaupt nicht. Die endlosen Kolonnen der Trecks, die sich aus dem Osten und dem Süden der Provinz in Richtung auf Königsberg, auf das Frische Haff und auf Danzig zu bewegten, verstopften die Straßen, mischten sich mit versprengten Soldaten, deren Einheiten nicht mehr existierten und die Feldgendarmerie oder Offiziere aufzufangen und in Kompanien zu stecken suchten, in denen keiner den anderen kannte und die keinerlei Kampfwert hatten.
Weiter östlich lag an der Ostsee noch ein deutscher Brückenkopf in Kurland mit dem wichtigen Hafen Libau. Er umfaßte in der Hauptsache lettisches Gebiet. Die Kampftätigkeit war gering. Die Marine wollte unbedingt Libau halten, weil ihr allmählich die bis vor kurzem noch sichere Herrschaft über die Ostsee zu entgleiten drohte. Die Sowjets operierten nach dem Ende der Blockade von Leningrad mit U-Booten und Schnellbooten in der Ostsee, außerdem hatten sie Minen ausgelegt. Hitler lehnte die Räumung von Kurland wie jeden anderen Rückzug strikt ab. Nur einzelne Verbände wurden abgezogen und nach Ostpreußen verlegt. Hitler träumte davon, von Kurland aus mit einer neuen Offensive den Sowjets in den Rücken zu fallen. Bei dem Kräfteverhältnis hätte das kläglich scheitern müssen. Als klar wurde, daß die Sowjets Ostpreußen abschneiden und dann zusammendrücken wollten, wurde im Oberkommando der Wehrmacht geprüft, ob die in Kurland stehenden Truppen wenigstens einen Angriff zur Entlastung von Ostpreußen führen sollten. Wegen des ungleichen Kräfteverhältnisses erwies sich auch das als unmöglich.
Nach dem 25. Januar wurde die Lage für Königsberg erstmals kritisch. Insterburg, etwa 100 Kilomter östlich, war gefallen. Eine imaginäre »Deime-Linie« konnte die Sowjets nicht stoppen. Die Deime ist ein Nebenarm des Pregels, des Hauptflusses in Ostpreußen, der von Ost nach West fließt und an dem auch Königsberg liegt. Die Deime zweigt östlich vor Königsberg nach Norden ins Kurische Haff ab.
Hitler hatte wenigstens die Räumung von Memel über die Kurische Nehrung erlaubt. Am 29. Januar besetzten sowjetische Truppen die Stadt Memel, aber die dort abgezogene deutsche Besatzung kam erschöpft und zu spät in Cranz an, das am anderen Ende der Nehrung vor Königsberg liegt. Eine Verteidigungstellung von dort

bis östlich von Königsberg konnte nicht mehr aufgebaut werden. Eine solche Linie wäre verhältnismäßig kurz und leichter zu verteidigen gewesen. Sie hätte wie ein Riegel vor dem ganzen Samland gelegen und auch Königsberg geschützt.

Das Samland ist ein fast quadratisches Gebiet nördlich und westlich von Königsberg. Es ist von drei Seiten von Wasser umschlossen, eine Art Halbinsel. Im Norden und Westen stößt es an die Ostsee. Steilküsten fallen zu einem wundervollen Sandstrand ab. Hier lagen die berühmten Ostseebäder Cranz, Neukuhren und Rauschen. In Palmnicken wurde Bernstein bergmännisch abgebaut, die Sowjets nahmen den Betrieb später wieder auf. An der äußersten nordwestlichen Landspitze steht der Leuchtturm von Brüsterort, ein 1846 errichteter 30 Meter hoher Ziegelbau. Im Süden wird das Samland vom Frischen Haff begrenzt. Im äußersten Südwesten schließt sich noch eine schmale Landzunge an, an deren südlichster Spitze Stadt und Hafen Pillau liegen. Pillau hatte große Bedeutung als Marinestützpunkt, aber es war auch ein wichtiger ziviler Hafen für die Versorgung Ostpreußens zwischen den beiden Weltkriegen, denn damals war Ostpreußen durch den polnischen »Korridor« vom »Reich« getrennt.

Königsberg lag Ende Januar 1945, es war ein bitterkalter Winter, nahezu schutzlos da. Die Festungsanlagen stammten aus dem vorigen Jahrhundert, die Besatzung war schwach, die Bewaffnung unzureichend. Allerdings waren seit Monaten unter dem Einsatz der Zivilbevölkerung und ausländischer Arbeiter Stellungen und Panzersperren ausgebaut und von Pionieren Minenfelder angelegt worden. Vor den alten Forts und Bastionen wurden die Straßenbäume und Parks abgeholzt, um freies Schußfeld zu haben.

Aber die Sowjets fuhren mit ihren Panzern nicht einfach in die Stadt hinein und nahmen sie im Handstreich. General Lasch notierte: »Zu unserem Erstaunen stellten wir am Morgen des 30. Januar fest, daß der Russe die günstige Gelegenheit, Königsberg in der Nacht vom 29./30. Januar zu besetzen, nicht wahrgenommen, sondern sich damit begnügt hatte, vom Westen her seine Angriffsspitzen in Richtung auf Moditten vorzutreiben.« Die Sowjets waren inzwischen an Königsberg vorbeigestoßen. Moditten lag westlich der Stadt an der lebenswichtigen Eisenbahnlinie und der Straße zum Ostseehafen Pillau. Die Gartenvorstadt Metgethen, direkt westlich von Moditten, hatten die Sowjets in einem lautlosen Überraschungsangriff in der Nacht besetzen können. Von dort waren es nur noch ein paar Kilometer bis zum Frischen Haff. Die sowjetischen Truppen erreichten am 30. Januar bei Großheydekrug das Haffufer. Königsberg war eingeschlossen. Flüchtlinge und Verwundete aus Königsberg konnten nicht mehr zur Hafenstadt Pillau durchgeschleust werden. Aus Pillau kam kein Nachschub mehr nach Königsberg.

Gleichzeitig hatten die Sowjets durch einen Panzervorstoß im Süden von Königsberg das Frische Haff erreicht und die Reichsstraße 1 und die Eisenbahnstrecke, die einst nach Berlin geführt hatten, durchschnitten. Damit war auch der Kontakt zur 4. Armee unterbrochen, die südwestlich von Königsberg in einem zweiten ostpreußischen Kessel rund um Heiligenbeil und mit dem Rücken zum Frischen Haff eingeschlossen war. Aber es gelang immer wieder, eine Notstraße am Haffufer als Verbindung zwischen Königsberg und dem Kessel von Heiligenbeil freizukämpfen. Allerdings blieb das weitgehend nutzlos. Hitler erlaubte nur den Abzug unbedeutender Truppenteile aus dem Kessel von Heiligenbeil zur Verstärkung der Festung Königsberg.

Der Winter war hart. Frosttemperaturen von 20 bis 25 Grad waren die Regel. Die Kälte forderte viele zusätzliche Todesopfer. Aber sie rettete Hunderttausenden auch das Leben. Das Frische Haff fror zu. Die im Kessel von Heiligenbeil zusammengedrängten Flüchtlinge setzten von dort aus über Eisstraßen zu Fuß oder mit ihren Pferdewagen auf die Frische Nehrung über, immer in Angst, daß das Eis brechen und sowjetische Tiefflieger sie angreifen könnten. Als im Frühjahr das Eis aufbrach, waren die meisten Flüchtlinge abgezogen. Die Verteidigung des Kessels hatte nun kaum noch einen weiteren Sinn. Die Truppen wären in der Festung Königsberg und zur Verteidigung des Hafens Pillau dringend benötigt worden.

Wenn die Flüchtlinge den schmalen Landstreifen der Frischen Nehrung erreicht hatten, konnten sie sich entweder auf der einzigen Straße nach Südwesten in Richtung auf Danzig wenden oder in die entgegengesetzte Richtung nach Nordosten, wo die Nehrung in Neutief endet. Auf der gegenüberliegenden Seite des Tiefs liegt die Stadt Pillau. Am Tief beginnt der sogenannte Seekanal, eine für Seeschiffe ausgebaggerte Fahrrinne durch das Haff zum Pregel und nach Königsberg.

In Richtung Danzig befand sich am Ende des Haffs die Ortschaft Stutthof, die durch ihr Konzentrationslager berüchtigt war. Ein Stück weiter kam das Dorf Steegen. Jetzt heißt es polnisch Stegna.

Wen es heute dorthin verschlägt, der wird auf eine kleine Kirche aus Fachwerk stoßen, wie es sie an der Elbchaussee in Hamburg oder in vielen Dörfern im Norden Deutschlands in der Nähe der Küste gibt. Von der Decke hängt das Modell eines Segelschiffs. Es ist ein Bild der Stille und des Friedens. Nichts erinnert an das Chaos des Winters und des Frühjahrs von 1945, als ein endloser Treck von Menschen und Wagen über das Haff kam, solange das Eis noch trug. Hier hofften die Menschen neben ihren Pferdewagen, in Erdlöchern und notdürftigen Zelten auf den Abtransport nach Westen. Fast pausenlos wurden sie aus der Luft angegriffen. Steegen gehörte zu dem Gebiet in der Weichselniederung und auf der Frischen Nehrung, das von den deutschen Truppen bis zum Kriegsende gehalten wurde.

Für die deutsche militärische Führung in Ostpreußen war die Wiederherstellung der Verbindung zwischen Königsberg und Pillau eine der wichtigsten Aufgaben. Nur so konnten Zivilisten und in der Stadt zusammengeballte Flüchtlinge abtransportiert werden. Nur so konnte Königsberg Nachschub erhalten.

Am 19. Februar stießen aus dem Samland mehrere Divisionen nach Osten vor, während gleichzeitig aus Königsberg ein Ausbruch nach Westen unternommen wurde. Für die Verteidiger von Königsberg war das ein riskantes Unternehmen. Sie mußten eine Panzer-, eine Infanterie- und eine Volksgrenadierdivision aus der Front für den Ausbruch herausziehen und sie zum Teil durch unerfahrene Angehörige von Polizei und Volkssturm ersetzen, ohne daß die Sowjets die Bewegungen bemerkten.

Die Bereitstellung gelang. Der Angriff kam für die Russen offensichtlich überraschend, obwohl sie damit hätten rechnen müssen. Am Abend war bereits von Königsberg aus ein Einbruch in einer Tiefe von zehn Kilometern erreicht. Aus dem Samland griffen drei deutsche Divisionen an. Am nächsten Tag trafen die beiden Angriffsspitzen aufeinander. Der Ausbruch war gelungen. Der Straßen- und der Eisenbahnverkehr zwischen Königsberg und Pillau wurden wieder aufgenommen.

In den Ortschaften, die wieder zurückerobert wurden, bot sich den deutschen Soldaten ein Bild des Schreckens, das schon seit dem Oktober aus Nemmersdorf bekannt war: vergewaltigte und grausam ermordete Frauen. In Metgethen, dem Königsberger Villenvorort, wurden auf einem Tennisplatz die Leichen von 32 Zivilisten gefunden, die durch eine Mine in die Luft gesprengt worden waren.

Die Öffnung der Verbindung nach Königsberg bedeutete aber für ostpreußische Flüchtlinge, Königsberger Zivilisten und Verwundete aus den Lazaretten der Stadt nicht die erhoffte Rettung. Denn im überfüllten Pillau fehlte es an Schiffen für den Weitertransport nach Westen. Die Stadt war so voll, daß auf halbem Weg in Peyse am Frischen Haff ein Zwischenlager eingerichtet wurde, aber auch dort reichten die Unterbringungsmöglichkeiten nicht aus. Seuchen brachen aus. So kehrten viele verzweifelte Königsberger wieder in ihre Stadt zurück.

Die Verbindung zur 4. Armee in dem auf eine letzte Stellung am Haff zusammengedrückten ehemaligen Kessel von Heiligenbeil ging am 13. März endgültig verloren. Ende März wurden die letzten Soldaten fast unter den Augen der Russen mit Prähmen herausgeholt.

Der damals 18 Jahre alte Grenadier Alfred Plitzko, der aus Oberschlesien stammte, gehörte zur 14. Infanteriedivision. »Am 12. März begannen die Russen, mit mehrstündigem Trommelfeuer und anschließenden Infanterieangriffen mit Panzern den südlichen Ostpreußen-Kessel um Heiligenbeil zusammenzudrücken. Am dritten Tag des Trommelfeuers wurde ich zusammen mit meinem nur zwei Jahre älteren Kompanieführer verwundet. Ich kam glimpflich davon: Granatsplitter am Kopf, Rücken und an beiden Beinen – aber die schienen eine Stunde später gelähmt zu sein. Im Feldlazarett in einem Ausflugsgasthof am Hafen vor Heiligenbeil wurde ich vom Chefarzt untersucht. Die Wunden wurden behandelt. Ich bekam eine Tetanusspritze, ein Schild für den Weitertransport als ›Sitzer‹ und eine regelrechte Fahrkarte der einstmals auf dem Haff verkehrenden Schiffslinie, damit sich keine Deserteure einschmuggeln konnten. Abends wurde ich auf einen überfüllten Ausflugsdampfer nach Pillau-Neutief gebracht.« Alfred Plitzko, der später Pressechef des Gesamtverbandes des Deutschen Steinkohlenbergbaus in Essen war, berichtete weiter: »Die Ereignisse dieses Tages – auch die Gesichter – blieben in meinem Gedächtnis haften wie ein Film. Als ich 15 Jahre später das Kriegstagebuch von Peter Bamm ›Die unsichtbare Flagge‹ las, stellte ich fest, daß jener Chefarzt, der mich auf den Ausflugsdampfer geschickt hatte, Peter Bamm war, damals Oberfeldarzt Dr. Emmerich. Die nächsten Tage in Neutief waren die Hölle. Die Menschen – Flüchtlinge und verwundete Soldaten – starben wie die Fliegen. Viele hatten sich Erdlöcher gegraben und die Wände mit Stroh abgestützt, damit sie nicht verschüttet wurden. Das Gelände war durch die ständigen Luftangriffe mit Bombentrichtern übersät. Schließlich gelang es mir, mit zwei Zaunlatten als Krücken und der Hilfe eines mitleidigen älteren Marineoffiziers über das Tief nach Pillau hinüber und in den hermetisch abgeriegelten Kriegshafen zu gelangen. Am Abend verließ ich auf dem überfüllten kleinen Lübecker Frachter ›St. Lorenz‹, der nur 850 BRT groß war, den Hafen von Pillau. Am 1. April, dem Ostersonntag, kam ich schließlich in Greifswald an. Später las ich, daß in Pillau 18000 verwundete Soldaten umgekommen sind.«

Das Bild des Untergangs in Neutief ist kaum mit Worten zu beschreiben. Fritz Leeder betrieb mit zwei Franzosen und drei Polen die letzte private Bäckerei in Neutief. Jeden Tag wurden bei ihm 3600 Brote im Granathagel in Tag- und Nachtschicht gebacken. Sie waren vor allem für den örtlichen Fliegerhorst und für die Flüchtlinge in Pillau, die auf ein Schiff zum Abtransport warteten, bestimmt. Für den Übersetzverkehr zwischen Neutief und Pillau hatten Pioniere eine fast 100 Meter lange Fähre gebaut, die sie »Seeschlange« nannten. Die Russen schossen mit schwerer Artillerie von Köningsberg und von Heiligenbeil, von wo aus das Feuer durch einen Fesselballon geleitet wurde. Das Mehl für das Brot wurde zum Teil aus den herrenlos herumstehenden Wagen der Trecks genommen, weil die Flüchtlinge auf die Schiffe nur Handgepäck mitnehmen konnten.

Bäckermeister Leeder berichtete: »Tausende Leiterwagen, Kutschwagen, manche mit silberverziertem Kutschgeschirr, sind im Dünensand aufgefahren. Tausende von Pferden, herrliche Tiere, sind in den kleinen Fichtenschonungen eingezäunt. Kein Futter! Ich muß mit eigenen Augen ansehen, wie diese armen Tiere von den als Einzäunung dienenden Leiterwagen alles Holz fressen und alle kleinen Bäume auffressen. Ein furchtbarer Anblick, als in diese Pferdeherden Granaten einschlagen. Schließlich gehen Soldaten aller Waffengattungen umher und erschießen die armen Geschöpfe mit Pistolen, um ihre Leiden zu beenden. Die Wellen schlagen dann über den schon zum Teil zerstörten Strand und die getöteten Kreaturen.« (Unser schönes Samland, Dezember 1969.)

Die Verteidigung Königsbergs wurde nach Öffnung der Verbindung nach Westen aber nicht verstärkt, sondern eher geschwächt. Aus der Stadt wurden die kampfstärksten Divisionen herausgezogen, ins Samland verlegt und durch schwache Einheiten ersetzt.

Munition mußte abgegeben werden, und die Lazarette wurden mit Leichtverwundeten vollgestopft.

Gauleiter Erich Koch, der sich bereits aus Königsberg abgesetzt hatte, ließ am Paradeplatz, wo sich zuletzt der Bunker des Festungskommandanten befand, Ruinen abreißen, um eine Start- und Landebahn für Flugzeuge anzulegen. Das hatte wenig Sinn, weil die deutsche Luftwaffe in Ostpreußen nicht mehr existierte.

Die Kampfkraft des Volkssturms aus alten Männern in abenteuerlichen Uniformen und nur mit Karabinern, ein paar Schuß Munition und einigen Panzerfäusten ausgerüstet, war angesichts der erdrükkenden sowjetischen Übermacht mehr als fragwürdig. Kreisleiter Ernst Wagner lobte einen Volkssturmangehörigen in seinem Aufruf vom 5. Februar besonders: »Der Bataillonsführer Tiburzy hat fünf T 34 mit der Panzerfaust geknackt. Er hat den Zugführer, der feige mit seinen Männern zurückging, erschossen und mit den Männern die Bolschewisten aus der Stellung geworfen und sie niedergemacht.«

Welch seltsame Vorstellungen die sowjetische Seite vom deutschen Gegner hatte, zeigt ein Vermerk in Marschall Wassilewskis Erinnerungen. Zu den Organisationen, die die deutschen Truppen unterstützt hätten, zählte er nicht nur den SD (Sicherheitsdienst beim Reichsführer SS), SA und Waffen-SS, sondern auch die »Jugendsportgruppe Kraft durch Freude«, FS (Freiwillige Schützen), die »faschistische motorisierte Gruppe« NSKK, Sicherheitspolizei SIPO und die Geheime Feldpolizei GFP.

In Königsberg ging das Leben auf eine fast gespenstische Weise weiter. Solange die Menschen noch ihre Wohnungen, ihre Nachbarn, ihre Vorräte im Keller hatten, mochten sie trotz ständiger Bombardierungen, Schlachtflieger über ihren Köpfen und Artilleriebeschuß nicht daran denken, daß vielleicht nur wenige hundert Meter weiter die Hauptkampflinie war und es bis zum Ende nur noch Tage oder sogar Stunden dauern konnte. Sie konnten sich nicht vorstellen, daß sie im Stich gelassen werden würden. Es gab noch eine Weile Strom. Der Reichssender Königsberg hatte zwar seinen Betrieb am 30. Januar eingestellt, aber dafür erschien eine Festungszeitung. Lebensmittelkarten wurden ausgegeben, Geschäfte waren geöffnet. In nahezu allen Fabriken wurden Waffen und Munition produziert. Postämter und Banken arbeiteten.

Sogar private Telefongespräche aus der Festung ins »Reich« oder in den anderen Kessel von Heiligenbeil waren möglich. Dabei standen sowjetische Truppen auch schon vor den Toren Berlins. Das Erdkabel verlief in der Nähe der Straße von Königsberg nach Pillau. Es wurde mehrfach beschädigt und immer wieder – fast unter den Augen der Sowjets – instandgesetzt. Manchmal verlief es auch in dem Gebiet, das gerade in der Hand der Sowjets war. Als der Besitzer wieder wechselte, stellten die Deutschen überrascht fest, daß das Kabel beim Ausheben russischer Gräben freigelegt worden war. Die Russen hatten offensichtlich keine Ahnung, daß sie mit ihren Füßen auf einer der wichtigsten Nachrichtenverbindungen der Deutschen herumtrampelten.

In der Bevölkerung verbreiteten sich aber auch Gerüchte über seltsame Vorgänge an der Front. Die Propagandalautsprecher von russischer Seite waren nicht zu überhören. Es mußten Deutsche sein, die die Durchsagen machten. Gespielt wurde dazwischen deutsche Marschmusik. Bei einer Einheit meldeten sich Soldaten in deutscher Uniform, gaben an, sie hätten sich durch die russischen Linien geschlagen und wollten zum nächsten Gefechtsstand geführt werden. Dort holten sie unter ihren Mänteln Maschinenpistolen hervor, schossen um sich und nahmen zwanzig Gefangene mit. Bei den Deutschen hießen sie »Seydlitz-Leute« nach dem in Stalingrad in Gefangenschaft geratenen und zum »Nationalkomitee Freies Deutschland« übergetretenen General Walther v. Seydlitz-Kurzbach. Sie trugen sonst nicht deutsche, sondern sowjetische Uniformen mit einem schwarz-weiß-roten Abzeichen. Daß sie nun auch als Soldaten an der Front mit der Waffe in der Hand eingesetzt wurden, schaffte Verwirrung.

Die Sowjets hatten den Angriff sorgfältig vorbereitet. Im Archiv des Gebietes Kaliningrad existiert eine etwa anderthalb Quadratmeter große sowjetische Generalstabskarte der Stadt und des Umfeldes von Königsberg. Auf ihr sind alle Namen von Orten und kleinsten Häusergruppen in russischer Schrift angegeben. Alle deutschen Befestigungen, alle Schützengräben, alle Maschinengewehrstellungen sind eingezeichnet, bei den Maschinengewehren auch die Schußrichtung. Die Karte stammte vom 16. März 1945. Sie war auf Grund ständiger Luftaufnahmen der Aufklärer erstellt worden und wahrscheinlich die letzte vor dem Sturm.

Der Großangriff auf Königsberg begann am 6. April morgens mit einem gewaltigen Feuerschlag. Anderthalb Stunden später folgte der Angriff der Infanterie und der Panzer. Die Sowjets hatten ihre gesamte 3. Weißrussische Front unter Marschall Wassilewski und zwei Luftflotten rund um Königsberg zusammengezogen. Für den Angriff auf die Stadt standen 250000 Soldaten aus mehreren Armeen – darunter der 11. Garde-Panzerarmee –, etwa 30000 schlecht ausgerüsteten deutschen Soldaten von vier Divisionen gegenüber. Die Sowjets gaben noch nach dem Krieg von der Militärenzyklopädie bis zu den Erinnerungen von Marschall Wassilewski völlig überhöht die Stärke der deutschen Garnison mit 130000 Mann an. Jede deutsche Division hätte die unglaubliche Stärke von über 30000 Mann haben müssen. Die Sowjets hatten Panzer neben Panzer, Geschütz neben Geschütz, Stalinorgel neben Stalinorgel – sie selbst nannten sie Katjuscha – aufgestellt. Pausenlos flogen Schwärme von Bombern und Schlachtfliegern an, insgesamt waren 2500 Flugzeuge gegen Königsberg eingesetzt. Allein am 7. April flogen sie 4700 Einsätze und warfen 1600 Tonnen Bomben ab.

Bald nach Beginn des Angriffs war Königsberg nach Westen hin wieder von der Verbindung zum Samland und dem Seehafen Pillau abgeschnitten. General Lasch wollte mit der gesamten Besatzung der Festung ausbrechen und dabei die mehr als 100000 Zivilisten aus der Stadt evakuieren. Sein Antrag wurde abgelehnt. Genehmigt wurde auf Drängen des stellvertretenden Gauleiters Großherr lediglich ein Ausbruch von »schwachen Kräften in Form von Stoßtrupps«. Aus dem Westen sollten ebenfalls nur eine Division und Teile einer Panzerdivision angreifen. Dazwischen sollte die Zivilbevölkerung durchgeschleust werden. Der Ausbruch sollte am Abend des 8. April stattfinden. Um Königsberg selbst sollte weitergekämpft werden. Es war der dritte Tag des sowjetischen Großangriffs.

Die Partei hatte auf eigene Faust durch Mundpropaganda die Bevölkerung zum Sammeln an der geplanten Ausbruchsstelle im Westen Königsbergs aufgerufen. Dadurch entstand ein unvorstellbares Chaos auf den Straßen, die bereits mit Trümmern und Trichtern übersät waren. Selbst Ortskundige fanden sich nicht mehr zurecht. Die Bereitstellung der schwachen Truppen, einiger noch vorhandener Sturmgeschütze und Vierlingsflak auf Selbstfahrlafetten wurde behindert, und die Russen schossen mit Artillerie hinein.

Der Ausbruch mißlang, er konnte mit so schwachen Kräften und vielen tausend Zivilisten dazwischen nicht gelingen. Nur einige kleinere Gruppen von Soldaten kamen durch. Die Masse der Zivilisten, die die Partei mobilisiert hatte, flutete wieder zurück und irrte in dem Inferno umher. Der Gauleiter-Stellvertreter Großherr kam ums Leben. Sein Vorgesetzter, der berüchtigte Gauleiter Erich Koch, hatte sich längst nach Neutief in einen sicheren Bunker gegenüber von Pillau auf der Frischen Nehrung abgesetzt. In seinen Funksprüchen nach Berlin erweckte er den Eindruck, als halte er sich in Königsberg auf. Koch gelang die Flucht in den Westen. Zunächst verlegte er seinen Standort auf die noch etwas sicherer erscheinende Halbinsel Hela vor der Danziger Bucht. Von dort floh er am 29. April mit einem Schiff der Kriegsmarine. In Flensburg ging er mit falschem Namen und falschen Papieren an Land und tauchte unter. Er wurde erst nach Jahren in Schleswig-Holstein entdeckt, von den Briten an Polen ausgeliefert und 1957 in Warschau zum Tode verurteilt, aber niemals hingerichtet. Im Gefängnis schrieb er unbeholfene Gedichte im Stil von SA-Liedern. Er starb als Greis nach drei Jahrzehnten in der polnischen Haftanstalt Barczewo, dem früheren deutschen Zuchthaus Wartenburg in der Nähe von Allenstein.

Als nach der ersten Einkesselung die Verbindung zwischen Königsberg und Pillau wieder freigekämpft worden war und die Festung durch den Abzug der besten Truppen geschwächt wurde, beantragte Lasch seine Abberufung und Verwendung an anderer Stelle. Generaloberst Weiß, der Chef der Heeresgruppe Nord, dem Lasch damals unterstand, unterstützte den Antrag, wurde aber selbst abgelöst.

Auch Weiß hatte, wie Lasch schrieb, keine Möglichkeit, der Festung Königsberg zu helfen, da auch ihm von oben her die Hände gebunden waren. »Das war nun einmal das Schicksal vieler höherer Führer in diesem Kriege, daß sie häufig gezwungen waren, Befehle durchzuführen, deren Unzweckmäßigkeit und Gefahr sie wohl erkannten, die sie aber nicht zu verhindern in der Lage waren, weil das drakonische System sie mit Gewalt durchzusetzen vermochte.« In manchen Fragen hatten die Generäle durchaus einen Spielraum. Lasch setzte zum Beispiel für den Ausbruch am 19. Februar viel stärkere Kräfte ein, als ihm von oben genehmigt worden war. Da er Erfolg hatte, kümmerte sich hinterher niemand darum.

Der sowjetische Lagebericht des Sowinform-Büros über die siegreiche Beendigung der Schlacht um Königsberg wurde am 10. April verbreitet. Die Zahlen der gefallenen und gefangengenommenen Soldaten sind ebenso wie die des zerstörten und erbeuteten Kriegsmaterials kräftig übertrieben. In dem totalen Chaos wäre es den mit

Plündern vollauf beschäftigten Soldaten kaum möglich gewesen, innerhalb weniger Stunden eine so genaue Bilanz zusammenzustellen.

Bis 21.30 Uhr am 10. 04., d. h. nach Einstellung des Widerstandes der deutschen Truppen in Königsberg im Verlaufe der Nacht vom 9. 04. zum 10. 04. sowie am Tag des 10. 04 wurden rund 50000 deutsche Soldaten und Offiziere gefangengenommen. So sind während der Kriegshandlungen vom 6. bis zum 10. 04. mehr als 92000 deutsche Soldaten und Offiziere in Gefangenschaft geraten. (42000 wurden bei den Kämpfen getötet.) Unter den Gefangenen sind 1819 Offiziere und vier Generäle (Kommandant der Festung Königsberg Infanteriegeneral Lasch, stellvertretender Kommandant der Festung Generalleutnant Mikosch, Kommandeur der 61. Infanteriedivision Generalleutnant Sperl und der Kommandeur der 367. Infanteriedivision Generalmajor Haehnle. Insgesamt sind während der Operation zur Vernichtung der Königsberger Gruppierung des Gegners erbeutet worden:

Feldgeschütze	2023
Panzer und Selbstfahrlafetten	89
Granatwerfer	1652
Maschinengewehre	8560
Ketten- und Radschlepper	137
Lokomotiven	774
Waggons	8544
Boote und Kähne	146
Munitionsdepots	441

Während der Operation wurden vernichtet:

Flugzeuge	120
Feldgeschütze	1193
Granatwerfer	568
Panzer und Selbstfahrlafetten	104
Gepanzerte Truppentransporter	82
Autos	1719
Lokomotiven	23
Waggons	215
Munitionsdepots	77

In der Nacht zum 10. April wurden aus Anlaß der Einnahme Königsbergs in Moskau 24 Schuß Salut geschossen, wie es nach großen Siegen üblich war.

Marschall Wassilewski zitiert in seinen Erinnerungen General Lasch aus der Vernehmung nach seiner Gefangennahme:

»In den ersten zwei Tagen hielten sich die Soldaten und Offiziere

der Festung tapfer, aber die Russen waren uns an Stärke überlegen und gewannen die Oberhand. Es gelang ihnen, große Mengen von Artillerie und Flugzeugen zu konzentrieren, durch deren massiven Einsatz die Befestigungen und die Kampfmoral der Soldaten und Offiziere zerstört wurden. Die Lenkung der Truppen entglitt uns vollends. Wenn wir die Befestigungen verließen, um mit den Stäben der einzelnen Truppenteile Verbindung aufzunehmen, wußten wir nicht, wohin wir gehen sollten und verloren voll die Orientierung: So sehr hatte sich das Aussehen der zerstörten und in Flammen stehenden Stadt verändert. Man hätte nicht ahnen können, daß eine Festung wie Königsberg so schnell fallen wird. Die russische Truppenführung hatte die Operation gut vorbereitet und hervorragend ausgeführt.«
Der Befehlshaber der 3. Weißrussischen Front, Marschall Aleksandr M. Wassilewski, wurde am 19. April mit dem Siegesorden, der höchsten militärischen Auszeichnung der Sowjetunion, »für die kunstvolle Erfüllung des Auftrages des Generalstabes bei der Truppenführung in großangelegten Operationen« geehrt. Der Siegesorden wurde nur an Stalin, neun Marschälle, einen Armeegeneral und fünf Ausländer verliehen, darunter an den rumänischen König Michael, der kurz vorher noch an der Seite der Deutschen gegen die Sowjetunion gekämpft hatte. Stalin und die Marschälle Schukow und Wassilewski, der Sieger von Königsberg, erhielten den Orden zweimal. Lange nach dem Krieg verlieh sich im Jahre 1978 der eitle Staats- und Parteichef Leonid Breschnew, der während des Krieges ein unbekannter Politgeneral bei einer Armee war, den Orden selbst.
Ungefähr 200 Teilnehmer der Operation gegen Königsberg wurden mit dem Ehrentitel »Held der Sowjetunion« ausgezeichnet, der so etwas wie das Ritterkreuz der Deutschen war. Für die einfachen Soldaten regnete es Medaillen. Am 9. Juni 1945 wurde eine für die Eroberung Königsbergs gestiftet und mehr als 760000mal verteilt. Auf der Vorderseite des Messingstücks prangten ein Stern mit Strahlen nach allen Seiten, die Worte »Für die Einnahme Königsbergs« und ein Lorbeerzweig, auf der Rückseite befanden sich ein Sowjetstern und das Datum 10. April 1945. Die Medaille hing an einer fünfeckigen Spange, die sich wegen ihrer Breite wie die meisten sowjetischen Orden auf der Brust besonders gut machte. Die Spange war grün mit drei vier Millimeter breiten schwarzen Streifen. Die Medaille erhielten alle Angehörigen der Truppenteile

der Roten Armee, der Kriegsflotte und ausdrücklich auch alle NKWD-Angehörigen, die an der Erstürmung und Einnahme Königsbergs in der Zeit vom 23. Januar bis zum 10. April 1945 beteiligt gewesen waren.

Marschall Aleksandr M. Wassilewski galt als hervorragender Soldat und militärischer Organisator. Er war damals 49 Jahre alt. Seit zwei Jahren war er Marschall und hatte damit den höchstmöglichen Rang in verhältnismäßig jungen Jahren erreicht. Wassilewski stammte aus einem Ort im Bezirk Kineschma an der Wolga nördlich von Nischni Nowgorod. Er hatte seine militärische Laufbahn bereits in der Zarenarmee als Teilnehmer des Ersten Weltkrieges begonnen. Im Alter von 22 Jahren war er Stabskapitän und führte ein Bataillon. Im Bürgerkrieg war er auf bolschewistischer Seite nacheinander Kompanie-, Bataillons und Regimentsführer. Erst 1938 trat er in die kommunistische Partei ein, aber er überstand Stalins »Säuberungen« unter dem Offizierskorps. 1942 war er Generalstabschef und Erster Stellvertretender Volkskommissar für Verteidigung, also Vertreter des Verteidigungsministers. Am 20. Februar 1945 wurde er Befehlshaber der 3. Weißrussischen Front als Nachfolger des zwei Tage vorher gefallenen erst 39 Jahre alten Armeegenerals Iwan Tschernjachowski. Für den Schlußangriff auf Deutschland waren vier sogenannte Fronten aufgestellt worden: die 1. Ukrainische unter Marschall Konjew, die 1. Weißrussische mit der Stoßrichtung auf Berlin unter Marschall Schukow, die 2. Weißrussische unter Marschall Rokossowski, der später als Verteidigungsminister ins unzuverlässige Polen entsandt wurde, und die 3. Weißrussische unter Tschernjachowski und dann unter Wassilewski.

Als General Lasch am Abend des 9. April kapitulierte, war der Kampf um Ostpreußen noch nicht zu Ende. Die Samlandfront wurde von den Sowjets nach und nach immer mehr auf die Hafenstadt Pillau zurückgedrängt.

Im Lagebuch des Oberkommandos der Wehrmacht heißt es unter dem 17. April:

»Die eigenen Kräfte im Samland sind fast ganz auf Pillau zurückgedrängt. Die feindl. Luftwaffe macht alle Bewegungen unmöglich. 2 Offiziere, die durch das Haff schwammen, haben mitgeteilt, daß entgegen den vorliegenden Nachrichten der Kommandant von Königsberg, General Lasch, noch gekämpft habe, als feindliche Panzer bereits vor seinem Gefechtsstand erschienen waren (aber wohl falsch).«

Zwei Offiziere, die sich der Gefangennahme entzogen, indem sie durchs Haff schwammen – welch eine Verzweiflungstat! Das Wasser war Anfang April noch sehr kalt, der Weg kilometerweit.

Am 18. April meldete das Sowinform-Büro:

Die Truppen der 3. Weißrussischen Front setzten die Kämpfe zur Vernichtung der Reste deutscher Truppen fort, die in Richtung des Hafens Pillau abgedrängt wurden. Bei den Kämpfen am 17. April nahmen die Truppen 8730 deutsche Soldaten und Offiziere gefangen. Folgende Beute wurde gemacht:

Panzer und Selbstfahrlafetten	80
Gepanzerte Truppentransporter	69
Feldgeschütze	544
Granatwerfer	416
Maschinengewehre	888
Autos	4000

Unter den Gefangenen befindet sich der Kommandeur einer deutschen Infanteriedivision Oberst Tempelhof.

Pillau wurde in den deutschen Wehrmachtsberichten höchstens noch mit wenigen Worten erwähnt. Die Stadt wurde zur »Festung Pillau« hochstilisiert. Für das Drama des Untergangs, die Flucht von Hunderttausenden Zivilisten und Soldaten über See fanden sich keine Worte.

Das Untergangsdrama in Ostpreußen war für die deutsche Führung nicht mehr ein vorherrschendes Thema. Inzwischen wurde in Berlin in Zehlendorf, Steglitz und am Südrand des Tempelhofer Feldes gekämpft. Am 27. April meldete einer der letzten Wehrmachtsberichte: »Nach harten Straßenkämpfen ging Pillau verloren.« Tatsächlich war die Stadt bereits zwei Tage früher gefallen.

Nach Neutief auf der Frischen Nehrung gegenüber von Pillau war der Bäckereizug 556 aus dem Kessel von Heiligenbeil kurz vor dessen Vernichtung übergesetzt. Der Bäckereizug wurde von dem aus Elbing stammenden Bäckermeister und Feldwebel Ehlers geleitet. Zu ihm gehörten auch 50 russische Hilfswillige. Die Wehrmacht übernahm die private Bäckerei von Meister Leeder. Der Bäckereizug 556 konnte noch drei Tage lang backen.

Anton Sonnenberg von der 3. U-Boot-Ausbildungsabteilung in Pillau war in der Nacht vom 22. auf den 23. April mit seinen Kameraden mit Panzerfäusten nach Fischhausen marschiert. Die

kleine Stadt lag nördlich von Pillau am Anfang der Landzunge und war die Kreisstadt des Samlandes. Die Soldaten bezogen dort Stellung in Gräben, die sie im letzten November selbst ausgehoben hatten. In der folgenden Nacht wurden sie mit Bomben, Phosphor und Artilleriegeschossen überschüttet. »Danach überrollte die verderbenbringende Feuerwalze Pillau. Vor dem lichterloh wie eine riesige Fackel brennenden Pillau angekommen, überfiel uns alle ein Grauen. Menschen und Pferde lagen verbrannt und verkohlt auf den Straßen. Überlebende berichteten uns zitternd von dem erbarmungslosen 48stündigen Artillerieangriff. Pillau lag in Schutt und Asche. Von der einstmals schönen Stadt standen nur noch rauchende Trümmer, als wir am 25. April den Weg ins Ungewisse der sowjetischen Gefangenschaft antreten mußten.« Einen Monat später kamen die Gefangenen im Ural an. (Ostpreußenblatt, 12. 3. 60.)
Nach der Einnahme von Pillau setzten sowjetische Truppen auf die Frische Nehrung über, auf der neben Flüchtlingen und Verwundeten auch noch viele kampffähige Soldaten standen. Am 26. April meldete das Sowinform-Büro:

Südwestlich von Pillau überwanden Truppen der 3. Weißrussischen Front den Verbindungskanal zwischen der Ostsee und dem Frischen Haff. Sie drangen weiter auf der Frischen Nehrung vor.

Am 30. April nahm sich Hitler in Berlin das Leben.
Bei der Räumung Ostpreußens über Pillau und die Frische Nehrung, aber auch bei den Transporten von und nach Kurland spielte die Halbinsel Hela in der Danziger Bucht, die so schmal und langgestreckt ist wie die Frische und Kurische Nehrung in Ostpreußen, eine wichtige Rolle. Sie konnte an ihrem Zugang leicht verteidigt werden. Mit zahllosen kleinen Schiffen bis hin zu uralten Ausflugsdampfern, Barkassen und Prähmen wurden die Flüchtlinge aus Ostpreußen und aus der noch von deutschen Truppen gehaltenen Weichselniederung bei Danzig nach Hela gebracht, das zu einem riesigen Lager aus Zelten, Hütten und Erdlöchern wurde. Es war ständigen Angriffen der sowjetischen Luftwaffe ausgesetzt. In diesem Durcheinander funktionierte immer noch eine gewisse Ordnung. Aus den Danziger Lagerhäusern waren rechtzeitig Lebensmittelvorräte hinübergeschafft worden.
Vor Hela wurden die Geleitzüge zusammengestellt. Die Schiffe konnten nicht im kleinen Hafen am Kai anlegen, sondern mußten

auf Reede, also auf See, beladen werden. Die Flüchtlinge wurden mit Leichtern dorthin gebracht. Um einen Platz auf Leichtern und Schiffen wurde erbarmungslos gekämpft. Deserteure versuchten, sich in Zivil oder sogar in Frauenkleidern unter die Flüchtlinge zu mischen.

Hela wurde bis zum letzten Tag des Krieges von deutschen Truppen gehalten. Und bis zum letzten Augenblick, den die Kapitulationsbedingungen noch erlaubten, wurden von Hela Flüchtlinge herausgeholt.

Am 5. Mai hatten bereits die deutschen Truppen in Norddeutschland und in Dänemark gegenüber dem britischen Feldmarschall Montgomery kapituliert. Dazu gehörten auch die Häfen, in denen die Flüchtlinge ausgeladen wurden. Trotzdem liefen die Transporte noch weiter.

Im letzten Bericht des Oberkommandos der Wehrmacht vom 9. Mai 1945 – an dem Tag hatte Deutschland in Karlshorst auch gegenüber der Sowjetunion kapituliert – hieß es, in Ostpreußen hätten deutsche Divisionen am Vortag noch die Weichselmündung und den Westteil der Frischen Nehrung tapfer verteidigt, wobei sich die 7. Division besonders ausgezeichnet habe. Die Weichselmündung vor Danzig gehörte zwar nicht zu Ostpreußen, aber militärisch waren alle hier stationierten Heeresverbände in der Armee Ostpreußen zusammengefaßt, die vom General der Panzertruppen Dietrich von Saucken geführt wurde. Saucken hatte seinen Gefechtsstand nach dem Fall des Samlandes auf die Halbinsel Hela in der Danziger Bucht verlegt. Hier ging er mit seinen letzten Soldaten nach der deutschen Gesamtkapitulation in die sowjetische Gefangenschaft.

Im letzten Wehrmachtsbericht wurde er noch lobend hervorgehoben: »Dem Oberbefehlshaber, General der Panzertruppen von Saucken, wurde in Anerkennung der vorbildlichen Haltung seiner Soldaten das Eichenlaub mit Schwertern und Brillanten zum Ritterkreuz des Eisernen Kreuzes verliehen.« Das war die höchste Auszeichnung der Wehrmacht, verliehen am letzten Tag des Krieges, aber nicht mehr von Hitler, sondern vom Großadmiral Dönitz in Flensburg, der dessen Nachfolge angetreten hatte.

Vom 23. Januar, dem Tag an dem die sowjetischen Truppen bis Elbing durchgestoßen waren und Ostpreußen abgeschnitten hatten, bis zum 9. Mai 1945 wurden über die Ostsee etwas mehr als zwei Millionen Flüchtlinge und Soldaten, darunter vor allem Ver-

wundete, evakuiert. 592000 kamen aus Pillau, 1,347 Millionen über die Häfen der Danziger Bucht – Danzig, Gotenhafen (Gdingen) und Hela – und 100000 aus Kurland. Mit dem Vormarsch der Sowjets wurden auch aus Kolberg und Swinemünde Flüchtlinge und Soldaten über See evakuiert. Diese beiden Häfen waren zuvor noch selbst Anlaufstellen für Transporte aus dem Osten gewesen. Zu den Besatzungen der eingesetzten zivilen Schiffe gehörten auch viele ausländische Seeleute aus Ländern, die Deutschland einmal besetzt hatte.
14000 Menschen kamen bei den Transporten ums Leben. Die größten Katastrophen ereigneten sich beim Untergang der »Wilhelm Gustloff«, der »General von Steuben« und der »Goya«, die von sowjetischen U-Booten torpediert wurden. Die 25484 Bruttoregistertonnen große »Wilhelm Gustloff« war ein Star unter den deutschen Passagierschiffen. Sie wurde von der Urlauberorganisation »Kraft durch Freude« für Kreuzfahrten gebaut und lag dann als Wohnschiff der Marine in Gotenhafen (Gdingen). Am 30. Januar war sie mit Flüchtlingen und Marineangehörigen – insgesamt über 5000 Menschen – ausgelaufen. Als Geleitschutz lief nur ein Torpedoboot mit. Das Wetter war eisig mit Schneetreiben. Vor der Spitze von Hela wurde die »Gustloff« von mehreren Torpedos getroffen und sank in kurzer Zeit. Mehr als 4000 Menschen kamen um. 937 wurden aus dem eisigen Wasser gefischt. Die »General von Steuben«, ein ehemaliges Atlantik-Passagierschiff, war zum Lazarettschiff umgebaut. Sie war mit etwa 4000 Verwundeten und Flüchtlingen auf dem Weg von Pillau nach Swinemünde, als sie am 10. Februar kurz nach Mitternacht auf der Höhe von Stolpmünde torpediert wurde. Auch sie war nur von einem Torpedoboot gesichert worden. 630 Überlebende wurden gerettet. Die »Goya«, durch Bombentreffer schon angeschlagen, hatte mit 6000 Menschen am 19. April Hela im Konvoi mit einigen anderen Schiffen verlassen. Gegen Mitternacht trafen Torpedos auch sie. Nur 180 Menschen konnten gerettet werden.

Alle Zivilisten marschieren zur Überprüfung

Die militärischen Berichte beider Seiten sprachen von Soldaten, von toten und gefangenen Gegnern, von heldenhaftem Kampf, von vernichteten Panzern, von Festung und Sturmangriff. Über die Zivilisten berichtete niemand etwas, als hätte es sie überhaupt nicht gegeben.

Die Zivilisten in Königsberg stammten längst nicht alle aus der Stadt. Viele waren mit den Trecks nach Königsberg gekommen und hier hängengeblieben. Wie viele Zivilisten auf dem Land und in den kleinen Städten in der Umgebung von der Front überrollt wurden, blieb weitgehend unbekannt. Entweder hatten sie sich mit ihren vollgepackten Wagen nicht rechtzeitig in Marsch setzen können, waren von den sowjetischen Panzern überholt worden oder wollten auch gar nicht fliehen, weil sie dachten, daß sie keinem Menschen etwas zuleide getan hatten und ihnen deswegen auch nichts geschehen könnte. Aber ihre Zahl scheint gegenüber den Zivilisten, die bei der Kapitulation in Königsberg waren, nicht sonderlich ins Gewicht zu fallen.

In Königsberg war das Gefühl einer gewissen Sicherheit immer mehr geschwunden, je näher sich der Sturm auf die Stadt abzeichnete, die Luftangriffe immer heftiger wurden und es kaum noch möglich war, sich auf der Straße zu zeigen. Strom und Gas gab es nicht mehr, Straßenbahnen fuhren nicht. Auch die Nachrichten aus dem »Reich«, wo sich der Krieg der Hauptstadt Berlin näherte, wurden immer spärlicher, weil mit dem Strom auch die Radiogeräte ausgefallen waren.

Die Menschen hatten sich in die Keller geflüchtet, mehrere Kleider und Anzüge übereinander angezogen, den Schmuck in die Säume eingenäht, Koffer, Rucksäcke und Taschen mit Lebensmitteln vollgepackt und bereitgestellt. Sie warteten auf das Ende, aber hatten keine Vorstellung davon, wie es aussehen würde.

Seit dem 6. April wußten sie, daß das Ende angebrochen war. Sie lauschten auf den Feuerhagel, und wer von ihnen einen Blick nach draußen wagte, sah eine brennende Stadt. Wenn die Abschüsse und Explosionen nachließen, der Kampflärm abebbte, stieg die Spannung bis ins Unerträgliche. Sie warteten, daß die Kellertür aufgestoßen würde und die ersten russischen Soldaten auftauchten.

Dann wurde die Tür aufgerissen. Aber es taumelten zwei oder drei

deutsche Soldaten erschöpft und abgerissen in den Keller. Nicht auch das noch! Wenn sie von hier aus schießen, wird womöglich noch eine russische Handgranate hereingeworfen!
Und schließlich standen die Russen wirklich in der Tür, leuchten mit ihren Taschenlampen in den Keller. Sie dachten nicht an die deutschen Soldaten draußen, die immer noch aus den Ruinen schossen. Sie stürzten auf die Menschen mit den angstverzerrten Gesichtern zu und tasteten sie ab, erst die Arme nach Uhren, dann den Hals und die Ohren, die Taschen nach Schmuck. Dann rissen sie die Koffer und die Behälter auf, durchwühlten sie und warfen alles fort, was sie nicht gebrauchen konnten. Sie verschwanden so plötzlich, wie sie gekommen waren.
Nach ihnen kamen neue Soldaten. Wieder verlangten sie »Uri Uri«. Manche waren betrunken, viele blutjung. Und dann schleppten sie die Frauen fort. »Frau komm« waren die einzigen deutschen Worte, die sie kannten. Es war ihnen gleichgültig, wie alt die Frauen waren, ob sie noch Kinder oder schon Greise waren. Das Plündern und Vergewaltigen, der Hunger, der Durst, die Erschöpfung und schon in wenigen Tagen die ersten Erkrankungen an Ruhr sollten die nächste Wochen bestimmen. Eine bisher immer noch irgendwie geordnete Welt brach in einem einzigen Augenblick zusammen.
Als die Menschen sich aus ihren Kellern wagten und glaubten, sie könnten nun in ihre Wohnungen zurückkehren, auch wenn sie vielleicht zerschossen und ohne Fenster waren, bot sich ihnen ein grauenhaftes Bild. Überall ringsum hatten plündernde russische Soldaten Schränke, Stühle, aufgeschlitzte Sofas, Kleidungsstücke, Geschirr durch die Fenster geworfen, und sie wühlten, plünderten, warfen immer noch alles ihnen nicht brauchbar erscheinende Mobilar auf die Straße.
Geplündert und vergewaltigt wurde selbst in den Lazaretten und Krankenhäusern. Soldaten traten zwischen den auf dem Boden liegenden Verwundeten herum, stahlen ihnen die Stiefel und Kleidungsstücke, rissen Verbände auf, um nach verborgenen Schätzen zu suchen. Es wurde große Mode, in deutschen Stiefeln und warmen deutschen Tarnjacken herumzulaufen oder sich auch ein Eisernes Kreuz anzuheften.
Die Deutschen machten dafür Stalin und später vor allem den sowjetischen Schriftsteller Ilja Ehrenburg verantwortlich, der in einem Flugblatt für die sowjetischen Soldaten geschrieben hatte: »Tötet! Tötet! Es gibt nichts, was an den Deutschen unschuldig ist!

Folgt der Weisung des Genossen Stalin und zerstampft für immer das faschistische Tier in seiner Höhle! Brecht mit Gewalt den Rassehochmut der germanischen Frauen! Nehmt sie als rechtmäßige Beute!«

Daß das von den sowjetischen Soldaten wirklich gelesen und zur Richtschnur genommen wurde, muß nicht die Wahrheit sein. Die sowjetische Armee war längst eine Armee ohne jede Disziplin. Die Soldaten gingen ohne Begeisterung in den Kampf. Sie hatten zwar reichlich Waffen und Munition, aber schlechte Schuhe und Kleidung. Der Alkohol, überall dabei, wirkte demoralisierend. In der vordersten Front fuhren zwar die Panzer auf, Lastwagen zogen die Geschütze, Treibstoff war immer knapp. Dahinter rückte ein unübersehbares Heer von niedrigen Pferdewagen mit zähen kleinen Pferden in Königsberg ein. Sie standen überall kreuz und quer und scheinbar ohne jede Ordnung herum. Manche Soldaten hatten hinten am Wagen eine Kuh angebunden, die sie erbeutet hatten und die ihnen nun Milch lieferte. Die Autorität der Offiziere bei den Soldaten war gering. Sie waren selbst genauso disziplinlos und oft betrunken.

Ein großer Teil der Gewalt, die nun ausbrach, war unkontrolliert und auch unkontrollierbar. Wie zur Zeit mittelalterlicher Söldnerhaufen waren Plünderung und Vergewaltigung frei, bis sich nach einer Woche die Gewalt erschöpfte. Kein Offizier schritt dagegen ein. Niemand wurde jemals bestraft, weil er einen Zivilisten oder einen Verwundeten erschossen hatte. Die Welt erfuhr davon nichts, denn es war niemand da, der das Geschehen registrierte und darüber berichtete. Die ersten Berichte darüber tauchten in Deutschland erst Jahre später auf. Zuerst wurden nur die Ereignisse bis zur Kapitulation am 9. April beschrieben. Die ersten, die sich zu Wort meldeten, waren die Militärs, die vom Verlauf der einzelnen Kampfhandlungen berichteten und sie minutiös rekonstruierten. Von der Tragödie der Zivilisten, die durch die Kämpfe ausgelöst wurde und erst nach der Feuereinstellung richtig begann, war kaum die Rede.

Was mit den Zivilisten, die die Front überrollt hatte, geschehen war, hatten die deutschen Truppen erfahren, wenn sie Ortschaften zurückeroberten. Außer Toten, aus Verstecken wieder Aufgetauchten und vergewaltigten Frauen gab es keine Zivilbevölkerung mehr. In einem bei einem solchen Gegenangriff gefundenen sowjetischen Befehl war zu lesen, daß die Zivilbevölkerung 20 Kilometer

hinter die Front zurückgeführt werden sollte und Männer und Frauen zu trennen seien.
Die Lage in Königsberg mit vermutlich mindestens 110000 Zivilisten, also der Bevölkerung einer ganzen Großstadt, schien anders zu sein. Was hier geschah, hat sich in einem solchen Ausmaß in keiner anderen Stadt ereignet, die von den Sowjets besetzt wurde. Die gesamte Bevölkerung, soweit sie sich nicht verstecken konnte oder in den Krankenhäusern lag, wurde aus der Stadt getrieben und in scheinbar planlosen Märschen über aufgeweichte Felder und Wiesen – die Straßen waren von den Militärkolonnen völlig verstopft – tagelang herumgetrieben. Den Deutschen war vollkommen unverständlich, was das zu bedeuten hatte. Immer wieder wurden sie unterwegs von plötzlich auftauchenden Soldaten nach Uhren und Wertgegenständen abgetastet, ihr Gepäck durchwühlt und ihre letzte Habe, wenn sie wertlos erschien, fortgeworfen. Wenn sie irgendwo haltmachten, um in Ställen oder Heuhaufen erschöpft zu schlafen, tauchten wieder Soldaten auf der Suche nach Frauen auf. Meistens wurden die Männer schon vor dem Abmarsch von ihren Frauen getrennt und in separaten Kolonnen fortgeführt. Niemand wußte wohin. Viele sahen sich niemals wieder, einige wenige erst viele Jahre später nach ihrer Rückkehr nach Deutschland.
Der April war noch sehr kalt. Nachts fror es oft. Am Tag waren die Felder und Wiesen aufgeweicht und nur mühsam zu passieren. Frauen schoben Kinderwagen mit Kleinkindern, Alte wurden auf Handwagen mitgezogen, Erschöpfte brachen zusammen. Die Wachen kümmerten sich nicht um sie. Die Entkräfteten blieben zurück und starben. Das Land war übersät mit Leichen.
Hinter diesen umherirrenden Kolonnen, die sich manchmal begegneten und aus unverständlichen Gründen in entgegengesetzte Richtungen zogen, steckte durchaus ein System. Es kann sein, daß sich nur die Bewacher in dem Land, in dem sie sich mit ihren Kolonnen nur neben den Straßen bewegen durften, nicht zurechtfanden. Ihr Ziel war irgendein Bauernhof, eine Scheune, ein Unterstand oder ein Gutshof, wo NKWD-Offiziere warteten, um alle Deutschen zu vernehmen und alle Verdächtigen herauszusortieren, die vielleicht Nazis, Werwölfe oder Kriegsverbrecher sein konnten.
Manche Bewacher, die mit den Kolonnen durchs Land zogen, erwiesen sich als gutmütig. Überall auf dem Land waren Kartoffeln im Herbst in Mieten eingelagert worden. Wenn die Kolonnen abends haltmachten, wurden in großen Töpfen und Wannen

Kartoffeln gekocht. Schlimm wurde der Durst auf den Märschen. Da viele nicht abgekochtes Wasser aus den Bächen tranken, machten sich schon nach kurzer Zeit die ersten Fälle von Ruhr bemerkbar.

Jüngere Leute, wenn sie noch gut auf den Beinen waren, flüchteten aus den Kolonnen. Es konnte aber auch geschehen, daß ein Bewacher auf einem entlegenen Bauernhof seinen Gefangenen plötzlich sagte: »Domoj, nach Gause, Gitler kapput.« Flucht und überraschende Freilassung hatten oft keine große Bedeutung. Von einer der nächsten Kolonnen konnten sie wieder eingefangen und erneut mitgeschleppt werden.

Von den Verhören kehrten Männer, die in der Partei gewesen sein konnten, Postbeamte wegen ihrer blauen Uniformen, Beamte, Pfarrer, Hitlerjungen, Soldaten in Zivilkleidung nicht mehr zurück. Ebenso wurden junge Mädchen ausgesondert oder Frauen von Offizieren. Familien, die noch vor kurzem zusammen das Ende des Krieges in einem Keller erwartet hatten, wurden mehrfach zerrissen. Der Vater, der bei der Post war, verschwand nach einem Verhör. Die mit einem Soldaten an der Ostfront verheiratete Tochter wurde zur weiteren Überprüfung in eine andere Gruppe gesteckt. Die Schwester tauchte erst nach Jahren auf, weil sie einem Transport zur Zwangsarbeit zugeteilt wurde. Zurück blieben nur die Großmutter und die Enkelkinder.

Manche NKWD-Offiziere sprachen so gut deutsch, daß die Verhörten sich darüber wunderten. Meistens hatten sie Dolmetscher. In vielen Fällen waren es ehemalige polnische Arbeiter. Die Kenntnisse der Offiziere über das Leben in Deutschland unter den Nazis war sehr gering. Sie wußten nichts von dem komplizierten System der Organisationen, in die sich viele geflüchtet hatten, die nicht der Partei beitreten wollten. Sie wußten nicht, daß man mit zehn Jahren Mitglied der Hitlerjugend werden mußte. Sie hielten 14jährige für ausgekochte Nazis und fragten sie, wie viele Russen sie erschossen hätten.

Sie hatten aber auch keinerlei Interesse an den Opfern des Nationalsozialismus. Der junge Michael Wieck und seine Mutter, die bis zur Stunde, in der russische Soldaten ihre Kellertür aufstießen, als letzte Überlebende der jüdischen Gemeinde in Königsberg den Judenstern tragen mußten, wurden in einer solchen Kolonne mit den anderen über Land getrieben. Sie waren nahtlos von Opfern Hitlers zu Opfern Stalins geworden. Ein anderes Ehepaar war ohne

Rücksicht auf die jüdische Herkunft von einrückenden Russen erschossen worden. Scheinbar ziellos durch das Samland marschierte in solchen Kolonnen auch der Arzt Hans Graf von Lehndorff, dessen Vetter die Nazis als Beteiligten des Putschs gegen Hitler hingerichtet hatten. Auch viele andere von den Nazis gepeinigte Menschen, die ihre Befreiung erwartet hatten, wurden mitgeschleppt. Ein 1933 aus dem Amt gejagter Rektor einer Volksschule war darunter. Er verhungerte bald darauf und wurde in ein Massengrab gelegt.

Als Widerständler galten nur Kommunisten. Sie wurden auch zur Mitarbeit gebraucht. Aber die Leute vom NKWD waren mißtrauisch. Sie glaubten nicht jedem, der von sich behauptete, er sei Kommunist. Sie wollten Papiere, Mitgliedsbücher sehen. Aber wer hatte die schon.

Ähnlich wie in der Stadt Königsberg erging es auch den von der Front überrollten Zivilisten im Samland. Menschen verschwanden, ohne daß jemals ihr Verbleib aufgeklärt werden konnte. Sie wurden von ihren Verwandten und Bekannten als »verschleppt« bezeichnet. »Mein Vater und mein Bruder sind verschleppt worden, und über ihr Schicksal haben wir bis heute nichts erfahren«, heißt es so oder ähnlich in vielen Berichten von Überlebenden.

Eine Frau aus dem Samland berichtete: »Mein lieber Mann wurde am 16. 4. von den Russen verschleppt, bis heute habe ich nichts mehr über sein Schicksal erfahren können. Gott allein weiß, wo er seine letzte Ruhestätte gefunden hat.«

Oder eine Frau aus dem Bernstein-Ort Palmnicken: »Mein Mann und ich waren bis 1947 in Palmnicken. Vom 18. 4. 1945 bis Juni 1946 war mein Mann im Lager in Pr. Eylau eingesperrt. Es waren dort noch viele Palmnicker und Samländer. Dort begann das große Sterben.«

Der Name des Lagers Preußisch Eylau taucht immer wieder auf. In einem anderen Bericht aus Palmnicken heißt es: »Am 15. April, als die Russen Palmnicken besetzten, wurden viele Einwohner umgesiedelt. Seither haben wir von unserem Bruder nichts mehr gehört. Ob man ihn auch nach dem Lager in Pr. Eylau verschleppt hat? 1946–47 war ich mit zwei Frauen in Cranz zusammen. Sie waren aus dem Raum Fischhausen verschleppt worden. Sie hatten einen neunjährigen Jungen und ein fünfzehnjähriges Mädchen, beides fremde Kinder, bei sich, alle verstarben.«

Innerhalb weniger Tage hatten die Sowjets die gesamte deutsche

Bevölkerung durch ein grobes Sieb geschüttelt. Dabei waren sie nach ihren Vorstellungen über das Leben im nationalsozialistischen Deutschland vorgegangen. Das aber war mit dem Blick aus der kommunistischen Sowjetunion kaum zu begreifen.

Die Züge der durch das Land geschleppten Menschen lösten sich so in verschiedene Gruppen auf, die nach einem unbegreiflich erscheinenden System auf eigenen Wegen weitergeschickt wurden. Die Zurückgebliebenen wußten nicht, wo die Angehörigen, die von einem Verhör nicht zurückgekehrt waren, geblieben waren. Sie waren ohne die Möglichkeit zum Abschied wie vom Erdboden verschwunden. Erkannte Parteigenossen und sonstige Nazis wurden in besondere Lager, meistens nach Insterburg, verschickt. Die Kriegsgefangenen wurden zum größten Teil nach einem Marsch zu großen Sammellagern in das Innere der Sowjetunion abtransportiert. Einige kleinere Lager blieben auch in Königsberg und der Umgebung bestehen.

Die Deutschen hatten keinen Einblick in die Arbeitsweise des sowjetischen Staatssicherheitsdienstes. Viele wußten nicht einmal, wie er gerade hieß. Für sie war es noch die GPU. Die richtige Bezeichnung war gerade NKWD. Erste Berichte, die in Westdeutschland auftauchten, waren sehr ungenau und emotionell. Solche Berichte stammten von Deutschen, die aus Königsberg über den nun polnischen südlichen Teil Ostpreußens geflüchtet waren.

Zu diesen Flüchtlingen gehörten auch der frühere Administrator des 7200 Morgen großen Gutes Adlig Laukischken bei Labiau, Hill, und der Königsberger Studienrat Zimmermann von der Königsberger Mittelschule am Dom. Auf ihre Aussagen stützte sich einer der ersten Berichte: »Das Polizeipräsidium und das Gerichtsgebäude, von letzterem steht nur noch die Hälfte, sind ebenfalls von einem hohen Stacheldrahtzaun umgeben. Dort befinden sich die Parteigenossen, die langsam aber sicher dem Tode entgegengehen. Alles, was sich in der ersten Zeit als Beamter ausgegeben hat, wurde erschossen. In vielen Gebäuden befinden sich GPU-Keller. Die Zustände dort sind nicht wiederzugeben. So haben Herr Hill und Herr Zimmermann auch längere Zeit in einem solchen Keller zugebracht. In der Nacht sind die Russen gekommen und haben die Frauen vergewaltigt. Regelmäßig in den Morgenstunden wurde dann eine Anzahl herausgeholt und in einem anderen Keller erschossen. Für die Zurückbleibenden war es jedesmal ein furchtbarer Zustand, dieses erleben zu müssen. So ging das täglich.« Die

völlige Gesetzlosigkeit dieser Zeit führte zu solchen Schlußfolgerungen bei den Deutschen. Es wurden keineswegs alle Beamten erschossen.
Bei den Märschen in der Umgebung von Königsberg blieben nach der Aussonderung aller irgendwie Verdächtigen noch Trupps mit Frauen, Kindern, Alten und Kranken übrig. Sie schickten die Sowjets nach Königsberg zurück, ließen sie einfach laufen. Und dann gab es Trupps mit einem Gemisch von Menschen aus den verschiedensten Berufen, Männer sowohl als auch Frauen, die unter Bewachung nach Königsberg zurückmarschierten. Sie glaubten an ihre Freilassung, langten aber plötzlich im Vorort Rothenstein vor der Wrangel-Kaserne an, deren Blöcke und Hallen mit Stacheldraht umgeben waren. Sie kamen zur weiteren Überprüfung in dieses vom NKWD schnellstens eingerichtete Lager.

Erste Geschichtsstunde: Deutscher Orden – Tewtonski Orden

Die Menschen, die in die Stadt zurückströmten, müde, abgerissen, ausgeplündert, vergewaltigt, ungewaschen, unrasiert, erkannten ihr Königsberg nicht mehr wieder. Nicht nur daß überall Wegweiser mit kyrillischen Buchstaben angenagelt waren, wie es jede Armee tut, und daß uniformierte Frauen auf Kreuzungen den Verkehr regelten. Als sie vor Tagen aus den Kellern und aus der Stadt getrieben wurden, standen noch viele Häuser, auch wenn sie zerschossen waren. Die Menschen hatten dennoch gehofft, wieder in sie zurückzukehren. Aber die angeschlagenen Häuser, die sie verlassen hatten, waren nun auch noch ausgebrannt. Die Russen mußten sie wahllos angezündet haben.
Nie wieder würde die Stadt aussehen wie früher. Sie hatte einen schweren Tod. Er hatte schon im August des vergangenen Jahres begonnen, als in zwei Angriffen britische Bomber den Norden und die Altstadt in eine Brandfackel verwandelt hatten. Bis dahin hatte Königsberg wie eine Oase des Friedens weitab vom Krieg gewirkt. Natürlich hatte er auch hier vieles verändert. Der Hauptbahnhof war ein Umsteigebahnhof zu den Fronturlauberzügen, die von hier zum Nord- und Mittelabschnitt der Ostfront abgingen. Die Lazarette in der Stadt mußten eine immer größere Zahl von Verwundeten aufnehmen. Die Kasernen der großen Garnisonstadt waren voll mit Genesenden und jungen Rekruten in den Ersatz- und Ausbildungseinheiten. Aber die Cafés waren in diesem schönen Sommer wie immer geöffnet. Züge fuhren zu den Bädern an der Ostsee.
In der Nacht zum 27. August 1944 flogen 200 britische Maschinen Königsberg an und warfen ihre Bomben über der nördlichen Stadt ab. Noch niemals zuvor waren Bomberverbände der Alliierten so weit nach Osten vorgedrungen. Zwar hatte es oft Fliegeralarm gegeben, aber sowjetische Bomber waren meist nur einzeln und sporadisch eingeflogen. Zwei Nächte später folgte noch einmal ein Angriff von 600 britischen Bombern, die die gesamte Innenstadt in ein Flammenmeer verwandelten. 4200 Menschen fanden den Tod. Die Angriffe richteten sich nur gegen Wohnviertel und die Zivilbevölkerung. Reich an historischen Bauten war Königsberg allerdings nicht gewesen. Die Stadt war auch früher mehrfach von Bränden schwer heimgesucht worden, zwischen 1764 und 1775 alleine dreimal.

Ganz am Anfang der Geschichte Königsbergs stand das Schloß des Deutschen Ordens, der mit Bibel und Schwert zu einem Kreuzzug und zur Kolonisation Preußens aufgebrochen war. Preußen, das war das Land der heidnischen Pruzzen, die zu den Völkern an der Ostsee gehörten, die heute als Balten bezeichnet werden. Litauer und Letten und einige andere längst ausgestorbene Völkerschaften gehörten dazu. Die Pruzzen hatten keinen Staat, sondern setzten sich aus mehreren Stämmen zusammen. Sie waren trinkfreudig, hatten barbarische Sitten und überfielen von Zeit zu Zeit ihre polnischen Nachbarn im Herzogtum Masowien. Das Siedlungsgebiet der Pruzzen erstreckte sich von der Weichsel bis zur Memel, wobei der größte Teil des Landes Wildnis war.

Herzog Konrad von Masowien stieß bei der Suche nach Verbündeten gegen die Pruzzen auf den Deutschen Orden, der nach den Kreuzzügen in Palästina nach neuer Beschäftigung suchte. Der volle Name des Ordens war »Diener der Heiligen Maria des Deutschen Hauses«. Er vereinte bei den Kreuzzügen ins Heilige Land Krankenpflege und Waffendienst. Ein Versuch, im südungarischen Burzenland, einen eigenen Ordensstaat zu schaffen, war mißlungen. Welche Versprechungen Herzog Konrad dem Orden gemacht hat, ist nicht sicher. Hermann von Salza, der Ordenshochmeister, ein Freund des am liebsten im Süden Italiens residierenden deutschen Kaisers Friedrich II. und ein geschickter Vermittler in dessen ständigen Streitereien mit dem Papst, ließ sich 1226 in der »Goldenen Bulle von Rimini« vom Kaiser das Land, das der Orden erst erobern und dessen Bewohner er erst zum christlichen Glauben bekehren mußte, als Besitz übergeben. Er wurde mit den Rechten eines Reichsfürsten ausgestattet.

Kaiser Friedrich vergab Land, das ihm gar nicht gehörte. Der große Historiker Leopold von Ranke (1795–1886) schrieb in seinen »Zwölf Büchern preußischer Geschichte«: »Der Kaiser zweifelte nicht, daß ihm das Recht dazu zustehe: denn auch Preußen gehörte unter die Monarchie des Imperiums, welches nach Begriffen jener Zeit die Welt umfaßte.«

Der »universale«, schillerende und orientalischen Lebensstil liebende Kaiser Friedrich war eine der großen Gestalten der europäischen Geschichte. Sein Großvater war Kaiser Barbarossa, der erste Staufer, der in Rom gekrönt wurde. Der blauäugige und rotblonde Friedrich war ein Mann voller Lebenskraft und für seine Zeit von ungewöhnlicher Bildung. Er sprach besser arabisch als deutsch.

Die Welt des Jahres 1226 war nicht die des ausgehenden 20. Jahrhunderts. Die Welt von damals war eine Scheibe, ihr Mittelpunkt war Rom. Die äußeren Begrenzungen waren verschwommen, verloren sich in Meeren und in Wüsten. Die Wege ins Heilige Land waren von Bedeutung, die Länder, von denen die Bibel erzählt. Ägypten gehörte dazu und dahinter ein Stück von Äthiopien, aus dem die Heiligen Drei Könige gekommen waren. Natürlich waren die Küsten des Mittelmeeres bekannt, aber das übrige Afrika verblieb in geheimnisvollem Dunkel. Von Amerika und Australien hatte niemand etwas gehört, und in Asien hausten am Ende der östlichen Welt die Mongolen, wilde Reiter, die auf ihren Zügen nach Westen Tod und Feuer verbreiteten.

Man muß sich diese Welt von damals heute vor Augen führen, denn die Ereignisse um das Jahr 1226 spielten bei der Begründung des historischen Anspruchs Polens auf Ost- und Westpreußen nach dem letzten Krieg eine Rolle. Herzog Konrad von Masowien habe dem Orden keineswegs die Gründung eines eigenen deutschen Staates erlaubt. Deshalb sei alles, was danach geschah, rechtswidrig. Allerdings wurde von polnischer Seite nicht berücksichtigt, daß das strittige Gebiet gar nicht polnisch besiedelt und beherrscht war. Die Pruzzen waren keine Slawen und damit auch keine Polen. Sie waren Vettern der Litauer. Und auch dort möchten Nationalisten die Zeit um mehr als sieben Jahrhunderte zurückschrauben, um eigene Ansprüche auf das Land ihrer längst ausgestorbenen Verwandten zu erheben. Es ist ein Aberwitz, das Jahr 1226, als die Erde eine Scheibe war und nur gezeichnete vage Landkarten existierten, zur Begründung einer Politik im 20. Jahrhundert heranzuziehen.

Der Deutsche Orden wurde während der Kreuzzüge gegründet und 1198 von Papst Innozenz III. bestätigt. Er war neben Johannitern und Templern der dritte Orden im Heiligen Land. Die deutschen Ritter waren an einem weißen Umhang mit schwarzem Kreuz zu erkennen. Der Orden hatte nur deutsche Mitglieder, während die beiden anderen stark französisch beeinflußt waren. Die deutschen Ritter kamen vor allem aus dem Süden und der Mitte Deutschlands, wobei unter dem Süden auch das heutige Österreich und das heute zu Italien gehörende Südtirol zu verstehen waren.

Zur Zeit der Verhandlungen des aus Thüringen stammenden Hochmeisters Hermann von Salza mit dem Herzog Konrad von Masowien hatte der Deutsche Orden ungefähr 600 Mitglieder. Eine Großmacht war er nicht gerade.

Vier Jahre dauerten die Vorbereitungen für das als Kreuzzug bezeichnete Unternehmen gegen die Pruzzen, um Geld, Menschen und Material zu beschaffen und den Nachschub zu sichern. Herzog Konrad trat dem Orden schließlich das Kulmer Land an der Weichsel ab, das in Wirklichkeit außerhalb seines Machtbereichs lag.
Im Jahre 1230 marschierte die Streitmacht des Ordens an die Weichsel. Sie bestand aus 28 Rittern und 100 Begleitern und wurde vom neu ernannten Landmeister Hermann Balk geführt. Balk und sieben weitere Ritter überschritten die Weichsel im Kulmer Land und trafen auf drei hintereinander liegende Verschanzungen der Pruzzen. Die erste Linie wurde von den Rittern niedergemacht, nur der Führer blieb am Leben, ergab sich, schaffte Zugang zur zweiten und auch zur dritten, die ein Verwandter von ihm verteidigte, »der dann gräßlich umgebracht wird«, wie Leopold von Ranke schrieb.
Die Geschichte Preußens fing grausam und blutig an, wie sie 715 Jahre später grausam und blutig zu enden schien.
Alles weitere erfolgte mit einer für die Pruzzen erschreckenden Präzision. Bald darauf traf Nachschub für die Ritter auf dem Wasserweg der Weichsel ein. In Danzig hatten sich damals schon deutsche Kaufleute niedergelassen. Zur Lieferung gehörte auch Baumaterial, denn der Orden begann sofort mit der Anlage von befestigten Plätzen. 1231 wurde Thorn gegründet. Der Name geht wahrscheinlich auf den Berg Thoron bei Akkon im Heiligen Land zurück, wo lange der Sitz des Ordenshochmeisters war, der später nach Venedig verlegt wurde. 1233 folgte die Gründung von Kulm.
Finanziert wurde der »Kreuzzug« in Preußen durch reichliche Spenden des deutschen Adels. Die Ordens-Balleien in Deutschland waren die Zentren, in denen die Mittel zunächst gesammelt wurden. Viele deutsche Edelleute hatten an Kreuzzügen nach Palästina teilgenommen und waren dem Orden daher verbunden. Landesfürsten gewährten den Balleien Abgabenfreiheit oder andere Vergünstigungen. Wer ein gutes Werk tun wollte, wer eine Schuld zu tilgen hatte, der schickte dem Orden eine Spende. Junge Edelleute, oft aus kinderreichen Familien, in denen es für sie nichts zu erben gab, traten in den Orden ein, der ihnen mit der Klasse der Halbbrüder, die nicht die strengen mönchischen Gelübde wie die Ritter ablegen mußten, entgegen kam. Es kamen auch solche, die aus Deutschland verschwinden wollten. Der Nachschub unterstand dem Deutschmeister.
Der Orden ging in Preußen nur Schritt für Schritt vor. 1237 wurde

zusammen mit Lübecker Kaufleuten Elbing am Frischen Haff und am östlichen Rand des Weichseldeltas gegründet. Mit Elbing wurde auch der Zugang zur Ostsee erreicht. Die Mündungsflüsse der Weichsel änderten während der Jahrhunderte mehrfach ihren Lauf, ehe sie gebändigt wurden. Vor Elbing bestand außerdem ein später versandetes Tief in der Frischen Nehrung mit einem direkten Zugang zur Ostsee.

Bis 1241 gründete der Orden bei seinem weiteren Vordringen nach Osten Balga am Frischen Haff, Braunsberg, Bartenstein, Heilsberg und Rößel. 1243 brach ein Aufstand der Pruzzen gegen den Orden aus. Nach dem Spruch eines päpstlichen Richters mußte der Orden im Vertrag von Christburg den Pruzzen Freiheit und Besitz garantieren. Aber der Aufstand war der Beginn eines dreißig Jahre dauernden Kampfes zwischen Orden und Pruzzen.

Die nächsten Ziele waren weiter nördlich die Mündung des Pregels und das Samland. Das christliche Europa stand noch ganz unter dem Schock des jüngsten Mongoleneinfalls. 30000 schnelle Reiter – oft wurde auch von Tataren gesprochen – hatten 1241 bei Liegnitz in Schlesien ein deutsch-polnisches Heer vernichtend geschlagen. Den Kopf des von ihnen getöteten niederschlesischen Herzogs Heinrich steckten sie auf eine Lanze. Die Mongolen zogen bis vor Wien, wandten sich dann nach Ungarn und kehrten unbesiegt und ohne erkennbaren Grund nach Osten zurück.

Der Aufstand der Pruzzen, die Unruhe unter den ebenfalls heidnischen Litauern weiter östlich, das alles erschien plötzlich wie eine schwere Bedrohung nicht nur für den Orden, sondern für die ganze Christenheit. So erfuhr der Deutsche Orden die größte Unterstützung, die er jemals erhielt.

Unter Führung König Ottokars von Böhmen zog gegen Ende des Jahres 1254 ein großes Kreuzzugsheer nach Preußen. In Elbing vereinigte es sich mit den Truppen des Ordens unter dem Hochmeister Poppo von Osterna. Auch Markgraf Otto von Brandenburg war dabei. Im Januar, mitten in einem frostigen Winter, in dem das Gelände leichter passierbar war, brach das Heer unter Führung des Königs, der der Ranghöchste war, zunächst zum nördlichsten Vorposten des Ordens, Balga, auf. Von dort zog die Truppe über das Eis des Frischen Haffs ins Samland und hinterließ auf seinem Weg Tod, Brand und Schrecken. Das Gemetzel dauerte nur wenige Tage, so groß war das Samland ja nicht.

Auf dem Rückweg nahm das Heer einen anderen Weg über den

Pregel in der Nähe von dessen Mündung. Dort sollen König Ottokar und der Hochmeister des Ordens den Platz für eine neue Stadt festgelegt haben. Zu Ehren des Böhmenkönigs soll sie den Namen Königsberg erhalten haben. Ob es stimmt, ist nicht sicher. Aber manches deutet darauf hin, denn die ersten Siegel Königsbergs schienen Symbole Ottokars und Böhmens zu enthalten. 1255 gilt als das Jahr der Gründung Königsbergs. Und so war auch in der Sowjetischen Enzyklopädie unter dem Stichwort Kaliningrad zu lesen: »Gegründet als Burg im Jahre 1255.«

Der Kreuzzug ins Samland verschärfte den Haß auf den Orden. Die pruzzischen Stämme verständigten sich erstmals untereinander zu einem gemeinsamen Schlag gegen ihn. Die Führer des Stammes der Samen hießen Glande und Nalube, an der Spitze der Warmen stand Glappo und die Natanger führte Herkus Monte. Der Orden hatte junge pruzzische Edelleute nach Deutschland zur Erziehung geschickt. So war Herkus Monte nach Magdeburg gekommen. Aber als er nach Preußen zurückkehrte, war er fest entschlossen, die Deutschen von dort zu vertreiben.

Im September 1260 schlugen die pruzzischen Stämme gemeinsam los. Sie nahmen mehrere Burgen der Ritter ein und erschlugen alle Christen. Die Burgen Elbing, Balga und auch Königsberg hielten dem Angriff stand. Im Februar des folgenden Jahres begannen die Pruzzen eine einjährige Belagerung Königsbergs, aber die Deutschen wurden auf dem Wasserweg versorgt. Den Belagerern erging es oft schlechter als den Belagerten, die genug zu essen hatten. Sie hatten Dächer, während die Belagerer den Unbilden des Wetters ausgesetzt waren. Seuchen zwangen sie wahrscheinlich zum Abbruch der Einschließung. Genaueres weiß man vom Ende des Natanger-Führers Herkus Monte. Er fiel einem deutschen Ritter namens Schöneberg in die Hände und wurde getötet.

Erst im Jahre 1273 galt der Aufstand als niedergeschlagen.

Bei der Bewertung des Vorgehens des Ordens gibt es noch heute sehr gegensätzliche Ansichten. Litauische Historiker verweisen darauf, daß nur etwa 170000 Pruzzen überlebt hätten. Ihre Oberschicht sei in den Kriegen fast ganz untergegangen. Die Überlebenden hätten sich taufen lassen müssen. Wollten sie aufsteigen, hätten sie deutsche Sitten und die deutsche Sprache annehmen müssen. Von deutscher Seite wurde dagegengehalten, wie viele Ostpreußen stolz auf ihre pruzzische Abstammung waren, die sich an ihren Namen erkennen ließ. Einheimische Adlige hätten die gleichen Rechte wie die deut-

schen erwerben können. Der Orden habe die Pruzzen auch für viele niedere Positionen gebraucht. Die Wahrheit wird, wie so oft, in der Mitte gelegen haben, sich von Ort zu Ort unterschieden haben und auch von den Personen abhängig gewesen sein.
Leopold von Ranke schrieb: »Der Charakter einer Kolonie war der vorherrschende in dem neuen Lande. In dem Prinzip lag es, die Einwohner zu schonen, wenn sie das Christentum annahmen, und ihnen gerecht zu werden; aber die unaufhörliche Rebellion wurde für den Orden und die Kirche ein Motiv der Entsetzung für die Widerstrebenden aus ihrem Erbteil.« In heutigem Deutsch würde das heißen, daß von Haus und Hof vertrieben wurde, wer sich nicht taufen ließ.
Die Landnahme in Preußen beschränkte sich auch nicht auf die militärische Besetzung. Der Orden lockte deutsche Bauern, Handwerker und Kaufleute an, die auf eine neue Existenz hofften. Neben den Burgen entstanden genau geplante Städte. An den Namen ließ sich feststellen, woher diese Kolonisten kamen. Die meisten waren Niederdeutsche, während Ritter und Priester vor allem aus dem Süden und der Mitte Deutschlands kamen. Niederdeutsch war denn auch die in Preußen übliche Umgangssprache. Urkunden waren dagegen meist hochdeutsch oder lateinisch abgefaßt.
Die weitere Geschichte Königsbergs hing eng mit dem Schicksal des Ordens und dessen Niedergang zusammen. Zunächst schien es, als sei sein Aufstieg unaufhaltsam. Der Deutsche Orden hatte sich mit dem Orden der Schwertbrüder vereinigt, der weiter nördlich in Livland operierte, aber alleine zu schwach zum Überleben war. Die Schwertbrüder hatten 1252, also noch drei Jahre vor der Gründung von Königsberg, die Hafenstadt Memel gegründet.
1274 begann der Orden mit dem Bau der Marienburg am Ufer der Nogat, einem Nebenfluß der Weichsel in ihrem Mündungsgebiet. Sie sollte der Sitz des Hochmeisters und eines Teils der Ordenregierung werden. Im Jahre 1309 zog der Hochmeister von Venedig in die Marienburg um.
Die Regierung bestand aus den Gebietigern, heute würden sie Minister heißen. In der Marienburg saßen der Großkomtur als Chef der Verwaltung, der für die Krankenpflege zuständige Spittler – schließlich war die Sorge für die Kranken einmal die vornehmste Aufgabe des Ordens gewesen –, der Trappier, der sich um die Bekleidung kümmerte, und der Tressler als Finanzchef. In Königsberg saßen der für das Kriegswesen zuständige Marschall und der Großschäffer,

dem der Handel unterstand. Der Landmeister als der Vertreter des Hochmeisters in Preußen residierte meistens in Elbing.
Wie ein roter Faden zieht sich durch die Geschichte Preußens das Bemühen, eine sichere Landverbindung nach Westen zu erhalten. Für den Orden ging es auch noch um die Verbindung zu den Schwertbrüdern in Livland. Die Verbindung nach Westen durch Pomerellen konnte der Orden sich nach Plänkeleien von Brandenburg erkaufen und von Polen vertraglich zusichern lassen. Die Verbindung nach Livland bestand nur zeitweise und ging immer wieder durch die heidnischen Litauer und ihnen verwandte Stämme verloren.
Königsberg bestand inzwischen nicht mehr aus einer, sondern aus drei nebeneinander liegenden Städten. Das ursprüngliche Königsberg, nun die Altstadt, platzte aus allen Nähten. So entstanden daneben die Städte Löbenicht und Kneiphof, wo sich vor allem die Kaufleute niederließen. Erst 1724 wurden die drei Städte unter dem gemeinsamen Namen Königsberg zusammengeschlossen.
Königsberg entwickelte sich in dieser Zeit zu einem Treffpunkt des europäischen Adels. Hochsaison herrschte in der Burg und in den Herbergen zu Anfang des Winters. Der Grund für das fröhliche winterliche Treiben des europäischen Adels waren die »Reisen« nach Litauen. Man traf sich hier wie zur fröhlichen Jagd. Doch das Wild waren Menschen, litauische Heiden, und die waren vogelfrei. Die Ritter warteten in Königsberg auf den Einbruch des Frostes, weil das Gebiet sonst nicht zu passieren war. Kundschafter machten inzwischen die Ziele in Litauen aus. Gelegentlich gab sich der Hochmeister die Ehre, mit den Litauen-Fahrern in Königsberg festlich zu tafeln. An diesen heute unbegreiflichen europäischen Jagdausflügen zum Niedermetzeln der Heiden nahmen Adlige aus fast allen Ländern mit Ausnahme von Spanien und Italien teil. Der englische Graf Henry von Derby, der später auf den englischen Thron kam, verpulverte auf zwei solchen Reisen in Königsberg nach heutigem Geld ein Millionenvermögen.
1370 rückten die Litauer, die angesichts der Bedrohung durch den Orden ihre Zersplitterung überwunden hatten, in Preußen ein. Unter ihnen war auch Jagaila, der junge Sohn des Großfürsten Olgierd. Die Litauer wurden nördlich von Königsberg bei Rudau im Samland geschlagen, aber der Haß hatte sich noch mehr festgefressen. Jagaila heirate später die 13jährige polnische Königstochter Hedwig (Jadwiga). Als Wladyslaw II. Jagiello und nach seiner Taufe beherrschte

er ein polnisch-litauisches Großreich, dessen Ziel der Sieg über den Orden sein mußte.

Der Untergang des Ordens begann sich mehrfach abzuzeichnen. Mit Beginn des 15. Jahrhunderts stellte der Staat sich dar als ein kaum noch zu verwaltendes Gebilde, in dem Orden, Kirche, Landadel, die reichen Bürger in den Städten und auch der Städtebund der Hanse gegeneinander intrigierten. Die einflußreichste Kaste von einigen hundert Ordensrittern paßte kaum noch in die Zeit, in der nicht mehr allein mit Schwertern, sondern auch schon mit Pulver und Geschützen und mit Söldnern gekämpft wurde. Den mönchischen Rittern, die in der Regel nicht in Preußen geboren waren, fehlte auch die persönliche Bindung an das Land.

Am 15. Juli 1410 wurde das Heer des Ordens vom polnisch-litauischen König Jagiello bei Tannenberg – die Polen und die Russen sagen bei Grunwald – in einer der größten Feldschlachten des Mittelalters, vernichtend geschlagen. Hochmeister Ulrich von Jungingen brachte 50000 Mann aus Preußen und Livland zusammen. 33000 Söldnern rückten für teures Geld zur Verstärkung aus Westen an. Der Hochmeister verfügte über 26000 Reiter. Aus allen Schlössern und Burgen hatte er die Geschütze auf das Schlachtfeld bringen lassen. Jagiello unterstanden über 60000 Polen, 40000 Litauer und Russen, 40000 Tataren und 20000 Söldner aus Böhmen, Mähren, Ungarn und Schlesien. Allein seine Reiterei war so stark wie das ganze Ordensheer. Es war eine so gewaltige Truppenmassierung, wie sie hier noch nie vorher zu sehen war. Die Niederlage des Ordens war vollkommen. Der Hochmeister Ulrich von Jungingen wurde in der Schlacht getötet.

Jagiello zog vor die Marienburg und belagerte sie. Aber er konnte sie nicht einnehmen, weil in seinem Lager Seuchen ausbrachen. Unter den Litauern griff die Pest um sich. Als 1411 in Thorn an der Weichsel Frieden geschlossen wurde, traten für den Orden trotz der militärischen Niederlage dennoch scheinbar keine bedeutenden Veränderungen ein.

In den folgenden Jahren zerstörte der Staat sich selbst. Städte und der Adel fühlten sich inzwischen vom Orden durch dessen überall sichtbare Willkürherrschaft unterdrückt und finanziell ausgesaugt. Vertreter von 19 Städten und des Adels gründeten einen »Bund vor Gewalt«, der meist einfach als »Preußischer Bund« bezeichnet wurde. In Thorn wurde ein »Enger Rat« des Bundes mit dem Adligen Hans von Baysen an der Spitze gebildet, der 1454 dem polnischen

König die Oberhoheit über Preußen anbot. Baysen wurde vom König zum »Gubernator« von Preußen eingesetzt. Eine der Königsberger Städte schloß sich dem Aufstand an, zwei schlugen sich auf die Seite des Ordens. Hilfe kam dem Orden bei der Niederschlagung der Rebellion in Königsberg von einer Seite, von der sie am wenigsten zu erwarten war, von den pruzzischen Bauern im Samland. Sie hatten sich längst mit dem Orden arrangiert, die Intrigen des Ordens und der Städte interessierten sie nicht.

In einem 13jährigen Bürgerkrieg, in dem kaum noch jemand wußte, wer gegen wen kämpfte, zogen plündernde und marodierende Söldnerhaufen durch das Land. Am häufigsten sprachen sie tschechisch, die meisten Söldner kamen aus Böhmen. Als der Orden seine Söldner nicht mehr bezahlen konnte, mußte der Hochmeister die Marienburg an sie verpfänden. Hochmeister Ludwig von Erlichshausen flüchtete im Mai 1457 aus der Marienburg nach Königsberg. Er kam dort nicht wie ein Landesfürst, sondern eher wie ein Bettler an. So wurde Königsberg preußische Haupt- und Residenzstadt.

Als weitere Katastrophe brach im Jahre 1464 auch noch die Pest in Preußen aus.

Am 19. Oktober 1466 wurde der Zweite Thorner Frieden geschlossen. Er bedeutete das Ende des bisherigen deutschen Ordensstaates. Der Orden verlor Pomerellen mit Danzig und damit die Landverbindung nach Westen an Polen, ebenso das Kulmer Land mit den angrenzenden Michelau, Marienburg und Elbing. Das Bistum Ermland unterwarf sich ohne kirchenrechtliche Unterstellung ebenfalls Polen. Für den noch verbleibenden Staat des Deutschen Ordens, der nur noch das östliche Preußen mit der neuen Hauptstadt Königsberg umfaßte, mußte der Hochmeister die Oberhoheit des polnischen Königs anerkennen. Er mußte ihm den Treueid leisten und zu dessen Kriegen Truppen stellen.

Mit dem Zweiten Thorner Frieden begründet Polen ebenfalls einen historischen Anspruch auf Preußen, ohne dabei allerdings zu berücksichtigen, daß heutige Nationalstaaten nicht mit königlicher Oberhoheit und dem Vasallentum des Mittelalters gleichgesetzt werden können.

Ranke, der Historiker Preußens, schrieb: »Nicht eigentlich durch Waffentaten der Polen ist die große Umwandlung bewirkt worden. Sie ging aus dem Ankämpfen der Untertanen des Ordens gegen seine Verfassung hervor, aus den Ideen der Selbständigkeit, die sich in dem ersteren wie in jedem kolonisierten Lande zu regen begannen, und dem eigenmächtigen Verhalten, welches die Ritter und Gebietiger des Ordens selbst wider den Willen des von ihnen doch sehr abhängigen Hochmeisters sich zuschulden kommen ließen.«

In Deutschland war das Interesse am Orden in Preußen erheblich gesunken. Neue Ordensritter und Siedler waren für den bankrotten Staat kaum noch zu finden. Außerdem schaute Europa gebannt auf einen neuen Feind, der sich bedrohlich näherte: Die Türken rückten auf dem Balkan gegen Europas Christenheit vor.

Durch den Zweiten Thorner Frieden wurde Preußen geteilt. Das westliche Gebiet gehörte nun zur polnischen Krone, das östliche mit Königsberg blieb weiterhin Ordensland, obwohl es auch von Polen abhängig war. Tiefgreifende Auswirkungen auf die Menschen hatte das nicht, wie nationalstaatliches Denken des heutigen Jahrhunderts vermuten lassen könnte. Es wurden keine unüberwindlichen Barrieren aufgerichtet oder Verkehrswege unterbrochen.

Der westliche Teil Preußens hieß fortan über 200 Jahre lang »Preußen königlichen Anteils« oder einfacher das »Königliche Preußen«, wobei »königlich« sich auf den König von Polen bezog. Ungefähr hundert Jahre lang führte dieser preußische Landesteil unter der polnischen Krone weitgehend ein Eigenleben mit eigenem Landtag und eigener Regierung. Die drei großen Städte Danzig, Elbing und Thorn, alle drei deutsche Städte, hatten als Stadtrepubliken nochmals Sonderstellungen. Aber Polen hielt seine Zusicherungen nicht, die es dem preußischen Adel, den Ständen und den Städten gegeben hatte, als sie vor der Gewalt und Willkür des Ordens Schutz gesucht hatten. Gut hundert Jahre später wurde am 18. März 1569 durch die Union von Lublin das Preußen königlichen Anteils Polen »inkorporiert«.

Der Deutsche Orden in Königsberg versuchte, sich durch einen Trick der Huldigung der Hochmeister gegenüber dem polnischen König zu entziehen. Bisher waren die Hochmeister, die sich oft in schneller Folge ablösten, mit wenigen Ausnahmen Träger von Namen aus der deutschen Ritterschaft, Haudegen manchmal, gelegentlich sogar Analphabeten, die nicht einmal die Bibel lesen konnten und in der Welt von Kultur und irdischer Pracht nicht gerade zu Hause waren.

Nun wählte der Orden zu seinen Hochmeistern deutsche Reichsfürsten. Die deutschen Kaiser hatten den für den Orden schmählich ausgefallenen Zweiten Frieden von Thorn niemals anerkannt. Deshalb erschien eine Huldigung durch dem Kaiser unterstehende Reichsfürsten einem polnischen Regenten gegenüber undenkbar.

So wurde 1498 Friedrich von Sachsen zum Hochmeister gewählt. Er setzte eine Reihe von dringend notwendigen Verwaltungsreformen in dem altmodischen Staat durch. Die Königsberger, die sich mit dem tristen Lebensstil der Ordensritter hatten abfinden müssen, hörten aus dem Schloß nun auch weltliche Musik. Der Sachse gründete eine Hofkapelle mit Sängern und Musikern. Das kalte Königsberg mit dem klaren Himmel von der Ostsee war nicht die Welt, die er liebte. 1507 reiste er nach Sachsen ab, kehrte niemals wieder nach Preußen zurück und starb ein paar Jahre später.

Der Orden wählte nun wieder einen Reichsfürsten, Markgraf Albrecht von Brandenburg-Ansbach, aus der fränkischen Linie der Hohenzollern, zum Hochmeister. Diesmal war die Konstellation noch raffinierter. Der polnische König war obendrein ein Onkel Albrechts, der bei seiner Wahl erst 21 Jahre alt und am selben Tag überhaupt erst in den Orden eingetreten war. 1512 zog er prunkvoll wie ein Fürst in seiner Hauptstadt Königsberg ein. Dem polnischen König verweigerte er trotz seiner Verwandtschaft den Treueid. Statt dessen begann er sogar einen neuen Krieg, der in die Geschichte als »Reuterkrieg« eingegangen ist. »Reuter« hießen damals die Reiter. Zu Silvester des Jahres 1519 verließ er mit seinen Soldaten Königsberg und fiel am 1. Januar in Braunsberg ein, das zum Ermland und deshalb zum feindlichen Polen gehörte. Vor Allenstein erreichte er nichts, das Schloß des ermländischen Domkapitels hatte Nicolaus Copernicus zur Verteidigung bereit gemacht.

Den Königsbergern sagte der Krieg ihres Hochmeisters nicht zu, weil er einige hundert Handwerker und Bürger für den Feldzug aushob. Wer konnte, versteckte sich. Als der Hochmeister auch seine Söldner nicht bezahlen konnte, zogen sie ab. Die Finanzen des preußischen Ordensstaates waren so zerrüttet, daß Albrecht Mühe hatte, das Geld für eine Reise ins Reich aufzutreiben, bei der er um Hilfe für sein kleines Land nachsuchen wollte. Er reiste als Hochmeister ab und kehrte ganz anders zurück.

Albrecht kam in ein Deutschland, das aufgewühlt war von der Auseinandersetzung um die Reform der Kirche. Unter dem Eindruck des wortgewaltigen evangelischen Predigers Andreas Osiander, den er in Nürnberg gehört hatte, reiste er, statt sich um militärische Hilfe für Preußen zu bemühen, 1523 zum Reformator Martin Luther nach Wittenberg. Der riet Albrecht, aus seinem Land ein weltliches Fürstentum zu machen und zu heiraten. Luther selbst schrieb »An die Herren des Deutschen Ordens, daß sie falsche Keuschheit meiden.«

Als Vorhut schickte Albrecht zwei evangelische Prediger nach Königsberg. Fast über Nacht nahm das Land den neuen Glauben an, als wäre es niemals katholisch und niemals ein katholischer Ordensstaat gewesen. Die meisten Angehörigen des Ordens machten erleichtert den Wechsel mit, viele heirateten. Einige aber wollten katholisch bleiben und auch den Orden nicht verlassen. Sie kehrten entweder nach Deutschland zurück oder siedelten ins katholische Ermland im polnischen Teil über.

Der Orden bestand in Deutschland zunächst mit dem Sitz in Mergentheim weiter, Hochmeister kamen nun aus der Habsburger-Familie. Napoleon löste den Orden auf, dann wurde er wieder zum Leben erweckt. Eines der berühmtesten österreichischen Traditionsregimenter waren die Hoch- und Deutschmeister. Es gibt noch eine Blaskapelle, die in den alten Uniformen herummarschiert, aber kaum jemand in Wien weiß noch, was der Name bedeutet und daß er seinen Ursprung im fernen Preußen hat. Der Hochmeister war das Ordensoberhaupt, der Deutschmeister war für den Nachschub aus Deutschland zuständig. Auch der Orden selbst, der noch einige Krankenhäuser besitzt, hat jetzt seinen Sitz in Wien und inzwischen den hundertsten Hochmeister. Die neuen Hochmeister sind heute keine Habsburger mehr, sondern Bürgerliche.

Albrecht konnte sich nicht selbst zum Herzog machen. Im April 1525 leistete er dem polnischen König in Krakau den Treueid, den er als Hochmeister verweigert hatte. Darauf erhielt er die Urkunde über die Belehnung als erblicher Herzog in Preußen. Die Reformation hatte in Polen kaum Auswirkungen, es blieb treu katholisch. Unter die Fittiche dieses katholischen Königreichs wurde nun ein Herzogtum genommen, das sich gerade erst von Rom abgewandt und zum evangelischen Glauben übergetreten war. Im Reich wurde das Ordensland immer als deutsches Gebiet angesehen. Der Kaiser verurteilte den Schritt Albrechts und belegte ihn mit der Reichsacht.

Albrecht, der einige Jahre zuvor Königsberg als mittelloser Ordenshochmeister verlassen hatte, kehrte am 9. Mai 1525 als weltlicher Herzog in seine Hauptstadt Königsberg zurück. Es wurde ein prunkvolles Ereignis und ein riesiges Volksfest, wie es die Stadt wohl noch nie zuvor erlebt hatte. 200 Königsberger Bürger ritten dem Herzog entgegen, alle Glocken der Kirchen der Dreistadt läuteten, Böller wurden abgeschossen, Fackeln angezündet und Teppiche ausgerollt.

In sowjetischen Geschichtsbüchern – und das Umlernen dauert lange – hieß der Deutsche Orden meistens »Tewtonski Orden«, der Teuto-

nische Orden, und darin lag schon eine negative Bewertung. Er habe gewaltsam das Land von Pruzzen, Litauern und Polen an sich gerissen. Die Rolle als Kolonisator, die die Russen bei ihrer Expansion nach Asien für sich selbst in Anspruch nehmen und herausstellen, wurde nicht erwähnt.
Heute fasziniert die Geschichte Königsbergs und Preußens viele Russen, die hier leben. Sie haben einen riesigen Nachholbedarf an Informationen, weil ihnen lange die Vergangenheit verschwiegen wurde und die Geschichte erst 1945 beginnen durfte. Inzwischen kennen viele Intellektuelle unter den Russen die Geschichte besser als mancher Deutsche aus der Generation der Kinder und Enkel der Vertriebenen . . .

Das NKWD-Lager und seine Keller

Auf den Tag genau 420 Jahre nach der Gründung des weltlichen preußischen Staates am 9. Mai 1945 brüllten in den Königsberger Straßen die sowjetischen Soldaten immer lauter: »Gitler kaputt!« Sie schossen wie wild mit ihren Maschinenpistolen in die Luft, die Lautsprecher auf den Straßen dröhnten. Betrunkene wackelten auf erbeuteten Fahrrädern zwischen den immer noch nicht zugeschütteten Granat- und Bombentrichtern. »Gitler kaputt!«, Deutschland hatte kapituliert. Nach Reims am Vortag gegenüber den westlichen Alliierten hatten die Deutschen auch in Karlshorst gegenüber der Sowjetunion ihre Niederlage besiegelt.
Und hier in Königsberg war die Quelle des preußischen Imperialismus, die Wiege des preußischen Militarismus! So wurde es den sowjetischen Soldaten gesagt. Sie, die wilden Burschen aus dem Osten, hatten Imperialismus und Militarismus besiegt. Schon vor einem Monat hatten sie ihren Sieg in Königsberg errungen. Aber in den Straßen hing der Geruch von Leichen, die noch überall in den Trümmern lagen.
Das Wort »Festung« beeindruckte die Sowjets so, daß die ersten Militärkommandanten es dem Namen Königsberg voranstellten. So versah Garde-Generalmajor Pronin seine Schreiben mit dem Zusatz »Militärkommandeur der Stadt und der Festung Königsberg, Held der Sowjetunion«.
»Gitler kaputt«, riefen auch die Bewacher der Gefangenen in der Wrangel-Kaserne in Rothenstein am nördlichen Stadtrand von Königsberg, dem Lager des NKWD, mit Tausenden auf engstem Raum zusammengepferchten verdächtigen Deutschen. Auch hier dröhnten die Lautsprecher den ganzen Tag, um den Sieg zu verkünden. Unter den Sowjets herrschte Feiertagsstimmung.
Die deutschen Zivilisten, die nach den tagelangen erschöpfenden Märschen freigelassen wurden, aber ihre Wohnungen nicht wiederfanden, irrten durch die Stadt auf der Suche nach einer Unterkunft und nach Lebensmitteln. Sie dachten ebenso wie die, die im Lager Rothenstein oder woanders in Kellern des NKWD festgehalten wurden, nur noch an das Nächstliegende, ans Überleben. Die Ereignisse im »Reich« waren für sie in unvorstellbare Ferne gerückt. Sie spielten keine Rolle mehr für sie, nicht der Tod Hitlers,

nicht der Fall von Berlin, nicht die Kapitulation. Sie wußten nicht mehr, welchen Tag der Kalender hatte, weil sie keinen hatten, keine Zeitung. Lautsprecher dröhnten überall, aber nur russisch, das sie nicht verstanden. Sie wußten auch nicht mehr, wieviel Uhr es war. Sie hatten keine Uhren mehr, höchstens noch alte Wecker, die sich nicht um den Arm schnallen ließen. Sie wußten auch nicht mehr die Zeit für die Mahlzeiten, weil sie immer Hunger hatten.

Das Lager Rothenstein war vom NKWD gleich nach der Kapitulation Königsbergs in der nahezu unzerstörten dortigen Kaserne eingerichtet worden. Es war für die Deutschen vorgesehen, die bei der ersten Überprüfung während der Märsche im Sieb unter irgendeinem Verdacht hängengeblieben waren. Hier wurden aber auch ausländische Arbeiter vor ihrem Rücktransport in die Heimat gesammelt. NKWD-Offiziere suchten nach Kollaborateuren unter ihnen. Hier kam niemand ohne Überpüfung davon. Die ausländischen Arbeiter wurden im Verlauf von ungefähr zwei Monaten verhältnismäßig schnell repatriiert.

Anders erging es Russen oder Angehörigen anderer sowjetischer Nationalitäten, die in Deutschland gearbeitet hatten. Sie wurden wie Aussätzige behandelt. Viele verschwanden wieder in sowjetischen Arbeitslagern. In den Bevölkerungsstatistiken im Königsberger Gebiet wurden die Bewohner noch lange in drei Gruppen eingeteilt – in Sowjetbürger, Repatriierte und Deutsche.

Die Masse der deutschen Internierten in Rothenstein war in Fahrzeug- und Werkstatthallen untergebracht. In jeder der neun Hallen vegetierten zwischen 1300 und 2000 Menschen vor sich hin. Sie saßen oder lagen dichtgedrängt auf dem Betonfußboden. Die Männer waren seit Wochen unrasiert. Am schlimmsten waren der Hunger, die Ungewißheit über die eigene Zukunft und die sanitären Bedingungen. Zwischen den Hallen wurden Latrinen ausgehoben. Aber schon nach kurzer Zeit begann die Ruhr zu grassieren, und die Kranken schafften nicht mehr den Weg bis dahin oder fanden nicht rechtzeitig einen freien Platz. Männer und Frauen waren zwar in den Hallen getrennt, benutzten aber deswegen gemeinsam die am schnellsten zu erreichende Latrine.

Die Hallen wurden am Abend verschlossen und erst morgens wieder geöffnet. Es gab Zäune und Wachen, aber die Absperrung war nicht besonders gründlich. Es versuchte auch kaum jemand zu flüchten. Wohin auch?

Die Gefangenen erhielten zunächst 200 Gramm Brot, einen halben

Tote deutsche Soldaten an der Chaussee nach Fischhausen.
Foto: Russisches Staatsarchiv

Sowjetische Infanteristen beim Straßenkampf in Königsberg.
Foto: Russisches Staatsarchiv

Ein sowjetischer Offizier grüßt, als der japanische Generalkonsul aus dem Keller auf den mit Trümmern übersäten Hof kommt. Die Sowjetunion und Japan befinden sich noch nicht im Krieg.
Foto: Gebietsarchiv Kaliningrad

Der Befehlshaber der 11. Gardearmee, Generaloberst K. N. Galizki, und sein Stabschef, Generalleutnant I. I. Semjonow, 1946 vor dem Königsberger Schloß mit dem Kaiser-Wilhelm-Denkmal.
Foto: Russisches Staatsarchiv

Erbeutete deutsche Geschütze nach der Einnahme der Königsberger Innenstadt.
Foto: Russisches Staatsarchiv

Gefangennahme deutscher Soldaten.
Foto: Russisches Staatsarchiv

Käthe Modespacher

Die Medaille »Für die Einnahme Königsbergs« wurde 760000mal verliehen.
Foto: Autoren

Der spätere Innenminister Sergej Kruglow auf der Potsdamer Konferenz im Jahre 1945 in Generalsuniform hinter Stalin, Truman und den Außenministern Byrnes und Molotow.
Foto: Russisches Staatsarchiv

Liter Wassersuppe – aber nur, wenn sie ein Gefäß hatten – und manchmal einen Löffel Zucker. Immer mehr waren zu schwach, um sich das Essen zu holen. Am schlimmsten war der Durst, denn es gab keine funktionierende Wasserleitung. Das Wasser mußte außerhalb des Lagers von einer Pumpe geholt werden. Der Tod forderte von Tag zu Tag mehr Opfer.

Von den Menschen in den Hallen ahnte kaum jemand, daß es in der Kaserne in Rothenstein Gefangene gab, die unter noch viel schlimmeren Bedingungen dahinsiechten. Das NKWD hatte 4000 besonders Verdächtige in die dunklen Keller gesperrt. Die Zustände dort, das körperliche und seelische Elend, der Gestank waren unbeschreiblich. Dabei waren kaum noch große Nazis oder Kriegsverbrecher aufzuspüren. Die waren rechtzeitig geflüchtet oder ums Leben gekommen. In den Kellern saßen auch Menschen, die dort gar nicht hingehörten. Sie waren auf der Straße von den Bewachern eines Trupps, der gerade auf dem Marsch nach Rothenstein war, aufgelesen worden, weil ihnen ein Häftling entflohen oder unterwegs gestorben war. Nur die Zahl der Gefangenen mußte stimmen. So kam auch der jugendliche Michael Wieck, einer der letzten Überlebenden der jüdischen Gemeinde in Königsberg, in einen der schlimmsten NKWD-Keller.

Das Lager Rothenstein war nicht einfach eine Ansammlung einer gleichförmigen Masse von Internierten, denen auf der anderen Seite die Bewacher und NKWD-Offiziere gegenüber standen. Dem NKWD dienten vor allem Polen als Handlanger und auch als Dolmetscher. Sie teilten die Wassersuppe aus, in der jede einzelne Graupe eine Köstlichkeit war. Sie prügelten die Gefangenen, raubten den Toten die letzten noch wertvoll erscheinenden Kleidungsstücke und Schuhe. Erfahrene polnische Dolmetscher frisierten aber auch die Aussagen bei den Vernehmungen so, daß die Internierten nicht in die Fallen der NKWD-Offiziere liefen.

Unter den Gefangenen bildeten sich kleine Randgruppen heraus, von denen nicht mehr ganz klar war, auf welche Seite sie eigentlich gehörten. Sie waren Meister im »Organisieren«. Unter diesem Wort wurde schon zu deutscher Zeit die Kunst des Beschaffens, auch der unmöglichsten Dinge, verstanden. Nun machten sie Tauschgeschäfte mit den Polen und den Bewachern. Plötzlich tauchten auch Agitatoren auf, ehemalige Kriegsgefangene, die den Internierten am 1. Mai für die Zukunft goldene Zeiten unter Stalin und dem Kommunismus versprachen. Angebliche deutsche Kom-

munisten versuchten, sich den Russen anzubiedern. Spitzel gingen um, Mißtrauen breitete sich aus, keiner traute mehr dem anderen.
Als die Zahl der Toten, die jeden Tag aus den Hallen und den Kellern getragen wurden, immer größer wurde, die Gefahr der Ausbreitung von Seuchen bedrohlich zunahm, mußte die Lagerverwaltung mit einem Übergreifen auch auf die Bewacher rechnen. Auch die Geschlechtskrankheiten breiten sich als Folge der ständigen Vergewaltigungen unter den Frauen und unter den Russen aus. Internierte Ärzte, darunter auch Militärärzte in Zivil, und Krankenpfleger bemühten sich ohne alle Mittel in den Hallen um Hilfe für die Kranken. Die Lagerleitung erlaubte schließlich die Einrichtung eines Lazaretts, für das in den Trümmern der Stadt nach Medikamenten und medizinischem Gerät gesucht wurde.
Die Vernehmungsmaschinerie arbeitete zügig und brutal. Die ermittelten Parteigenossen, die Opfer von Denunzianten und auch die, die fälschlicherweise angaben, in der Partei gewesen zu sein, weil sie den Verhören nicht standhalten konnten, wurden in ein besonderes Lager nach Insterburg, 100 Kilometer östlich von Königsberg, weitertransportiert. Viele erhielten später langjährige Strafen und verschwanden in Arbeitslagern in der Sowjetunion. Andere kamen in ein Lager in Preußisch Eylau. Die Masse wurde nach Königsberg oder in die Umgebung entlassen oder Arbeitskolonnen zugeteilt.
Im Laufe von zwei Monaten leerte sich das Lager. Zurück blieben die Massengräber, in die die Toten am Rand des Kasernengeländes geworfen worden waren, ohne daß jemand ihre Namen festgehalten hätte.
Wie es mit Kasernen so ist: Im Krieg werden sie fast nie zerstört. Und nach dem Krieg werden sie wieder benutzt, wenn auch von Truppen mit anderer Uniform. So ist auch die ehemalige deutsche Wrangel-Kaserne in Rothenstein nach ihrem Zwischenspiel als Internierungslager des NKWD wieder eine Kaserne, nun eine russische.

Faschisten und Kommunisten

Die Vernehmungsoffiziere des NKWD teilten die deutsche Bevölkerung in zwei Gruppen ein – in Faschisten und Antifaschisten. Antifaschisten waren für sie im Grunde nur die Kommunisten. Die Masse der Deutschen gehörte für sie zu den Faschisten.
Schon die Wahl der Begriffe zeigte, wie die Sowjets die Bedeutung von Worten für sich zurechtrückten. Sie gebrauchten niemals das Wort »Nationalsozialismus«. Sie sprachen immer nur von »Faschismus«. Den Begriff »Sozialismus« hatten sie für sich in Anspruch genommen. Es war undenkbar, daß ihre schlimmsten Feinde ebenfalls Sozialisten sein konnten, auch nicht mit dem Zusatz »national«. So griffen sie auf das Wort »Faschismus« zurück, mit dem sich Mussolinis italienische Bewegung geschmückt hatte, das aber mit den deutschen Nationalsozialisten und ihren Ablegern in anderen europäischen Ländern nicht identisch war.
Die NKWD-Offiziere werden viel gehört, aber wenig geglaubt haben, weil das nicht in das Bild gepaßt hätte, das ihnen für ihre Arbeit vorgegeben worden war.
Ostpreußen war überwiegend von der Landwirtschaft geprägt, zum Teil von großen Gütern, aber auch von Familienbetrieben aller Größen und aller Bodenbedingungen von gut bis miserabel. Waren in der Zeit der Kolonisation, nach Pestseuchen und nach Kriegen dringend Siedler aus aller Herren Länder gesucht worden, so hatten vor den beiden letzten Kriegen viele auswandern müssen, weil die Höfe die großen Familien nicht ernähren konnten. Die Kohlengruben und die Stahlwerke des Ruhrgebiets nahmen viele arbeitsuchende Bauernsöhne auf. Viele zogen weiter nach Amerika. Die wirtschaftliche Lage in Ostpreußen war fast immer schlecht.
Das spiegelte sich auch in den Ergebnissen der Wahlen wider, die nach Einführung eines demokratischen Wahlrechts in der Weimarer Republik bis zu Hitlers Machtergreifung abgehalten wurden. In dieser Zeit der wirtschaftlichen Not unterstützten die ostpreußischen Wähler die Parteien, von denen sie sich Hilfe erhofften. In kurzer Zeit verschob sich das Bild der Parteienlandschaft vollkommen. Bei der ersten Wahl im Januar 1919 erhielten die Sozialdemokraten 43,5 Prozent der Stimmen, bei der letzten im Jahre 1933 kamen die Nationalsozialisten auf 56,5 Prozent. Die Kommunisten lagen immer etwa zwischen 8 und 13 Prozent.

Die 56,5 Prozent in Ostpreußen waren das höchste Ergebnis für die NSDAP in ganz Deutschland. Aber nur bei dieser einen Wahl tauchte Ostpreußen an der Spitze auf. Sonst war es nicht einmal unter den ersten zehn. Besonders hohe Ergebnisse hatte die NSDAP in Gebieten mit einer ähnlichen Struktur wie in Ostpreußen, wo Landwirtschaft und Großgrundbesitz vorherrschten und die obendrein evangelisch waren.
In katholischen Gebieten behauptete das Zentrum seine feste Position auch gegenüber den Nationalsozialisten. In Ostpreußen war das Ermland eine solche katholische Bastion. Umgerechnet auf ganz Ostpreußen konnte sich das Zentrum bei allen Wahlen mit knapp acht bis zehn Prozent ohne große Veränderungen behaupten.
Auch die Kommunisten hatten ihre Bollwerke. In der Stadt Ragnit an der Memel erreichten sie bei Wahlen über 40 Prozent. In Königsberg war ihre Hochburg der Sackheim. Dessen Bewohner arbeiteten vor allem in den beiden Zellstoffabriken der Stadt, die zuletzt zum Feldmühle-Konzern gehörten. Hier waren Wohnungsnot und Armut zu Hause, hier roch es aus den Kneipen nach billigem Schnaps. Die jungen Kommunisten vom »Roten Sackheim« hatten sogar ihr eigenes Lied:

»Links, links, links und links,
die Trommel wird gerührt.
Links, links, links und links,
der Rote Sackheim marschiert.
Wo wir stehen, da gibt es Dampf,
und was wir wollen, ist Klassenkampf.
Nie, nie woll'n wir Waffen tragen,
nie, nie woll'n wir wieder Krieg.
Laßt die Alten schelten und auch schaben,
wir machen einfach nicht mehr mit.«

Eine der knorrigsten Gestalten vom entgegengesetzten Flügel der ostpreußischen Politik war der erzkonservative Reichstagsabgeordnete Elard von Oldenburg-Januschau. Zu kaiserlichen Zeiten vor dem Ersten Weltkrieg wurde im Reichstag das Gehabe des Offizierskorps gelegentlich heftig angegriffen. Militarismus war keineswegs tabu. Anlaß war dazu die sogenannte kaiserliche Kommandogewalt, eine Art von Notstandsregelung. Der Kaiser hatte die Verfassung nicht beschworen. Er konnte im Notfall durch einen

Befehl an die Armee die »Staatsordnung wiederherstellen«. Der »Januschauer«, wie er allgemein genannt wurde, sagte im Reichstag: »Der König von Preußen und der deutsche Kaiser muß jeden Moment imstande sein, zu einem Leutnant zu sagen: Nehmen Sie zehn Mann und schließen Sie den Reichstag!« Er entfachte damit einen lange nachwirkenden Sturm der Entrüstung im Parlament von der Mitte bis links. Die deutsche Presse stürzte sich auf ihn. Vor dem Reichstagsgebäude wurde gegen ihn demonstriert.

Elard von Oldenburg-Januschau war von fülliger Gestalt und pflegte mit einer Art Lenin-Mütze auf dem Kopf auf einem Schekken-Pony über seine Besitzungen und zu seinen Nachbarn zum Kaffee zu reiten. Nach dem Ersten Weltkrieg hatte er auch seine besondere Art, mit Kommunisten umzugehen. Er blieb ein Patriarch. So machte es ihm auch nichts aus, auf seinem Gut einen als berüchtigt geltenden Kommunisten einzustellen, den niemand sonst nehmen wollte. Er brachte ihn aber in einer Kate mitten im Wald unter, wo er keine Gelegenheit zur Agitation hatte. Manchmal ritt er bei ihm vorbei, sagte ihm guten Tag und fragte ihn, wie es ihm gehe. Der Kommunist war unzufrieden mit der großen Entfernung von der Stadt. »Ich weiß nich, was de willst«, sagte der Januschauer. »Hast doch scheene Luft hier und kannst reden soviel de willst.«

Zu den großen ostpreußischen Gestalten in der deutschen Geschichte gehörte Eduard von Simson, ein Königsberger Universitätsprofessor. Er wurde 1848 Präsident der Frankfurter Nationalversammlung und 1871 der erste Präsident des Deutschen Reichstages. Er gehörte zu der Delegation, die 1849 dem preußischen König Friedrich Wilhelm IV. erfolglos die deutsche Kaiserkrone anbot. Ost- und Westpreußen hatten bis zu diesem Zeitpunkt ebenso wie Posen nicht zum Deutschen Bund gehört. Sie wurden erst 1848 aufgenommen.

Mitarbeiter bei den Reformen des Freiherrn vom und zum Stein war Heinrich Theodor von Schön. 1809 wurde er Präsident des neu eingerichteten Regierungsbezirks Gumbinnen, der an der östlichen Grenze Preußens bald zu einem Aufmarschgebiet Napoleons gegen Rußland wurde. Er hatte wesentlichen Anteil an der Erhebung Ostpreußens und der Gründung der preußischen Landwehr, die die Grundlage für den Aufstand gegen Napoleon wurde. Schön, der sich den Gedanken des Königsberger Philosophen Immanuel Kant eng verbunden fühlte, stand bis 1843 als Oberpräsident an der

Spitze der ostpreußischen Verwaltung, erwarb sich große Verdienste um den Aufbau nach der Franzosenzeit und genoß hohes Ansehen in der Bevölkerung.

Kant war auch der geistige Vater des jüdischen Königsberger Arztes Johann Jacoby, der die Wünsche der bürgerlichen Opposition aussprach und eine geistige Revolte unter den Studenten auslöste. Jacoby hatte 1841 anonym eine Schrift unter dem Titel »Vier Fragen beantwortet von einem Ostpreußen« veröffentlicht, die erhebliches Aufsehen erregte. Er verlangte darin die Beteiligung der mündigen Bürger an den Angelegenheiten des Staates. Jacoby brachte die Schrift, nachdem er sich als Autor zu erkennen gegeben hatte, einen Prozeß wegen Hochverrats und Majestätsbeleidigung ein. Er wurde zu zweieinhalb Jahren Festungshaft verurteilt, vom Appelationsgericht in Berlin in zweiter Instanz aber freigesprochen. Jacoby löste sich schließlich vom liberalen Lager und schloß sich den Sozialdemokraten an.

Auf dem rechten Flügel stand auch der ostpreußische Generallandschaftsdirektor Wolfgang Kapp, der im März 1920 zusammen mit General Walter von Lüttwitz und dem Freikorps »Brigade Ehrhard« die Regierung in Berlin zu stürzen versuchte. Auf seine Seite stellte sich der ostpreußische Oberpräsident August Winnig, ein Sozialdemokrat, den die Berliner Regierung nach der Abdankung des Kaisers zuvor als ihren Vertreter ins Baltikum geschickt hatte. Nach dem Scheitern des Putsches trat Winnig zurück.

Zu Königsberg gehört aber auch Carl Goerdeler, einer der führenden Köpfe aus dem zivilen Kreis der Verschwörer gegen Adolf Hitler. Goerdeler war Bürgermeister in Königsberg, ehe er als Oberbürgermeister nach Leipzig ging. Nach dem Attentat vom 20. Juli 1944 wurde er hingerichtet. Aus Königsberg kam auch Otto Braun, der sozialdemokratische preußische Ministerpräsident von 1920 bis 1933. Denn Preußen hielt in den Wirren der Weimarer Republik erstaunlich lange gegen den Ansturm der Rechten stand und wurde bis zur Machtergreifung der Nazis sozialdemokratisch geführt. Aus Königsberg kam auch der Rechtsanwalt Hugo Haase, der dem Rat der Volksbeauftragten der Revolution von 1918 angehörte. Haase wurde Vorsitzender der unabhängigen Sozialdemokraten (USPD), deren Mehrheit sich nach einer Spaltung der Partei den Kommunisten anschloß. Haase starb 1920 an den Folgen eines Attentats.

Die politische Landschaft in Ostpreußen unterschied sich nicht wesentlich von der im übrigen Deutschland. Es gab erzreaktionäre Politiker und es gab radikale Linke. Aber daß hier ein Hort des preußischen Imperialismus war, wie es den in Königsberg einmarschierten sowjetischen Soldaten gesagt wurde, ist ein Märchen.

So wenig wie die sowjetischen Soldaten und die Vernehmungsoffiziere des NKWD von den historischen und politischen Bedingungen in Deutschland, in Ostpreußen und in Königsberg etwas wußten, so wenig wußten die Deutschen über die Sieger.

Hier im Osten waren sie lange auch die Nachbarn Rußlands gewesen. Ganz gute Nachbarn übrigens bis zum Jahre 1914, dem Ausbruch des Ersten Weltkrieges. Damals gab es einen regen Grenzverkehr. Aber über den neuen Staat im Osten, über die Sowjetunion, wußten sie sehr wenig. Sie kannten nur die deutsche Propaganda.

Manches, was den deutschen Zivilisten widerfuhr, die den Sowjets in die Hände gefallen waren, war Bestandteil des ganzen sowjetischen Systems. Daß jemand nichts zu essen bekam, weil er keiner »gesellschaftlich nützlichen« Arbeit nachging, war für Sowjetbürger nicht neu. Nur wer für die Gesellschaft arbeitete, wurde von ihr auch versorgt. Die Sowjetunion war kein Land des Überflusses. Dort herrschte Mangel an allem. Die Löhne waren so niedrig, daß sie nur ausreichten, um das Lebensnotwendigste zu kaufen. Mit allgegenwärtiger Korruption, gleichgültiger Verwaltung, Spitzeln und allmächtiger Geheimpolizei hatten sie immer gelebt. Das war auch schon vor dem sowjetischen System in Rußland so gewesen.

Die nationalsozialistische Propaganda sprach nur von »Bolschewisten«. Es war gewissermaßen das Gegenstück zu den »deutschen Faschisten« der anderen Seite. Bolschewisten erschienen als eine besonders gefährliche Macht und mußten noch bedrohlicher wirken, wenn Goebbels sie mit dem »Weltjudentum« in Verbindung brachte.

Den meisten Deutschen fehlte es am Verständnis, daß Hitler 1941 die Sowjetunion überfallen hatten. Es mangelte ihnen auch am Wissen über die deutschen Verbrechen, angefangen vom Kommissar-Befehl, nach dem die in Gefangenschaft geratenen politischen Kommissare erschossen wurden, über die Ermordung der Bevölkerung ganzer Dörfer als Vergeltung für Aktionen der Partisanen, die Liquidierung der jüdischen Bevölkerung durch die besonderen Einsatzgruppen, die systematische Zerstörung des Landes beim Rückzug.

Auch für General Otto Lasch, den Königsberger Festungskommandanten, schien nur der Sieg zu zählen. Über die politischen Ziele des Krieges dachte er nicht nach. In seinen Erinnerungen schrieb er über den Vormarsch seiner eigenen Einheit im Jahre 1941: ». . . und hell strahlt aus diesen Tagen ein besonderes Ruhmesblatt ostpreußischer Soldaten bis in unsere Zeit hinein: die Einnahme von Riga.« Da ist von »deutschen Helden« und von »bolschewistischem Gesindel in Zivil«, das sich an der Verteidigung beteiligte, die Rede.

Die von Lasch und seinen Soldaten so schneidig genommene Stadt Riga gewann für einen Teil der Königsberger Bevölkerung eine grausame Bedeutung. Königsberger Juden wurden bald in das dort eingerichtete große Getto deportiert und ermordet.

Mit Scheuklappen hatten die Deutschen nicht wahrhaben wollen, was damals mit den sowjetischen Kriegsgefangenen geschah, die in Lagern hungerten, die zum Teil nur aus mit Stacheldraht umzäunten Feldern bestanden. Auch damals gingen Gerüchte von Fällen von Kannibalismus in den Lagern um, und sie werden wohl wahr gewesen sein wie der Kannibalismus unter den Deutschen in Königsberg nach dem Krieg. Sie machten sich auch keine großen Gedanken darüber, wo die Gefangenen später blieben. In der Nähe von Prostken, einem Grenzort in der südöstlichsten Ecke Ostpreußens war ein solches Gefangenenlager unmittelbar auf der anderen Seite der Grenze. Dort wurden nach dem Krieg in den naheliegenden Wäldern 40000 Leichen in Massengräbern gefunden, fast alles verhungerte oder erschossene sowjetische Kriegsgefangene. Der ganze Kreis Lyck, zu dem Prostken gehörte, hatte fast so viele Einwohner.

Diese Verbrechen der deutschen Führung, von denen die eigene Bevölkerung wenig wußte, das sowjetische System, in dem der einzelne Mensch wenig galt, und das Propagandaklischee der Sowjets über die »deutschen Faschisten« – das waren mit die Ursachen für die Leiden der Königsberger Zivilisten.

400 Gramm Brot für einen Tag Schwerarbeit

Verantwortlich für das, was nach dem Fall Königsbergs in der Stadt und in Nordostpreußen geschah, war zunächst der Militärrat der 3. Weißrussischen Front. Unter dem Begriff Militärrat wurde ein kollektives Führungsorgan verstanden, dem auch der »Stellvertreter des Kommandeurs für politische Angelegenheiten« angehörte. Diese Politkommissare hatten einen militärischen Rang. Vom 10. April 1945 an wurde das Leben in Königsberg und der Umgebung durch Befehle einer Militärkommandantur bestimmt.

Die Zivilbevölkerung Königsbergs bestand überwiegend aus Frauen und einem erstaunlich großen Anteil an Kindern. Nur wenige Männer waren darunter, die meisten von ihnen alte.

Nach der Rückkehr von den Märschen teilte sich die Bevölkerung in zwei Gruppen, in die, die noch zur Arbeit fähig waren, und in die Arbeitsunfähigen, von denen viele inzwischen so schwach waren, daß sie auch nicht mehr Lebensmittel in den Trümmern und in den Kellern suchen konnten. Wenn ihnen niemand half, verhungerten sie.

Sowjetische Soldaten suchten in den Kellern und andern Unterkünften nach Arbeitsfähigen und brachten sie zu Sammelstellen, an denen sie zur Arbeit eingeteilt wurden. Die Arbeit bestand darin, die noch überall herumliegenden Leichen und Pferdekadaver zu bergen sowie die zahllosen Trichter von Fliegerbomben und Granaten, auch von Schützengräben zuzuschütten und Panzersperren und Barrikaden zu beseitigen.

Die gefallenen sowjetischen Soldaten hatten ihre Kameraden bereits geborgen. Die Armee räumte auch Minen und Blindgänger von Bomben und Granaten.

Nicht alle Deutschen verrichteten Schwerarbeit. Es hatte sich schnell eine Schicht herausgebildet, die zwischen den Russen und den deutschen Arbeitern stand. Das waren die deutschen Kommunisten. Auch unter ihnen gab es zwei verschiedene Sorten, die echten Idealisten und die Opportunisten. Von den echten Kommunisten hatten viele lange Jahre in deutschen Konzentrationslagern gesessen. Königsberg war nicht nur eine Stadt der Beamten, des Handels, der Garnisonen, sondern auch großer Industriebetriebe gewesen. Die echten Kommunisten hatten von den Sowjets ihre Befreiung erhofft. Was nun geschah, hatten sie nicht erwartet.

Eine wahrscheinlich weit größere Zahl biederte sich mit der Behauptung, sie seien Kommunisten und hätten unter den Nazis schwer zu leiden gehabt, bei den Russen an. Sie boten ihre Spitzeldienste an, machten Geschäfte mit den Russen und gehörten nun zu den Aufpassern der aus deutschen Frauen und Halbwüchsigen bestehenden Arbeitskolonnen. Da die Russen ständig auf der Suche nach Faschisten, Saboteuren und Spionen waren – auch beim

NKWD brauchte man schließlich Erfolge – lieferten die Denunzianten ihnen immer neue Opfer, von denen viele von der Arbeitsstelle abgeholt und niemals wieder oder erst nach vielen Jahren aus der Sowjetunion auftauchten.

In einem Schreiben vom 17. Juni 1948 machte sehr viel später der stellvertretende Innenminister, Generaloberst Iwan Serow, den Leiter der Verwaltung des Innenministeriums im Gebiet Kaliningrad, Generalmajor Djomin, auf eine Mitteilung des Außenministeriums aufmerksam. Ein Korrespondent des Informationsbüros der Sowjetischen Militäradministration in Deutschland (SMAD) habe darin einen Bericht von einem Harry Kloschis zitiert, der aus Kaliningrad, wie Königsberg inzwischen hieß, nach Berlin zurückgekehrt sei. Kloschis sei ein Verwandter eines Funktionärs des Zentralkomitees der SED. Sein Bericht sei in einem »Bulletin für internationale und innerdeutsche Informationen« erschienen. Kloschis habe darin berichtet:

Als die Stadt von der Roten Armee eingenommen wurde, litt die Bevölkerung bereits an äußerster Auszehrung durch Hunger. In der Folgezeit erhielt die deutsche Bevölkerung Lebensmittel nur in sehr geringen Mengen.

In einer Reihe von Fällen gaben sich russischkundige Faschisten als Kommunisten aus. Es gelang ihnen, Posten zu bekommen, die es ihnen erlaubten, mit den Verwandten bekannter Antifaschisten abzurechnen, indem sie diese bei besonders schweren Arbeiten einsetzten. Diese Personen bezogen keine Lebensmittelzuteilung und wurden mit 50 Rubeln im Monat bezahlt.

Kloschis' Vater verdiente für eine dreiköpfige Familie 70 Rubel im Monat und bekam 400 Gramm Brot oder als Ersatz 600 Gramm Hafer für alle, manchmal verfaulte Kartoffeln und etwas Graupen. Alle Angehörigen von Kloschis starben an Unterernährung. Harry Kloschis selbst leidet an starker Unterernährung und befindet sich zur Zeit im Krankenhaus.

Das war allerdings schon ein Zustand, der die spätere und bessere Zeit beschrieb. Bezahlt wurde die Arbeit zunächst überhaupt nicht. Die einzige Entlohung bestand zunächst aus 400 oder sogar nur aus 200 Gramm Brot am Tag.

Schon ein Jahr vorher im April 1947 hatte der damalige Kaliningrader NKWD-Chef Generalmajor Trofimow an den Innenminister Generaloberst Kruglow geschrieben:

Ein bedeutender Teil dieser Deutschen ist infolge einer starken körperlichen Schwäche nicht erwerbsfähig und geht keiner gesellschaftlich nützlichen Arbeit nach. . .

Die nicht berufstätige deutsche Bevölkerung erhält mit Ausnahme von Invaliden und Kindern in Kinder- und Altersheimen keinerlei Lebensmittelzuteilung und ist deshalb äußerst ausgezehrt.

»Gesellschaftlich nützliche Arbeit« war ein Standardbegriff aus der kommunistischen Terminologie. Er umfaßte alle Arbeiten in der Staatswirtschaft, in den Sowchosen und Kolchosen, in der Verwaltung, für die Streitkräfte oder im Gesundheitsdienst. Eine selbständige Tätigkeit gehörte nicht dazu. Wer privaten Handel betrieb, war ein »Spekulant«.
In einem der ersten Berichte, die aus Königsberg nach Westdeutschland gelangten, hieß es:

»So ist also jeder gezwungen zu arbeiten. Es gibt kein Wasser, Gas oder elektrischen Strom. Das Wasser haben die Leute aus den Feuerlöschteichen geholt, daher herrscht zur Zeit auch Typhus. Nach neuen Berichten ist der frühere Inhaber der Pumpenfabrik Bieske, der in Königsberg verblieben ist, mit der Wiederherstellung des Wasserwerks beauftragt. Für die von den Russen belegten Gebäude wird der Strom aus der Zellstoffabrik bezogen.«

Solche Berichte brachten Königsberger mit, die geflüchtet waren. Das war im ersten Nachkriegsjahr noch verhältnismäßig einfach, weil die Grenze zum südlichen Ostpreußen, das nun in polnischer Hand war, noch nicht geschlossen und gesichert war.
»Die Flucht ging über Pr. Eylau«, hieß es in einem Fluchtbericht aus Königsberg.

»Dortselbst ist eine Königsbergerin Bürgermeisterin, die auf Grund ihrer vielen Liebesverhältnisse mit den Russen zu diesem Posten gekommen ist. Sie hat aber gute Ratschläge zur Flucht gegeben. So ist bereits drei Kilometer hinter Pr. Eylau die russisch-polnische Grenze. Im übrigen verläuft die Grenze in einer Linie 30 Kilometer südlich des Pregels. Durch Vermittlung des polnischen Starosten in Landsberg sind die Flüchtlinge dann auch nach Allenstein gekommen. Die Stadt ist vollkommen erhalten. Man hört aber auf den Straßen nur polnisch sprechen. Auch sind die Straßennamen bereits polnisch. Das Polnische Rote Kreuz, das sehr gut arbeiten soll, hat ihnen dann zum Ausreisevisum verholfen, das 65 Zloty kostete. Dafür mußten sie einen Tag arbeiten, und zwar die Räume der früheren DAF (Anmerkung: Deutsche Arbeitsfront) saubermachen. Von Allenstein sind sie dann mit einem Kriegsgefangenentransportzug, der aus dem Ural kam, nach Frankfurt an der Oder gekommen. Die Reise hat zwölf Tage gedauert.«

Es herrschte ein totales Chaos. Die einen flüchteten aus dem russisch besetzten Nordostpreußen über das polnische südliche Ostpreußen nach Deutschland, während in der entgegengesetzten Richtung in offenen Kohlenwaggons Deutsche aus der sowjetischen Besatzungszone durch Polen in einer meist zweiwöchigen Fahrt nach Königsberg zurücktransportiert wurden. So war eine Mutter mit ihrem Mann und ihrer Tochter auf der Flucht von Fischhausen und Pillau über See zunächst auf die Halbinsel Hela und dann nach Swinemünde gekommen. Von dort waren sie nach Rügen und dann nach Stralsund transportiert worden, wo der Mann starb. Nach dem Einmarsch der Sowjets wurden die Flüchtlinge zur Rückkehr aufgefordert. Und so fuhren sie tagelang von Stralsund über Stettin, Dirschau, Thorn, Bromberg, Allenstein in den sowjetischen Teil Ostpreußens über Gerdauen und Insterburg nach Königsberg. Von dort marschierten sie durch eine Trümmerwüste in ihre vielleicht 30 Kilometer entfernte Heimatstadt Fischhausen, wo sie die letzten Deutschen zusammengedrängt in drei Häusern vorfanden. »Wir erkannten uns kaum wieder, so entstellt waren wir alle«, berichtete später die Tochter.

Im Königsberger Gebiet waren auch Deutsche gestrandet, die aus dem südlichen, nun polnisch gewordenen Teil Ostpreußens stammten. Sie versuchten, in ihre alten Heimatorte zurückzukehren. Das tat auch ein Zimmermann, der aus einem idyllischen und weltvergessenen Ort an einem See in der Johannisburger Heide in Masuren stammte. Er machte sich zu Fuß nach dort auf den Weg und fand sogar sein Haus unzerstört, aber leer vor. Seine Frau und seine Tochter waren mit einem Flüchtlingstreck fortgekommen. Als es wieder eine Postverbindung gab, entdeckte er sie im französischen Sektor von Berlin. Er sprach polnisch wie viele hier in Masuren, entschloß sich, für Polen zu optieren und seine Familie aus West-Berlin zurückkommen zu lassen. Drei Jahrzehnte später war er aller Illusionen beraubt und erhielt nach dem Tod seiner Frau nach jahrelangen Bemühungen für sich und seine Tochter die Genehmigung zur Übersiedlung nach Freiburg in der Bundesrepublik.

Geld hätte für die Deutschen in dieser ersten Nachkriegszeit in Königsberg kaum einen Wert gehabt, weil es kein einziges Geschäft gab, in dem sie etwas hätten kaufen können. Die Russen in der Stadt wurden zwar satt, aber in der Hauptsache auch nur von Brot und von Kascha. Geschäfte wurden auf der Straße, auf den sich schnell herausgebildeten Schwarzen Märkten gemacht.

Großen Respekt hatten die Russen vor den deutschen »Spezialisten«. Sie brauchten sie, um die Stadt allmählich wieder in Gang zu setzen. Sie brauchten Elektriker, Tischler, Schlosser, Ingenieure. Sie hielten auch viel von den deutschen Ärzten. Sie ließen sogar zu, daß deutsche Militärärzte in den zivilen Krankenhäusern arbeiteten.

Eine der wichtigsten Aufgaben war die Wiederherstellung der wichtigsten Eisenbahnstrecke von der litauischen Grenze über Gumbinnen und Insterburg nach Königsberg. Schon in die Planung des Angriffs auf Ostpreußen war diese Strecke einbezogen worden, weil sie für den Nachschub der Front von außerordentlicher Bedeutung war. Dabei waren die verschiedenen Spurbreiten ein großes Hindernis. Die Sowjetunion hatte eine breitere Spur als Westeuropa. Als die Deutschen in der Sowjetunion einmarschierten, nagelten ihre Baukolonnen sofort die Schienen um. Als die Deutschen sich zurückziehen mußten, zerstörten sie die Strecken, wenn sie dazu noch Zeit hatten. Die Sowjets nagelten sie wieder auf ihre größere Breite um. Als sie in Ostpreußen einmarschierten, begannen sie sofort mit dem Umbau der deutschen Hauptstrecke auf ihr System. Zunächst reichte es nur bis Gumbinnen. Als die Front weiter nach Westen vorrückte, wurde die Breitspureisenbahn nachgezogen. Die Eisenbahner arbeiteten manchmal unter direktem deutschen Beschuß. Am dritten Tag nach der Einnahme Königsbergs gab es eine Eisenbahnlinie mit breiter Spur bis nach hier.

Aber dabei blieb es dann auch. Am 1. Juni 1946 wurde bei einer Bestandsaufnahme der sowjetischen Verwaltung festgestellt:

> Ein dichtes Eisenbahnnetz und zahlreiche Autostraßen sowie die See- und Binnenschiffahrt sorgten in Ostpreußen für ausnehmend günstige Transportbedingungen. Die Gesamtlänge aller Eisenbahnstrecken auf dem Territorium des Königsberger Gebiets wird mit 2100 Kilometern angegeben. Infolge der Kriegshandlungen sind alle Eisenbahnbrücken, Bahnhofsgebäude und -anlagen zerstört. Im Augenblick ist nur eine Strecke Königsberg–Eydtkuhnen mit einer Länge von 200 Kilometern in Betrieb.

Die Militärkommandantur stellte gleich zu Beginn eine Arbeitsgruppe von Ingenieuren und Technikern auf, um die Industriebetriebe zu erfassen und zu katalogisieren. In einem Lehrbuch unter dem Titel »Geschichte der Region 1945–1950« für Studenten der Historischen Fakultät der Kaliningrader Universität, das 1984 erschien, hieß es:

Bis Ende April 1945 war die Erfassung von Wasserfahrzeugen im Königsberger Hafen auf dem Pregel abgeschlossen. Es wurden auch rollendes Material und Anlagen bei der Eisenbahn, Treib- und Brennstoffvorräte der Stadt, Baumaterial, Lebensmittel sowie historische und kulturelle Denkmäler und Werte, die von den Hitleristen in der UdSSR geraubt wurden, in Listen erfaßt.

Zu den ersten großen Industriebetrieben, die mit deutschen Kriegsgefangenen und deutschen Arbeitern wieder in Betrieb genommen wurden, gehörten die beiden Königsberger Zellstoffabriken. Hier tauchten auch die ersten zivilen Arbeiter aus der Sowjetunion auf. Bald wurden auch eine Drahtzaunfabrik und eine Möbelfabrik in Gang gesetzt. Auch in Teilen der Schichau-Werft begann wieder die Arbeit.

Bei der mangelnden Disziplin in der sowjetischen Armee und der grassierenden Korruption war das Beutegut, das überall herumlag und gesammelt wurde, so verlockend, daß davon ein großer Teil gestohlen und verschoben wurde.

Nach den im Archiv des Kaliningrader Bezirks lagernden Unterlagen gab es schon am 6. Mai 1945 Ärger mit dem Oberleutnant Iwanow. Ihm wurde nicht nur systematische Trunkenheit vorgeworfen, sondern auch die mangelhafte Erfassung materieller Werte, also der Kriegsbeute, deren schlechte Aufbewahrung und auch die Nichterfüllung bei der Aussaat. Oberleutnant Iwanow war vermutlich für eine der sofort gebildeten Militärsowchosen zuständig. Das Militär muß sich wohl schon damals Gedanken darüber gemacht haben, daß im Herbst 1945 nur etwas zu ernten war, wenn im Frühjahr auch eine Saat in den Boden gebracht wurde. Aber gesät wurde so gut wie nirgends.

Am 22. Juni 1945 wurde eine Fahndung nach dem Hauptmann Aspossow eingeleitet, »weil er materielle Werte nicht vollständig abgeliefert« hatte. Mit anderen Worten: Der Hauptmann Aspossow hatte Beutegut für sich privat verladen und war dann desertiert.

Im Herbst 1945 wurden die für die Wirtschaft zuständigen Stellvertreter der Militärkommandanten des 1., 2. und 4. Königsberger Bezirks abgesetzt. Hauptmann Kascheschjan vom 1. Bezirk hatte Maschinen veruntreut. Hauptmann Tschermizow vom 2. Bezirk hatte Industrieausrüstungen und eine elektrische Mühle verschoben. Major Reschetko vom 4. Bezirk hatte ein Lager mit Industrieausrüstungen privat vermarktet.

Im Oktober 1945 schrieb Oberstleutnant Antonow, der für die Wirtschaft zuständige Stellvertretende Militärkommandant von Königsberg an den Militärkommandanten des 7. Bezirks:

»Auf Grund eines Berichtes über den Kommandanten des 7. Bezirks, den Major Genossen Drewnow, beauftrage ich Sie, ihn unverzüglich ausfindig zu machen und alle von ihm mitgenommenen Möbel und sonstigen Sachwerte abzunehmen.«

Major Drewnow war der Amtsvorgänger des amtierenden Bezirkskommandanten, an den der Brief gerichtet war. Auch Major Drewnow hatte sich mit seiner reichlichen privaten Kriegsbeute aus dem Staub gemacht.
Am 10. Mai 1945 wurde bei der Königsberger Militärkommandantur eine »Provisorische Verwaltung für zivile Angelegenheiten« eingerichtet. Sie war für das Leben der Zivilbevölkerung, die zunächst nur aus Deutschen bestand, zuständig. Sie reglementierte auch den Arbeitseinsatz der Deutschen.
Auch bei den acht Bezirkskommandanturen in den einzelnen Stadtteilen, die bis Ende Juni ihre Arbeit aufnahmen, wurden Abteilungen für zivile Angelegenheiten geschaffen. Außerhalb von Königsberg wurde auf solche Abteilungen bei den Kommandanturen verzichtet. In dem historischen Lehrbuch für Kaliningrader Studenten heißt es:

Auf dem übrigen Territorium der künftigen Gebiete wurde von solchen Verwaltungen abgesehen, weil sich in den ersten Monaten nach den Kämpfen die Masse der deutschen Bevölkerung aus dem Samland im Raum Königsberg staute und erst später auch an anderen Orten angesiedelt wurde, um die Beschäftigung in der Volkswirtschaft sicherzustellen. Insgesamt zählte die Bevölkerung in diesem Raum mehr als 100000 Menschen, vorwiegend Frauen, Kinder, alte Leute und Invaliden.

Die Provisorische Verwaltung erhielt eine Reihe von Abteilungen. Dazu gehörten die Allgemeine Verwaltung, eine Paßstelle, eine Abteilung für lokale Industrie, eine Handelsabteilung mit einem Warenlager in der Stadt und eine kommunale Abteilung. Dazu kamen noch Abteilungen für Finanzen, Volksbildung, Gesundheit, Veterinärwesen, Straßenbau, Planung, Inspektion, Feuerwehr und Personal. Außerdem wurde eine politische Abteilung eingerichtet. Sie war für die Partei und andere Massenorganisationen, aber auch

für die kulturelle und politische Arbeit mit der zivilen Bevölkerung, einschließlich der deutschen, zuständig. Das war eine Menge an Verwaltung für eine Stadt, die nur noch ein Trümmerhaufen war, in der alles neu begonnen werden mußte. Unter dem Wort Paßstelle war keineswegs eine Abteilung zu verstehen, die Pässe ausgab. Es war vielmehr eine Art Einwohnerbehörde, die aber nur einen sehr ungenauen Überblick über die Zivilbevölkerung hatte, weil es gar kein richtiges Meldesystem gab.
Die Bezirksabteilungen bei den acht Kommandanturen erhielten auch eine deutsche Administration. Dazu gehörten deutsche Bezirksbürgermeister, bei denen die Militärverwaltung möglichst auf Kommunisten zurückgriff. Solche Posten waren ziemlich undankbar und auch unsicher. In einem Bericht eines aus Königsberg geflüchteten Deutschen hieß es damals über die deutschen Bezirksbürgermeister:

»Es sind größtenteils ehemalige Funktionäre der kommunistischen Partei beziehungsweise Leute mit russischen Sprachkenntnissen, die aber bereits erklärt haben, daß sie restlos von ihren kommunistischen Ideen geheilt sind. Einer dieser Königsberger Bürgermeister war ein Friseurmeister vom Steindamm, Ecke Wallsche Gasse, der aber wegen besonderer Vorkommnisse inzwischen verhaftet wurde und seinen Posten wieder verloren hat.«

Potsdam und die Königsberg-Spekulationen

Im Sommer des Jahres 1945 wurde auf der Konferenz von Potsdam über das Schicksal des Kriegsverlierers Deutschland, über seine Grenzen und seine Menschen entschieden. Königsberg und das nördliche Ostpreußen waren nur noch ein uninteressantes Randgebiet. Sie wurden auf der Konferenz kaum erwähnt. Die Deutschen in Königsberg, die nicht mehr zur übrigen Welt zu gehören schienen, wußten davon nichts, weil so gut wie keine Nachrichten von draußen zu ihnen drangen. Alles, was in Potsdam über sie beschlossen wurde, war in der Praxis bereits vorweggenommen. Sie gehörten längst zur Sowjetunion – zu Rußland, wie sie damals alle sagten –, und niemand glaubte, daß sich das ändern könnte.
In idyllischer Lage im Potsdamer Cecilienhof nahe der Berliner Stadtgrenze trafen sich vom 17. Juli bis zum 2. August 1945 die

damals mächtigsten Männer der Welt: die Führer der Sowjetunion, der Vereinigten Staaten und Großbritanniens. Josef Stalin und Winston Churchill waren die bekanntesten. Der Amerikaner Harry S. Truman war erst kürzlich dem verstorbenen Franklin D. Roosevelt als Präsident gefolgt. Der konservative Churchill, der Großbritannien im Krieg nach den Durchhaltejahren zum Sieg geführt hatte und eine schon legendäre Gestalt war, verlor im Frieden das Vertrauen der Mehrheit der britischen Bevölkerung. Am 25. Juli verließ er die Konferenz wegen der Wahl zum Unterhaus. Am 28. Juli saß auf seinem Stuhl in Potsdam ein anderer, der neue Labour-Premier Clement Attlee, der ebenso wie Truman kaum internationale Erfahrung mitbrachte.

Zur sowjetischen Delegation gehörte auch ein General mit Namen Sergej Kruglow, ein großer und stattlicher Mann, von dem bei den anderen Delegationen kaum bekannt war, was er hier zu tun hatte. Kruglow kam vom Geheimdienst NKWD. Er spielte später eine wichtige Rolle im Zusammenhang mit der Deportation der Deutschen aus dem nördlichen Ostpreußen.

Potsdam war keine Friedenskonferenz, obwohl ihre Beschlüsse den Charakter von Regelungen eines Friedensvertrages hatten. An einer Friedenskonferenz hätten alle am Krieg beteiligten Länder und auch die Deutschen selbst teilnehmen müssen. Es existierten aber weder eine deutsche Regierung noch sonstige zentrale Verwaltungen oder politische Institutionen. Vertreten war auch nicht Frankreich, das eine eigene Besatzungszone und einen Sektor in Berlin erhielt. Auch Polen war nur zeitweise am »Katzentisch« zugelassen, obwohl ihm ungefähr ein Viertel des deutschen Reichsgebiets in den Grenzen vom 1937 östlich von Oder und Lausitzer Neiße zur Verwaltung übergeben wurde. Dieses Gebiet gehörte ausdrücklich nicht zur sowjetischen Besatzungszone. Die »endgültige Festlegung der Westgrenze Polens« sollte bis zur Friedenskonferenz zurückgestellt werden.

In der amtlichen Vereinbarung über die Konferenz von Potsdam, 2. August 1945, heißt es in Artikel VI:

VI.

»Stadt Königsberg und das anliegende Gebiet

Die Konferenz prüfte einen Vorschlag der Sowjetregierung, daß vorbehaltlich der endgültigen Bestimmung der territorialen Fragen bei der Friedensregelung derjenige Abschnitt der Westgrenze der Union der Sozialistischen

Sowjetrepubliken, der an die Ostsee grenzt, von einem Punkt an der östlichen Küste der Danziger Bucht in östlicher Richtung nördlich von Braunsberg-Goldap und von da zu dem Schnittpunkt der Grenzen Litauens, der Polnischen Republik und Ostpreußens verlaufen soll.
Die Konferenz hat grundsätzlich dem Vorschlag der Sowjetregierung hinsichtlich der endgültigen Übergabe der Stadt Königsberg und des anliegenden Gebietes an die Sowjetunion gemäß der obigen Beschreibung zugestimmt, wobei der genaue Grenzverlauf einer sachverständigen Prüfung vorbehalten bleibt.
Der Präsident der USA und der britische Premierminister haben erklärt, daß sie den Vorschlag der Konferenz bei der bevorstehenden Friedensregelung unterstützen werden.«

Und unter IX hinsichtlich Polens:

»Bezüglich der Westgrenze wurde folgendes Abkommen erzielt:
In Übereinstimmung mit dem bei der Krimkonferenz erzielten Abkommen haben die Häupter der drei Regierungen die Meinung der Polnischen Provisorischen Regierung der Nationalen Einheit hinsichtlich des Territoriums im Norden und Westen geprüft, das Polen erhalten soll. Der Präsident des Nationalrates Polens und die Mitglieder der Polnischen Provisorischen Regierung der Nationalen Einheit sind auf der Konferenz empfangen worden und haben ihre Auffassungen in vollem Umfang dargelegt. Die Häupter der drei Regierungen bekräftigen ihre Auffassung, daß die endgültige Festlegung der Westgrenze Polens bis zu der Friedenskonferenz zurückgestellt werden soll.
Die Häupter der drei Regierungen stimmen darin überein, daß bis zur endgültigen Festlegung der Westgrenze Polens, die früher deutschen Gebiete östlich der Linie, die von der Ostsee unmittelbar westlich von Swinemünde und von dort die Oder entlang bis zur Einmündung der westlichen Neiße und die westliche Neiße entlang bis zur tschechoslowakischen Grenze verläuft, einschließlich des Teiles Ostpreußens, der nicht unter die Verwaltung der Union der Sozialistischen Sowjetrepubliken in Übereinstimmung mit den auf dieser Konferenz erzielten Vereinbarungen gestellt wird und einschließlich des Gebietes der früheren Freien Stadt Danzig, unter die Verwaltung des polnischen Staates kommen und in dieser Hinsicht nicht als Teil der sowjetischen Besatzungszone in Deutschland betrachtet werden sollen.«

Die Grenze zwischen dem nördlichen sowjetischen und dem südlichen Teil Ostpreußens wurde von Ost nach West fast auf der ganzen Strecke wie mit dem Lineal gezogen. Sie teilte die Frische Nehrung und das Haff und verlief dann nördlich von Braunsberg und Goldap bis zu der Stelle, wo die Grenzen von Polen, Litauen und Ostpreußen zusammentrafen. Die Sowjetunion und Polen schlossen am 16. August 1945, wenige Tage nach der Potsdamer Konferenz, einen Vertrag über die Regelung ihrer Grenzen. Dazu gehörten sowohl die Ostgrenze als auch die quer durch Ostpreußen. Die Lineal-Grenze durchschnitt die in Jahrhunderten entstandene Verkehrsstruktur Ostpreußens. Straßen und Eisenbahnen liefen sternförmig in Königsberg zusammen. Die Verbindungen nach Süden und auch die nach Südwesten, die früher »ins Reich« nach Berlin führten, waren unterbrochen.

Königsberg und das umliegende Gebiet wurden von der Sowjetunion umgehend zu einem Militärstützpunkt ausgebaut. Von hier aus konnte die Ostsee weitgehend beherrscht werden. Hier waren wichtige rückwärtige Dienste für die in der späteren DDR und in Polen stationierten sowjetischen Streitkräfte untergebracht. Das Königsberger Gebiet wurde ein wichtiges Glied in der Kette des Luftabwehrsystems des Warschauer Pakts.

Die Friedenskonferenz fand niemals statt. Die Diskussion um die deutsche Ostgrenze beschäftigte sich nahezu ausschließlich mit der zu Polen an Oder und Lausitzer Neiße. Königsberg und das der Sowjetunion einverleibte Nordostpreußen wurden kaum noch erwähnt.

In späteren Jahren tauchten immer wieder Gerüchte auf, daß die Sowjetunion die Grenzziehung von Potsdam nicht als endgültig ansah und Königsberg als Faustpfand in ihrer Deutschlandpolitik benutzten wollte. Moskau habe mit dem Gedanken gespielt, das nördliche Ostpreußen mit Königsberg an Deutschland zurückzugeben oder zumindest mit der Sowjetischen Besatzungszone oder mit der DDR zusammenzulegen und Westdeutschland so in die Neutralität zu locken. Die Sowjetunion hätte sich das leisten können, ohne auf ihre dortige Armee- und Marinebasis verzichten zu müssen, so wie auch ganz Ostdeutschland ein riesiges sowjetisches Heerlager war. Archivare in Rußland reden zwar davon, daß es solche Dokumente gegeben hätte, sie hätten allerdings nur indirekte Hinweise enthalten. Es ist auch nicht klar, wann das gewesen sein könnte.

Diese Gerüchte gingen auch in Kaliningrad unter der sowjetischen Bevölkerung um, und sie erschienen dort – so wird es von den Bewohnern erzählt – durchaus glaubwürdig, weil das Gebiet von Moskau wirtschaftlich vollkommen vernachlässigt wurde. Daraus schlossen die Kaliningrader, daß die sowjetische Führung hier nichts investierte, weil sie sich nicht sicher war, ob sie das Gebiet behalten oder an Deutschland zurückgeben sollte. Erst nach dem zwischen der Bundesrepublik und der Sowjetunion zur Zeit von Bundeskanzler Willy Brandt im August 1970 unterzeichneten Vertrag seien sich die Bewohner von Kaliningrad sicher gewesen, daß die Deutschen nicht zurückkehren würden. Erst danach habe ein sichtbarer Aufbau begonnen.

Erstaunlicherweise ließ die Sowjetunion in ihrer Besatzungszone im Jahre 1946, als im Königsberger Gebiet die Zivilbevölkerung noch zum größten Teil aus Deutschen bestand, eine Diskussion über eine mögliche Revision der deutschen Ostgrenze zu. Es kann sein, daß das zur Einschüchterung der Polen dienen sollte. Die Äußerungen fielen in einem Zeitraum zwischen September und Oktober. Sie wurden von Politikern der SED gemacht, die das volle Vertrauen der Sowjetunion besaßen. Deshalb ist nicht auszuschließen, daß sie auf einen Wink aus der Sowjetunion zurückgingen. Die Sowjetische Militäradministration in Deutschland hatte alleine das politische Sagen. Die DDR existierte noch nicht. Auf die Billigung oder Inspiration durch die Sowjets deutet auch hin, daß diese Äußerungen in der Presse der sowjetischen Besatzungszone veröffentlicht wurden. Ein Fehler der Zensur kann es nicht gewesen sein, denn die Meldungen tauchten mehrfach auf.

Mehrere Politiker der gerade erst aus der Vereinigung von Kommunisten und Sozialdemokraten in der sowjetischen Besatzungszone hervorgegangenen Sozialistischen Einheitspartei Deutschlands verlangten eine endgültige Regelung und eine Revision der Ostgrenzen. Von Wilhelm Pieck, dem späteren Präsidenten der DDR, liegen mehrere Äußerungen dazu vor. Am 14. September 1946 berichtete das Parteiorgan »Neues Deutschland« über eine Rede Piecks in Schwerin:

»Unser Volk muß alles tun, durch Vernichtung der aggressiven Kräfte und Entfaltung der Demokratie sich das Vertrauen bei den anderen Völkern zu erwerben, damit bei der endgültigen Festlegung der Grenzen von den alliierten Mächten auf die Lebensnotwendigkeiten unseres Volkes Rücksicht genommen wird.«

Einen Monat später erklärte Pieck in einer in der »Berliner Zeitung« vom 17. 10. 1946 veröffentlichten Rede:

»Wir werden alles tun, damit bei den Alliierten die Grenzfrage nachgeprüft und eine ernste Korrektur an der jetzt bestehenden Ostgrenze vorgenommen wird.«

Auch ehemalige Sozialdemokraten, die sich für die Vereinigung mit den Kommunisten ausgesprochen hatten und nun hohe Funktionäre der SED waren, äußerten sich ähnlich. Max Fechner, stellvertretender SED-Vorsitzender, wurde ebenfalls am 14. September 1946 vom »Neuen Deutschland« mit den Sätzen zitiert:

»Zur deutschen Ostgrenze möchte ich erklären, daß die Sozialistische Einheitspartei Deutschlands sich jeder Verkleinerung deutschen Gebiets entgegenstellen wird. Die Ostgrenze ist nur provisorisch und kann erst auf der Friedenskonferenz unter Mitwirkung aller großen Siegerstaaten endgültig festgelegt werden.«

Fechner wurde übrigens später Justizminister der DDR und dann durch die gefürchtete Hilde Benjamin abgelöst. 1953 wurde er verhaftet und erst drei Jahre später wieder freigelassen.
Seit der Gründung der DDR am 7. Oktober 1949 wurde allerdings dort nur noch von der »Friedens- und Freundschaftsgrenze« an Oder und Neiße gesprochen. Von einer Revision war keine Rede mehr. Der Grenzvertrag zwischen Polen und der DDR wurde am 6. Juli 1950 unterzeichnet. Die Polen hatten lange den Eindruck, daß die Sowjets zwar nicht Königsberg zu einem Tauschobjekt machen wollten, aber die Oder-Neiße-Grenze als Druckmittel gegenüber Polen betrachteten. Der Journalist Mieczyslaw Rakowski, der vor der großen Wende noch Ministerpräsident und kommunistischer Parteichef wurde, berichtete in einem in Bonn unter dem Titel »Feinde werden Freunde« erschienenen Sammelband (Herausgeber Friedbert Pflüger und Winfried Lipscher) über ein Gespräch mit dem damaligen Parteiführer Wladyslaw Gomulka im Jahre 1969. Gomulka hatte ihm erklärt: »Öffentlich sage ich, daß in Potsdam unsere Westgrenze endgültig bestätigt wurde, aber das stimmt nicht. In Potsdam hat sich Stalin die Endgültigkeit der sowjetischen Grenze bestätigen lassen. Niemand in Deutschland stellt in Frage, daß Königsberg zu einem Teil der Sowjetunion wurde. Aber unsere Grenze wird in Frage gestellt. In Potsdam ließ Stalin in der Frage unserer Grenze ein Türchen offen, so eine Leine, an der man Polen führen kann. Das ist eine bequeme Leine. Man kann sie nach Belieben ziehen.«

1946 fanden Äußerungen von SED-Funktionären zur Ostgrenze kaum ein Echo im westlichen Deutschland. Die Deutschen interessierten sich in erster Linie für das Überleben. Es gab keine einzige Institution, die sich mit Außenpolitik beschäftigte oder beschäftigen durfte. Niemand im Westen Deutschlands, das in drei Zonen geteilt war, in denen die Verteilung von Brot, Kartoffeln, Unterkünften und Kohlen die wichtigsten Anliegen waren, konnte oder wollte der Bedeutung solcher Äußerungen nachgehen.
Das »Potsdamer Abkommen« wurde besonders in Polen zu einer Art Friedensvertrag erhoben. Tatsächlich gibt es ein solches »Abkommen« gar nicht. Es wurde lediglich ein Protokoll verabschiedet, das erst 1947 von den Vereinigten Staaten veröffentlicht wurde. Veröffentlicht wurde zunächst lediglich eine Kurzfassung als Kommuniqué der Konferenz. Angesichts des heute selbstverständlichen Medienrummels mit mehreren tausend Korrespondenten und riesigem technischem Aufwand mit einem Wald von Satellitenschüsseln erscheint das geradezu archaisch. Dabei wurden hier grundlegende Entscheidungen über die Nachkriegsordnung der Welt getroffen. Hier wurde auch bereits ein Keim zum »Kalten Krieg« gelegt.
Im Potsdamer Protokoll wurden Königsberg und Nordostpreußen bei der Frage der Ausweisung der deutschen Bevölkerung nicht erwähnt. Im Artikel XIII heißt es lediglich:

»Die drei Regierungen haben die Frage unter allen Gesichtspunkten beraten und erkennen an, daß die Überführung der deutschen Bevölkerung oder Bestandteile derselben, die in Polen, der Tschechoslowakei und Ungarn zurückgeblieben sind, nach Deutschland durchgeführt werden muß.«

Möglicherweise war den Westmächten gar nicht bekannt, daß im sowjetischen Teil Ostpreußems noch weit über 100000 deutsche Zivilisten zurückgeblieben waren. Die Sowjetunion konnte auch nicht daran denken, die deutsche Bevölkerung auszusiedeln, weil das Gebiet dann völlig menschenleer gewesen wäre. Der Krieg hatte weite Landstriche des Landes in einem kaum vorstellbaren Maße verwüstet, das früher schon arme Land in tiefste Not gestürzt und riesige Verluste an Menschen gefordert. Die Sowjetunion war gar nicht in der Lage, von heute auf morgen Königsberg und das nördliche Ostpreußen neu zu besiedeln.
Im Artikel XIII sprachen sich die drei Siegermächte außerdem für

eine ordnungsgemäße und humane Überführung der deutschen Bevölkerung aus. Um die Lasten für die Besatzungsbehörden in Deutschland nicht noch zu vergrößern, sollten die Ausweisungen vorübergehend eingestellt werden, worum sich die ausweisenden Länder jedoch nicht kümmerten. Sie hatten mit der Vertreibung längst begonnen, ohne auf das Ergebnis der Konferenz von Potsdam zu warten.

Im Vertrag zwischen der Bundesrepublik Deutschland und der Sowjetunion vom 12. August 1970 wurde zwar die Oder-Neiße-Grenze erwähnt, aber kein Wort über Nordostpreußen verloren. Es heißt nur, die beiden Länder

»betrachten heute und künftig die Grenzen aller Staaten in Europa als unverletzlich, wie sie am Tage der Unterzeichnung dieses Vertrages verlaufen, einschließlich der Oder-Neiße-Linie, die die Westgrenze der Volksrepublik Polen bildet, und der Grenze zwischen der Bundesrepublik Deutschland und der Deutschen Demokratischen Republik«.

Auch im Vertrag der Sowjetunion mit Polen vom 8. April 1965 über Freundschaft, Zusammenarbeit und gegenseitige Hilfe wird mit keinem Wort die gemeinsame Grenze zwischen beiden Ländern weder im Osten noch im Norden zu Kaliningrad erwähnt. Statt dessen wird noch einmal festgestellt,

»daß die Unantastbarkeit der Staatsgrenze der Volksrepublik Polens an der Oder und Neiße zu den wichtigsten Faktoren der europäischen Sicherheit gehört«.

Unter Militärverwaltung

Im Sommer 1945 wurde die Verwaltung Königsbergs durch die 3. Weißrussische Front aufgehoben. Der Krieg war vorbei, die »Front« wurde nicht mehr gebraucht. Marschall Wassilewski hatte seine Truppe inzwischen ebenfalls verlassen und war in den Fernen Osten geschickt worden, weil die Sowjetunion sich noch an der Endphase des Krieges gegen Japan beteiligen wollte. Der Marschall sollte die Operationen leiten.

Königsberg und das gesamte an die Sowjetunion gefallene Gebiet in Nordostpreußen wurden nun in einen Sondermilitärkreis umgewandelt. Dessen Kommandant setzte wieder eine provisorische Verwaltung für zivile Angelegenheiten ein, die nun zum Militärrat des Kreises gehörte. Es war nur eine Anpassung der Bezeichnungen an die neuen Verhältnisse. Zivilisten waren mit wenigen Ausnahmen nach wie vor nur Deutsche. Die Aufgaben der neuen provisorischen Verwaltung deckten sich im wesentlichen mit denen der bisherigen, sie wurden aber mit dem Schwerpunkt des Wiederaufbaus der Wirtschaft erweitert.

Die Zuständigkeit wurde auch auf das gesamte nördliche Ostpreußen mit Ausnahme des Memelgebietes ausgedehnt. Der Militärkreis wurde in 15 Rayons (Bezirke) gegliedert. Königsberg war eine selbständige Verwaltungseinheit und wurde weiterhin in acht Bezirke unterteilt. »Selbständige Verwaltungseinheit« bedeutete, daß die Stadt direkt der Verwaltung des Militärkreises unterstand, in Deutschland würde man dazu etwa »Kreisstadt« sagen.

Neu war in der provisorischen Verwaltung eine eigene Abteilung für Landwirtschaft, für die es bisher nur eine Unterabteilung gegeben hatte. Die Ankurbelung der Landwirtschaft, die vollständig darnieder lag, war eine der wichtigsten Aufgaben. Die Landwirtschaft konnte nicht einmal die Hungerrationen für die arbeitende deutsche Zivilbevölkerung und die Grundversorgung der hier stationierten Truppen mit Lebensmitteln sichern.

Das Militär hatte sich schon gleich nach dem Einmarsch der Landwirtschaft bemächtigt, war aber nicht in der Lage gewesen, sie auch nur notdürftig in Gang zu bekommen. Große Teile des Landes waren nahezu menschenleer. Das Jahr 1945 fiel für die Landwirtschaft so gut wie aus. Da im Frühjahr um Königsberg und im Samland noch gekämpft wurde, konnten die Äcker in dieser Zeit nicht bestellt werden. Es wurde nicht gesät und deshalb auch nicht geerntet. Was von der Wintersaat an Getreide aufgegangen war, schnitt die hungernde Bevölkerung mit Messern und Scheren von den Halmen ab.

Die Militärverwaltung in Königsberg beantragte mehrfach bei der Kaderabteilung, also der Personalverwaltung, für die rückwärtigen Dienste der 3. Weißrussischen Front die Zuteilung von Agronomen und Offizieren zur Leitung landwirtschaftlicher Aktionen.

Im Juli 1945 wurden unter der deutschen Zivilbevölkerung 22 Traktoristen, 22 Mechaniker für Landmaschinen, 9 Schmiede, 2 Sattler, 12 Zimmerleute, 4 Agronomen, 4 Schleifer für Sensen, 2 Dolmetscher, ein Meister für Garbenbindemaschinen und einer für Dreschmaschinen gesucht. Gefunden wurden lediglich acht Kraftfahrer, die als Traktoristen arbeiten sollten. Für alle acht Königsberger Bezirkskommandanturen wurden Veterinäre gesucht, weil jede von ihnen bis zu 100 Pferde besaß.

Es fehlte nicht nur an »Spezialisten«, sondern auch an nahezu jeder Ausstattung mit Gerät und mit Treibstoff. Lastwagen und Benzin waren so knapp, daß die Dienststellen von der Königsberger Militärverwaltung ständig ermahnt wurden, die Fahrzeuge rationell einzusetzen. Sie sollten keine Leerfahrten machen und durften nicht zur Beförderung von Personen benutzt werden.

Im Januar 1946 wurde die Bildung von 30 Militärsowchosen angeordnet. Sowchosen waren Staatsgüter. Das Militär hatte in der Sowjetunion zu seiner Versorgung aber immer eigene Sowchosen. In diesem Gebiet unter Militärverwaltung kamen zunächst nur eigene Militärbetriebe in Frage. Als Arbeitskräfte standen fast nur Deutsche, sowohl Zivilisten als auch Kriegsgefangene, zur Verfügung. Nach und nach wurden auch die ersten Sowchosen des Ministeriums für Fleisch- und Milchindustrie gegründet. Außerdem nahm die Industrie eigene landwirtschaftliche Hilfsgüter in Betrieb, um sich wie die Armee selbst zu versorgen.

Auf dem Papier teilte der Militärrat den 30 Sowchosen 300 erbeutete Traktoren, 5500 Arbeitspferde, 300 Lastkraftwagen, Viehfutter und Saatgut zu. Das bedeutete nicht, daß die Sowchosen das auch erhielten. Nach einer Bestandsaufnahme zum 1. Juni 1946 hatten sie nur 148 Traktoren. Dazu kamen 144 Dresch-, 575 Sä- und 285 Erntemaschinen. Die Sowchosen hatten nur 16 Traktoren. »In kleinen Ortschaften stehen noch viele Maschinen und Geräte, die bei sachgemäßer Lagerung bei Landarbeiten eingesetzt werden könnten«, heißt es in dem Bericht.

Unter den Offizieren wurden frühere Chefs von Sowchosen, Agronomen und Veterinäre gesucht, die nun die Leitung der landwirtschaftlichen Militärbetriebe übernehmen sollten. Den 30 Sowchosen wurden 258215 Hektar an landwirtschaftlicher Nutzfläche zugeteilt, ein riesiges Gebiet also.

Für die deutsche Bevölkerung war das von großer Bedeutung. In der »Geschichte der Region 1945–1950« für Kaliningrader Geschichtsstudenten ist zu lesen:

> Die Arbeit in den Sowchosen wurde auch der örtlichen deutschen Bevölkerung zugänglich gemacht. Im Beschluß Nummer 6 des Militärrats vom

15. Februar 1946 hieß es: »Die deutsche Zivilbevölkerung bekommt breite Möglichkeiten, um ihre materielle Situation durch ehrliche und gewissenhafte Arbeit in den wiederaufzubauenden Betrieben und in der Landwirtschaft zu verbessern.« Im Rahmen dieses Beschlusses bekamen 49600 Deutsche, d. h. praktisch alle Erwerbsfähigen, eine Arbeit. Dabei galt für die arbeitenden Deutschen die sowjetische Arbeitsgesetzgebung.

Diese »breiten Möglichkeiten« sahen so aus, daß die Behörden Deutsche ohne jede Vorankündigung aus Königsberg oder aus anderen Orten zur Arbeit auf die Militärsowchosen abkommandierten.
In der Praxis beantragten die Militärsowchosen deutsche Arbeitskräfte beim Militärkreis oder später, als er aufgehoben wurde, beim Genossen Borissow, dem Leiter der neuen Verwaltung für zivile Angelegenheiten des Gebietes. Von dort wurde einem Bezirk befohlen, die angeforderten Arbeitskräfte abzustellen. Die betroffenen Deutschen wurden ohne Vorankündigung zum Arbeitsort abtransportiert. Ein solcher Befehl wurde am 8. Juli 1946 erlassen, wenige Tage nachdem Königsberg in Kaliningrad umbenannt worden war.

Befehl
der Verwaltung für zivile Angelegenheiten des Kaliningrader Gebiets
8. Juli 1946 Nr. 255 Stadt Kaliningrad
Betrifft: Zuweisung von Arbeitskräften für Militärsowchosen des Gebietes
1. Der Leiter der Verwaltung für zivile Angelegenheiten des Rayons Heiligenbeil, Genosse Tschurbanow, hat im Juli 1946 aus der deutschen arbeitsfähigen, aber nicht arbeitenden Bevölkerung 120 Arbeiter mit Familien zur Arbeit im 4. und 11. Militärsowchos zuzuweisen, davon
für den elften – 70 Personen
für den vierten – 50 Personen.
2. Die Verwaltung für Landwirtschaft der 11. Gardearmee (Oberstleutnant Ksjunin) hat für die Arbeiter Wohnraum, Verpflegung und Transportmittel sicherzustellen.
3. Die Abteilung zur Erfassung und Zuweisung von Arbeitskräften (Genosse Petrow) erhält eine Bestätigung über die Gestellung der genannten Zahl von Arbeitern.
Der Leiter der Verwaltung
für zivile Angelegenheiten
des Kaliningrader Gebietes Borissow

Aus diesem Befehl ging nicht hervor, wo die Militärsowchosen Nummer 4 und Nummer 11 lagen. Aus einem der nächsten Befehle mit der Nummer 262 war hingegen zu ersehen, daß für die sowjetische Verwaltung auch größere Entfernungen bei der Verschiebung der deutschen Bevölkerung keine Rolle spielten. So wurde ebenfalls im Juli 1946 der Leiter der Zivilverwaltung des Rayons Samland, der Genosse Kusnezow, angewiesen, binnen zehn Tagen 250 arbeitsfähige Deutsche mit Familien in den Rayon Stallupönen umzusiedeln und die entsprechenden Transportmittel dafür zu stellen. Insgesamt müssen das mindestens 500 Menschen gewesen sein. Der Rayon Stallupönen hatte nur 1900 Bewohner und war nahezu entvölkert, während im Samland zu dieser Zeit etwa 18000 Menschen lebten.

Stallupönen, das während der Hitler-Zeit in Ebenrode umbenannt worden war, lag ganz im Osten an der Grenze zu Litauen, das Samland lag dagegen im Westen am Meer. Ungefähr 150 Kilometer lagen dazwischen. Innerhalb von zehn Tagen hatte der Genosse Markin, der die Zivilverwaltung des Rayons Stallupönen leitete, die Übernahme der Arbeitskräfte und ihren Arbeitseinsatz zu organisieren. Kein Wort wurde darüber verloren, wo die Deutschen im Samland abgezogen werden sollten und als was sie in Stallupönen arbeiten sollten. Es dürften irgendwelche Sowchosen gewesen sein. Die Sowjets benutzten damals mit Ausnahme des gerade umbenannten Königsbergs noch die deutschen Ortsnamen, allerdings wie im Fall Stallupönen so, wie sie vor Umbenennungen in der Hitler-Zeit bestanden.

Kaum jemand wohnte noch dort, wo er einmal gelebt hatte. Zu einem beträchtlichen Teil wurde die Bevölkerung von Königsberg zur Arbeit aufs Land umgesiedelt. Aber auch auf dem Land wurden die Menschen ständig von einem Ort zum anderen weitergeschoben, von einer Sowchose zur anderen, wo gerade Arbeitskräfte gebraucht wurden. Fast immer verloren sie dabei einen Teil des letzten kärglichen Besitzes, den sie noch hatten retten können. Fast immer verschlechterte sich ihre Unterkunft. In den Dörfern rund um Stallupönen, um die lange erbittert gekämpft worden war, kamen die von einem Tag zum anderen umgesiedelten Deutschen in eine vom Krieg besonders verwüstete Gegend, in der sie nicht einmal ein Dach über dem Kopf erwartete, weil alle Dächer zerschossen waren.

Im Herbst 1946 waren drei deutsche Familien aus der früheren Kreisstadt Fischhausen am Frischen Haff auf die etwa 15 Kilometer entfernte ehemalige Domäne Nodems verschickt worden. »Wir waren ungefähr 15 deutsche Familien«, berichtete eine der deutschen Frauen später. »Die Soldaten waren Esten, Letten und Litauer, die für unsere Not viel Verständnis hatten, später kamen dann noch 15 russische Familien hinzu, mit welchen wir auch sehr gut zusammenarbeiten konnten. Wir bekamen sogar ein Stückchen Acker zugeteilt, das wir für uns bearbeiten und bestellen konnten. Wir erhielten auch Lebensmittel, alle zehn Tage einen Stahlhelm voll Kartoffeln, Mehl, Futterrüben, hin und wieder auch Brot und Margarine. Zum größten Teil bestand unsere Nahrung im Frühjahr 1947 aus Melde und Brennesseln.« (Unser schönes Samland, März 1960.)

Die deutsche Bevölkerung der Stadt Königsberg verringerte sich durch solche Umsiedlungen aufs Land erheblich. Da sich mit Landwirtschaft die Hoffnung auf weniger Hunger verband, suchten auch selbst Städter Arbeit auf den Sowchosen. Die Familien blieben oft in der Stadt zurück. Da es keine öffentlichen Verkehrsmittel gab, mußten die Sowchos-Arbeiter stundenlange Fußwege zurücklegen, wenn sie ihren Familien Lebensmittel bringen wollten. Dazu kam die ständige Gefahr, unterwegs überfallen zu werden.

Inzwischen hatte sich die Situation in Königsberg weiter verschlechtert. Obwohl in der Stadt eigentlich alles aufzuräumen, aufzubauen und zu reparieren war, wurde es immer schwerer, eine Arbeit zu finden. Keine Arbeit hieß aber auch, daß es keine 400 Gramm Brot am Tag gab.

Die Anwendung sowjetischer Arbeitsgesetze bedeutete für die Deutschen so gut wie nichts. Jeder Natschalnik, jeder noch so kleine Chef, hätte seine deutschen Arbeiter ausgelacht, wenn sie sich darauf berufen hätten. Nach den Arbeitsgesetzen sollten die Deutschen auch Lohn bekommen. Wenn sie keinen erhielten, konnten sie ihn allerdings kaum einfordern. Sie konnten laut schimpfen, das trauten sie sich inzwischen. Sie konnten sich auch bei der nächsten Kommandantur beschweren. Manchmal nützte das sogar etwas.

Die Deutschen, die aufs Land kamen, machten seltsame Entdekkungen. Der frühere Administrator Hill des Gutes Adlig Laukischken bei Labiau kam auf einer Irrfahrt zwischen Königsberg und dem Samland in das Dorf Klein Drebnau. Er wußte aus seiner Zeit in Königsberg, daß die Russen großes Interesse an exotischen Tieren hatten und daß der Zoo, obwohl er praktisch ohne Tiere war, besonders beliebt war. Viel Bewunderung und besondere

Pflege wurde dem dortigen Nilpferd, einem Überlebenden der Kämpfe, entgegengebracht. In Klein Drebnau im Samland entdeckte Hill in einem Stall ein eigenartiges Tier. Es stellte sich als ein Lama aus dem Königsberger Zoo heraus. Zwei Frauen waren eigens für die Pflege des Tieres abgestellt worden.

Wahrscheinlich durfte das Lama später in den Zoo zurückkehren, denn als das Militär ihn an die Zivilverwaltung übergab, tauchte unter dem Inventar auch ein Lama mit Namen Hans auf. Das Nilpferd, das ebenfalls auf den Namen Hans hörte und von einem Soldaten betreut wurde, war übrigens im Krieg verwundet worden. Ihm mußten 15 Geschoßsplitter herausoperiert werden.

Protokoll

Königsberg, den 30. Mai 1946

Wir Unterzeichner, der Direktor des Königsberger Parks für Kultur und Erholung, Jeschow Nikolai Dmitrijewitsch, und der Direktor des Königsberger Zoologischen Gartens, Polonski Wladimir Petrowitsch, haben dieses Protokoll in Anwesenheit des Leiters der Städtischen Kulturbetriebe, Simarkow P. I., darüber aufgestellt, daß am 26. Mai 1946 folgende Immobilien und Tiere und folgendes Inventar vorhanden waren, die aktenkundlich erfaßt wurden:

1. Vier Wohnbauten, die eine Generalüberholung benötigen (Café, Wohnung des früheren Zoodirektors, Wohnraum für das technische Personal und die zooeigene Schlosserei).
2. Räumlichkeiten für Tiere: für ein Nilpferd, Meerschweinchen, Lama, Vögel, Antilopen, Büffel, Affen, Wasservögel, Rehe, Adler, Tiger, Aquarium, fünf Grotten für Bären und Seelöwen sowie ein Pferdestall, ein Lagerraum und eine frühere Teestube. Alle genannten Räumlichkeiten sind reparaturbedürftig.
3. Tiere: Nilpferd (Rufname Hans), Alter 18 Jahre; Lama (Rufname Hans); Pferd (Rufname Ryschi), Alter 28 Jahre; Pferd (Rufname Gnedaja), Alter 12 Jahre. (Anmerkung: Ryschi bedeutet Fuchs, Gnedaja Braune.)
4. Inventar: zwei intakte Pferdewagen, ein reparaturbedürftiger Pferdewagen, eine Wassertonne, zwei Geschirre, unvollständig und abgewetzt, eine Palette für den Futtertransport, ein Pflug mit drei Scharen, Gartenbänke – sechs Stück, zusammenklappbare Gartenstühle – 200 Stück (reparaturbedürftig), zwei Karren, zwei Eimer, fünf Schaufeln, zwei Sensen, Feuerwehrschläuche – 70 Meter, zwei Handsägen, zwei Äxte, zwei Hämmer, zwei Zangen, ein Straßenlautsprecher und zwei ohne Klangkörper, ein Mikrophon (muß generalüberholt werden), neun Lampenschirme.

Die Verantwortung für die Tiere, deren Fütterung und das obige Inventar wird dem Zoodirektor, Genossen Polonski, auferlegt.

Administrator Hill, der das Lama im Stall von Klein Drebnau entdeckt hatte, gelang es übrigens, seine Lebensverhältnisse dort wesentlich zu verbessern, als er von der Landwirtschaft in die Unterhaltungsbranche wechselte. Im Schweinestall entdeckte er einen Flügel, als er darauf spielte, ließen die Russen das Instrument auf die Veranda transportieren. Hill brauchte seitdem nicht mehr zu arbeiten, sondern spielte den Russen am Abend zum Tanz auf, vor allem Walzer.

Stalin ordnet Bildung des Königsberger Gebiets an

Am 7. April 1946 wurde in Moskau die Bildung des »Königsberger Gebiets innerhalb der Russischen Sozialistischen Föderativen Sowjetrepublik (RSFSR)« beschlossen. Ein Gebiet (russisch: eine Oblast) läßt sich etwa mit einer deutschen Provinz vergleichen. Ein entsprechender Erlaß des Präsidiums des Obersten Sowjets der Sowjetunion bedeutete für Königsberg das Ende der Militärverwaltung. Das Gebiet Königsberg – zu dem nicht das von der litauischen Sowjetrepublik verwaltete ostpreußische Memelland gehörte – wurde dadurch ein Teil Rußlands, der größten der 15 Teilrepubliken der Sowjetunion, obwohl es wie eine Insel weit außerhalb des sonstigen russischen Territoriums lag. Wer von Moskau nach Königsberg wollte, mußte durch Weißrußland und Litauen. Aber das spielte damals keine Rolle, denn beide waren Sowjetrepubliken, überall galt der Rubel als Zahlungsmittel, die Grenzen trennten höchstens Verwaltungsgebiete. Eine Änderung schien damals unvorstellbar. Außerdem waren Reisen sowieso nur mit besonderer Genehmigung möglich, weil Königsberg in einer der vielen militärischen Sperrzonen lag.
Auf dem Papier mit dem Erlaß über die Bildung des Königsberger Gebiets – russisch Kjonigsbergskaja Oblast – stehen im Kopf die beiden Worte »Ohne Veröffentlichung«. Über Königsberg oder später über Kaliningrad wurde in sowjetischer Zeit so gut wie nichts veröffentlicht. Wenn auch der Inhalt des Erlasses dürftig ist, so ist das Dokument wenigstens optisch sehr eindrucksvoll. Es trägt oben in der Mitte ein rotes Staatswappen und links und rechts in 15 Sprachen der damaligen Sowjetunion die Worte »Erlaß des Präsidiums des Obersten Sowjets der UdSSR«. Unten steht der Name

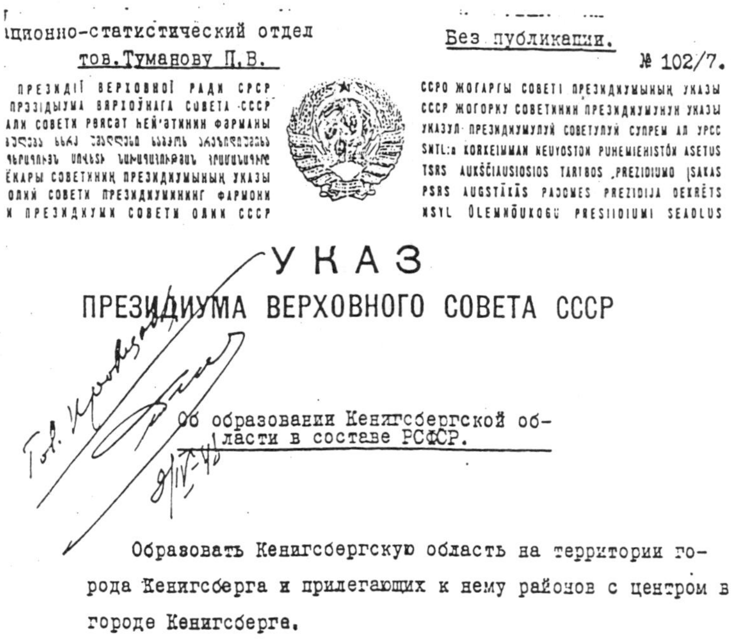

ационно-статистический отдел
тов.Туманову П.В.

Без публикации.

№ 102/7.

ПРЕЗИДІЇ ВЕРХОВНОЇ РАДИ СРСР
ПРЭЗІДЫУМА ВЯРХОЎНАГА САВЕТА СССР
...
ЁКАРЫ СОВЕТИНИҢ ПРЕЗИДИУМЫНЫҢ УКАЗЫ
ОЛИЙ СОВЕТИ ПРЕЗИДИУМИНИНГ ФАРМОНИ
И ПРЕЗИДИУМИ СОВЕТИ ОЛИИ СССР

ССРО ЖОҒАРҒЫ СОВЕТІ ПРЕЗИДИУМЫНЫҢ УКАЗЫ
СССР ЖОГОРКУ СОВЕТИНИН ПРЕЗИДИУМУНУН УКАЗЫ
УКАЗУЛ ПРЕЗИДИУМУЛУЙ СОВЕТУЛУЙ СУПРЕМ АЛ УРСС
SNTL:n KORKEIMMAN NEUVOSTON PUHEMIEHISTÖN ASETUS
TSRS AUKŠČIAUSIOSIOS TARYBOS PREZIDIUMO ĮSAKAS
PSRS AUGSTĀKĀS PADOMES PREZIDIJA DEKRĒTS
NSVL ÜLEMNÕUKOGU PRESIIDIUMI SEADLUS

УКАЗ
ПРЕЗИДИУМА ВЕРХОВНОГО СОВЕТА СССР

Тов. Кружкову 8/IV-46

Об образовании Кенигсбергской области в составе РСФСР.

Образовать Кенигсбергскую область на территории города Кенигсберга и прилегающих к нему районов с центром в городе Кенигсберге.

Включить Кенигсбергскую область в состав Российской Советской Федеративной Социалистической Республики.

Председатель Президиума
Верховного Совета СССР - Н.ШВЕРНИК.

Секретарь Президиума
Верховного Совета СССР - А. Горкин
(А.Горкин)

ПРЕЗИДИУМ ВЕРХОВНОГО СОВЕТА СОЮЗА СОВЕТСКИХ СОЦИАЛИСТИЧЕСКИХ РЕСПУБЛИК

Москва, Кремль.
7 апреля 1946 г.
д.№ 194/1.

Erlaß (Ukas) des Präsidiums des Obersten Sowjets der UdSSR vom 7. April 1946 über die Bildung des Königsberger Gebietes innerhalb der Russischen Sozialistischen Föderativen Sowjetrepublik (RSFSR). Unter dem Erlaß steht der Name des nominellen Staatsoberhauptes N. Schwernik. Unterzeichnet ist er von A. Gorkin, dem Sekretär des Präsidiums des Obersten Sowjets. Foto: Kaliningrader Gebietsarchiv von N. Schwernik, der damals als Vorsitzender des Präsidiums das nominelle Staatsoberhaupt war. Handschriftlich unterzeichnet hat A. Gorkin, der Sekretär des Präsidiums. Das imposante Siegel hat einen Durchmesser von sechs Zentimetern. Der Erlaß (russisch Ukas) hatte folgenden Wortlaut:

Erlaß
des Präsidiums des Obersten Sowjets der UdSSR
über die Bildung des Königsberger Gebietes
innerhalb der RSFSR

Das Königsberger Gebiet wird auf dem Gebiet der Stadt Königsberg und deren angrenzenden Rayons mit dem Zentrum in der Stadt Königsberg gebildet.

Das Königsberger Gebiet gehört zur Russischen Sozialistischen Föderativen Sowjetrepublik.

Vorsitzender des Präsidiums
des Obersten Sowjets der UdSSR – N. Schwernik
Sekretär des Präsidiums
des Obersten Sowjets der UdSSR – A. Gorkin

Moskau, Kreml
7. April 1946
Aktenzeichen 194/1

Staatsoberhaupt Schwernik, der Nachfolger des aus Gesundheitsgründen gerade zurückgetretenen Michail Kalinin, hatte natürlich nicht aus eigenem Antrieb den Ukas verfaßt. Er hatte dazu einen »Entwurf« der von Stalin geführten Regierung erhalten.

Die Bildung der Kjonigsbergskaja Oblast, des Königsberger Gebiets, als neue Verwaltungseinheit und die Eingliederung in die Russische Föderation bedeutete vor allem den Übergang von der Militär- zur Zivilverwaltung. Der sowjetische Ministerrat, so hieß die Regierung, hatte bereits in einem am selben Tag gefaßten Beschluß die Aufgaben für die nächste Zeit bestimmt. Dazu gehörte auch die »Erfassung und Registrierung« der Zivilbevölkerung. Mit keinem Wort wurde dabei erwähnt, daß sie zu mehr als zwei Dritteln aus Deutschen bestand. Es wurde auch keine Andeutung gemacht, was mit den Deutschen geschehen sollte. Hinter dem ebenfalls erwähnten Auftrag zur »Erfassung und Aufbewahrung von Staatseigentum« verbarg sich der unbefriedigende Umgang mit dem noch immer herumliegenden Beutegut. Unter dem Beschluß stand der Name Josef Stalin.

Ministerrat der UdSSR
Beschluß Nr. 783
vom 7. April 1946. Moskau, Kreml

Über die verwaltungsmäßige Gliederung der Stadt Königsberg und der umliegenden Region.

Der Ministerrat der UdSSR beschließt:

1. Dem Präsidium des Obersten Sowjets der UdSSR wird der Entwurf eines Erlasses über die Bildung des Königsberger Gebiets auf dem Territorium der Stadt Königsberg und der anliegenden Rayons mit dem Zentrum in der Stadt Königsberg und über die Aufnahme des Gebietes in die Russische Sozialistische Föderative Sowjetrepublik vorgelegt.

Der Ministerrat der RSFSR (Genosse Rodionow) wird beauftragt, dem Präsidium des Obersten Sowjets der RSFSR den Entwurf eines Erlasses über die verwaltungsmäßige Gliederung des Königsberger Gebiets vorzulegen, der die Bildung von 14 Rayons und drei Städten vorsieht, die unmittelbar der Gebietsleitung unterstehen.

2. Für die administrative und wirtschaftliche Führung des Königsberger Gebiets wird vorübergehend die Königsberger Gebietsverwaltung für zivile Angelegenheiten geschaffen.

Der Verwaltung für zivile Angelegenheiten werden folgende Hauptaufgaben auferlegt:

a) Sicherung der öffentlichen Ordnung;
b) Sicherung eines normalen Funktionierens der Bereiche Industrie, Verkehr, Fernmeldewesen, Handel, Beschaffung sowie Landwirtschaft;
c) Sicherung der Arbeit kommunaler und sozialer Betriebe und Stellen;
d) Erfassung und Aufbewahrung von Staatseigentum;
e) Erfassung und Registrierung der Zivilbevölkerung;
f) Anleitung der Organe der Volksbildung, des Gesundheitswesens, der Sozialversicherung und der Kultureinrichtungen;
g) Finanz- und Steuermaßnahmen.

3. Für die administrative und wirtschaftliche Führung der Rayons des Königsberger Gebietes werden Rayonverwaltungen für zivile Angelegenheiten geschaffen, die unmittelbar der Königsberger Gebietsverwaltung für zivile Angelegenheiten unterstehen.

i. A. Vorsitzender
des Ministerrats der UdSSR — J. Stalin
i. A. Verwaltungschef
des Ministerrats der UdSSR — Ja. Tschadajew
Für die Richtigkeit: (Unterschrift)

Am 4. Juli 1946 wurde Königsberg zur Erinnerung an den einen Monat zuvor verstorbenen Weggenossen Stalins, den spitzbärtigen und bebrillten Michail Kalinin, in Kaliningrad umbenannt. Kalinin war im März aus Krankheitsgründen vom Posten des Vorsitzenden des Präsidiums des Obersten Sowjets zurückgetreten. Er war 27

Jahre lang ununterbrochen nominelles Staatsoberhaupt der Sowjetunion gewesen.

Erlaß
des Präsidiums des Obersten Sowjets der UdSSR
über die Umbenennung der Stadt Königsberg in Stadt
Kaliningrad und des Gebietes Königsberg in Gebiet
Kaliningrad.

Die Stadt Königsberg wird in Stadt Kaliningrad und das Gebiet Königsberg in Gebiet Kaliningrad umbenannt.

Vorsitzender des Präsidiums
des Obersten Sowjets der UdSSR – N. Schwernik
Sekretär des Präsidiums
des Obersten Sowjets der UdSSR – A. Gorkin

Moskau, Kreml
4. Juli 1946
Aktenzeichen 195

Kalinin hatte keinerlei politisches Gewicht. Er galt als politisch schwache Persönlichkeit. Stalin demütigte ihn, indem er seine Frau verhaften ließ so wie übrigens auch die Frau des Außenministers Molotow. Stalin versprach Kalinin, seine Frau werde nach dem Krieg zurückkehren. Sie wurde tatsächlich wieder freigelassen. Im früheren und nun umbenannten Königsberg wurde vor dem ehemaligen Haupt- und jetzigen Südbahnhof eine aus Erz gegossene Statue des Michail Kalinin auf einem hohen Sockel aufgestellt. Sie stand dort auch noch im Jahre 1993, als anderswo längst die Erinnerung an Kalinin getilgt war, als er auch schon in Moskau vom Sockel geholt und der dortige Kalinin-Prospekt in Neuen Arbat umbenannt war und viele Bewohner Kaliningrads seinen Namen mit dem Zusatz »Staatsverbrecher« versahen.
Mit der verwaltungsmäßigen Einteilung des Kaliningrader Gebietes wurde weiterhin herumexperimentiert, wie es auch in Zukunft noch mehrfach geschehen sollte. Nun aber schickte Moskau auch eine große Zahl von Verwaltungsexperten. Dabei spielte das Zentralkomitee der Kommunistischen Partei der Sowjetunion, die damals immer noch in Klammern den Zusatz »Bolschewiki« führte, eine entscheidende Rolle. Als erstes wurden vom Zentralkomitee 76 Mitarbeiter für die Leitung der Verwaltungen für zivile Angelegenheiten im Kaliningrader Gebiet abkommandiert. Ministerien der Sowjetunion und der Russischen Föderation schickten 671 leitende Mitarbeiter.

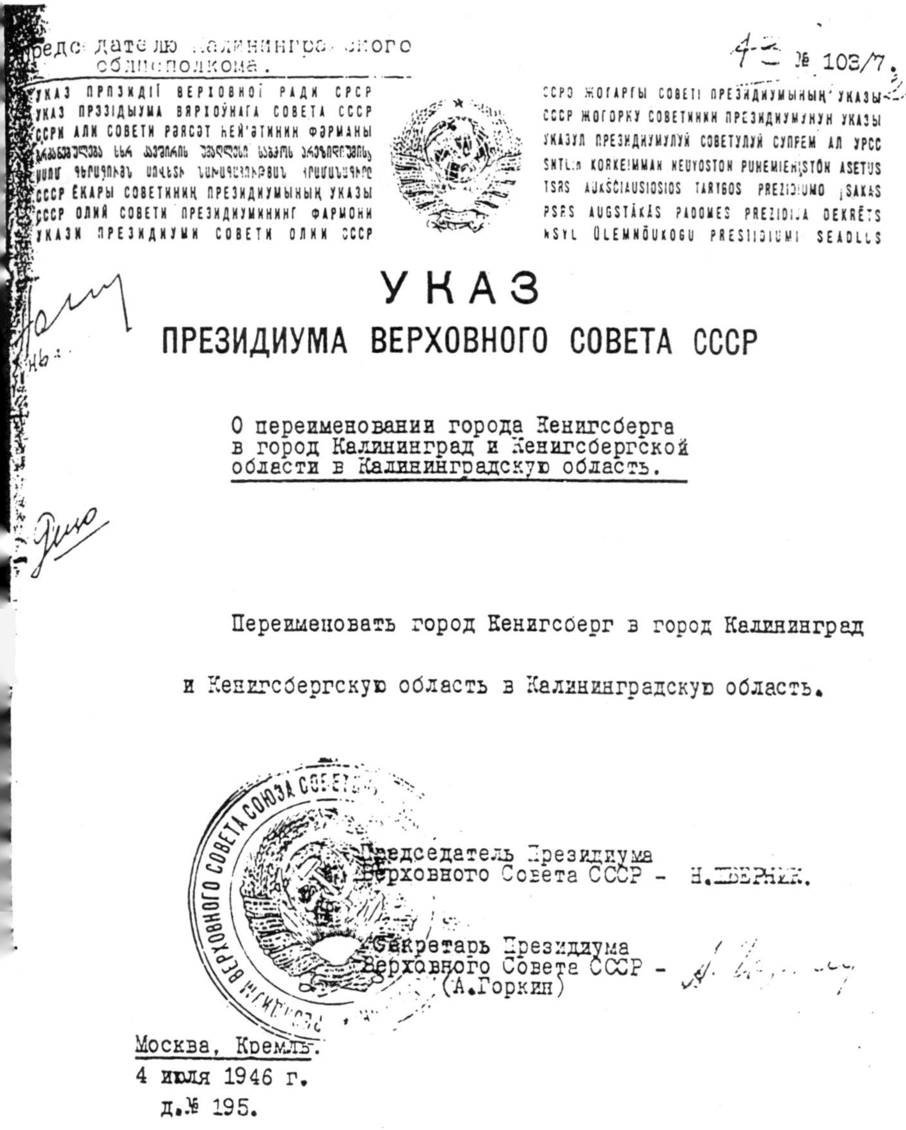

[П]редседателю [К]алининградского облисполкома.

№ 103/7.

УКАЗ ПРЕЗИДИУМА ВЕРХОВНОГО СОВЕТА СССР

УКАЗ

ПРЕЗИДИУМА ВЕРХОВНОГО СОВЕТА СССР

О переименовании города Кенигсберга в город Калининград и Кенигсбергской области в Калининградскую область.

Переименовать город Кенигсберг в город Калининград и Кенигсбергскую область в Калининградскую область.

Председатель Президиума Верховного Совета СССР - Н.ШВЕРНИК.

Секретарь Президиума Верховного Совета СССР - (А.Горкин)

Москва, Кремль.
4 июля 1946 г.
д.№ 195.

Erlaß (Ukas) des Präsidiums des Obersten Sowjets der UdSSR vom 4. Juli 1946 über die Umbenennung Königsbergs in Kaliningrad. Darunter steht der Name des Präsidiumsvorsitzenden und nominellen Staatsoberhauptes N. Schwernik. Unterzeichnet ist er vom Sekretär des Präsidiums, A. Gorkin. Foto: Kaliningrader Gebietsarchiv

Von außerordentlicher Bedeutung war die politische Abteilung bei der Gebietsverwaltung. Überall in der Sowjetunion waren den normalen Verwaltungen entsprechende Stellen der Partei vorgeschaltet, die die eigentlichen Träger der Entscheidungen waren. Im Kaliningrader Gebiet gab es aber noch keine Parteiorganisationen. Die politische Abteilung sollte deshalb ihre Gründung in die Wege leiten.
So wie Stalins Regierung es angeordnet hatte, verabschiedete am 7. September 1946 der Oberste Sowjet der Russischen Föderation, der nun für regionale Fragen im ehemaligen Königsberg zuständig war, einen Erlaß »Über die territoriale Verwaltungsgliederung des Kaliningrader Gebietes«. Allerdings wich sie von den vorgegebenen 14 Rayons und drei Städten, in die das Gebiet bisher auch gegliedert war, etwas ab. Zunächst wurden außer der Stadt Kaliningrad 14 Rayons gebildet. Ein Rayon entspricht etwa einem deutschen Kreis. Die neuen Rayons hießen: Bagrationowsk (Preußisch Eylau), Gwardejsk (Tapiau), Gurjewsk (Neuhausen), Gussew (Gumbinnen), Krasnosnamensk (Haselberg, früher Lasdehnen), Laduschkin (Ludwigsort), Nesterow (Ebenrode, früher Stallupönen), Osersk (Angerapp, früher Darkehmen), Prawdinsk (Friedland), Primorsk (Fischhausen), Polessk (Labiau), Slawsk (Heinrichswalde), Sowjetsk (Tilsit), Tschernjachowsk (Insterburg). Im Juli 1947 kamen noch drei weitere Rayons, darunter ein Landkreis Kaliningrad, dazu.
Kaliningrad, Sowjetsk, Tschernjachowsk, Baltijsk (Pillau), Gussew, Neman und Swetlogorsk (Rauschen) wurden in die Kategorie der dem Gebiet direkt unterstellten Städte eingeordnet, auch wenn einige von ihnen gleichzeitig die Verwaltung eines Rayons beherbergten.
In Kaliningrad wurden die acht bisherigen Stadtbezirke zu vier neuen zusammengelegt. Sie hießen jetzt Baltischer, Leningrader, Moskauer und Stalingrader Bezirk. Da gab es in jener Zeit bei der Namensfindung nicht viel nachzudenken. Später kam noch ein fünfter Zentralbezirk dazu.
Im Juli 1947 gliederte sich das Gebiet Kaliningrad schließlich in 17 Rayons, sieben dem Gebiet direkt unterstellte Städte, in fünf Siedlungen und 129 Dörfer.
Die Kommunisten waren zwar keine Demokraten, aber große Formalisten. Formell mußten Wahlen zu den lokalen Räten stattfinden, also Gemeindewahlen. Die Räte wiederum beriefen die

Exekutivkomitees, wie die Leitung der Verwaltung hieß. Der Vorsitzende des Exekutivkomitees war der Bürgermeister oder für das Gebiet, wenn man es mit einer preußischen Provinz gleichsetzen wollte, der Oberpräsident. Da es solche Wahlen noch nicht gegeben hatte, die Verwaltungen aber irgendwie arbeiten und geleitet werden mußten, wurden die ersten Exekutivkomitees ernannt. Das geschah am 17. Juni 1947 durch einen Beschluß der Führung der Russischen Föderation.

Der erste Leiter der Verwaltung für zivile Angelegenheiten des Königsberger (und später Kaliningrader) Gebiets war Wassili Andrejewitsch Borissow. Am 19. Mai 1946 unterschrieb er den Befehl Nummer 1, mit dem er die Pflichten des Verwaltungschefs übernahm. In den nächsten Monaten überschüttete er Dienststellen oder Wirtschaftsbetriebe des Gebietes mit einer wahren Flut von Befehlen.

Borissow war erst 37 Jahre alt, noch ein junger Mann. Er wurde 1909 in Jarzewo im Gebiet Smolensk geboren und entstammte einer Arbeiterfamilie. In der Gegend wurde Braunkohle gefördert, aber der junge Borissow arbeitete in einer Baumwollspinnerei. Er wurde dann auf die Moskauer Hochschule für Textiltechnologie geschickt, kam als Ingenieur in seinen Betrieb zurück und wurde Vizedirektor. 1939 wurde er Abgeordneter des Moskauer Stadtrats, den die Bevölkerung besser unter der Abkürzung Mossowjet kannte. Hier blieb er während des ganzen Krieges. Er stammte zwar aus der russischen Provinz, aber als er nach Königsberg geschickt wurde, galt er dort als der Mann, den die Partei aus Moskau entsandt hatte.

Als gut ein Jahr später die provisorische Zivilverwaltung des Gebietes in ein Exekutivkomitee umgewandelt wurde, wie die Verwaltung überall in der Sowjetunion hieß, wurde Wassili Borissow dessen Vorsitzender.

Die Aneinanderreihung solcher Formalien und Beschlüsse könnte den Eindruck erwecken, als sei das Gebiet von Kaliningrad mit dem Übergang zur Zivilverwaltung seit Mitte 1946 auf dem Wege einer Normalisierung gewesen. Tatsächlich waren das Ende des Jahres 1946 und der Beginn des Jahres 1947 für die deutsche Bevölkerung die schlimmste Zeit außer den ersten Wochen nach der Kapitulation. Es waren auch für die russischen Zivilisten bedrückende Monate, für die, die bereits hier waren, und vor allem für die, die aus dem Inneren Rußlands nun hierher übersiedeln mußten.

Zum ersten Mal wurden im Kaliningrader Gebiet die lokalen und regionalen Räte am 21. Dezember 1947 gewählt. Es waren Wahlen nach dem üblichen sowjetischen Muster, bei denen keine Stimmzettel angekreuzt werden mußten. Gewählt wurde an diesem Tag in der ganzen Russischen Föderation.

Diese Formalien lassen auch nicht erkennen, daß die tatsächliche Macht im Gebiet ganz woanders ausgeübt wurde. Lediglich lokale Fragen der Wirtschaft und der Verwaltung wurden nun im Rahmen der Russischen Sozialistischen Föderativen Sowjetrepublik (RSFSR), kurz der Russischen Föderation, behandelt. Die russische Regierung saß wie die sowjetische in Moskau. Sie war nach deutschen Begriffen eine Art Landesregierung. Nur waren die flächenmäßige Zuständigkeit und die Bevölkerungzahl gewaltig, die Kompetenzen aber ziemlich gering.

Die Armee war ebenso wie die Flotte aus Pillau mit dem Übergang zur Zivilverwaltung natürlich nicht aus dem Kaliningrader Gebiet verschwunden. Ganz im Gegenteil setzte sie sich dort auf Dauer mit einem überproportionalen Anteil gegenüber der Zivilbevölkerung fest. Das Gebiet von Kaliningrad wurde zu einem der wichtigsten Militärstützpunkte ausgebaut, war deshalb jahrzehntelang militärisches Sperrgebiet und für Ausländer überhaupt nicht zugänglich. Nach dem Zusammenbruch der Sowjetunion war das Militär auch nur widerwillig bereit, das Gebiet dem Tourismus und ausländischen Geschäftsleuten zu öffnen. Die Armee unterstand ausschließlich dem Verteidigungsministerium der Sowjetunion und hatte mit den Behörden der Russischen Föderation nichts zu tun.

Der zweite wichtige Faktor war die Partei, die Anfang 1947 ihre Arbeit im Gebiet aufnahm. Aber erst am 7. März 1947 wurde offiziell ein eigenes Gebietskomitee der Sowjetischen Kommunistischen Partei (Bolschewiki) gegründet, wie die damals noch WKP(b) russisch abgekürzte Partei hieß. Sie war begleitet von dramatischen Ereignissen, die nur vom Hörensagen bekannt wurden. Ob sie sich wirklich so zugetragen haben, ist deshalb nicht sicher. Aus Leningrad war Pjotr Andrejewitsch Iwanow nach Kaliningrad abkommandiert worden. In Leningrad war er Parteichef eines Stadtbezirks gewesen, hatte die Belagerung der Stadt überlebt und mit dem Trinken angefangen. In Kaliningrad war er nur der Zweite Sekretär, machte aber die Arbeit des Ersten. Er hatte ein Gespräch mit Stalin, der dabei eine unfreundliche Bemerkung zu Kaliningrad gemacht haben soll. Als zum 7. März ein hoher

Parteivertreter aus Moskau nach Kaliningrad kam, hatte Iwanow eine Woche lang dem Alkohol widerstanden, verfiel jedoch in Depressionen und erschoß sich.

Am 16. Juni 1947 kam dann der Ukrainer Wladimir W. Schtscherbakow als Erster Sekretär und damit als Parteichef des Gebietes nach Kaliningrad. Er blieb bis zum Juni 1951. Schtscherbakow, Jahrgang 1909, stammte aus dem Kohlenrevier Donbass, hatte in der Führung des kommunistischen Jugendverbandes Komsomol und von 1943 bis 1946 im Zentralkomitee der Partei in Moskau gearbeitet. Ehe ihn die Partei nach Kaliningrad schickte, war er in Litauen eingesetzt gewesen.

Sofort nach der Gründung der Parteiorganisation für das Gebiet wurden Stadt- und Bezirkskomitees gebildet. Auch das hieß nicht, daß die allmächtige Partei hier vorher nicht existiert hatte. In den Militärräten war der zweite Mann immer der Politoffizier gewesen, der sich in alles einmischen konnte. Auch das Kaliningrader Gebietskomitee der Kommunistischen Partei schickte seine Berichte an das Zentralkomitee in Moskau und erhielt von dort seine Anweisungen. Das Zentralkomitee war die gesamtsowjetische Partei, eine besondere Organisation für Rußland gab es nicht. Das Moskauer Zentralkomitee schickte schließlich weitere 547 Parteifunktionäre in das Kaliningrader Gebiet. Nach der Partei wurden auch Organisationen des Jugendverbandes Komsomol und der Gewerkschaften gegründet.

Die dritte Ebene wirkte im Hintergrund, war aber in manchen Fragen noch einflußreicher als die Partei. Es war die Kaliningrader Gebietsverwaltung des Innenministeriums der Sowjetunion. Auch sie unterstand nicht einer höheren Stelle in der Russischen Föderation, sondern direkt dem sowjetischen Ministerium. Dorthin berichtete sie, von dort erhielt sie ihre Befehle. Von Zeit zu Zeit war der sowjetische Sicherheitsapparat umorganisiert und umbenannt worden. Einige seiner Chefs wie Genrich Jagoda und Nikolai Jeschow wurden erschossen. Die Abkürzungen wechselten von Tscheka über GPU bis NKWD. Im Grunde handelte es sich immer um die gleiche gefürchtete Terrororganisation. 1946 wurden die Volkskommissariate abgeschafft und durch Ministerien ersetzt. So verschwand auch das Volkskommissariat für Innere Angelegenheiten (NKWD). Dafür entstand das Ministerium für Innere Angelegenheiten (MWD), neben dem es zeitweise auch ein Ministerium für Staatssicherheit gab. Später wurden beide zusammengelegt, mit der Gründung des Komitees für Staatssicherheit (KGB) aber wieder getrennt. In der Zeit der Ausweisung der Deutschen aus Kaliningrad ist deshalb nicht mehr vom NKWD, sondern vom MWD die Rede.

In den Schriftwechseln zwischen dem Innenminister Generaloberst Sergej Kruglow, seinem Stellvertreter Generaloberst Iwan Serow in Moskau und den Leitern der Kaliningrader Verwaltung, den Generalmajoren Trofimow und danach Djomin, tauchte das Exekutivkomitee von Kaliningrad, also die normale Verwaltung, nur in einer Nebenrolle auf. Außer dem Innenministerium waren nur die Partei und die Streitkräfte von Bedeutung.

Deutsche Mehrheit in einem fast menschenleeren Land

Die ersten halbwegs verläßlichen Zahlen über die in Königsberg und dem nördlichen Ostpreußen zurückgebliebenen Deutschen ergab die Volkszählung mit dem Stichtag 1. Juni 1946. Sie war von Stalin im Zusammenhang mit der Bildung des Königsberger Gebiets angeordnet worden.

Danach waren von der Gesamtbevölkerung von 170019 Menschen 116737 Deutsche. Das waren fast 69 Prozent. Vor dem Krieg hatten hier 1,2 Millionen Menschen gelebt.

Anderthalb Monate vorher war am 24. Mai 1946 in einem Übergabeprotokoll von der Militär- an die Zivilverwaltung nur von 114674, also von etwa 2000 Deutschen weniger, die Rede gewesen. Das Protokoll hatten Gardegeneralmajor M. A. Gran, der Leiter der Paßabteilung des Königsberger Gebiets für Zivilangelegenheiten von der Militärverwaltung, und N.D. Petrow, der Leiter der Abteilung für die Erfassung und Zuweisung der Arbeitskräfte der neuen Zivilverwaltung, unterzeichnet.

Das Land war immer noch weitgehend menschenleer. 170000 Menschen – Deutsche und Sowjetbürger zusammen – waren nur ungefähr 14 Prozent der Vorkriegsbevölkerung in diesem Gebiet. 108100 Menschen lebten in den Städten und 61000 auf dem Land. Königsberg hatte 61000 zivile Einwohner, davon fast 43000 Deutsche.

Die sowjetische Statistik teilte die Bevölkerung in drei Gruppen ein: aus der Sowjetunion Zugewanderte, repatriierte Sowjetbürger und Deutsche. Die Repatriierten waren frühere sogenannte Fremdarbeiter aus Deutschland, denen besonders mißtraut wurde. Neben den 116737 Deutschen lebten im nördlichen Ostpreußen 43743 Zuwanderer aus der Sowjetunion und 9539 Repatriierte. In der Statistik wurden noch die deutschen Ortsnamen benutzt, weil die Umbenennungen erst später erfolgt sind. Vergleiche mit der Vorkriegsbevölkerung sind nur annähernd möglich, weil die Grenzen der Rayons nicht mit den alten deutschen Kreisen übereinstimmten. Sowjetische Statistiken dürfen niemals auf Punkt und Komma genau genommen werden. Wer sie überprüft, wird fast immer feststellen, daß Fehler bis zu den Hundertern niemanden aufgeregt zu haben scheinen.

Bevölkerung des Königsberger Gebietes
am 1. Juni 1946

Rayonname	Gesamt	davon		
		Bürger aus der UdSSR	Repatriierte Sowjetbürger	Deutsche
Gesamt	170019	43743	9539	116737
darunter				
Stadt Königsberg	60897	15039	2901	42957
Samland	18240	1512	466	16262
Heiligenbeil	5426	813	183	4430
Königsberg Land	8060	668	424	6958
Kreuzburg	5818	802	340	4676
Labiau	9568	1150	414	8004
Tapiau	7222	1852	690	4680
Friedland	6305	583	60	5662
Heinrichswalde	5349	656	168	4525
Insterburg einschl. Stadt Insterburg	12584	5545	2694	4645
Ragnit einschl. Stadt Tilsit	12817	7112	446	5259
Darkehmen	2566	290	261	2015
Gumbinnen	4979	1470	719	2970
Pilkallen	3781	1389	–	2392
Stallupönen	1907	362	63	1482
Ohne Zugehörigkeit zu einem Rayon	4500	4500	–	–

Die Volkszählung schlüsselte die Bevölkerung auch nach Geschlecht und nach dem Alter auf. Der Frauenüberschuß war gewaltig. Von der Gesamtbevölkerung waren 58482 männlich und 111537 weiblich. Bei den aus der Sowjetunion Zugewanderten betrug das Verhältnis 14715:29 028, bei den Deutschen 40123:76614. Diese Zahlen beschönigten noch das Bild, weil darin auch die Kinder eingerechnet waren. Unter den Deutschen waren 38286 Kinder bis einschließlich 15 Jahre.

78451 Deutsche waren mindestens 16 Jahre alt. Von ihnen waren nur 20768 Männer, aber 57683 Frauen. Von den Männern waren 7335 und von den Frauen 10029 über 60 Jahre alt. Die arbeitsfähige deutsche Bevölkerung setzte sich deshalb weitgehend aus Frauen zusammen.

Die Altersgliederung der deutschen Bevölkerung und die Aufschlüsselung nach Geschlechtern ergab nach der Volkszählung vom 1. Juni 1946 folgendes Bild:

	Gesamt	davon	
		männlich	weiblich
Gesamt	116737	40123	76614
davon bis 7 Jahre	13676	6875	6801
davon 7–9	9901	4900	5001
davon 10–15	14709	7580	7129
davon 16–17	5711	2360	3351
davon 18–39	25025	2994	22031
davon 40–59	30351	8079	22272
davon 60 und älter	17364	7335	10020

Als Garde-Generalmajor Gran am 24. Mai 1946 die Deutschen des Königsberger Gebiets an den Genossen Petrow »übergab«, ging es um deren Arbeitseinsatz. In der Stadt Königsberg mit etwa 43000 Deutschen sollten 21960 arbeiten, aber 3006 waren krank. In manchen Bezirken betrug die Krankenrate 20 Prozent. Über die Gründe, die Hungerrationen von 400 Gramm Brot, verlor der Garde-Generalmajor kein Wort. In einem Baubetrieb sollten nach Plan 1300 Deutsche arbeiten, tatsächlich arbeiteten nur 535. Für das Königsberger Gebiet außerhalb der Stadt wurde die Zahl der Arbeitsfähigen mit 42035 angegeben, die der wirklich Beschäftigten mit 25492. Damit dürfte die Zahl der Beschäftigten einschließlich der Stadt Königsberg bei etwa 44000 gelegen haben.

Die Militärverwaltung übergab mit dem Protokoll vom 24. Mai

1946 der Abteilung für die Erfassung und Zuweisung von Arbeitskräften auch eine Liste mit den Namen von 51 deutschen »Starosten« für sieben der acht Königsberger Stadtbezirke, die als Hilfskräfte für den Arbeitseinsatz galten. Zu den Namen wurden auch das Geburtsjahr dieser »Ältesten« und ihre Adresse angegeben. Jüngster Starost war eine Frau von 30 Jahren. Häufig wiederkehrende Adressen waren Schrebergartenlauben.

1946 gab es in Königsberg noch erstaunliche Straßennamen aus deutscher Zeit. Im 7. Stadtbezirk wohnte ein Starost in der Hindenburgstraße. Zwei Älteste aus dem 4. Bezirk wohnten in einer Straße, die es nirgends im Osten oder Westen Deutschlands mehr gab, sondern nur im kommunistischen Königsberg – in der Horst-Wessel-Straße. Vielleicht wußten die Sowjets gar nicht, was der Straßenname bedeutete, weil er durch die Umschreibung ins Kyrillische kaum noch wiederzuerkennen war. Er las sich dann »Gorstwesel«.

So seltsam wie die nach einem prominenten SA-Mann benannte Straße war, so seltsam waren auch die Blätter, auf denen die neue Königsberger Verwaltung ihre Berichte schrieb. Papier war knapp. Deshalb benutzten die Sowjets für ihre Schreiben die Rückseiten alter deutscher Briefe und Formulare. So konnte es sein, daß auf einer Seite ein Garde-Generalmajor und Held der Sowjetunion etwas berichtete, während auf der Rückseite ein Brief, der den Kopf »Hitler-Jugend/Bann 43/Bannarzt« trug, mit dem Gruß »Heil Hitler« endete. Da belehrte dann der »Bannarzt« und Scharführer einen ärztlichen Kollegen, daß in der Hitler-Jugend nur die Anrede »Du« gelte.

Andere Briefe der sowjetischen Verwaltung wurden auf der Rückseite von Formularen der deutschen Finanzbehörden, der Dampfwäscherei Franz Schwerendt oder der Haupthandelsgesellschaft in Königsberg geschrieben. So kam auch als Rückseite eines russischen Dokuments ein Frachtbrief über die Lieferung von 7262 Kilogramm »Roggendrahtpreßstroh« an das Heeresverpflegungsamt Insterburg ins Kaliningrader Archiv. Das hing damit zusammen, daß die neuen sowjetischen Dienststellen sich dort niederließen, wo sie brauchbare Gebäude vorfanden. Dazu gehörten das Landesfinanzamt und das frühere Raiffeisenhaus. Dort brauchten sie auch die Papier- und Formularbestände auf.

Seuchen und die Herrschaft der Ratten

Bald brachen Seuchen aus. Das war vorauszusehen gewesen. Hunger, verschmutztes Wasser und Läuse lösten schon im ersten Sommer eine Typhusepidemie aus. Die erste Welle erreichte ihren Höhepunkt im Herbst 1945. Gleichzeitig drohte ein Teil der deutschen Bevölkerung einfach zu verhungern. Bis zum Skelett abgemagerte Menschen konnten sich mit vom Wasser angeschwollenen Beinen kaum noch bewegen.

Schon im Mai wurde bei den Kommandanturen der einzelnen Stadtbezirke Ambulatorien für die deutsche Bevölkerung eingerichtet, in denen auch die Seuchenfälle erfaßt wurden. Das bedeutete allerdings nicht, daß es hier Medikamente oder andere nennenswerte Hilfe gab.

Im Landesfinanzamt in der Alten Pillauer Landstraße, das in den letzten Kriegswochen als Lazarett gedient hatte, wurden von den sowjetischen Militärbehörden aus deutschen Krankenhäusern ungefähr 1000 Patienten und dazu Ärzte und Pflegepersonal zusammengezogen. Unter Ärzten und Pflegern waren auch Militärangehörige. Was aus den Verwundeten in den Lazaretten geworden ist, wurde niemals aufgeklärt.

Das Krankenhaus im Landesfinanzamt mußte innerhalb von 24 Stunden von den Deutschen geräumt werden und wurde in das leerstehende und nur wenig beschädigte Krankenhaus der »Barmherzigkeit«, das von Diakonissen geführt wurde, verlegt. Auch das schräg gegenüber der »Barmherzigkeit« liegende Städtische Krankenhaus wurde für die Deutschen miteinbezogen.

Für die ausgezehrten Bewohner Königsbergs waren die Krankenhäuser unvorstellbare Rettungsinseln. Wer Glück hatte, bekam ein weißbezogenes Bett für sich alleine und einmal am Tag eine dünne Wassersuppe, auch wenn das viel zu wenig war, um den Hunger und die Krankheiten zu überwinden. Immerhin bewilligte die Militärverwaltung den deutschen Krankenhäusern geringe Lebensmittellieferungen. Medikamente existierten nicht, abgesehen von Resten aus deutschen Beständen oder in den Trümmern gefundenen Vorräten.

Diese Krankenhäuser waren für viele Zuflucht und Versteck zugleich. Hier fanden elternlose Kinder und Alte Unterschlupf, um die sich sonst niemand kümmerte. Nach und nach sickerten auch immer mehr Verwandte des Personals ein. Von den Beschäftigten hatten viele niemals vorher etwas mit Krankenpflege zu tun gehabt. Die allgemeine Not trieb sie in die Nähe der Stellen, an denen das Essen zubereitet und ausgegeben wurde. Unterschlagungen und Korruption waren an der Tagesordnung. Es wimmelte auch von eingeschleusten Spitzeln. So ergibt sich ein Bild von einem Nebeneinander von selbstloser Pflege durch Ärzte, Schwestern und Pfleger und von Diebstahl und Bereicherung auf Kosten der Kranken.

Mitte 1946 gab es in der Stadt Königsberg vier deutsche Krankenhäuser mit insgesamt 3000 Betten. Nach einem Protokoll vom 27. Mai 1946 waren es das Zentralkrankenhaus (früher »Barmherzigkeit«) und die benachbarten Städtischen Krankenanstalten sowie zwei Seuchenkrankenhäuser. Die Infektionskrankenhäuser I und II wurden im früheren Yorck-Krankenhaus (Standortlazarett) und im angrenzenden katholischen Elisabeth-Krankenhaus unter der Leitung von Prof. Wilhelm Starlinger eingerichtet. Die Typhuskranken wurden aus den Ambulatorien entweder mit einem Pferdewagen oder mit Handwagen hierher gebracht. Solche Ambulatorien existierten bei den Kommandanturen der acht Königsberger Stadtbezirke mit jeweils etwa 25 Betten. Dazu kamen 18 Krankenhäuser mit insgesamt 1200 Betten außerhalb Königsbergs. Sie hatten nach der Statistik jeweils zwischen 50 und 100 Betten. Im Zentralkrankenhaus, das später das Gebietskrankenhaus wurde, und im Städtischen Krankenhaus arbeiteten danach 25 Ärzte, in den beiden Seuchenkrankenhäusern zehn. Die Ambulatorien und Krankenhäuser außerhalb Königsbergs hatten höchstens vier Ärzte, manche nur einen, einige auch gar keinen.

Außer diesen deutschen Krankenhäusern existierten im Gebiet eigene Krankenhäuser und Polikliniken für die russische Bevölkerung bei den Papierfabriken in Königsberg, in Wehlau, Tilsit und Ragnit. Überbelegt waren nach der Statistik nur das Königsberger Zentralkrankenhaus, das Städtische Krankenhaus sowie die Krankenhäuser in Preußisch Eylau und Wagniken im Samland.

Das gesamte Krankenhauspersonal aus Ärzten, Schwestern und sonstigen Beschäftigten wurde für das ganze Königsberger Gebiet mit ungefähr 1600 angegeben.

Die Wirklichkeit sah ganz anders aus. Die sowjetische Zivilverwaltung kannte den Zustand in den Krankenhäusern sehr genau. Zu Beginn des schlimmen Winters 1946/47 war die Lage in den Spitälern katastrophal.

Befehl

der Kaliningrader Verwaltung für zivile Angelegenheiten

Nr 483

Kaliningrad, den 15. Oktober 1946

Betrifft: Zustand der Krankenhäuser in der Stadt Kaliningrad

Eine Überprüfung des Zustandes der Krankenhäuser der Stadt Kaliningrad hat folgendes ergeben:

Der technische Zustand der Gebäude ist unbefriedigend. Einige Dächer sind nicht intakt, in den Fenstern fehlen zum Teil die Glasscheiben, die Doppelfenster sind gar nicht verglast. Die Dampfheizungen sind in Ordnung gebracht worden, funktionieren jedoch nicht, weil es keine Kohlen und kein Brennholz gibt. Die Stromversorgung für Beleuchtungszwecke fällt ständig aus und wird um zwei Uhr nachts ganz abgeschaltet. Es gibt kein Telefon. Alle Krankenhäuser haben zu wenig Matratzen, Kissen und Bettzeug. Auf der Entbindungsstation mangelt es an Kinderbetten und Windeln. Das Gebietskrankenhaus und das Seuchenkrankenhaus sind überbelegt, wobei es sich bei vielen Personen nicht um Kranke handelt (Unterernährte, Greise und Kinder).

In den Krankenhäusern wohnt das Bedienungspersonal mit Familien. Die Krankenverpflegung ist wegen fehlender Kartoffeln und Gemüse unbefriedigend.

Um in den Krankenhäusern Ordnung zu schaffen und ihnen praktische Hilfe zu erweisen, befehle ich:

1. Der Leiter der Gebietsabteilung für Gesundheitswesen, Genosse Panafidin, organisiert eine Überprüfung der Krankenhäuser und stellt Personen fest, die keine ärztliche Behandlung benötigen, wonach

a) alle Arbeitsfähigen sowie Nichtarbeitsfähigen, die Verwandte haben, aus den Krankenhäusern entlassen werden;

b) alte Leute, die keinen Anhang haben, und Invaliden an Altenheime überstellt werden,

c) obdachlose und elternlose Kinder zwischen drei und zwölf Jahren an Kinderheime übergeben werden.

2. Der Leiter der Gebietsabteilung für Sozialversorgung, Genosse Araktschejew, übernimmt aus den Krankenhäusern in Altenheime bis zum 20. Oktober d. J. bis zu 250 Invaliden und alte Leute ohne Anhang.

3. Der Leiter der Gebietsabteilung für Volksbildung, Genosse Dolgatschow, übernimmt bis zum 20. Oktober d. J. aus den Krankenhäusern bis zu 100 obdachlose und elternlose Kinder im Alter von drei bis zwölf Jahren.

4. Der Leiter der Gebietskraftfahrzeugverwaltung stellt Autos für den Transport von Kindern und Invaliden in Kinder- und Altenheime.

Leiter der Zivilverwaltung Borissow

Dieser Zustand war nicht neu. Ein NKWD-Akt im früheren Moskauer Parteiarchiv enthält einen Bericht über einen sowjetischen Hauptmann Goldmeister und Kopien seiner Verhöre. Ihm unterstanden in der ersten Nachkriegszeit sämtliche Königsberger Krankenhäuser. Der »aus dem früheren Rumänien stammende und perfekt Deutsch sprechende« Offizier habe seine dienstliche Stellung dazu mißbraucht, um Nazis in den Krankenhäusern vor gerechter Strafe zu verbergen. Zahlreiche vermeintliche Kranke seien gefunden worden. Der Hauptmann habe auch Nazi-Ärzte in den Kliniken beschäftigt. Goldmeister habe alles gestanden, aber das war bei den NKWD-Verhörmethoden kein Wunder.

Für die Deutschen, die nicht arbeiteten, wurden Lebensmittel nur an drei Gruppen ausgegeben: an die Patienten in den Krankenhäusern, an obdachlose und elternlose Kinder in Heimen und Auffangstellen sowie an Alte und Invaliden in Heimen. Über diese Alten- und Invalidenheime ist sehr wenig bekannt. Nach den Zahlenangaben der Kaliningrader Verwaltung des Innenministeriums im Zusammenhang mit der Aussiedlung waren in solchen Heimen nur einige hundert Menschen untergekommen.

Die Versorgung der Heime erfolgte nur stockend und von seiten der Lebensmittellager auch höchst unwillig. Genosse Borissow, der Leiter der Zivilverwaltung, ordnete am 21. November 1946 mit dem Befehl Nr. 549 an:

> Bis zu einer besonderen Weisung werden nichterwerbsfähige Deutsche in den Altenheimen und Kinder in den Waisenhäusern weiterhin aus den Beständen des Gebietes versorgt.

Kleine Krankenhäuser außerhalb Königsbergs versuchten, durch eine eigene Landwirtschaft ihre Versorgung aufzubessern. Das Krankenhaus in der kleinen Ortschaft Liska-Schaaken, die in der Nähe des Kurischen Haffs und nicht weit entfernt vom jetzigen Kaliningrader Flughafen liegt, bepflanzte im Frühjahr 1946 einen halben Hektar Land mit Kartoffeln. Mitte 1946 lagen im Krankenhaus 25 Patienten. Sechs von ihnen waren auf der Infektionsabteilung untergebracht, vier mit Malaria, einer mit Typhus und einer mit Tuberkulose. In der Poliklinik des Krankenhauses wurden täglich etwa 50 Patienten behandelt. Das Personal bestand aus dem Arzt Josef Bürger, einer Assistenzärztin, einer Oberschwester, drei Schwestern, einer Köchin, zwei Putzfrauen, drei Hilfsarbeitern und einer Schwester in einer Außenstelle. Angehörige von zwei Familien hielten fünf von den zwölf Krankenhausposten in Liska-Schaaken besetzt.

Die Krankenhäuser übergaben Tag für Tag eine große Zahl von neuen Toten an die Leichenbestatter, unter denen ehemalige Studienräte, Pfarrer und andere Akademiker waren, die sich ihre täglichen 400 Gramm Brot und später sogar einen Lohn verdienten. Jeden Morgen wurden die Toten aus den Krankenzimmern getragen und auf einem Haufen gestapelt, wo sie von den Leichenbestattern mit Karren abgeholt wurden. Im Krankenhaus der »Barmherzigkeit« waren es im Herbst 1945 an jedem Tag 30 bis 40 Tote. Auch Ärzte und Schwestern starben. Die Seuche Typhus machte nicht vor ihnen halt. Dazu kamen die Leichen aus den anderen Krankenhäusern und die aus den Kellerunterkünften. Die Zahl der Seuchentoten war hoch, aber Seuchen waren nicht die vorherrschende Todesursache. Nach Angaben von Professor Starlinger starben 2600 Menschen an den Folgen von Seuchen. Nicht alle Toten wurden in die Massengräber gelegt. Es kam auch vor, daß Verstorbene in ihren Familiengräbern beigesetzt wurden, wenn es jemanden gab, der sich darum kümmern konnte.

Die meisten Toten aus den Königsberger Krankenhäusern wurden in Massengräbern an der Altroßgärtner Kirche beigesetzt. Nichts erinnert mehr daran. Heute stehen hier Wohnhäuser.

Im stillen Gartenhof des Krankenhauses der »Barmherzigkeit«, das heute das Gebietskrankenhaus ist, wurde nun ein Gedenkstein mit einer deutschen und russischen Inschrift aufgestellt:

»Zur Erinnerung an die Diakonissen des Krankenhauses der Barmherzigkeit, die hier ihr Leben von ganzem Herzen Gott und den Leidenden gewidmet haben. Gott ist Liebe.«

Auch das Yorck-Krankenhaus, der rote Ziegelbau des ehemaligen Standortlazaretts, wird weiterhin als Krankenhaus benutzt, ist aber in einem erbärmlichen Zustand. Ein Teil davon ist auch heute noch Infektionskrankenhaus.

Überall wurden im Winter zum Jahr 1946 die Toten zusammengetragen, aufgeschichtet und in Massengräbern beigesetzt. Das war angesichts des zugefrorenen Bodens nicht einfach. In der Gemeinde Pobethen im Samland, die ebenfalls über ein kleines Krankenhaus verfügte, starben in diesem strengen Winter viele Menschen. In einem Bericht eines Überlebenden heißt es: »Da die Angehörigen zu schwach waren, um sie gleich zu beerdigen, wurden die Toten im Untergeschoß des Kirchturmes auf Befehl zusammen-

Sergej Kruglow (rechts), Außenminister Wjatscheslaw Molotow und der damalige sowjetische Botschafter in den USA Andrej Gromyko 1945 auf dem Weg zur Konferenz in San Francisco.
Foto: Russisches Staatsarchiv

Generalmajor Wladimir I. Djomin, Leiter der Kaliningrader Verwaltung des Innenministeriums, organisierte die Aussiedlung der Deutschen vor Ort (unten links).
Foto: Russisches Staatsarchiv

Generaloberst Iwan A. Serow war zur Zeit der Aussiedlung stellvertretender Innenminister. Er war an der Deportation vieler Völker in der Sowjetunion beteiligt. Später wurde er erster Chef des Staatssicherheitsdienstes KGB (unten rechts).
Foto: Russisches Staatsarchiv

ПРОДОВОЛЬСТВЕННЫЕ И
ПРОМЫ

Königsberg
Кёнигсберг
BAR
БАР
ИЧП ГАРО

1947 wird das Straßenschild für die neue Karl-Marx-Straße angebracht. Links hat ein kleines Geschäft noch die deutsche Aufschrift »Marta Schrade, Textilwaren«.
Foto: Russisches Staatsarchiv

Zweisprachige Schilder mit dem Namen Königsberg sind an vielen Stellen zu finden.
Foto: Autoren

Markt vor dem Südbahnhof, dem früheren Hauptbahnhof. An den Ständen ist bis zu Südfrüchten zu hohen Preisen fast alles zu haben. Ein großer Teil der Waren kommt aus Deutschland.
Foto: Autoren

Die Börse, eines der wenigen erhaltenen Gebäude im früheren Stadtzentrum. Heute ist sie ein »Kulturpalast für Seeleute«, ein Freizeitzentrum.
Foto: Autoren

Gedenkstein für E. T. A. Hoffmann auf einer Rasenfläche in der Nähe des abgerissenen früheren Schlosses: »Hier stand das Haus, in dem der deutsche Schriftsteller und Komponist der Epoche der Romantik Ernst Teodor Amadej Gofman 1776–1822 die ersten Jahre seines Lebens verbrachte.«
Foto: Autoren

Das Brandenburger Tor, eins der fünf erhaltenen, aber baufälligen Stadttore.
Foto: Autoren

getragen. Wenn 70 bis 80 Tote zusammen waren, wurde ein Fuhrwerk losgeschickt, um Holz zu holen. Mit diesem Holz wurde dann auf dem Friedhof der Boden aufgetaut, um ein Massengrab ausheben zu können. So sind viele unserer Lieben auf diese Weise beerdigt worden.« (Unser schönes Samland, Dezember 1969.)

Wer das Glück hatte, eines der Krankenhäuser lebend zu verlassen, erhielt eine Bescheinigung für seine zuständige Kommandantur, in der um eine Schonzeit ohne Arbeitszuweisung und um eine Lebensmittelzuteilung gebeten wurde. Die Bescheinigungen wurden in Deutsch ausgeschrieben und mit einem deutschen Stempel versehen.

In den deutschen Krankenhäusern und in den beiden Infektionskrankenhäusern waren die Deutschen nicht mehr namenlose Opfer. Sie gingen durch eine Aufnahme und ihr Tod wurde registriert. Aber die Totenlisten sind verschwunden. Auch wer die Namen seiner verstorbenen Leidensgefährten, seiner Mithäftlinge, seiner Nachbarn, seiner Arbeitskollegen aufgeschrieben hatte, um sie nach Deutschland mitzunehmen und die Angehörigen zu benachrichtigen, dem wurden die Listen bei der Ausreise abgenommen, wenn sie entdeckt wurden. Es ist durchaus möglich, daß die Totenlisten aus den Königsberger Krankenhäusern nicht vernichtet wurden, sondern unentdeckt irgendwo in einem Archiv lagern.

Seuchengefahr ging auch von dem Müll aus, der in Königsberg/Kaliningrad wahllos zwischen den Ruinen abgelagert wurde, und von den verwilderten Landwirtschaften. Viele zerstörte Dörfer waren immer noch so gut wie menschenleer. Menschen konnten dort nicht leben, aber für Ratten und Mäuse war es ein Paradies. Sie vermehrten sich in unvorstellbarer Menge und schienen das ganze Land in ihren Besitz zu nehmen. Die sowjetischen Behörden bekamen Angst, daß sich die Tularämie ausbreiten könnte, eine pestähnliche Krankheit unter wildlebenden Nagetieren, die auch auf Menschen übertragbar ist.

Am 7. August 1946 wurde in Kaliningrad die Einrichtung von Müllablageplätzen angeordnet, obwohl es damals nicht viel wegzuwerfen gab. Beachtet wurde die Anordnung kaum. Fast vier Monate später wurde für das ganze Gebiet angesichts der drohenden Gefahren für die Gesundheit ein umfangreiches Programm zur »Bekämpfung mäuseartiger Nagetiere«, das auch »Entrattisierung« genannt wurde, eingeleitet. Die Planzahlen für die Produktion von Fangkäfigen und Fallen wurden kräftig angehoben.

Befehl

der Verwaltung für zivile Angelegenheiten des Kaliningrader Gebiets

Nr. 559

Kaliningrad, den 26. November 1946

Betrifft: Maßnahmen zur Bekämpfung mäuseartiger Nagetiere und der Vorbeugung gegen Tularämie.

Die fehlende Bekämpfung mäuseartiger Nagetiere hat zu deren massenhafter Vermehrung auf den Feldern und in den Ortschaften des Gebietes geführt und die reale Bedrohung einer gefährlichen Infektionskrankheit, der Tularämie, entstehen lassen.

Um Maßnahmen zur Massenvernichtung der Nagetiere zu ergreifen und die Tularämie-Gefahr zu bannen, befehle ich:

1. Die Leiter der Stadt- und Bezirksverwaltungen für zivile Angelegenheiten

a) erläutern der Bevölkerung den Schaden durch Nagetiere, Maßnahmen zu deren Bekämpfung und die Gefahr der von ihnen übertragenen Tularämie-Infektion. Zu dieser Arbeit werden medizinisches Personal, Lehrer, Agronome und andere Spezialisten herangezogen.

b) organisieren in allen Ortschaften und auf den Feldern Arbeiten zur Massenvernichtung der Nager, wobei alle Wirtschaftsorgane, gesellschaftlichen Organisationen und die örtlichen Bevölkerungen für diese Arbeiten herangezogen werden. In den Städten, Arbeitersiedlungen und Bezirkszentren, werden Sondereinheiten zur Bekämpfung der Nagetiere in zerstörten Gebäuden, auf Schutthalden und Müllabladeplätzen aufgestellt.

c) In Dienststellen und Betrieben werden Verantwortliche für die Vernichtung der Nager ernannt. Sie erhalten eine Anleitung durch die Entrattisierungseinheiten der städtischen Bezirksabteilungen für das Gesundheitswesen. Den Kolchosen, Sowchosen, Dienststellen und Betrieben werden Territorien für die Vernichtung der Nager zugeteilt.

d) Zusammen mit den Organen der staatlichen Sanitätsbehörde werden Müllablageplätze festgelegt. Illegale Müllablageplätze werden liquidiert. Es ist künftig verboten, Müll und Unrat in zerstörten Häusern, Kellern, auf Straßen und an anderen Orten abzuladen.

2. Der Leiter der Gebietsverwaltung für das Gesundheitswesen, Genosse Panafidin,

a) organisiert auf der Basis der Gebietssanitätsbehörde eine Abteilung zur Bekämpfung von Nagetieren mit einem dazugehörigen Mitarbeiterteam und einem Labor für die Herstellung von Giftködern. Dieser Abteilung obliegt die Ausarbeitung von Maßnahmen und die Kontrolle der Vernichtung der Nager, der Versorgung mit Giftmaterial und die Ausbildung des Personals. Termin: bis 1. 12. 46.

b) Bei den Stadt- und Bezirkssanitätsstellen werden Einheiten zur Bekämpfung der Nagetiere geschaffen, die für die Leitung und Durchführung der Arbeiten zur Vernichtung der Nager sowie die Versorgung der Dienststellen und Betriebe mit Sondermitteln und Inventar verantwortlich sind.

Bis zum 10. 12. 46 müssen mindestens 20 Instrukteure für die Entrattisierung ausgebildet sein.
c) Unter der Bevölkerung wird systematisch Aufklärungsarbeit über die Gefahr der von Nagetieren übertragenen Tularämie geleistet. Zu diesem Zweck werden eine Anleitung, Flugblätter und Plakate gedruckt.
d) Das medizinische Personal des Gebietes wird über Methoden zur Früherkennung von Tularämie unterwiesen. Städte und Bezirke müssen mit Tularin versorgt werden.
3. Der Leiter der Gebietslandwirtschaftsabteiling, Genosse Stromski,
a) führt bis zum 10. Dezember 1946 eine Beratung der Chefagronomen der Landwirtschaftsabteilungen, Maschinen- und Traktorenstationen, Sowchosen und großen Hilfsgüter über die Bekämpfung von Nagetieren und landwirtschaftlichen Schädlingen durch.
b) Spezialisten der Landwirtschaftsabteilungen der Bezirke führen bis zum 20. 12. 46 in allen Bezirken dreitägige Lehrgänge über die Bekämpfung von Nagetieren und landwirtschaftlichen Schädlingen durch. Zu diesen Lehrgängen wird je eine Person von jeder Kolchose, Sowchose und jedem größeren Hilfsgut abgestellt.
c) In jeder Kolchose, Sowchose und jedem Hilfsgut werden Abteilungen zur Bekämpfung landwirtschaftlicher Schädlinge geschaffen, die bestimmte Territorien für das ganze Jahr zugeteilt bekommen.
4. Der Bevollmächtigte des Ministeriums für Beschaffung, Genosse Beljajew, gründet eine Organisation zur Bekämpfung der Nagetiere. Die Arbeit zur Nagervernichtung wird in Betrieben, Getreidesilos, Getreidespeichern und Annahmestellen der Beschaffungsstellen Sagotserno und Glawmuka sowie den anliegenden Territorien organisiert.
5. Der Verwaltungsleiter für Industriekooperation, Genosse Melnikow, produziert bis zum 1. 1. 1947 in seinen Betrieben 150 Fangkäfige für Ratten, 700 Mäuse- und Rattenfallen für Dienststellen und Betriebe sowie zum Verkauf an die Bevölkerung. In der Folgezeit werden 400 Käfige und 2000 Fallen monatlich hergestellt. Der Verwaltungsleiter der örtlichen Industrie, Genosse Taranski, stellt bis zum 1. 1. 47 100 Fangkäfige und 300 Fallen in seinen Betrieben her. In der Folgezeit werden 200 Käfige und 1000 Fallen im Monat gebaut.
6. Der Oberinspekteur der Gebietssanitätsbehörde, Genosse Andrejew, und der Leiter der Gebietsmiliz, Genosse Nawalichin, stellen eine strenge Kontrolle der Säuberung der Ortschaften von Müll und Unrat und der Einrichtung von ständigen Müllablageplätzen her. Bei Verstößen gegen diese Regelung werden die Schuldigen zur Verantwortung gezogen.
7. Verantwortlich für die Erfüllung dieses Befehls sind der Leiter der Gebietsabteilung für das Gesundheitswesen, Genosse Panafidin, und der Oberinspekteur der Gebietssanitätsbehörde, Genosse Andrejew.
Leiter der Verwaltung für zivile
Angelegenheiten des Kaliningrader Gebiets
W. Borissow

Kaliningrad, Sowjetsk, Schelesnodoroschny

Die neuen sowjetischen Behörden ließen sich Zeit, die deutschen Namen der Städte, der Dörfer und der Straßen umzuändern. Sie gingen ganz anders vor als die Polen im südlichen Ostpreußen, die sofort die deutschen Namen der Städte durch polnische ersetzten. Die deutschen tauchten auch nicht in polnischen Nachschlagewerken auf, als hätte es sie 600 oder 700 Jahre lang gar nicht gegeben. Polen behauptete ja, es hätte altes polnisches Land in Besitz genommen. Für die Sowjets waren Königsberg und der ihnen übergebene Teil Ostpreußen nichts anderes als eine Kriegsbeute. Sie beschönigten das auch niemals.
Während die Polen nicht die Beschlüsse von Potsdam abwarteten, sondern sofort mit der Vertreibung der deutschen Bevölkerung begannen und sich an dem von den »Großen Drei« vereinbarten vorübergehenden Stopp der Ausweisungen nicht hielten, war bei den Sowjets in Königsberg und dem nördlichen Ostpreußen von Aussiedlung keine Rede. Ganz im Gegenteil, hier wurden die Deutschen festgehalten, sie wurden zur Arbeit gebraucht.
Erst 15 Monate später wurde Königsberg in Kaliningrad umbenannt. Es war in der Sowjetunion üblich, Städte nach verstorbenen kommunistischen Führern zu benennen. Königsberg hatte das Pech, daß es nach dem eben vollzogenen Übergang auf die Zivilverwaltung einen neuen russischen Namen brauchte. Kalinins Tod war der Anlaß, eine Stadt nach ihm zu benennen und Königsberg bot sich da gerade an. Das gesamte nordostpreußische Gebiet, soweit es an Rußland gefallen war, hieß nun die Kaliningradskaja Oblast. Die ehemalige Sowjetunion war in 121 solcher provinzähnlichen Verwaltungseinheiten unterteilt. Im heutigen Rußland steht die Kaliningradskaja Oblast ihrer Fläche nach an vorletzter Stelle.
Kaliningrad statt Königsberg war das Signal zur Umbenennung auch der übrigen Städte und Ortschaften des Gebietes. Die Umbenennung der Straßen vollzog sich noch langsamer. Noch über ein Jahr später stellten die sowjetischen Behörden Bescheinigungen aus, auf denen der russische Ortsname Kaliningrad und die deutsche Hindenburgstraße nebeneinander stehen konnten. Die generelle Umbenennung von Straßen und Plätzen erfolgte erst in den Monaten September und Oktober des Jahres 1947.
Bei den neuen Namen vieler Städte und Dörfer wurde Bezug auf

den Kommunismus, auf die Sowjetunion und auf den gerade beendeten Krieg genommen, in einigen Fällen aber auch auf die Zeit, in der Rußland und Preußen gegen Napoleon verbündet waren.
Das völlig unverdächtige Tilsit, das aus der russischen, preußischen und französischen Geschichte der Napoleon-Zeit gut bekannt war, wurde in Sowjetsk umbenannt. Der neue Name wurde so konsequent angewandt, daß selbst der weltbekannte Tilsiter Käse fortan Sowjetsker Käse hieß. Pillau erhielt den Namen Baltijsk in Anlehnung an das russische Wort für die Ostsee. Nichts blieb wie vorher.
Der Einfluß der Armee war unübersehbar. Eine ganze Reihe von Orten wurde nach Soldaten benannt, die sich beim Angriff auf Ostpreußen ausgezeichnet hatten und gefallen waren. Der vor dem Krieg 4000 Einwohner zählende Ort Neuhausen vor den Toren Königsbergs wurde nach dem beim Angriff auf Pillau gefallenen Generalmajor Stepan Gurjew, Kommandeur des 19. Gardeschützenkorps, in Gurjewsk umbenannt. Den Namen Nesterow erhielt die östliche Grenzstadt Ebenrode nach einem in Ostpreußen gefallenen stellvertretenden Korpskommandeur. Die Stadt Gumbinnen wurde in Gussew umbenannt, nach einem Hauptmann dieses Namens, der sich im mehrtägigen Nahkampf um die Stadt im Januar 1945 ausgezeichnet hatte. Heiligenbeil, wo die 4. deutsche Armee eingeschlossen war, heißt jetzt Mamonowo nach dem Führer des 331. Schützenregiments Nikolai Mamonow, dem hier ein Einbruch in stark befestigte deutsche Stellungen gelungen war. Die Stadt Insterburg wurde nach Armeegeneral Iwan Tschernjachowski benannt, der Oberbefehlshaber der 3. Weißrussischen Front war, hier sein Hauptquartier hatte und in der Nähe der Stadt Mehlsack gefallen ist.
Die Namen für andere Orte sind bunt zusammengewürfelt und oft eine Erinnerung an russische Ortschaften. Das berühmte Gestüt Trakehnen wurde in Jasnaja Poljana umbenannt und hieß nun so wie das frühere Gut von Lew Tolstoi. Komsomolsk nach dem Namen des einstigen kommunistischen Jugendverbandes wurde gleich mehrfach gewählt. Die kleine Stadt Allenburg hieß nun Druschba, die Freundschaft. Gerdauen erhielt den schwer auszusprechenden Namen Schelesnodoroschny, was Stadt der Eisenbahn bedeutet. Aus Tapiau wurde Gwardejsk, die Stadt der Garde.
Die Stadt Preußisch Eylau wurde sogar nach einem Fürsten benannt, der allerdings zu den Helden gehörte, die die Sowjetunion wieder hervorgeholt hatte, als sie den Patriotismus für ihre Kriegs-

propaganda mobilisiert hatte. Fürst Pjotr Bagration gab so seinen Namen für die Stadt Bagrationowsk her. Hier bei Preußisch Eylau hatten die Russen zusammen mit den Preußen 1807 einen Sieg über Napoleon erfochten. Die russische Armee hatte der deutsch-russische General Graf Bennigsen geführt. Bagration kommandierte 1812 die 2. russische Armee in der Schlacht bei Borodino, in der Napoleon die Russen unter General Kutusow schlug, ehe er in Moskau in die Falle lief. Bagration ist in dieser Schlacht gefallen.
Da die meisten neuen Namen in Moskau noch lange unbekannt waren, setzten die sowjetischen Behörden in Kaliningrad in ihren Berichten an die Regierung die deutschen Namen in Klammern hinzu. Selbst 1948 erschien Baltijsk in sowjetischen Meldungen des Innenministeriums noch mit dem Zusatz Pillau.
Die Sowjets hatten, wenigstens soweit es die Ortsnamen betraf, keine Berührungsängste mit der deutschen Vergangenheit wie die Polen. In jede sowjetische Enzyklopädie wurden die deutschen Kreisstädte als eigenes Stichwort unter ihrem alten Namen und dem Zusatz des russischen Namens samt dem Datum der Umbenennung aufgenommen. Ebenso stand umgekehrt hinter den heutigen russischen Namen auch der frühere deutsche mit dem Datum der Änderung.
Weit länger als die deutschen Ortsnamen hielten sich die Namen von Straßen und Plätzen. Die Sowjets gingen bei den Umbenennungen längst nicht so radikal vor, wie es den Anschein hatte. In Kaliningrad blieben Wagner-, Händel- und Kantstraßen wie in Königsberg erhalten. Beethoven mußte allerdings Tschaikowski weichen und Goethe Puschkin. Immerhin hat Puschkin einige Goethe-Gedichte übersetzt. Die Litauer Wallstraße, an der einige der ziegelroten alten Befestigungen liegen, heißt wie früher. Die Yorckstraße, die es zwar nicht mehr in früherer Länge gibt, erhielt den Namen Straße des Jahres 1812 und erinnerte an die Zeit, als die Vertreibung Napoleons aus Moskau begann und sich preußische Soldaten mit Yorck an der Spitze von den Franzosen lossagten.

Zweite Geschichtsstunde: Was war Preußen?

Am 25. Februar 1947 beschloß der Alliierte Kontrollrat in Berlin die Auflösung des Staates Preußen. In Kaliningrad, das noch vor sieben Monaten Königsberg i. Pr. (in Preußen) hieß, war anderes viel wichtiger. Hier wurde sehnlichst das Ende eines furchtbaren Winters erwartet. Diesen Staat Preußen hatte es seit 1945 sowieso nicht mehr gegeben, und eigentlich hatte er schon jegliche Bedeutung verloren, als die Nationalsozialisten 1934 das Reich in einen stramm zentral geführten Staat umorganisiert hatten. Preußen wurde im Kontrollratsbeschluß als »seit jeher Träger des Militarismus und der Reaktion in Deutschland« bezeichnet.

Aber der Staat Preußen von 1945 oder von 1914 mit seiner Hauptstadt Berlin hatte nur wenig mit Preußen und Königsberg zu tun. Das Königsberger alte und kleine Preußen, das seinen Namen von den baltischen Pruzzen hatte, wurde durch die Heiratspolitik der Hohenzollern in einen Staat eingebracht, in dem Brandenburg das Sagen hatte. Preußen, das im Gegensatz zu Brandenburg bis 1848 gar nicht zum Bestand des Deutschen Reichs gehörte, benutzten die Brandenburger, um sich die Königswürde zu verschaffen. Innerhalb des Reiches konnten sie es nicht. Dort waren sie nur Brandenburger Kurfürsten. Das Wort Preußen wanderte mit dem Königstitel als Staatsname von Königsberg nach Berlin und Potsdam. Nicht einmal zur Krönung reisten alle preußischen Könige nach Königsberg. Unter dem Namen Preußen entstand schließlich ein Staat, der bis an den Rhein reichte und bei dem sich die Historiker niemals einig werden, wie gut oder wie schlecht er war.

Die Sowjets taten nach der Eroberung Königsbergs so, als würden sie hier das preußische Übel an der Wurzel ausrotten. Die Deutschen, die ihnen hier in die Hände gefallen waren, wurden erbarmungslos gestraft, nicht nur in der ersten Woche im Rausch des Sieges.

Dabei waren ihre Vorfahren in Ur-Preußen längst nicht immer auf der Seite ihrer Herzöge und später ihrer Könige, die von ihnen immer nur Geld und Soldaten wollten und ihre Rechte zu beschneiden suchten. Das änderte sich erst in der Zeit Bismarcks, als der nationale Rausch verbunden mit leichten militärischen Siegen das ganze Land erfaßte.

Der zweite Teil der Geschichte Preußens begann mit der Umwand-

lung des klerikalen Ordensstaates in ein weltliches Herzogtum und später in ein Königreich. Nun waren die Bewohner Preußens von der Dynastie der Herrscher abhängig. Sie mußten für ihre Verschwendungssucht, ihr Heer, ihre Kriege aufkommen. Nur selten war deren Politik so weise, daß sie dem Land Wohlstand brachte.

Die Hochmeister des Ordens wurden gewählt, sie erhielten ihr Amt nicht auf dem Erbwege. Sie waren ja nicht nur Ritter, sondern auch ehelose Mönche. Nur von wenigen Hochmeistern gingen die Namen in die Geschichte ein, sonst hieß es immer nur »der Orden«.

Bei den weltlichen Herrschern war das anders. Ihre Würde war erblich. Der erste von ihnen, der 1525 das Hochmeisteramt ablegte und sich in einen Herzog verwandelte, nahm sich das Land selbst. Das war damals so. Der polnische König, dem es auch nicht gehörte, gab es Albrecht, dem Hohenzollern aus der fränkischen Linie zum Lehen. Es war damals nicht üblich, die Bewohner zu fragen. Die widerspenstigen Untertanen waren die Stände, also vor allem der Adel und die Städte. Sie versuchten immer wieder, den Herrschern den Geldhahn zuzudrehen. Wenn ihnen die Person des Herzogs, der immer noch ein Vasall des polnischen Königs war, nicht gefiel, versuchten sie, die Belehnung zu hintertreiben. Das politische Ziel der Herzöge war wiederum, die Abhängigkeit von den polnischen Königen zu beenden.

Albrecht (1525–1568), dem ersten Herzog, hatte Preußen viel zu danken. Nach den kargen Ordensjahren kam in das geistige Leben Bewegung. In Königsberg wurde eine Universität gegründet, die nach dem Herzog benannt wurde. Bis zum Ende Ostpreußens erhielten die Abiturienten von Freunden und Verwandten zur bestandenen Prüfung einen »Albertus«, eine goldene Anstecknadel für Rockaufschlag oder Mütze. Sie stellte den knollennasigen und vollbärtigen Herzog mit geschultertem Schwert dar. Seit der Mitte des Jahrhunderts erlitt der Herzog immer mehr Rückschläge. Die Streitereien mit den Ständen um Geldbewilligungen nahmen kein Ende. Die ins Land gerufenen protestantischen Theologen stritten nicht gegen die katholische Kirche, sondern untereinander. Am Hof gewann der aus Böhmen oder Kroatien stammende Scharlatan und Alchimist Paul Skalitsch immer mehr Einfluß. Er bestimmte schließlich, daß Räte des Herzogs abgesetzt und neue eingesetzt wurden. Im Herzogtum Preußen ging es so drunter und drüber, daß der polnische König auf Ersuchen der Stände eingriff. Skalitsch floh. Am 28. Oktober 1566 wurden drei herzogliche Räte von den Ständen in

Königsberg öffentlich hingerichtet. Der Herzog war inzwischen so machtlos, daß er das Urteil nicht verhindern konnte. Am 20. März 1568 starb Albrecht nach einem Schlaganfall in seinem Jagdschloß in Tapiau. Seine zweite Frau, die Herzogin Anna Maria, starb am selben Tag im Schloß Neuhausen.

Albrechts Sohn und Erbe, Albrecht Friedrich, war beim Tod des Vaters 15 Jahre alt. Bald wurde seine Geisteskrankheit sichtbar. Aber der »blöde Herr« war von 1568 bis 1618 preußischer Herzog, auch wenn neben ihm Regenten eingesetzt wurden, die ebenfalls den Herzogstitel führten. Trotz seiner Geisteskrankheit wurde Albrecht Friedrich dazu benutzt, durch Heiraten und Erbansprüche einen Staat zusammenzubringen, zu dem außer Preußen auch das Kurfürstentum Brandenburg und das Herzogtum Jülich-Kleve-Berg gehören sollten. Hier wurden die Grundlagen für den Staat geschaffen, der später vereinfacht als Preußen bezeichnet wurde.

Albrecht Friedrich unternahm zunächst die mühevolle Reise nach Lublin in Südpolen, um dem polnischen König Sigismund II. August den Treueid zu leisten. 1573 heiratete er in Königsberg Maria Eleonore von Jülich-Kleve-Berg. Trotz der Geisteskrankheit des Herzogs entstammten dieser Ehe fünf Kinder, von denen zwei Töchter dazu benutzt wurden, um Preußen mit Brandenburg und Jülich-Kleve-Berg zusammenzubringen. Die Idee dazu hatte sein Onkel, der zum Vormund des Herzogs bestellte Markgraf Georg Friedrich von Brandenburg-Ansbach. Der umsichtige Georg Friedrich ließ sich vom polnischen König, mit dem er gut zurecht kam, 1578 gegen eine nicht unerhebliche Summe ebenfalls mit Preußen belehnen und mit dem Herzogstitel ausstatten. Georg Friedrich blieb insgesamt acht Jahre in Königsberg und setzte in dieser Zeit eine Reihe überfälliger Reformen durch.

Sein wohl wichtigstes Werk war die Verheiratung der Töchter des »blöden« Herzogs. Anna, damals 14 Jahre alt und nicht gerade die schönste, wurde mit Johann Sigismund von Brandenburg, dem Sohn und künftigen Nachfolger des Berliner Kurfürsten verlobt. Die Brandenburger waren ebenfalls Hohenzollern einer anderen Linie. 1594 fand in Königsberg eine glanzvolle Hochzeit statt. So etwas hatte die nüchterne preußische Hauptstadt bisher noch nicht gesehen. Mehrere Fürsten reisten an, selbst der Kaiser schickte einen Gesandten. Die Grundüberlegung bei dieser Heirat war, daß die Braut von ihrer Mutter her Erbansprüche auf das Herzogtum Jülich-Kleve-Berg und natürlich auch auf das Herzogtum Preußen mit in die Ehe brachte.

Dieses Bündnis wurde wenige Jahre später noch durch eine zweite Heirat abgesichert. Der brandenburgische Kurfürst Joachim Friedrich und Vater von Johann Sigismund – er war damals 56 Jahre alt – heiratete 1603 in zweiter Ehe die 20 Jahre alte Eleonore von Preußen, ebenfalls eine Tochter des »blöden Herrn«. Auch hier ging es darum, die gleichen Erbansprüche abzusichern. Die Familienverhältnisse waren allerdings sehr kompliziert: Die Berliner Kurfürstin Eleonore war nicht nur die jüngere Schwester der Frau des Erbfolgers Johann Sigismund, sondern auch deren Schwiegermutter. Der Kurfürst war nicht nur der Schwager seines Sohnes, sondern auch der Schwager seiner Schwiegertochter.

Nach dem Tod von Georg Friedrich, dem Vormund in Preußen, übernahmen nacheinander die brandenburgischen Kurfürsten Joachim Friedrich, der dafür an den polnischen König 300 000 Gulden zahlen mußte, und Johann Sigismund die Regentschaft für den geisteskranken Herzog. Die Rechnung mit den Erbschaften ging schließlich auf, erst in Jülich, dann in Preußen.

Die Hohenzollern wurden schließlich Könige und sogar deutsche Kaiser. Einige erhielten den Beinamen »der Große«.

Nach dem Tod des geistig umnachteten Albrecht Friedrich im Jahre 1618, in dem in Deutschland der Dreißigjährige Krieg zu wüten begann, wurde Preußen weitgehend von Berlin oder Potsdam aus regiert. Königsberg war nur noch eine Zuflucht. Für Preußen aber mußten die Brandenburger nach wie vor um die Belehnung durch die polnischen Könige nachsuchen. Der mächtige polnische Adel sah jedoch mit Mißtrauen, daß entlang der Ostsee ein protestantischer deutscher Staat sogar unter Einschluß Schwedens entstehen könnte.

In Brandenburg war nach dem Tod seines Vaters 1619 Georg Wilhelm Kurfürst geworden. Seine Mutter mischte sich kräftig in die Regierungsgeschäfte ein. Als Georg Wilhelm wegen der Belehnung mit Preußen eine schwierige Reise nach Königsberg unternahm, verabredete seine Mutter hinter seinem Rücken eine Ehe seiner Schwester mit dem schwedischen König Gustav II. Adolf. Die Polen, die gerade gegen Schweden im Krieg standen, waren empört. Georg Wilhelm erfuhr davon in Königsberg. Er mußte die Ehe seiner Schwester mit dem Schwedenkönig öffentlich verurteilen.

Der Dreißigjährige Krieg machte Brandenburg zu einem Durchmarschgebiet für die Truppen vieler Länder, die das Land verwüsteten. Preußen blieb dagegen von der Kriegsfurie verschont. Georg Wilhelm floh 1638 aus Berlin ins Königsberger Schloß, wo er zwei

Jahre später starb. Seine ganze Regierungszeit war Kriegszeit, ohne sein Zutun. Er hat vielfach die Seiten gewechselt, wie es damals üblich war, ohne daß das besondere Auswirkungen gehabt hätte. Als Georg Wilhelm starb, war sein Thronfolger Friedrich Wilhelm, der später den Beinamen »der Große Kurfürst« erhielt, zwanzig Jahre alt. Er war stark geprägt vom Calvinismus und von einem langen Aufenthalt in den Niederlanden. In Preußen war er bei den Ständen von vornherein unbeliebt wie alle Herzöge zuvor. Seine Vornamen mußte man sich merken. Alle Kurfürsten von Brandenburg, alle Herzöge von Preußen und später auch die preußischen Könige und die letzten deutschen Kaiser in Berlin sollten sie führen, entweder einzeln oder zusammen. Das »Wilhelminische Zeitalter« bedeutete schließlich Glanz und Untergang zugleich.

Als Prinz war Friedrich Wilhelm weitgehend außerhalb Berlins in der vor dem Krieg halbwegs sicheren Festung Küstrin erzogen worden. Sprachen waren dabei wichtig. Dazu gehörte neben Latein und Französisch selbstverständlich auch das schwierige Polnisch. Später schickten ihn seine Eltern an die Universität Leyden in den Niederlanden. Sie waren so knapp bei Kasse, daß sie die Kosten für das Studium nur mit Mühe und teils durch Kredite aufbringen konnten.

Vier Jahre lang blieb Friedrich Wilhelm als preußischer Herzog in Königsberg. Immer noch tobte der endlose Krieg in Deutschland. Die finanzielle Situation des Herrschers war so schlecht, daß er manchmal nicht wußte, wie er das Geld für seinen täglichen Unterhalt aufbringen sollte. Mit den Königsbergern, die am liebsten eine Stadtrepublik sein wollten wie Danzig, hatte er nur Ärger und mußte auch in Zukunft noch manchen Streit mit ihnen ausfechten.

Auch Friedrich Wilhelm versuchte sein Glück mit der Heiratspolitik. Zunächst verheiratete er seine ältere Schwester Louise Charlotte mit dem Herzog Jakob von Kurland. Diese kurländischen Herzöge waren ebenso wie die in Preußen Nachfolger der Landmeister oder Hochmeister des Deutschen Ordens und Vasallen der polnischen Könige. Herzog Jakob galt als einer der reichsten Fürsten Europas und als außerordentlich geschäftstüchtig. Er verlangte für die Hochzeit 20000 Taler und mahnte sie auch noch schriftlich an. Friedrich Wilhelm trug sich selbst ebenfalls mit politisch motivierten Heiratsgedanken. Ziel seiner Absichten war Christina von Schweden, eine seiner Cousinen. Aber diese gab ihm einen Korb. Politisch hätte eine solche Heirat eine brandenburgisch-preußisch-schwedische Allianz und zudem eine protestantische Union an den Küsten der Ostsee gebracht – ein Alptraum für den katholischen Teil Deutschlands und auch für Polen.

Christina war die einzige Tochter des bei Lützen in Deutschland gefallenen schwedischen Königs Gustav II. Adolf. Beim Tod ihres Vaters war sie sechs Jahre alt. Sie wurde zwar als Königin ausgerufen, doch übte eine Vormundschaftsregierung zunächst die Herrschaft aus. Mit 18 Jahren übernahm sie selbst die Geschäfte. Zu einer Ehe konnte sie sich nicht entschließen, weder mit dem Brandenburger noch mit einem schwedischen Cousin. Sie konvertierte zum Katholizismus und mußte deswegen 1654 auf den Thron verzichten. Sie reiste viel in Europa herum, nicht gerade wie eine königliche Dame, sondern manchmal ganz schön schmuddelig und in Männerkleidern. Schließlich zog sie nach Rom, wo sie auch starb. Friedrich Wilhelm heiratete 1646 dann Luise Henriette aus dem Hause Oranien.

Nach den Wirren des schwedisch-polnischen Krieges gelang Friedrich Wilhelm ein diplomatisches Kunststück, das so bedeutsam war wie die Zusammenführung Brandenburgs und Preußens durch Heirat. Er erreichte 1660 in dem im Kloster Oliva nahe Danzig geschlossenen Frieden, daß das Herzogtum Preußen unter brandenburgische Herrschaft kam. Es war damit endgültig kein polnisches Lehen mehr. Allerdings bezog sich das nur auf das Herzogtum, nicht aber auf das weiterhin zu Polen gehörende westliche »Preußen königlichen Anteils«.

Die Städte, vor allem Königsberg, und der Adel waren keineswegs damit einverstanden, weil sie sich in ihren Rechten beschnitten sahen. Führer der Opposition in Königsberg war der Schöppenmeister, also der Gerichtsvorsitzende, Hieronymus Roth. Er nahm Verbindung mit dem polnischen König auf, der seine Hilfe zusagte, allerdings ziemlich unverbindlich. Als im Mai 1661 in Königsberg ein Landtag zusammentrat, waren die drei Königsberger Städte bereits dabei, im Vertrauen auf den polnischen König einen Bund gegen den Kurfürsten zu schließen. Es war fast eine Situation wie 1454, als Städte und Adel den »Preußischen Bund« gegen den Ordenshochmeister schlossen und Schutz bei Polen suchten.

Mit Friedrich Wilhelm war allerdings nicht zu spaßen. Er landete am 18. Oktober 1662 mit 2000 Soldaten im Hafen von Pillau und marschierte eine Woche später in Königsberg ein. 3000 Bürger hatten sich auf dem Schloßhof zu versammeln, während der Kurfürst und

Herzog gleichzeitig die Kanonen seiner erst kürzlich angelegten Garnison Friedrichsburg auf die Stadt richten ließ. Der Oppositionsführer Roth wurde verhaftet und 16 Jahre lang bis zu seinem Tod gefangengehalten. Roths Sohn ging nach Polen und wurde Sekretär des Königs.

Während Preußen sich bisher möglichst aus Kriegen herausgehalten hatte, füllte Friedrich Wilhelm seine leeren Kassen damit. Er ließ rücksichtslos Soldaten ausheben und vermietete sie gegen Geld. Wer am meisten zahlte, auf dessen Seite ging er über. »Subsidien« waren eine damals übliche Sache. Ein zahlungsfähiges Land zahlte einem anderen dafür Geld, daß es sein Verbündeter wurde. Blieben die Zahlungen aus oder bot eine andere Seite mehr, wurde die Seite gewechselt. Friedrich Wilhelm nahm solche Subsidien von den holländischen Generalstaaten, von den Franzosen, von den Spaniern oder von den Habsburgern. Dafür ließ er seine Armee in Europa herummarschieren, hungernd, von Seuchen heimgesucht, schlecht ausgerüstet, von der Bevölkerung der durchzogenen Gebiete gefürchtet, oft ohne Lohn. Tausende starben für Angelegenheiten, die nicht ihre waren und die sie nicht verstanden.

Als die Armee im Lager bei Schweinfurt stand, fielen die Schweden in Brandenburg ein. Feldmarschall Georg von Derfflinger, Bauernsohn und Berufssoldat aus Österreich in brandenburgischen Diensten, führte die Armee in Eilmärschen nach Norden. Der Kurfürst, der Marschall und ihre Truppen schlugen am 28. Juni 1678 die zahlenmäßig und an Artillerie überlegenen Schweden in einem Sumpfgebiet bei Fehrbellin. Die Entscheidung fiel im Nebel, und es dauerte eine Weile, bis die Brandenburger und Preußen begriffen hatten, daß sie die Schlacht gewonnen hatten. Kriegsruhm machte immer Eindruck. Seit Fehrbellin wurde Friedrich Wilhelm »Der Große Kurfürst« genannt und ein regelrechter Kult um ihn aufgebaut. Im Herbst führten die Schweden von Livland aus, das ihnen gehörte, einen Entlastungsangriff gegen Preußen. Der Kurfürst sammelte im Osten Brandenburgs 8500 Mann. Im eisigen Winter von 1678 auf 1679 zog er auf requirierten Schlitten in Gewaltmärschen über das Eis des Frischen und des Kurischen Haffs, um die Schweden unter General Heinrich Horn zu vertreiben und bis nach Riga zu verfolgen. Der Weg dahin war gesäumt von den Leichen schwedischer Soldaten. Horns Niederlage war ähnlich vollkommen wie später die Napoleons beim Rückzug aus Moskau. Zur Heroisierung des »Großen Kurfürsten« gehörte ein Stich, der überall in preußi-

schen Wohnzimmern, Amts- und Schulstuben zu finden war: Er zeigte den Kurfürsten stehend in Herrscher- und Siegerpose in einem Schlitten bei der Überfahrt über das Eis des Kurischen Haffs.
Andreas Schlüter hat ihn in einem Reiterstandbild idealisiert dargestellt: einen eindrucksvollen Mann mit wehendem Umhang und Perücke, großer und kühner Nase und dennoch recht menschlich mit einem Doppelkinn. In Wirklichkeit litt Friedrich Wilhelm an Gicht und saß lieber in einem bequemen Sessel als auf einem Pferd. Auch sein privates Leben war ganz und gar nicht glanzvoll. In zweiter Ehe hatte er Dorothea von Holstein-Glücksburg geheiratet. Die Ehe galt wie die erste zwar als glücklich, aber die Kinder aus beiden Ehen waren in erbitterter Feindschaft zerstritten. Der Thronerbe Karl Emil war nach einem der nutzlosen Feldzüge gestorben. Der neue Erbe Friedrich war das genaue Gegenteil seines Vaters: klein, zierlich und obendrein auch noch bucklig. Am liebsten hätte Friedrich Wilhelm diesem äußerlich so mißratenen Friedrich das Erbe entzogen. Er hatte es versucht und es ihm dann doch gelassen. Kurz vor dem Tod des Großen Kurfürsten flüchtete sein Sohn nach Kassel und ließ sich nur schwer von einem Vertrauten zur Rückkehr überreden. Das Schlütersche Reiterdenkmal ließ übrigens Friedrich aufstellen, aber bestimmt nicht aus Liebe zu seinem Vater. Es paßte zu seinem Hang zur Prachtentfaltung.
Als Kurfürst und Herzog nannte der Erbe sich Friedrich III. Er sann nach Aufwertung seines Ranges, er wollte König werden. Dazu bot sich ihm sein Herzogtum Preußen geradezu an. Es gehörte nicht zum Deutschen Reich, also galt dort auch nicht Reichsrecht, war aber dank der Politik seines Vaters auch nicht mehr von Polen abhängig. Dennoch suchte er die Zustimmung des deutschen Kaisers und des polnischen Königs, die er auch erhielt. Die der Habsburger erkaufte er sich durch die Stellung von 8000 Mann für den bevorstehenden Spanischen Erbfolgekrieg. Die Habsburger bezahlten dafür sogar 150 000 Gulden. Eine rechtliche Sonderheit hatte Friedrich zu bedenken. Das »Königliche Preußen«, der westliche Teil also, gehörte weiterhin zur polnischen Krone. Souverän war Friedrich nur in dem Teil, der mit der Hauptstadt Königsberg vom früheren Ordensstaat übriggeblieben war. Deshalb nannte er sich »König in Preußen«.
Die Krönung in Königsberg wurde zu einem gewaltigen und natürlich sehr teuren Fest. Erstmals wurde dabei Preußen von den Hohenzollern nicht ausgenommen, sondern sogar Geld aus Brandenburg eingenommen. Die brandenburgischen Stände schossen 100 000 Ta-

ler vor. An einer besonderen Krönungssteuer beteiligten sich alle Ländereien des künftigen Königs. Durch diese Umlage kamen noch einmal 500000 Taler zusammen. Alles zusammen war das eine riesige Summe für jene Zeit und für das arme Land.
Am 17. Dezember 1700 brach der gesamte Hofstaat aus Berlin nach Königsberg auf. An der Strecke mußten die Bauern 30000 Pferde zum Auswechseln bereitstellen. Am 29. Dezember traf der Hof, der über Weihnachten unterwegs war, in Königsberg ein. Am 15. Januar 1701 wurde die Umwandlung des Herzogtums in ein Königreich verkündet. Als erstes stiftete Friedrich einen Orden, den vom Schwarzen Adler, dem preußischen Wappentier. Erster Ordensträger wurde der Kronprinz Friedrich Wilhelm, der zwölf Jahre alt war.
Am 18. Januar 1701, einem klaren Wintertag mit Frost und Schnee, setzte sich Friedrich im Königsberger Schloß die mit Juwelen und Perlen geschmückte Krone selbst auf. Anschließend krönte er seine Frau. Darauf wurde das Königspaar gesalbt. Da es in Königsberg keine Bischöfe gab, ernannte Friedrich kurzerhand einen lutherischen und einen reformierten. Beim anschließenden Volksfest gab es gebratene Ochsen, eine Weinfontäne und unter die Menschen geworfene Münzen. Der neue König nannte sich Friedrich I.

Hunger, Verzweiflung, Kannibalismus

Der Hunger bestimmte seit April 1945 den ganzen Tagesablauf der Deutschen in Königsberg. Von den 400 Gramm Brot, die als Entlohnung für einen vollen Arbeitstag von oft zwölf Stunden ausgegeben wurden, mußten ganze Familien leben. Das war unmöglich. Der Absturz der Menschen ins Elend war unbeschreiblich. Sie waren bis auf die Knochen abgemagert, grau, hoffnungslos, verlaust, bewegten sich schleppend und suchten immer noch in den Trümmern nach brauchbaren Dingen, nach Konserven, Erbsen, Mehl, aber auch nach einem alten Wecker, einem Spiegel, einem Kochtopf, Schuhen. Das alles ließ sich auf den Märkten, die sich auf den Plätzen zwischen den Trümmern gebildet hatten, verkaufen oder tauschen. Hier kamen Deutsche, Russen, in der Stadt gebliebene Polen zusammen, um miteinander Geschäfte auszuhandeln. Die Deutschen wollten nur Lebensmittel, Brot war noch zu bekommen, Zucker auch. Aber ein winziges Stück Pferdefleisch war ein Vermögen wert.

Im Sommer 1945 und auch im folgenden Jahr hatten Löwenzahn, Melde, Brennesseln, Pilze und Früchte aus den schon verwilderten Gärten die Verpflegung aufbessern können. Im ersten Sommer kam auch das Getreide auf den Feldern dazu, das noch vor dem Winter und dem Fall Königsbergs von den deutschen Bauern gesät worden war, aber nicht mehr geerntet wurde. Die halbverhungerten Menschen schnitten einzeln die Ähren ab, mußten aber befürchten, wegen Diebstahls verhaftet und zu jahrelangen Strafen verurteilt zu werden. Auch im nächsten Jahr wurde trotz verstärkter Bewachung weiter auf den Feldern gestohlen.

Das Beschaffen von Lebensmitteln erforderte mehr Kraft als viele hatten. Öffentliche Verkehrsmittel existierten nicht. Alle Wege mußten zu Fuß zurückgelegt werden, und Königsberg war schließlich eine Großstadt. Die Wege waren auch gefährlich. Immer noch mußten Frauen damit rechnen, daß sie unterwegs aufgegriffen und auf einen Lastwagen gezerrt wurden oder daß ihnen von Russen oder von den immer häufiger auftretenden Kinderbanden alles abgenommen wurde, was sie besaßen.

Die Frauen, die eine russische Offizierswohnung oder die Räume einer Kommandantur sauberhalten durften, hatten das große Los gezogen. Sie erhielten meistens nicht nur Brot, sondern auch eine Suppe, in der nicht nur Grütze und Kohl, sondern manchmal auch ein Stück Fleisch oder Fisch schwamm. Das größte Glück war, wenn sie Suppe auch noch nach Hause mitnehmen durften, um den Familienmitgliedern zu helfen, die nicht arbeiten konnten oder an anderer Stelle nur die obligaten 400 Gramm Brot erhielten. Auch die Russen hatten nicht viel mehr.

Die meisten deutschen Frauen konnten schneidern. Auch das war eine Möglichkeit, bei Russen Lebensmittel zu erhalten. Allerdings hatte kaum jemand eine Nähmaschine. Aber schon eine Nähnadel konnte die Grundlage für eine Schneiderwerkstatt sein. Wer Schuhe reparieren oder sogar Stiefel anfertigen konnte, gehörte nicht mehr zur untersten Kategorie der Hungernden. Ein Uhrmacher stand ganz oben, lebte aber sehr gefährlich. Er mußte immer damit rechnen, ausgeraubt zu werden.

Auch die Russen waren auf die Lebensmittelkarten angewiesen. Ausgegeben wurden sie durch die Betriebe, Dienststellen und Organisationen. Wer nicht dazugehörte, fiel durchs Netz, wie die Deutschen, die nicht arbeiteten. Nur die Russen waren jung und arbeiteten fast alle. Älter als 60 waren Mitte 1946 nur 363 der inzwischen zugewanderten mehr als 47 000 Sowjetbürger.

In einem Bericht der Verwaltung für zivile Angelegenheiten des Kaliningrader Gebiets vom 12. Oktober 1946 über eine Überprüfung des Kartensystems heißt es:

Bei der Überprüfung der Ausgabe von Brot- und Lebensmittelkarten durch die Gebietskommission zur Überprüfung des Kartensystems in einer Reihe von Betrieben, Dienststellen und Organisationen der Stadt Kaliningrad sind zahlreiche Fälle von ungesetzlicher Ausgabe und Verschleuderung von Brot- und Lebensmittelkarten sowie Karten für zusätzliche Nährmittel aufgedeckt worden, die zur Vergeudung von staatlichen Brot- und Lebensmittelfonds führen.

Im August und September wurden allein in der Kaliningrader Spiritusfabrik – Direktor Borissow – 42 Karten für zusätzliche Nährmittel und 631 Marken für warme Hauptgerichte ungesetzlich vergeben und verschleudert. Bezugscheine für die Trockenverpflegung der Sonderliste SP-1, Mittagsmahlzeiten für leitende Mitarbeiter und Marken für warme Hauptgerichte wurden fälschlicherweise an die technische Sekretärin des Betriebsdirektors, Genossin Maksimowa, Kassiererin Martynowa u. a. ausgegeben. Karten für Tuberkulosekranke und Diätkarten wurden an Personen ausgegeben, die solche Karten ohne ein ärztliches Attest nicht beziehen dürfen.

Gravierende Mißbräuche bei der Vergabe von Brot- und Lebensmittelkarten sind bei Kontrollen in der Schiffswerft Balgosrybtrest (Direktor Genosse Kotow) aufgedeckt worden, wo Brot- und Lebensmittelkarten an entlassene und nicht mehr im Betrieb tätige sowie an desertierte und sogar im Gefängnis einsitzende Personen ausgegeben wurden. Im August und September wurden in der Schiffswerft 55 Brot- und Lebensmittelkarten ungesetzlich ausgegeben.
In der Schiffswerft Balgosrybtrest (Anmerkung: Abkürzung für Baltischer Staatlicher Fischereitrust), dem Kaliningrader Kontor und im Geschäft Nr. 1 »Ossobgastronom« wurde festgestellt, daß die Leiter dieser Organisationen ihre deutschen Haushilfen per Befehl als Produktionsmitarbeiterinnen führen lassen und so Brot- und Lebensmittelkarten auf diesem betrügerischen Wege für sie beziehen. Im »Ossobgastronom« ist diese Operation per Befehl Nr. 230 vom 3. 8. 46 legitimiert worden. In der Schiffswerft beziehen deutsche Haushilfen, die bei leitenden Mitarbeitern der Werft zu Hause arbeiten, auch die Gehälter vom Staat.
Der Chef des Lebensmittellagers »Glawsachar«, Genosse Koslowski, beschäftigt eine im Stellenplan nicht vorgesehene deutsche Putzfrau, deren Arbeit mit einer vom Kartenbüro ungesetzlich ausgegebenen Brot- und Lebensmittelkarte bezahlt wird. (...)
All diese und andere bei Kontrollen aufgedeckte Fälle von Verstößen bei der Ausgabe von Brot- und Lebensmittelkarten in einer Reihe von Betrieben, Dienststellen und Organisationen der Stadt wurden nur möglich, weil einige Leiter von Betrieben und Dienststellen ihre persönliche Verantwortung für die Ausgabe von Brot- und Lebensmittelkarten vergessen, die Weisungen der Partei und Regierung über strenge Sparsamkeit bei Brot und Lebensmitteln nicht erfüllen und in einzelnen Fällen selbst in die Tasche des Staates greifen, indem sie Karten für ihre Verwandten, Haushilfen u. ä. ausstellen lassen.

Hin und wieder zogen auch deutsche Frauen ganz in die Wohnungen von russischen Offizieren. Das NKWD und der Nachfolger MWD hatten durch das aufgebaute Spitzelnetz einen ziemlich genauen Einblick in diese russisch-deutschen Beziehungen. Generalmajor Trofimow, damaliger MWD-Chef in Königsberg, schrieb im April 1947 an den Innenminister Generaloberst Kruglow, daß das Eindringen der Deutschen in sowjetische Haushalte als schlechtbezahlte oder sogar kostenlose Bedienstete zur Entwicklung von Spionage beitrage.
Selbst in den höchsten sowjetischen Kreisen ging das alte Spionagegespenst um. Für wen hätten denn die deutschen Putzfrauen und Schneiderinnen schon spionieren sollen? Sie hatten überhaupt keine Kontakte zur Außenwelt. Westliche Agenten waren zwar ins

Baltikum eingeschleust worden, aber dort gab es in allen Republiken – und am längsten und intensivsten noch in Litauen – einen bewaffneten Widerstand von Partisanenverbänden gegen die Sowjets. In Königsberg war niemand mehr zu einem Widerstand fähig.

Die Situation der Deutschen verschlechterte sich rapide mit dem Beginn des Winters 1945/1946. Nun mußten sie nicht nur um die täglichen Lebensmittel kämpfen, sondern in den Trümmern auch nach Heizmaterial suchen.

Heizmaterial hatte nicht einmal die sogenannte Kommunalwirtschaft der Stadt Königsberg. Sie war vollständig auf Selbstversorgung angewiesen. Geheizt wurde in erster Linie mit Brennholz. Aus Kohlenstaub wurden bis zum Frühjahr 1946 nach einem Bericht der Gebietsabteilung für Kommunalwirtschaft 350 Tonnen Kohle ausgesiebt und aus Koksstaub wurden 500 Tonnen Briketts hergestellt. Das waren die letzten Bestände aus deutscher Zeit.

Es sah so aus, als wollten die Sowjets sich der Deutschen entledigen, indem sie sie einfach ihrem Schicksal überließen. Andererseits gab es aber eine ganze Reihe von Deutschen, die die Sowjets noch dringender brauchten als das Heer der neuen Hilfsarbeiter auf den Sowchosen und in den Fabriken. Dazu gehörten in erster Linie die Ingenieure, Techniker, Handwerker, Ärzte und Krankenpfleger, aber auch die eingesetzten Bezirksbürgermeister bei den einzelnen Militärkommandanturen. Diese Privilegierten mußten allerdings auch damit rechnen, daß sie plötzlich zu einem Verhör geholt wurden, von dem sie nicht mehr zurückkehrten.

Die Plage der Läuse, Fliegen und Ratten beschränkte sich nicht nur auf die Deutschen. Die katastrophalen hygienischen Bedingungen in der Stadt, der Mangel an sauberem Wasser, die Abfallhaufen in den Trümmern, die nicht mehr funktionierende Kanalisation und die stinkenden Haufen mit Exkrementen in den Ruinen trafen Russen wie Deutsche. Es bestand immer die Gefahr, daß Ruhr- und Typhusseuchen, die unter den Deutschen grassierten, auch auf die Russen übergriffen.

Am schlimmsten war der Hunger nach Fleisch. Im Winter 1945/1946 tauchten erstmals Gerüchte über Fälle von Kannibalismus auf – sowohl unter den Deutschen als auch durch Morde von Verbrecherbanden unter russischer Beteiligung, die Fleisch ihrer Opfer in den Handel brachten. Es wurde unter der Hand angeboten, ohne daß die Käufer wußten, was es war. Es tauchte auf den Märkten als

Frikadellen oder Sülze auf. Zwei Deutsche waren in Königsberg in diese entsetzlichen Geschäfte verwickelt. Einer hatte das Fleisch von russischen Banden erhalten, der zweite, der einem Beerdigungskommando angehörte, hatte es verkauft. Beide wurden verhaftet und erschossen.

Aber Kannibalismus kam nicht nur in Königsberg vor. Er wurde an mehreren Orten im nördlichen Ostpreußen aufgedeckt. Fälle von Kannibalismus ereigneten sich auch noch im Winter 1946/47, als die Situation sich für viele Deutsche in kaum noch vorstellbarem Ausmaß weiter verschlechtert hatte.

Generalmajor Trofimow schickte Innenminister Kruglow am 2. April 1947 einen Bericht, in dem er eine Reihe von Fällen von Kannibalismus unter der deutschen Bevölkerung erwähnte. Der Bericht nannte auch die Ursachen, nämlich den Hunger. Er enthielt aber keinen Vorschlag an den Minister, die Ursachen zu beseitigen, nämlich den Deutschen etwas zu essen zu geben. Auch der Minister unternahm nichts.

Die Fälle, die der Königsberger MWD-Chef beschrieb, bezogen sich auf die Bezirke Primorsk (früher Fischhausen im Samland) und Tschernjachowsk (Insterburg) sowie die Stadt Kaliningrad (Königsberg). Für die im Bericht erwähnten Dörfer wurden die deutschen Namen benutzt, weil die Ortschaften noch nicht umbenannt waren. Die Namen der Beschuldigten und der Opfer wurden in dem Bericht genannt, sie werden hier ausgelassen.

Streng geheim
Innenministerium der UdSSR
Verwaltung für das Gebiet Kaliningrad
Kaliningrad, den 2. April 1947
An: Innenminister der UdSSR
Generaloberst Genossen Kruglow S. N.
Sonderbericht

In der letzten Zeit ist es im Gebiet Kaliningrad zu Fällen von Kannibalismus unter der deutschen Bevölkerung gekommen.

Im Zuge der Untersuchungen wurde festgestellt, daß es Fälle von Kannibalismus unter den Deutschen, verursacht durch Hunger, in den Bezirken Primorsk und Tschernjachowsk sowie in der Stadt Kaliningrad gab.

1. Deutsche, (Name und Vorname), geb. 1907, wohnhaft in Bludau, Bezirk Primorsk, nicht berufstätig, hatte vier Kinder zu ernähren. Wegen anhaltender Unterernährung, in letzter Zeit auch wegen Hungers bekamen die Kinder Hungerödeme und mußten im Bett bleiben.

Im Februar 1947 tötete (Name) ihre neunjährige Tochter mit einem Küchen-

messer. Das Fleisch verwendete sie im Laufe von fünf Tagen als Nahrung und gab es auch ihren Kindern zu essen. Ende Februar starb auch die zweite Tochter der (Name) im Alter von sieben Jahren, deren Leiche ebenfalls zerhackt und das Fleisch aufgegessen wurde.

(Name) und deren ältere Tochter (Vorname), geboren 1932, sind verhaftet worden.

2. Zu der im selben Ort wohnenden Deutschen (Name) kam das deutsche Mädchen (Name) aus Cranz zu Besuch und starb wenige Tage später vor Hunger. Die Tochter (Name) zerhackte die Leiche der (Name), holte Herz, Leber und Lunge heraus, kochte sie und verwendete sie als Nahrung. Auch die Deutsche (Name aus dem vorherigen Fall) nahm sich vom Fleisch der Leiche.

3. Im Ort Blumenau tötete die Deutsche (Name), ebenfalls aus Hunger ihren zehnjährigen Sohn, trennte Kopf und Arm ab, zog die Haut vom Leib ab und verstaute das in kleine Stücke zerhackte Fleisch in der Badewanne, von wo sie es in Portionen zum Essen nahm.

Bei einer Haussuchung wurden zwei Hände und der Brustkorb in der Badewanne gefunden. Das Fleisch war bereits weggeschnitten und aufgegessen worden.

4. Im Ort Powayen starb im Dezember 1946 der alte Deutsche (Name). Die Leiche von (Name) wurde von der Deutschen (Name) gefunden. Sie schnitt mit einem Messer alle weichen Teile der Leiche ab und verwendete sie als Nahrung.

Es wurde auch festgestellt, daß (Name) im Jahre 1947 ihre Kinder tötete, das Fleisch systematisch kochte und aß. (Name) starb am 10. März.

5. Im Sowchos Nr. 13, Bezirk Tschernjachowsk, wurden in der Scheune des Arbeiters (Name, Vorname und Vatersname) Kopf und Hände des am 19.03. 1947 verstorbenen Deutschen (Name) gefunden. Andere Leichenteile waren offenbar aufgegessen. Wer den Leichnam von (Name) zerstükkelte, konnte bisher nicht festgestellt werden.

In der Stadt Kaliningrad wurden im März zwei Fälle registriert, bei denen deutsche Eltern aus Hunger ihre Kinder töteten.

Das Kaliningrader Gebietsparteikomitee wurde über die Fälle von Kannibalismus informiert.

Leiter der Abteilung des Inneren
des Gebiets Kaliningrad
Generalmajor Trofimow

Auf dem Land und in den Ruinen herrschten nicht nur die Ratten und die Mäuse. Von Osten her waren Rudel von Wölfen eingezogen, ein sicheres Zeichen dafür, daß die Menschen nicht mehr die unbestrittenen Herrscher des Landes waren.

Am 11. Dezember 1946 wurden mit dem Befehl Nummer 603 von der Verwaltung für zivile Angelegenheiten des Kaliningrader Gebietes »Maßnahmen zur Bekämpfung der Wölfe und zur Verhinderung ihrer Vermehrung« angeordnet. Für den Abschuß eines Wolfs wurde eine Prämie von 300 Rubel an Mitglieder der »Freiwilligen Jägergesellschaft«, an Jäger aus der Armee und an Kolchosbauern gezahlt. Das war damals viel Geld. An die Jägergesellschaft und an »Wolfsvernichtungskommandos« konnten für gute Arbeit bis zu 3000 Rubel an Belohnung gezahlt werden.

In dieser finsteren Zeit geschahen aber auch noch Wunder. Von einem richtigen Weihnachtswunder im Jahre 1946 berichtete Erna Parczany, die als Flüchtling aus dem Samland mit ihrem kleinen Sohn in Königsberg gestrandet war. Sie mußte hier schwerste Arbeit verrichten und bekam dafür 600 Gramm Brot am Tag, das für beide reichen mußte. Ihr Sohn suchte täglich auf den Müllhaufen der Russen nach Kartoffelschalen, Fischköpfen und anderen eßbaren Abfällen. Jeden Abend falteten sie die Hände und beteten: »Lieber Gott, laß uns nicht verhungern.« In der Mittagspause vor dem Heiligen Abend brauchte sie der russische Verwalter eines Lebensmittelmagazins noch für eine schnelle Arbeit. Den Sohn durfte sie mitbringen. »So gingen wir beide in das russische Magazin hinein, das sonst kein Deutscher betreten durfte. Gierig verschlangen wir, leider nur mit den Augen, die schönen Sachen, so daß der Russe es bemerkte und zu uns sprach: ›Frau, jedes Pfund Zappzerapp ein Jahr‹, und hielt seine gespreizten Finger vor sein Gesicht, also Gefängnis.« »Zappzerapp« war eins der Grundworte der russisch-deutschen Verständigung und bedeutete soviel wie das deutsche »organisieren«, also stehlen. »Zuerst bekamen wir einen Teller Suppe, den wir mit Andacht verzehrten. Sodann ging es an die Arbeit. Der Schweiß stand mir auf der Stirn. Alles klappte zur rechten Zeit. Indessen hatte der Russe einige Pfundtüten mit Lebensmitteln gefüllt, die ich für meine Arbeit nach Hause nehmen durfte. Welche Glücksgefühle diese bescheidenen Sachen (Zucker, Graupen, Mehl und Erbsen) bei uns auslösten und wie stolz wir dann nach Hause gingen, vermag ich nicht in Worte zu kleiden. Freudentränen liefen uns über die Wangen, und ein stilles Dankgebet ging zu unserem Herrgott, der uns im letzten Augenblick zu einer solchen Weihnachtsfreude verholfen hatte.« (Unser schönes Samland, September 1967.)

Gerüchte und erste Post

Niemand in Königsberg lebte mehr dort, wo er früher gewohnt hatte. Zehntausende hatten ihre Wohnungen und Häuser nach den britischen Bombenangriffen im August 1944 im Flammenmeer verloren. Dann hatten sowjetische Artillerie und pausenlose Luftangriffe wieder Zehntausende Wohnungen schwer beschädigt, unbewohnbar gemacht oder in Schutt gelegt. Viele, die auf den tagelangen Märschen in der Umgebung Königsbergs herumgeführt wurden, hatten zwar beschädigte Behausungen zurückgelassen, hatten aber geglaubt, sie schon wieder instand setzen zu können. Aber als sie zurückkamen, standen sie vor ausgebrannten Ruinen. Die Häuser waren erst hinterher in Brand gesteckt worden.
Andere wiederum fanden ihre Wohnungen zwar wieder, aber sie waren nicht leer. Sie wurden inzwischen von russischen Soldaten oder von Polen bewohnt. Manche hatten Glück und konnten tatsächlich in ihre alten Wohnungen, in denen aber in den Tagen der Abwesenheit alles Mobilar zertrümmert und alle Betten und Polster aufgeschlitzt, Konserven und Einmachgläser zerschlagen waren. Meistens zogen mehrere Familien nun in eine Wohnung, auch weil sie sich so sicherer fühlten.
Sie mußten immer damit rechnen, daß russische Soldaten plötzlich im Zimmer standen und nach brauchbaren Sachen suchten, ohne sich um die Bewohner zu kümmern. Auch gefährlich aussehende und gewalttätige Zivilisten tauchten auf und nahmen sich, was ihnen brauchbar erschien. Die ersten russischen Arbeiter, die nach Königsberg kamen, lösten ihr Wohnungsproblem, indem sie irgendeine deutsche Familie, deren Unterkunft ihnen gefiel, auf die Straße setzten. Nichts durfte mitgenommen werden. Wohin? Irgendwo wird schon etwas frei sein.
Die neue Unterkunft war mit Sicherheit schlechter, kleiner, dreckiger, natürlich auch wie alle Wohnungen ohne Wasser und ohne Strom – das gab es sowieso nirgends –, zerschlagene Fenster und eingetretene Türen. War sie notdürftig hergerichtet, war es so gut wie sicher, daß eines Tages wieder Soldaten oder Zivilisten kamen und die sofortige Räumung bei Zurücklassung allen persönlichen Besitzes verlangten.
So zogen viele Königsberger vier-, fünf-, sechsmal um, bis sie in einem Kellerloch angekommen waren, das einen Betonboden und

keinen Kamin hatte. Hier wurden sie von niemandem mehr vertrieben.
Bevorzugt wurden auch Wohnungen in den Obergeschossen von halbzerstörten Häusern, in denen es keine Treppenhäuser mehr gab. Sie waren nur über Leitern zu erreichen, die zur Sicherheit eingezogen werden konnten.
Aber es kamen nun auch Soldaten einfach in die Wohnungen, die sich an den Tisch setzten und nur reden wollten, was wegen der Sprachschwierigkeiten meistens mißlang. Das war ganz neu. Manchmal ließen sie ein Stück Brot da oder ein paar Krümel Tee oder Machorka-Tabak.
Das Jahr 1946 schien einige Erleichterungen zu bringen. Wer arbeitete, erhielt nun Lebensmittelkarten und auch Lohn. Außer Brot wurden Grütze, etwas Zucker und sogar Fett zugeteilt. Nur reichte das Geld kaum, um die bescheidenen Zuteilungen zu bezahlen. Außerdem galt immer noch das alte System: Nur wer eine »gesellschaftlich nützliche« Arbeit verrichtete, bekam Lebensmittel und Geld. Auch weiterhin mußten drei- und vierköpfige Familien von den Zuteilungen leben, die einer von ihnen nach Hause brachte.
Die ersten Lebensmittelgeschäfte wurden für Russen und Deutsche zusammen eingerichtet. Aber sie wurden nur sporadisch geöffnet, weil ihnen nur selten Waren geliefert wurden. Außerdem brauchte man Geld, die »Produktenkarte« und viel Zeit zum Anstehen. Offiziere und die hohen Funktionäre konnten sich bereits aus ihren Spezialläden versorgen, wie es überall in der Sowjetunion üblich war.
Kein Rotes Kreuz, keine internationale Hilfsorganisation kümmerte sich um die Deutschen im früheren nördlichen Ostpreußen. Es wußte auch kaum jemand, daß es sie gab. Und die Sowjets hätten niemand zu ihnen hineingelassen. In der Hoffnungslosigkeit klammerten sich die Menschen an Gerüchte. Immer wieder tauchte eines in den verschiedensten Versionen auf, daß nämlich schwedische Schiffe im Hafen von Pillau angelegt hätten, um die Deutschen herauszuholen. Und wenn sie denn doch nicht da waren, dann würden sie bestimmt kommen.
1946 traf in Pillau eine seltsame Gruppe von Deutschen aus der britischen Besatzungszone ein. Vielleicht rankten sich auch darum Gerüchte. Die Engländer hatten der sowjetischen 4. Kriegsflotte aus ihrer Zone 300 Spezialisten für sogenannte Vertragsarbeiten

mit Schwimmkränen geschickt. Sie sollten vor allem den Hafen Pillau von Trümmern und Schiffswracks räumen. Die deutschen Spezialisten sollten nur vorübergehend eingesetzt werden und dann in die britische Zone zurückkehren. Hätten die Engländer damals schon begriffen, daß Pillau eine reine Marinebasis werden sollte, hätten sie den Sowjets wegen der immer deutlicher werdenden militärischen Konfrontation dabei wohl kaum geholfen. Hätten die 300 deutschen Spezialisten geahnt, wie schwierig ihre Rückkehr werden sollte, hätten sie sich vermutlich mit Händen und Füßen dagegen gewehrt, die Fahrt nach Pillau anzutreten.
Im Mai 1946 traf in Königsberg die erste Post aus Deutschland ein. Unter den Deutschen sprach es sich wie ein Lauffeuer herum. Die Verwandten hatten an die alten Adressen geschrieben, wo jetzt niemand mehr wohnte. Es sprach sich herum, daß die Sendungen beim Postamt in der Nähe des Tiergartens lagerten und dort abgeholt werden konnten. Nun begann auch das große Suchen und Fragen nach den Überlebenden. Die Königsberger erfuhren nach und nach, wer von ihren Verwandten davongekommen war, ob er in den Westzonen oder in der sowjetischen Besatzungszone Aufnahme gefunden hatte oder noch in einem Flüchtlingslager in Dänemark festsaß. Ein Teil der mit Flüchtlingen beladenen Schiffe aus Pillau hatte den Hafen von Kopenhagen angelaufen. In Deutschland erfuhr man nun auch allmählich, wer noch in Königsberg war. Die Post lief in jedem Fall in beiden Richtungen über eine Zensurstelle in Moskau. Der Her- und Rückweg einer Sendung dauerte so mindestens drei Monate ...

Die neuen Siedler kommen

Sommer 1946. In der Sowjetunion war es eine Zeit der großen Völkerwanderung. Massen von Kriegsevakuierten und Flüchtlingen waren immer noch auf dem Weg in die Heimat. Millionen von entlassenen Soldaten waren auf der Suche nach Arbeit und einer Unterkunft. Ganze Landstriche waren verwüstet. In den dünnbesiedelten Gebieten Sibiriens, des Fernen Ostens und des hohen Nordens setzte die sowjetische Führung zunächst das Millionenheer von Kriegsgefangenen, politischen Häftlingen und anderen Deportierten ein. Zu den Gebieten, die besiedelt werden mußten, gehörte

auch die Kaliningradskaja Oblast, das frühere nördliche Ostpreußen.
Es sah fast so aus, als ob die Deutschen hier nun auch schrittweise unter die Sowjetbürger aufgenommen werden sollten. Schon die Militärverwaltung hatte damit begonnen, über ihre politischen Abteilungen die Deutschen umzuerziehen. Nach dem Muster der antifaschistischen Agitation in den Kriegsgefangenenlagern wurde auch hier vorgegangen. Konferenzen wurden einberufen, mit einem Vorstandstisch und Rednern, die vorher genehmigte Reden vorlesen mußten. So wurde besonders um die Intelligenz geworben, die die Kommunisten nicht als feindliche Gesellschaftsklasse wie Gutsbesitzer oder Geschäftsleute, sondern als eine positive soziale Schicht ansahen. Zu ihnen wurden nach kommunistischer Terminologie Wissenschaftler, Ärzte, Lehrer, Künstler oder Ingenieure gerechnet. Wie es sich bei einer kurz vor Ostern des Jahres 1946 einberufenen Konferenz zeigte, lebte noch eine ganze Menge von Angehörigen der Intelligenz in der Stadt. Mit Ausnahme der Ärzte und der Ingenieure leisteten sie, wenn überhaupt, niedrigste Arbeiten. Eine für sie bevorzugte Beschäftigung war die des Leichenbestatters.
Die Militärverwaltung hatte auch schon damit begonnenen, unter den Deutschen nach Lehrern zu suchen, weil Schulen für die deutschen Kinder gegründet werden sollten. Die Lehrer wurden zuerst in besonderen Lehrgängen politisch geschult. Unter den am 1. Juni 1946 registrierten mehr als 116000 Deutschen waren fast 25000 Kinder im Alter zwischen sieben und 15 Jahren. Die jüngeren hatten noch niemals Schulunterricht erhalten. Die Kinder, die in deutscher Zeit nur kurz eine Schule besucht hatten, hatten längst alles vergessen. Ihre Hauptbeschäfigung war, sich durch das Leben zu schlagen. Für den Unterhalt der Familien spielten sie eine wichtige Rolle. Sie handelten auf dem Schwarzmarkt mit Zigaretten oder Bonbons, natürlich nur stückweise. Sie verdienten damit mehr als die Erwachsenen, die den ganzen Tag Schwerarbeit leisten mußten. Die Kinder waren auch in Scharen nach Litauen unterwegs, wo sie sich durch die Bauernhöfe bettelten. Die Landwirtschaft war dort damals noch nicht kollektiviert. Die Bauern zeigten viel Mitleid mit den herumstreunenden deutschen Kindern, viele halfen ihnen und ihren Familien im nördlichen Ostpreußen zu überleben.
Ebenfalls noch unter der Militärverwaltung waren für die deutsche

Bevölkerung antifaschistische Klubs in allen Königsberger Stadtbezirken und in den übrigen Bezirken eingerichtet worden. Da damit kaum jemand anzulocken war, hießen sie bald nur noch »Deutsche Klubs« und verwandelten sich in ziemlich unpolitische Treffpunkte mit Musik und Tanz, die auch bei den russischen Soldaten beliebt waren und bei denen später gelegentlich auch deutsche Kriegsgefangene aus naheliegenden Lagern auftauchten, als sich dort das strenge Regiment zu lockern begann. Die am meisten gespielte Musik: deutsche Schlager aus der Kriegs- und Vorkriegszeit.

Am 21. Mai 1946, also fast 14 Monate nach der Einnahme Königsbergs, verabschiedete die sowjetische Regierung einen Beschluß »Über wirtschaftliche Maßnahmen im Königsberger Gebiet«. Dazu gehörte auch die »planmäßige Besiedlung«, die freiwillig und auf Kosten des Staates erfolgen sollte. Von Freiwilligkeit konnte keine Rede sein. Die zuständigen Ministerien mußten 1946 und 1947 eine bestimmte Zahl von Facharbeitern, Technikern, Ingenieuren, Ärzten oder Lehrern in die zu ihrem Bereich gehörenden Betriebe, Sowchosen und Dienststellen entsenden. Sie mußten die »Freiwilligen« also irgendwie finden. Die Ministerien, die wegen der Staatswirtschaft oft nichts anderes als Direktorien riesiger Industrieunternehmen waren, erhielten außerdem die Erlaubnis zu Anwerbungskampagnen in bestimmten Gebieten.

Den Umsiedlern wurden goldene Berge versprochen. Sie sollten als Hilfe für jedes Familienmitglied zwei Monatslöhne erhalten, die sie nicht zurückzuzahlen brauchten. Dazu sollten der Fahrpreis, die Kosten für den Umzug, Wohnraum, ein Gartengrundstück oder Ackerland bis zu 0,3 Hektar pro Familie privat genutzt werden dürfen. Das Handelsministerium wurde angewiesen, an jeden Umsiedler einen Mantel oder Anzug, ein paar Schuhe, zwei Garnituren Unterwäsche, zwei Rollen Nähgarn und zehn Meter Stoff am neuen Wohnort zu verkaufen. Das waren damals unvorstellbare Schätze, und sie machen die Armut der Menschen in dieser Zeit deutlich. Mittellos waren nicht nur die Deutschen. Auch die Russen, die in das entvölkerte Gebiet als neue Siedler geschickt wurden, besaßen nichts.

Viele ehemalige Angehörige der Armee und der Marine, die in Ostpreußen stationiert waren und nun demobilisiert wurden, blieben gleich da. Sie konnten ihre Familien zu den gleichen Bedingungen, die den Neusiedlern eingeräumt wurden, nachkommen lassen. Allerdings hatte es sich herumgesprochen, daß dieses Kaliningrader Gebiet eine vom Krieg verwüstete Gegend und so ausgeplündert war, daß da von früherem deutschen Besitz nichts mehr zu holen war. Außerdem bestand immer noch Unsicherheit bei vielen, ob dieses Gebiet nun wirklich und für alle Zeit russisch blieb oder ob die Deutschen doch vielleicht eines Tages zurückkehren konnten. Und was dann?

So wurde am 9. Juli 1946 noch ein Beschluß der sowjetischen Regierung über »vorrangige Maßnahmen« zur Besiedlung und zur Entwicklung der Landwirtschaft im Kaliningrader Gebiet – nun hieß es nicht mehr Königsberg – nachgeschoben. Bereits im August und September sollten 12000 Familien von Kolchosbauern, darunter 240 Kolchosvorsitzende, Leiter von Viehzüchterbrigaden, Vorarbeiter und Buchhalter, »auf freiwilliger Basis« nach hier umgesiedelt werden. Die »Kolchosniki« hatten die russischen Gebiete Brjansk, Welikije Luki, Woronesch, Gorki, Moskau, Kursk, Kirow, Orjol und Tambow zu stellen, von denen viele selbst unter den Folgen des Krieges litten. Ein Teil der Bauern sollte aus den weiter östlich gelegenen, aber zu Rußland gehörenden Autonomen Republiken Mari, Mordwinien, Tschuwaschien und aus Weißrußland kommen. In den beiden folgenden Jahren trafen besonders für die Fischereikolchosen noch Umsiedler aus den Gebieten Wologda, Iwanowo, Rostow, Stalingrad und Krasnodar sowie aus der Tatarischen Autonomen Sowjetrepublik, die ebenfalls zu Rußland gehörte, ein.

Auch die Lockmittel wurden noch einmal erhöht. Pro Familie durften zwei Tonnen Umzugsgut kostenlos mitgenommen werden. Wer kein Vieh und kein Geflügel hatte, dem wurden eine Kuh, zwei Schafe, ein Ferkel und fünf bis zehn Stück Geflügel versprochen. Die Kolchosen, deren Mitglieder sie bisher waren, mußten sie ihnen mit auf die Reise geben. Die neuen Kolchosbauern sollten zwei Jahre lang mit Ausnahme von Milch von der Ablieferungspflicht entbunden sein. Nun sollte jede Umsiedlerfamilie auch unentgeltlich ein eigenes Haus, in dem früher Deutsche gewohnt hatten, nebst Wirtschaftsgebäuden und einen halben Hektar Grund erhalten. Nur gab es nirgendwo in Nordostpreußen solche leerstehenden Häuser mit Dächern, Fenstern und Türen, in die noch jemand einziehen konnte. Am 1. Juni 1946 hieß in einer Bestandsaufnahme:

Angesichts der zu erwartenden Umsiedlerflut stellt sich ernsthaft die Frage nach deren Unterbringung und nach dem Zustand des Wohnraums in den ländlichen Gegenden. In den weitaus meisten Fällen haben die Häuser keine Fenster, Türen und manchmal auch keinen Fußboden. Erhebliche Anstrengungen werden notwendig sein, um die Wohnräume in den Bezirken wiederaufzubauen, die übriggebliebenen Häuser und Wirtschaftsbauten zu erhalten.

Die ganze Aktion wurde im Kaliningrader Gebiet von einer Kommision geleitet, der der Leiter der Verwaltung für zivile Angelegenheiten, der Leiter der politischen Abteilung, der Leiter der Umsiedlerabteilung, Vertreter der Armee und der Flotte und – was wohl nur aus dem sowjetischen System verständlich ist – auch ein Staatsanwalt angehörten. Umsiedlerabteilungen gab es in allen Gebieten in Rußland und in den autonomen Republiken. Auch die russische Regierung hatte solch eine eigene Abteilung eingerichtet. Ihre Aufgabe war es, den gewaltigen Strom der im Land hin und her ziehenden Menschen zu regeln.
Um die Enttäuschung der nach Ostpreußen gekommenen Umsiedler aufzufangen, wurden schon vor dem Eintreffen der ersten Kolchosbauern Mitglieder der politischen Abteilung und Agitatoren abkommandiert. Sie sollten die Umsiedler über die Ziele und die Aufgaben der Aktion aufklären.
Bis zum Ende des Jahres 1946 kamen 12225 Familien von Kolchosbauern in das Gebiet Kaliningrad. Von ihnen wurden 295 Kolchosen gebildet, die im Gegensatz zu den staatlichen Sowchosen als Genossenschaften geführt wurden. In der Arbeit und in den Auflagen der Planwirtschaft unterschieden sich Kolchosen und Sowchosen nicht.
Aus Insterburg wurde am 25. Dezember 1946 an die Gebietsverwaltung gemeldet, daß die Umsiedler nicht genug Mäntel, Schuhe, Kopfbedeckungen, Strümpfe, Nähgarn und Seife hätten. Der Diebstahl von Vieh und Geflügel in den Kolchosen habe beträchtlich zugenommen. Vieh werde massenhaft abgeschlachtet und das Fleisch verkauft. Unter den Umsiedlern gebe es »Schmarotzer«, die 10000 Rubel verlangten, ohne dafür Rechnung ablegen zu wollen.
Am 21. April 1947 faßte die sowjetische Regierung unter der Nummer 1099 einen weiteren Beschluß »Über die Umsiedlung von Kolchosbauern in das Kaliningrader Gebiet im Jahre 1947«. Darin hieß es, daß von April bis Juni 1947 zusätzlich 3000 Familien »freiwillig« in das Kaliningrader Gebiet umgesiedelt werden soll-

ten. 500 sollte Weißrußland stellen, der Rest sollte aus den russischen Gebieten kommen, die bereits die ersten Kolchosniki geschickt hatten. Außerdem sollten 1000 aus der Armee und der Flotte entlassene Soldaten mit ihren Familien aufgenommen werden. In dem Erlaß werden den Umsiedlern noch einmal die Vergünstigungen zugesichert, die bereits mit dem Beschluß vom 9. Juli des Vorjahres eingeräumt worden waren.

Das Ende des Beschlusses, unter dem wieder der Name Stalin stand, vermittelte einen Eindruck davon, was die Umsiedler erwartete. Es fehlte an allem, nicht nur an Unterkünften, sondern auch an Eisenbahnwaggons für den Transport. Zu den neuen Kolchosen gab es von den Bahnhöfen keinerlei Verkehrsverbindungen und nur aus einem Sonderfonds Benzin für den Autotransport. Am neuen Ort erwarteten die Bauern nicht einmal die einfachsten Arbeitsgeräte. Das allerdings war in der Sowjetunion keine Besonderheit. Als die Deutschen von der Wolga und die Kaukasusvölker nach Zentralasien deportiert wurden, wurden viele einfach in der menschenleeren Steppe ausgesetzt und mußten in Erdlöchern zusehen, wie sie überlebten und sich wieder etwas aufbauten.

Im Regierungsbeschluß Nummer 1099 heißt es:

(...)

12. Das Ministerium der Streitkräfte der UdSSR (Genosse Chruljow) wird verpflichtet:

a) 1500 reparaturbedürftige Pferdewagen aus den für die Volkswirtschaft bestimmten Beständen im 1. Quartal 1947 an die zu organisierenden Kolchosen zu übergeben;

b) die Kaliningrader Gebietsverwaltung für zivile Angelegenheiten mit Autos für den Transport der Umsiedlerfamilien von der Eisenbahn bis zum Ansiedlungsort zu unterstützen.

13. Das Ministerium für Leichtindustrie der UdSSR (Genosse Lukin) wird verpflichtet, im 2. und 3. Quartal 1947 6000 komplette Pferdegeschirre aus dem Marktfonds sowie 10 000 Quadratdezimeter Rohleder für Reparaturen in Umsiedlerkolchosen an die Kaliningrader Gebietsverwaltung für zivile Angelegenheiten zu liefern.

14. Das Ministerium für örtliche Industrie der RSFSR (Smirjajew) wird verpflichtet, im 1. Quartal 1947 1500 Bauernwagen an die Kaliningrader Gebietsverwaltung für zivile Angelegenheiten zu liefern.

15. Das Ministerium für Verkehrswesen (Genosse Kowaljow) wird verpflichtet,

a) 3000 Umsiedlerfamilien, deren Umzugsgut und Vieh zu dem im Punkt 1 dieses Beschlusses genannten Termin sowie Familien der aus der Sowjetar-

mee und Flotte entlassenen Soldaten, die ständig in den Kolchosen des Kaliningrader Gebiets bleiben, in Zügen zu transportieren, die eigens dafür aus entsprechend eingerichteten und desinfizierten Waggons zusammengestellt werden.
b) Die Waggons werden von der Eisenbahnverwaltung nach einem vom Verkehrsministerium und der Umsiedlerverwaltung beim Ministerrat der RSFSR bestätigten Zeitplan auf Anforderung den Gebietsexekutivkomitees zur Verfügung gestellt. Die Verrechnungen werden von der Umsiedlerverwaltung beim Ministerrat der RSFSR zentral gegen Vorlage von Rechnungen der Eisenbahnverwaltungen vorgenommen.
16. Das Gesundheitsministerium der UdSSR (Genosse Smirnow) wird verpflichtet, medizinische Untersuchungen der Umsiedler an den Ausgangsorten sowie die medizinische Betreuung beim Transport zu organisieren, wobei medizinisches Personal und Medikamente sowie die erforderlichen Ausrüstungen für Krankenwaggons bereitgestellt werden.
17. Die Hauptverwaltung für Erdölversorgung (Glawneftesnab) beim Ministerrat der UdSSR (Genosse Wowtschenko) wird verpflichtet, der Umsiedlerverwaltung beim Ministerrat der RSFSR im 2. Quartal 1947 100 Tonnen Autobenzin für die Beförderung der Umsiedler und ihres Umzugsguts zu den Verladebahnhöfen und von den Bestimmungsbahnhöfen bis zum Ansiedlungsort auf Kosten einer Reduzierung der Lieferungen an den Staat zur Verfügung zu stellen.
18. Die Kosten für das 1946 im Kaliningrader Gebiet gegründete Baukontor und die Bezirksbauunternehmen für die Reparatur und den Bau von Wohnhäusern für Umsiedler sind in den Finanzplan der Kaliningrader Verwaltung für zivile Angelegenheiten aufzunehmen.
19. Das Finanzministerium der UdSSR (Genosse Swerew) wird verpflichtet, 11018000 Rubel an den Ministerrat der RSFSR und 1173000 Rubel an den Ministerrat der Weißrussischen SSR zur Deckung der Ausgaben im Zusammenhang mit der Umsiedlung aus dem Reservefonds des Ministerrats der UdSSR zu überweisen. Die Mittel werden je nach der tatsächlich übergesiedelten Zahl der Bauern zur Verfügung gestellt.
20. Dem Ministerrat der RSFSR (Genosse Rodionow) werden die Leitung und die Kontrolle der Umsiedlung der Bauern in das Kaliningrader Gebiet auferlegt.
Vorsitzender des Ministerrats der UdSSR J. Stalin
Verwaltungsleiter des Ministerrats der UdSSR Ja. Tschadajew

Nicht nur Menschen wurden in das verwüstete Nordostpreußen geschickt. Da es so gut wie keine Traktoren gab, die wenigen meistens kaputt waren und keinen Treibstoff hatten, wurden dringend Pferde gebraucht. Die deutschen Bauern hatten hier auch weitgehend mit Pferden gearbeitet, aber sie hatten die Tiere vor die Fluchtwagen gespannt. Auch die deutsche Wehrmacht hatte ihre

Munition, ihren Nachschub und ihr Gerät auf der Flucht mit Pferdewagen transportiert. Pferdekadaver hatten nach der Schlacht die Straßen gesäumt. Fleisch von verendeten Pferden galt als große Kostbarkeit.

In der Sowjetunion war der legendäre Marschall Semjon Budjonny für die Pferde zuständig. Budjonny hatte im Bürgerkrieg die 1. Reiterarmee kommandiert. Die spitzen grünen Tuchmützen mit Ohrenklappen und einem aufgenähten großen roten Stern auf der Stirnseite hießen allgemein »Budjonny-Mützen«. Und selbst eines der Hotelschiffe, die für ausländische Touristen in Kaliningrad dort festgemacht hatten, wo früher das Königsberger Speicherviertel war, trug noch den Namen des Sowjethelden Semjon Budjonny.

Der Marschall schickte im Herbst 1946 per Eisenbahn 5000 Pferde in das Kaliningrader Gebiet, die den neu gebildeten Kolchosen zugeteilt werden sollten. Einige Pferde verschwanden allerdings spurlos auf dem Weg von der Eisenbahn zu den Kolchosen. Da ihr Fleisch den größten Wert darstellte, sind sie vermutlich geschlachtet worden. Deshalb wurde am 11. November 1946 in Befehl Nummer 518 des Leiters der Verwaltung für zivile Angelegenheiten angeordnet, daß für die Überführung der Pferde die »besten Kolchosbauern« abzukommandieren seien, und zwar ein Kolchosbauer für fünf Pferde. Außerdem hatten die Leiter der Bezirksverwaltungen für zivile Angelegenheiten oder deren Stellvertreter persönlich beim Entladen der Pferdetransporte von der Eisenbahn anwesend zu sein.

Die Zustände in den neuen Kolchosen waren chaotisch. Es gab kaum vom Krieg verschonte Gebäude und keine, die die folgenden Plünderungen heil überstanden hatten. Trotzdem gingen von den benutzbaren Gebäuden immer wieder welche in Flammen auf. In der Nacht vom 25. auf den 26. September 1946 brannte in der kleinen Stadt Domnau, die nun zum Bezirk Prawdinsk (Friedland) gehörte, das von den Kolchosbauern A. M. Antonow und A. P. Sisow bewohnte Haus vollkommen nieder. Der gesamte Besitz der beiden Bauern wurde vernichtet. Die Brandursache war fahrlässiger Umgang mit Benzin. Zu retten war nichts, denn eine Feuerwehr existierte nicht. Auch in anderen Kolchosen waren Brände an der Tagesordnung. Nirgends waren die Bauern mit den Vorschriften für die Feuersicherheit vertraut gemacht worden. Nirgends waren freiwillige Feuerwehren gegründet worden. Dabei stand genug altes deutsches Gerät herum, aber es wurde nicht repariert und war nicht einsatzbereit.

Am 26. November wurde mit dem Befehl 552 des Leiters der Verwaltung für zivile Angelegenheiten des Kaliningrader Gebietes die unverzügliche Aufstellung von Feuerwehren in den Kolchosen angeordnet. Darin hieß es:

a) In jeder Kolchose wird zu diesem Zweck ein renovierter gesonderter Raum zur Verfügung gestellt (Geräteschuppen oder Feuerwehrdepot, wo das Feuerlöschgerät und Pferde der Feuerwehrmannschaft Platz finden.
b) Herumliegende Beute-Feuerwehrausrüstungen werden unverzüglich eingesammelt und in einsatzbereiten Zustand versetzt.
c) Die gesamte erwachsene Bevölkerung der Kolchosen wird in die Listen der Feuerwehrmannschaften aufgenommen. die Mitglieder der Feuerwehrmannschaften haben zum Brandlöschen unbedingt zu erscheinen, und zwar mit der einfachsten Ausrüstung (Axt, Eisenhaken, Leiter, Eimer).
d) Für die Leitung der freiwilligen Feuerwehren werden besonders angesehene Kolchosbauern als Mannschaftsleiter eingesetzt.
e) In den Feuerwehrschuppen werden rund um die Uhr Posten eingesetzt, die reihum von den Kolchsbauern oder Mitgliedern der freiwilligen Feuerwehrmannschaften mit Kolchospferden besetzt werden.

Der erste Umsiedlerzug war übrigens bereits am 23. August 1946 mit 160 Familien von Kolchosbauern aus dem Gebiet von Brjansk in Gumbinnen, das nun Gussew hieß, eingetroffen.

Dritte Geschichtsstunde: Ausgerechnet Gumbinnen

Gumbinnen. Die Gegend hatte schon viele Neusiedler gesehen. Sie waren nicht auf der neuen Breitspureisenbahn aus dem Osten gekommen, sondern im Treck aus dem Westen. Sie waren Vertriebene aus dem Salzburgischen, und die Gegend war ihnen genauso fremd wie den russischen Kolchosniki aus Brjansk.

Die Russen, die Weißrussen, die Tschuwaschen und Tataren, die nun ins Land kamen, wußten nur, daß hier früher Deutsche gewohnt hatten, deutsche Faschisten. Sie waren geflohen, und die wenigen, die noch hier waren, machten einen erbärmlichen Eindruck, obwohl sie immer noch irgendwie von den Russen zu unterscheiden waren.

Wer waren denn eigentlich diese Menschen in Preußen? Das Land hatte immer Einwanderer gebraucht, die sich mit hier schon Ansässigen mischten. Zunächst unterwarf der Orden mit dem Schwert und der Bibel die Stämme der baltischen Pruzzen, die sich von ihren Göttern nur schwer trennen wollten und sie heimlich trotz ihrer Taufe weiterverehrten. Soweit die Pruzzen, die Opfer eines Kreuzzugs geworden waren, diese blutige Christianisierung überstanden hatten, arrangierten sie sich mit dem Orden und den Deutschen. Kreuzzüge hatten nichts mit deutschem Nationalismus zu tun, wie es später manchmal dargestellt wurde.

Die Art des kargen Lebens der Pruzzen, ihr Sinn für Gerechtigkeit, ihre Zuverlässigkeit und ihre Ausdauer paßten gut zu den aus dem Westen gekommenen deutschen Kolonisten. Die Pruzzen hinterließen keine schriftlichen Zeugnisse ihres Lebens. Das einzige, was von ihrer Sprache erhalten blieb, waren von Deutschen verfaßte Wörterbücher. Und viele Ortsnamen. Vor allem im Samland: Pobethen, Powunden, Kumehnen, Palmnicken, Tenkitten, Schlakalken, Lopöhnen ... Es heißt, daß vieles, was als preußische Tugenden bezeichnet wurde, ein Erbe der Pruzzen ist.

Der Orden rückte nur sehr langsam nach Osten vor. Gegen Litauen und gegen Polen breitete sich die »Große Wildnis« aus, ein natürlicher und nahezu undurchdringlicher Schutzwald. Nach der Niederlage des Ordens bei Tannenberg im Jahre 1410 sickerten immer mehr polnische und litauische Siedler in das Ordensland ein und wurden dort durchaus begrüßt, weil neue Kolonisten aus Deutschland nach der Niederlage des Ordens ausblieben.

Im Jahre 1685 widerrief der französische König Ludwig XIV. alle Zugeständnisse, die 87 Jahre zuvor im Edikt von Nantes den Hugenotten, wie hier die Calvinisten genannt wurden, gemacht worden waren. Er verbot ihre Gottesdienste und ordnete die Zerstörung ihrer Kirchen an. Wer sich nicht beugen wollte, mußte Frankreich innerhalb von zwei Wochen verlassen. Vertreibungen und Deportationen waren und sind ein ständiges Mittel der Politik.

Der »Große Kurfürst« Friedrich Wilhelm von Brandenburg und Herzog von Preußen bot den französischen Hugenotten mit dem Edikt von Potsdam vom 8. November 1685 Aufnahme in seinen Ländereien an. Schließlich war er selbst Calvinist. Die Bewohner Brandenburgs und Preußens waren davon nicht so begeistert. Ein großer Flüchtlingsstrom von 20000 Hugenotten setzte nun vor allem nach Brandenburg ein. Es erwies sich schnell, daß die Glaubensflüchtlinge auch tüchtige Handwerker und Geschäftsleute waren. Bald war jeder fünfte Berliner ein Franzose.

Auch in Preußen waren die Auswirkungen zu spüren, wenn auch nicht in so großem Umfang. Königsberg zählte bald 400 bis 500 hugenottische Bürger aus Frankreich. Sie brachten einen schwachen Abglanz eleganten Lebens in den rauhen Osten.

Menschen wurden hier immer gebraucht, denn Einfälle von brandschatzenden Tataren, die auch noch viele Bewohner verschleppten, Hungersnöte und die immer wiederkehrenden Pestseuchen forderten zigtausend Menschenleben.

Apokalyptische Zustände herrschten in Preußen in den Jahren 1709 und 1710. Nach einem extrem kalten Winter gab es eine Mißernte von unbeschreiblichem Ausmaß. Dann wurde aus Polen und Litauen, wo gerade die Schweden durchgezogen waren, die Pest eingeschleppt. Es war wie die Ahnung des Weltuntergangs.

König Friedrich I., der sich selbst in Königsberg im Jahre 1701 zum ersten König in Preußen gekrönt hatte, zog sich in sein brandenburgisches Kurfürstentum zurück, feierte seine Feste in Berlin, baute an seiner Residenz in Berlin. Sein Königreich Preußen ließ er einfach im Stich.

Die Pest wütete in Preußen bis zum Jahre 1710. Die preußische Verwaltung flüchtete aus Königsberg in die weiter östlich gelegene Kleinstadt Wehlau. In den Städten und Dörfern herrschten Angst, Entsetzen, Ausgangssperren, Totenkarren in den Straßen, Massenbeisetzungen, Hunger. Jeder vermied die Berührung mit anderen. Selbst das Geld wurde zum Bezahlen nicht einfach weitergegeben. Es wurde zum Desinfizieren in eine Schale mit Essig gelegt und dort vom Verkäufer herausgenommen. Königsberg, wo in einer Woche im Oktober 650 Menschen starben, wurde von Soldaten abgesperrt. Als die Seuche endlich erlosch, war nahezu ein Viertel der ehemals 40000 Einwohner von Königsberg tot.

In anderen Orten des Landes sah es ähnlich oder noch viel schlimmer aus. Im Städtchen Allenburg überlebten elf Menschen, Stallupönen war praktisch entvölkert. In Goldap war die Hälfte der Bewohner gestorben, in Lötzen waren es zwei Drittel, in Marggrabowa hatten 38 überlebt.

Die schreckliche Bilanz nach einer totalen Mißernte und zwei Pestjahren: Eine Viertelmillion Menschen, ein Drittel der Bevölkerung Preußens, war gestorben. Am schlimmsten waren der an Litauen grenzende Nordosten und der Süden nach Polen hin heimgesucht worden. In vielen Orten und in ganzen Landstrichen lebte kein Mensch mehr. 27000 Höfe waren unbewirtschaftet. Felder und Gärten waren von Unkraut überwuchert. Niemand bestellte sie mehr. Gerippe von Tierkadavern lagen herum. Niemand wagte sich in die ausgestorbenen Dörfer, nicht einmal um die Häuser auszuplündern. Angst beherrschte die Menschen, daß die Pest doch noch aufflackern könnte.

Am 25. Februar 1713 starb in Berlin der Pomp und Perücken liebende König Friedrich I. Obwohl das Land nach diesen Katastrophen am Rande des Abgrunds stand, wurde die Beisetzung so begangen, wie der König gelebt hatte. Neun Tage lag er in einem mit violettem Samt ausgeschlagenen Zimmer seines Schlosses. Seinen purpurfarbenen mit Diamanten besetzten Krönungsrock hatte man ihm angelegt. Der ganze Hofstaat mit seinen Bediensteten, Schranzen, Beamten wurde in schwarze Kluft gesteckt. Die übrigen Zimmer des Schlosses wurden mit schwarzem Tuch ausgeschlagen. Dann wurde der Leichnam in die Schloßkapelle gebracht und erst am 9. Mai im Dom beigesetzt. 12000 Menschen bildeten den Trauerzug. Der 25 Jahre alte neue König, Friedrich Wilhelm I., zog nach der Beisetzung im Schloß die Uniform an, die bald sein einziges Kleidungsstück sein sollte. Den im Hof angetretenen zehn Regimentern gab er das Kommando für drei Salven zu Ehren des Toten.

Dann entließ er das überflüssige Personal. Nun herrschten in Brandenburg wie in Preußen Sparsamkeit und Geiz.

Wenn die entvölkerten Landstriche im Osten und Süden Preußens nicht wieder zur großen Wildnis werden sollten, mußten sie neu besiedelt werden. Gerade zu dieser Zeit war der katholische Salzburger Erzbischof dabei, mit rücksichtloser Grausamkeit die Protestanten zu vertreiben.

Salzburg war zu jener Zeit ein Fürstbistum. Der Erzbischof war deshalb gleichzeitig ein deutscher Landesfürst. Ihm kam auch die Rolle des katholischen Oberhirten in Deutschland, zu. Wie jeder Landesfürst bestimmte auch er, welchen Glauben die Bewohner seines Landes haben durften.

Aber daran hielten sich längst nicht mehr alle Fürsten, auch nicht die Hohenzollern in Preußen. Sie selbst waren Reformierte, während das Land vor allem zu den Lutheranern hielt. Auch Katholiken wurden geduldet. Im katholischen Fürstbistum Salzburg konnten nach den Vorstellungen des Erzbischofs die Landeskinder nur katholisch sein.

In den entlegenen Tälern des Salzburger Landes, zu dem auch ein Stück des heutigen Tirols gehörte, hatte sich die Reformation unter den armen Bewohnern dennoch ausgebreitet. Schon in den Jahren 1684 und 1685 bestrafte der Erzbischof Max Gandolph die Abweichler und wies kurzerhand tausend Protestanten aus dem Defereggental aus. Im nächsten Jahr mußten Hunderte von evangelischen Bergmannsfamilien aus Dürnberg die Heimat verlassen.

Zu diesen Bergleuten gehörte Joseph Schaitberger, der in Nürnberg, wie viele vertriebene Protestanten, eine neue Heimat fand. Er ist der Dichter des Liedes »Ich bin ein armer Exulant«, das zur Hymne der vertriebenen Salzburger wurde. Dieser des Schreibens kundige Bergmann Schaitberger wurde ein führender Kopf der Vertriebenen, der von Nürnberg aus subversive Schriften an die zurückgebliebenen Glaubensbrüder schickte.

Die Bedingungen für die Protestanten, die noch im Salzburgischen lebten, verschlimmerten sich wieder, als Leopold Freiherr von Firmian Erzbischof wurde. Firmian, ein Jesuitenzögling, übernahm sein Amt mit der festen Absicht, mit der »Ketzerei« der Protestanten in seinem Erzbistum Schluß zu machen. Aber Deutschland war kein katholisches Land mehr, und wegen des Protestes der evangelischen Länder mußte der Bischof die Ausweisungen zunächst wieder aufgeben.

Nicht für lange. Am 5. August 1731 schlossen sich in Schwarzach die Protestanten zum sogenannten »Salzbund« zusammen. 21 Vertreter der Versammlung wurden mit einer Liste von fast 18000 Namen zu den evangelischen Ständen nach Regensburg geschickt. In Regens-

burg tagte der Ständige Reichstag. Die evangelischen Stände waren dort die Vertreter der evangelischen deutschen Fürsten und der evangelischen Reichsstädte.
Die 21 Protestanten kamen nicht nach Regensburg. Sie wurden auf dem Weg gefangengenommen und in Salzburg ins Gefängnis geworfen. Die bei ihnen gefundenen Listen waren für den Erzbischof der Beweis für Hochverrat.
Nun erließ der Erzbischof ein »Emigrationspatent«, in dem die Vertreibung aller Protestanten aus Salzburg angeordnet wurde. Veröffentlicht wurde das Schriftstück am 11. November 1731. Datiert war es auf den 31. Oktober, der von den Protestanten als Reformationsfest gefeiert wird.
Die Anordnungen waren von grausamer Härte. Innerhalb von acht Tagen hatten die besitzlosen Protestanten das Land zu verlassen, drei Monate wurden denen zugebilligt, die über Besitz verfügten.
Wieder gab es Proteste von jenseits der Salzburger Grenzen aus dem evangelischen Norden. Der Erzbischof bequemte sich zu einer Konzession. Nun sollten die Besitzlosen weitere acht Tage Zeit zum Verlassen des Landes haben, die Besitzbürger bis zum 23. April 1732.
Die Besitzlosen waren fast alle arme Tagelöhner. Kurz vor Ablauf der Frist von zweimal acht Tagen wurden sie samt Frauen und Kindern rücksichtslos zusammengetrieben und über die Grenze nach Norden abgeschoben. Es war Ende November, der Winter stand vor der Tür.
Die »Exulanten« mußten sich nach einer neuen Heimat umsehen, wollten natürlich auch möglichst zusammenbleiben. Sie hatten von Amerika gehört, aber es gab auch Preußen, und das war viel näher. Abgesandte der Salzburger verhandelten mit dem Hof in Berlin. Am 2. Februar 1732 erließ König Friedrich Wilhelm I. sein Toleranz-Patent zur Aufnahme der Salzburger Vertriebenen. Um Toleranz ging es dem praktisch denkenden König gewiß nicht alleine. Er konnte diese Menschen gut in dem entvölkerten Preußen gebrauchen. Sie kamen aus Berufen, an denen Mangel bestand: Es waren vor allem Bauern und Handwerker.
Zunächst wurden die Vertriebenen zu Sammelstellen in Berlin, Frankfurt an der Oder und in Stendal in Marsch gesetzt. Über 17000 Salzburger, die nach Preußen wollten, trafen dort ein. Wer einen Wagen und wenigstens ein Pferd hatte, sollte in einem Treck über Land nach Osten ziehen. Die übrigen wurden weiter nach Stettin

geschickt, wo sie eingeschifft und über See nach Königsberg gebracht wurden. Evangelische Pfarrer wurden als Betreuer mitgeschickt.
Treck und Seetransport wie im Jahre 1945! Nur diesmal ging es nach Osten.
Am 20. Mai lief das erste Schiff in Stettin aus. Viele Salzburger hatten Angst vor der Überfahrt, denn sie hatten noch nie ein Meer gesehen. Innerhalb eines guten Jahres trafen an die 11 000 Salzburger über See in Königsberg ein.
Ungefähr 6000 nahmen mit Trecks den Landweg. Die Wagenkolonnen waren einen Monat unterwegs, und sie mußten durch polnisches Gebiet. Der erste Treck umfaßte 115 Wagen und dürfte an die zwei Kilometer lang gewesen sein. Nach und nach trafen Flüchtlinge mit 780 Wagen in Preußen ein. Viele überstanden die Strapazen nicht. Die Zahl der Toten war groß.
Das den Salzburger Exulanten in ihrer Heimat zugefügte Unrecht bewegte oder beschäftigte den preußischen König. Er ordnete eine Schadenserhebung bei den eingetroffenen Salzburgern an, präsentierte dem Salzburger Erzbischof Firmian die Rechnung und konnte tatsächlich einen Teil der Forderungen eintreiben.
So willkommen wie dem König waren die neu angekommenen Salzburger der preußischen Bevölkerung keineswegs. Es war wie üblich. Niemand rückte gerne zusammen, um den Neuen Platz zu machen. Niemand gab gerne ab, weil er selbst nichts hatte.
Ein Teil der Flüchtlinge wurde in Königsberg und in der Umgebung der Stadt angesiedelt. Die meisten wurden nach Preußisch-Litauen, wie das fast ganz entvölkerte Gebiet um Gumbinnen herum genannt wurde, weitergeschickt.
Den Menschen aus den Bergen war dieses flache Land fremd. Es stellte sich außerdem schnell heraus, daß die Versprechungen nicht eingehalten werden konnten. Trotz der dünnen Besiedlung des Landes gab es inzwischen kaum noch freie Bauernhöfe. Die Pest lag nun schon über zwei Jahrzehnte zurück und vor den Salzburgern waren schon andere Siedler nach Preußen gekommen: Schweizer, Nassauer und Pfälzer vor allem. Mit den Salzburgern waren nach der Pest ungefähr 40 000 Siedler, die meisten von ihnen wegen ihres Glaubens vertriebene, in Preußen eingetroffen.
Viele Salzburger mußten die erste Zeit in Sammelunterkünften zubringen. Dann gab es Streit mit den Einheimischen, den schon früher gekommenen Siedlern und auch untereinander. Dazu kam, daß die Salzburger sich nicht in eigenen Dörfern niederlassen konnten. In

vielen bestehenden Dörfern kam nur eine Salzburger Familie unter. In den Städten war es besser. Ungefähr 2500 von den 17 000 »Exulanten« fanden dort ein neues Zuhause.
Die erste Generation hatte eine schwere Zeit. Einige kehrten Preußen wieder den Rücken, aber nur wenige. Die anderen blieben bis 1945, als sie das Land wieder im Treck und über See verlassen mußten. Und bis bald danach der erste Transport mit Siedlern aus dem russischen Brjansk auf dem Bahnhof Gumbinnen eintraf.

MWD-Kaliningrad schlägt »organisierte Aussiedlung« vor

Bei den von der sowjetischen Regierung in Moskau beschlossenen Rekrutierungsmaßnahmen im Jahre 1946 für das Kaliningrader Gebiet wurde kein Wort über die deutsche Bevölkerung verloren. Die Deutschen bildeten nach wie vor die Mehrheit der Zivilisten und stellten das Hauptkontingent der unvorstellbar billigen Arbeitskräfte, aber auch ebenso billige Fachkräfte.
Mit dem Wechsel von der Militär- zur Zivilverwaltung Mitte 1946 fingen die Behörden an, sich mehr mit der deutschen Bevölkerung zu beschäftigen. Nach über einem Jahr nach der Kapitulation Königsbergs hatten auch Russen und Deutsche gelernt, irgendwie nebeneinander und manchmal auch miteinander zu leben. Zwar verrichteten die meisten Deutschen – und das waren überwiegend Frauen – die allerniedrigsten Arbeiten, und kamen dabei ständig mit Russen zusammen, erlebten das breite Spektrum von Schikanen bis zur Gutmütigkeit, von Anschreien, Drohungen bis Lachen. Russen machten oft auch die gleichen Arbeiten wie sie. Die Sprachlosigkeit zwischen Deutschen und Russen, die in der ersten Zeit eine unüberwindliche Barriere war, löste sich allmählich auf.
»Chleb«, Brot, war so ziemlich das erste russische Wort, das alle Deutschen lernten. Nach einem Jahr kamen schon Gespräche zustande. Ein Berührungspunkt war der schwarze Markt, wo nicht nur getauscht, sondern bei schwindelerregenden Preisen gekauft und verkauft wurde. Dazu mußte man die Zahlen beherrschen. Ein Kilogramm Brot kostete 60 Rubel, sehr viel Geld, selbst wenn man eine Arbeit hatte, für die man auch Lohn bekam. Der schwarze Markt, der sein Zentrum auf dem großen Platz vor dem Nordbahnhof hatte, war für viele die einzige Chance zu überleben. Manche gaben auch ihre Arbeit mit zehn oder zwölf Stunden am Tag und 100 Rubel Lohn im Monat auf, weil man trotz einer Zuteilung von 400 oder inzwischen 600 Gramm Brot, etwas Zucker und manchmal auch ein bißchen Fett die Strapazen nicht durchhalten konnte. Es war einfacher, sich auf den Handel zu verlegen.
Wer etwas zu verkaufen hatte – eine Mütze, einen Topf, eine Jacke – der bot das zu horrendem Preis an. Das war der Grundstock. Für den Erlös konnte er Mehl kaufen, um daraus Brötchen zu backen und diese stückweise zu verkaufen.

Das Geschäft auf dem schwarzen Markt war gefährlich, für Deutsche ganz besonders. Banditen raubten die Händler aus. Spitzel waren wie überall dabei. Die Miliz nahm immer wieder Händler fest. Das alte deutsche Gerichtsgefängnis war gleich neben dem Nordbahnhof, nahezu unzerstört und weiter in Betrieb.

Der Winter von 1946 auf 1947 war neben den hohen Kältegraden (bis zu –30°) deshalb besonders schlimm, weil die Bestände aus den Kellern der deutschen Wohnungen und aus den Magazinen der deutschen Wehrmacht, aus denen sich mancher noch hatte etwas beiseite schaffen können, aufgegessen waren. Unter den Trümmern war kaum noch etwas zu finden.

Die Vorbereitungen der Verwaltung auf den Winter erstreckten sich in erster Linie auf die Industriebetriebe und die Wohnheime, in denen die inzwischen eingetroffenen ersten russischen Arbeiter untergebracht waren. Am 2. Oktober 1946 fand eine Konferenz der Chefs der Industrievereinigungen und der Betriebsdirektoren mit der Verwaltung des Gebietes statt.

In den beiden Papierfabriken in Kaliningrad, bei der Schiffswerft der Fischereivereinigung, bei der Waggonfabrik und anderen Betrieben wurde festgestellt, daß Produktionsräume, Wohnhäuser, Wohnheime, Kultur- und Sozialbauten, Garagen und Pferdeställe auf den Winter nicht vorbereitet waren. Die Dächer seien nicht repariert worden, Fenster hätten keine Scheiben. In einigen Räumen fehlten auch die Fensterrahmen. Heizung und Kanalisation seien nicht intakt. Die Industriebetriebe hatten sogenannte landwirtschaftliche Hilfsbetriebe, um ihre Arbeiter verpflegen zu können. Aber jetzt vor dem Wintereinbruch zeigte sich, daß die Ernte schlecht organisiert war, daß es kein Leergut für die Einlagerung von Gemüse gab und die Lagerräume nicht vorbereitet waren.

Nach einem Hals über Kopf aufgestellten Programm sollten bis zum 1. November alle Vorbereitungen auf den Winter abgeschlossen sein. Reparaturbrigaden wurden aufgestellt, ohne daß gesagt wurde, woher sie das Material nehmen sollten. Auch wenn es hieß: »Die Einwohner selbst werden zu Reparaturarbeiten herangezogen, wobei sie alles erforderliche Material erhalten.« Nun wurde die Lieferung von gar nicht vorhandenem Brennstoff und ebensowenig existierendem Leergut für die Einlagerung von Gemüse angeordnet. In nicht einmal einem Monat sollten die Arbeiterwohnheime in Ordnung gebracht werden. Wie die meist jungen Arbeiter dort hausten, läßt sich daran erkennen, was ihnen nun geliefert werden sollte. Die Heime sollten »voll mit Schränken und Polstermöbeln« ausgestattet werden.

»Es wird für regelmäßig frische Bettwäsche und ständig heißes Trinkwasser gesorgt. In den Wohnheimen werden Aufbewahrungsräume für persönliche Sachen, Küchen und Waschräume eingerichtet.«

Dazu kamen die Schwierigkeiten mit Wasser und Strom. Das Wasser mußte nicht mehr aus den Feuerlöschteichen wie am Anfang geholt werden, denn es gab inzwischen Hydranten. Aber die froren bei den eisigen Temperaturen zu. Auch die Kanalisation war noch nicht wieder instand gesetzt. Als Toiletten dienten immer noch die Ruinen. Kaum jemand hatte Heizmaterial. In den Trümmern der Häuser war nur noch selten etwas zu finden. Alte Menschen blieben den ganzen Tag über auf ihrem Lager – Betten hatte längst nicht jeder – und wurden manchmal dort tot aufgefunden. Die Deutschen erhielten in ihren Kellerbehausungen auch keinen Strom. In den von Russen bewohnten Häusern wurden die Stromanschlüsse seit der Mitte des Jahres 1946 allmählich wieder in Gang gebracht.

Unter der deutschen Bevölkerung machten sich Apathie und Verzweiflung breit. Die Menschen hüllten sich gegen die Kälte in Lumpen aller Art. Sie waren zu Skeletten abgemagert, Freunde erkannten sich nicht wieder. Die Zahl der Toten stieg wieder sprunghaft an, und die Leichenbestatter hatten Schwerstarbeit zu leisten, weil der Boden so tief gefroren war. Auch die inzwischen neu in die Stadt gekommenen Russen lebten vielfach nicht viel besser.

Die Deutschen fragten sich, was die Russen eigentlich mit ihnen vorhatten, was sie über sie dachten, was sie von ihrem Elend wußten, ob sie sich überhaupt etwas dachten. Die Deutschen erkannten keine logischen Zusammenhänge in den Handlungen der Russen und sie glaubten, daß die Offiziere in den sowjetischen Kommandanturen ihre Entscheidungen launisch und willkürlich und ohne eine erkennbare Linie trafen.

Dann geschah ganz Unglaubliches. Am 2. April 1947 wurden zwei Güterwagen an einen Zug in Richtung polnische Grenze gehängt. In ihm fuhren erstmals Übersiedler ab, ohne daß jemand zu erklären vermochte, warum gerade sie nach Deutschland ausreisen durften. Die Nachricht verbreitete sich in Königsberg in Windeseile. Sofort setzte ein Ansturm der Deutschen ein, die ihre Ausreise beantragen wollten. Sie machten sich zwar Hoffnungen, aber sie hatten keine Ahnung, daß sie überhaupt keine Chancen hatten.

Denn die Sowjets wußten sehr genau, was sie taten. Hier entschieden keineswegs untergeordnete Offiziere zufällig und nach gerade herrschender Laune.

Generalmajor Trofimow, der Chef der Verwaltung des Innenministeriums im Kaliningrader Gebiet, machte sich sehr wohl Gedanken über die Deutschen, die er zu überwachen hatte. Er kannte ihre Situation ganz genau. Er wußte, wie viele Deutsche in seinem Gebiet lebten. Er wußte, wie viele davon Frauen, Männer und Kinder waren. Er wußte, daß sie alle hungerten. Er wußte, daß nur die Lebensmittelzuteilungen erhielten, die für den sowjetischen Staat arbeiteten. Er wußte, daß von ihnen kaum jemand für den Kommunismus zu gewinnen war. Er wußte, daß alle nach Deutschland wollten. Dem MWD mangelte es nicht an Informationen. Sie ergaben sich aus zahllosen Verhören und aus Berichten von Spitzeln.

Der General tat etwas in der Sowjetunion sehr Ungewöhnliches. Er machte Moskau einen Vorschlag, einen politischen noch dazu. Er hätte vorschlagen können, die Versorgung der deutschen Zivilisten mit Lebensmitteln zu verbessern. Aber es gab keine ausreichenden Vorräte.

General Trofimow empfahl, die Aussiedlung aller deutschen Bewohner ins Auge zu fassen, da die Masse von ihnen nicht arbeitete und für die sowjetische Wirtschaft nichts leistete. Normalerweise wurde von unten nichts nach oben vorgeschlagen. Unten wurden die Befehle von oben ausgeführt.

Im April 1947 diktierte der Leiter der MWD-Verwaltung in seinem Büro in Kaliningrad einen Bericht an den Innenminister Generaloberst Kruglow, in dem er sehr präzise, ohne überflüssige Worte und wohl auch zutreffend die Situation der Deutschen schilderte. Er berichtete darin auch noch einmal von zwölf Fällen von Kannibalismus, über die er das Ministerium schon gesondert am 2. April unterrichtet hatte. Trofimow verwies auch auf die Gefahr von Spionage und Sabotage durch die Deutschen. Solange die Sowjets an der Macht waren, suchte ihr Geheimdienst nach solchen Staatsfeinden. In Kaliningrad hatte das MWD allerdings keine Spione gefunden, und über Saboteure machte Trofimow keine näheren Angaben.

Bei Innenminister Kruglow lag der Bericht mehr als einen Monat. Dann schickte er ihn am 30. Mai an Molotow weiter. Damit lag das weitere Schicksal der Deutschen des Kaliningrader Gebiets in den Händen der Kreml-Führung. Das waren damals Stalin, Molotow und der an der Spitze aller Sicherheitsorgane stehende Berija.

Streng geheim

Innenministerium der UdSSR
Verwaltung des Innenministeriums
für das Kaliningrader Gebiet

Kaliningrad, (Datum nicht leserlich) April 1947 Nr. 00515

An den Innenminister der UdSSR
Generaloberst
Genossen Kruglow S.N.

BERICHT

In Übereinstimmung mit der Weisung des Stellvertretenden Innenministers der UdSSR, Generaloberst Genosse Serow, Nr. 2/85 vom 14. Februar 1947 habe ich am 2. April 1947 mit der teilweisen Aussiedlung Deutscher aus dem Gebiet Kaliningrad, die Verwandte in der Sowjetischen Besatzungszone Deutschlands haben, begonnen.

Bis heute habe ich die Aussiedlung von 265 Personen genehmigt.

Diese Maßnahme hat eine Flut von Anträgen von Deutschen mit der Bitte um Ausreisegenehmigungen nach Deutschland ausgelöst, die sowohl mit dem Wunsch nach Familienzusammenführung als auch mit den schweren materiellen Lebensbedingungen im Gebiet Kaliningrad begründet werden.

Mit dem Datum vom 15. April 1947 wurden im Gebiet Kaliningrad insgesamt 110217 Deutsche gezählt, darunter 36201 Kinder und Minderjährige unter 16 Jahren.

Ein bedeutender Teil dieser Deutschen ist infolge einer starken körperlichen Schwäche nicht erwerbsfähig und geht keiner gesellschaftlich nützlichen Arbeit nach. Der Rest von 36600 Menschen arbeitet vorwiegend in den Sowchosen des Ministeriums der Streitkräfte, zum Teil in den Sowchosen der Fleisch- und Milchindustrie und in anderen Industriebetrieben und wirtschaftlichen Einrichtungen des Gebietes.

Die erwachsene deutsche Bevölkerung zählt 31112 Männer und 42806 Frauen.

Die nichtberufstätige deutsche Bevölkerung erhält mit Ausnahme von Invaliden und Kindern, die in Kinder- und in Altersheimen untergebracht sind, keinerlei Lebensmittelzuteilung und ist deshalb äußerst ausgezehrt.

Als Folge dieser Situation nahm in der letzten Zeit unter der deutschen Bevölkerung die Kriminalität zu (Lebensmitteldiebstähle, Raubüberfälle und sogar Morde). Im ersten Quartal 1947 gab es sogar Fälle von Kannibalismus, im ganzen Gebiet wurden insgesamt zwölf registriert.

In Fällen von Kannibalismus verwendeten manche Deutsche nicht nur das

Fleisch von Leichen als Nahrung, sondern töteten ihre Kinder und Angehörige. Es gibt vier durch Kannibalismus verursachte Morde.
Unter dem erwerbstätigen Teil der deutschen Bevölkerung gibt es Fälle von Sabotage.
Die Anwesenheit der deutschen Bevölkerung wirkt zersetzend nicht nur auf den instabilen Teil der sowjetischen Zivilbevölkerung, sondern auch auf Angehörige eines großen Teils der im Gebiet stationierten Einheiten der sowjetischen Armee und Flotte und begünstigt die Verbreitung von Geschlechtskrankheiten.
Das Eindringen der Deutschen in sowjetische Haushalte durch deren Verwendung als schlechtbezahlte oder gar kostenlose Bedienstete trägt zur Entwicklung der Spionage bei.
Da die deutsche Bevölkerung, wie oben ausgeführt, die Erschließung des neuen sowjetischen Gebietes negativ beeinflußt, sehe ich es als zweckmäßig an, die Frage einer organisierten Aussiedlung der Deutschen in die Sowjetische Besatzungszone Deutschlands aufzuwerfen.
Ich erwarte Ihre Weisung.
Leiter der Verwaltung des Innenministeriums
im Gebiet Kaliningrad
Generalmajor Trofimow
(Fußnote vermutlich des Innenministeriums: Brief an Genossen Molotow Nr 3043/k am 30.05. abgeschickt.)

Tauwetter und Hoffnung

Die Hoffnung der Deutschen war auf nichts anderes gerichtet als auf die baldige Ausreise nach Deutschland. Allerdings hatten sie keine Vorstellung, was sie dort erwarten könnte. Die Trennung in Besatzungszonen erschien aus der Ferne nicht so bedeutsam. Für die Königsberger war das ganze übriggebliebene Deutschland der Westen, auch die sowjetische Besatzungszone gehörte für sie dazu. Sie hatten keine Ahnung, mit welchem Tempo dort die Sowjetisierung betrieben wurde.
Andererseits gab es eine ganze Reihe von Anzeichen, daß sie sich auf ein Verbleiben im Kaliningrader Gebiet für eine längere Zeit oder sogar für immer einstellen mußten. Denn während Generalmajor Trofimow in Moskau vorstellig wurde und geheim die ersten Schritte zur Aussiedlung einleitete, begann die russische (nicht die sowjetische) Regierung über die Zivilverwaltung damit, für die Deutschen Einrichtungen zu schaffen, die auf eine allmähliche Angleichung ihrer Lebensbedingungen an die der Russen hinzu-

deuten schien. Erste Schritte dazu hatte bereits die bis Mitte 1946 amtierende Militärverwaltung unternommen. Dabei mußte bedacht werden, daß auch die Russen in das sowjetische Gesellschaftssystem eingezwängt waren, daß sie ebenso unter Wohnungsmangel, fehlenden Lebensmitteln, unzureichender Bekleidung, schlechten Arbeitsbedingungen, miserablem Lohn, Kriminalität und der Politisierung ihres Alltags litten. Den rechtlosen Deutschen erschienen sie trotzdem wie in Freiheit lebende Menschen.

Schon die Militärverwaltung hatte mit der Einrichtung von Deutschen Klubs begonnen, mit deutschen Rundfunksendungen über das Netz der Straßenlautsprecher und vor allem mit antifaschistischer Agitation. Die Deutschen Klubs unterstanden in der Zeit des Militärkreises der 7. Abteilung der Politverwaltung der 11. Gardearmee. Oberstleutnant Bely, der Leiter der Abteilung, erstattete am 4. Juni 1946 dem Gardegeneralmajor Gusi, der der letzte Chef der Zivilverwaltung des Sondermilitärkreises war, über die Klubs einen ausführlichen Bericht. Die Klubs waren in erster Linie Instrumente zur kommunistischen Beeinflussung der Bevölkerung. In dem Bericht von Oberstleutnant Bely kamen viele Zahlen über einen regen Besuch der Politveranstaltungen durch die deutsche Bevölkerung und auch durch die deutschen Kriegsgefangenen vor.

So genau durfte man diese Angaben mit Sicherheit nicht nehmen. Erreicht wurden dadurch sowieso nur die Deutschen, die arbeiteten und sich in den Betrieben dem sogenannten Antifa-Unterrichts nicht entziehen konnten. Die Vorträge stammten auch nicht von den Rednern. Die Texte waren vorher von den sowjetischen Aufpassern genehmigt, meist vielfach geändert worden und durften nur so und nicht anders verlesen werden. Zwischen den Themen zum Bejubeln des Kommunismus und zum Verteufeln des Faschismus findet sich einsam ein Vortrag über Geschlechtskrankheiten. Diese waren, ausgehend von den zahllosen Vergewaltigungen, ein riesiges Problem. Zwischen den Schriften mit Übersetzungen von Reden des Genossen Stalin hat die Druckerei etwas wirklich Wichtiges hergestellt: 60000 Vordrucke für die Post der deutschen Kriegsgefangenen, die nur auf standardisierten Karten nach Hause Lebenszeichen geben konnten. Oberstleutnant Bely schrieb an den Generalmajor und Genossen Gusi:

Auf Ihren Befehl wurden im Februar 1946 der deutsche Zentralklub des Königsberger Gebiets und deutsche Bezirksklubs in der Stadt Königsberg

gegründet. Beim Zentralklub gibt es ein Theater mit einer deutschen Schauspielertruppe, eine Antifa-Schule, einen deutschsprachigen Radiosender und eine Redaktion für deutsche Druckerzeugnisse, seit dem 20. Mai auch ein Jazz-Orchester.
In der Zwischenzeit wurde folgende Arbeit geleistet:
1. Vorträge zu folgenden Themen wurden für die deutsche Bevölkerung gehalten:
a) Nürnberger Hauptkriegsverbrecher-Prozeß;
b) Diktatur des Faschismus und deren Folgen für das deutsche Volk;
c) Demokratische Umgestaltungen in Deutschland;
d) Was gab die Sowjetmacht den Werktätigen der Sowjetunion;
e) Demokratische Umgestaltungen in Deutschland und Aufgaben der Jugend (in Jugendveranstaltungen);
f) Der Fünfjahresplan für den Wiederaufbau und die Entwicklung der sowjetischen Volkswirtschaft;
g) 1. Mai – Internationaler Festtag der Werktätigen;
h) 9. Mai – Tag des Sieges über Hitlerdeutschland;
i) Was muß jeder über Geschlechtskrankheiten wissen.
Insgesamt hielten die Referenten des Zentralklubs 238 Vorträge vor insgesamt 49955 Zuhörern. Die Referenten der Bezirksklubs erfaßten mit 193 Vorträgen 16970 Zuhörer.
2. Im April und Mai gab es
a) 44 Jugendversammlungen mit insgesamt 5680 Teilnehmern;
b) 18 Frauenveranstaltungen mit 3245 Teilnehmern;
c) zwei Versammlungen der städtischen Intelligenz mit der Tagesordnung »Aufgaben der deutschen Intellektuellen beim Wiederaufbau des Königsberger Gebiets« – 375 Teilnehmer;
d) In den Betrieben der Stadt wurden 16 Vorträge vor 2640 Versammelten gehalten;
e) In den Sowchosen des Gebietes wurden 38 Vorträge vor 7200 Versammelten gehalten;
f) Für Kriegsgefangene wurden 26 Vorträge gehalten, denen 18170 Personen zuhörten;
3. Am 1. Mai wurde eine Demonstration der deutschen Bevölkerung mit anschließender Kundgebung in Königsberg durchgeführt, an der 3600 Demonstranten teilnahmen.
4. Die Künstler des Klubs gaben im März 1946 zwölf Konzerte für die deutsche Bevölkerung, 38 Konzerte im April, 49 Konzerte im Mai, von denen 41955 Besucher erfaßt wurden. Die Konzerte fanden statt im Zentralklub, den Bezirksklubs, in den Betrieben der Stadt, in den Sowchosen der Bezirke Friedland, Samland, Insterburg, Königsberg-Landbezirk, Tapiau und Gumbinnen sowie in den Kriegsgefangenenlagern.
5. Das Ende Mai gegründete Jazz-Orchester gab sechs Konzerte.
6. Für die deutsche Bevölkerung fanden 36 Filmvorführungen statt.
7. 22 Personen haben die Antifa-Schule beim Zentralklub absolviert. Diese

Innenminister Generaloberst Sergej N. Kruglow im Jahre 1946. Er unterzeichnete den Deportationsbefehl.
Foto: Russisches Staatsarchiv

Der Güterbahnhof, von dem 48 Züge mit jeweils über 2000 Deutschen in die Sowjetische Besatzungszone abgingen. Auf der Strecke mit europäischer Normalspur wurden über diesen Bahnhof auch deutsche Kriegsgefangene und repatriierte sowjetische Zwangsarbeiter, von denen viele in NKWD-Lagern verschwanden, transportiert.
Foto: Autoren

Von deutschen Diakonissen wurde für ihre Schwestern im Hof des Krankenhauses »Barmherzigkeit« ein Gedenkstein mit deutscher und russischer Inschrift aufgestellt. Die Zeit von 1945 bis 1948 wird darin nicht ausdrücklich erwähnt.
Foto: Autoren

An der Stelle des abgerissenen Schlosses wurde vor 20 Jahren mit dem Bau eines »Hauses der Räte« begonnen. Es wurde nicht fertiggestellt und ist inzwischen eine häßliche Bauruine.
Foto: Autoren

Die Ruine des Domes ist das einzige Bauwerk auf dem Kneiphof, einer früher zum alten Stadtkern gehörenden und dicht bebauten Insel zwischen zwei Pregel-Armen.
Foto: Autoren

Auf dem Gelände des früheren Standort-Lazaretts (Yorck-Krankenhaus), das als Infektionskrankenhaus I diente. Trotz seines erbärmlichen Zustands ist es weiterhin Krankenhaus. Ein Teil ist immer noch Infektionskrankenhaus.
Foto: Autoren

Gedenkstein für Julius Rupp, den Großvater von Käthe Kollwitz. Er steht in der Nähe des Doms. Rupp war Prediger und Gründer einer Freien Gemeinde.
Foto: Autoren

Die Ruine des Doms auf dem Kneiphof. Das Restaurantschiff im Vordergrund verrottet und wird nicht mehr benutzt.
Foto: Autoren

Personen werden jetzt bei der Arbeit in den Klubs eingesetzt. An der zweiten Schicht nehmen jetzt 50 Antifa-Schüler teil (Stand am 4. Juni 1946).

8. Es gibt täglich Rundfunksendungen für die deutsche Bevölkerung.

9. Ab Mai existiert beim Zentralklub ein Umschulungslehrgang für Lehrer der deutschen Schulen. Den Unterricht, an dem 47 Personen teilnehmen, gibt es zweimal wöchentlich nach einem Spezialprogramm. (Hauptsächlich politische Schulung.)

10. Der Zentralklub hat Sektionen
a) für die Arbeit mit Jugendlichen;
b) für die Arbeit mit Frauen;
c) für die Arbeit mit Intellektuellen.

11. Alle Klubs haben Bibliotheken mit Büchern in deutscher Sprache (von uns durchgesehen) und Lesesäle mit Buchausstellungen und Zeitungen. Im Durchschnitt werden die Bibliotheken von 220 bis 250 Personen besucht. Für die Klubs in den Sowchosen wurden Buchsammlungen zusammengestellt und an sie geschickt. Sie bekommen regelmäßig Zeitungen in deutscher Sprache. In der Stadt Königsberg wurden zehn Schaufenster eingerichtet, in die Zeitungen und Nachrichten in deutscher Sprache gehängt werden.

12. Im Zentralklub finden dreimal monatlich Seminare der Klubmitarbeiter statt.

13. Die deutsche Redaktion veröffentlichte Broschüren in deutscher Sprache:
a) Rede des Genossen Stalin in der Wählerversammlung des Stalin-Wahlkreises von Moskau am 9. Februar 1946 (15000 Exemplare);
b) Interview des Genossen Stalin mit dem »Prawda«-Korrespondenten über die Fulton-Rede von Churchill (6000 Exemplare);
c) 1. Mai-Befehl des Genossen Stalin (15000 Exemplare);
d) Interview des Genossen Molotow über die Ergebnisse der Pariser Außenminister-Beratung (20000 Exemplare);
e) deutsch-russischer Sprachführer für Sowchosen (12000 Exemplare);
f) Flugblatt an die deutschen Sowchosmitarbeiter (12000 Exemplare);
g) Postvordrucke für deutsche Kriegsgefangene (60000 Exemplare).

Alle diese Drucksachen wurden kostenlos an die deutsche Bevölkerung des Königsberger Gebiets verteilt.

Leiter des Zentralklubs war damals der Gardehauptmann Kogan. Für Gehälter der Mitarbeiter des Klubs, der Bezirksklubs, der Mitarbeiter des deutschen Straßenlautsprecher-Rundfunks, der Mitarbeiter der Redaktion für die deutschen Druckschriften und für die Antifa-Schüler wurden im Monat bis zu 75000 Rubel ausgegeben. Dazu kamen im Monat noch für Bücher, Periodika, Zeitschriften- und Zeitungsabonnements etwa 10000 Rubel.

Im November 1946 ordnete der nunmehrige Leiter der Zivilverwaltung, Wassili Borissow, auch noch die Bildung eines Kammerorchesters für die deutsche Bevölkerung an, das sogar einen Bus zugeteilt bekam, »um eine regelmäßige Betreuung der deutschen Bevölkerung in allen Bezirken des Gebietes zu gewährleisten«.
Im Archiv in Kaliningrad liegt ein handschriftliches Papier, unterzeichnet mit dem Namen Gorbunow, das den Finanzplan für die Deutschen Bezirksklubs für sechs Monate des Jahres 1946 enthält. Gorbunow war der Leiter der Gebietsabteilung für Kultureinrichtungen. Danach gab es am 1. Juli 1946 insgesamt 24 solcher Klubs, und zwar acht in Königsberg und je einen in den Städten Insterburg und Tilsit und in den 14 übrigen Bezirken. Für alle Klubs waren insgesamt über 168000 Rubel veranschlagt. In Königsberg – die Umbenennung in Kaliningrad hatte bei der Aufstellung des Plans noch nicht stattgefunden – war für den 1. Januar 1947 bereits eine Verringerung der Bezirksklubs von acht auf vier vorgemerkt.
Bedeutung hatte allerdings nur der Zentrale Deutsche Klub in Königsberg/Kaliningrad. Aus dem Stellenplan und dem Kostenvoranschlag für das Jahr 1947 geht hervor, daß beim Zentralklub für 87 Beschäftigte 637064 Rubel an Personalkosten veranschlagt waren. Der Direktor verdiente 1200 Rubel im Monat. Drei Stellvertreter erhielten 900 bis 1000 Rubel, zwei Instrukteure für Agitation und Propaganda wurden mit 800 Rubel im Monat bezahlt. Zwei Kinovorführer bekamen je 500 Rubel. Der künstlerische Leiter wurde mit 1200 Rubel wie der Direktor bezahlt. Ein Dirigent erhielt 1000 Rubel. Die 20 Künstler wurden mit je 700 Rubel entlohnt. Für zwei Kraftfahrer waren je 400 Rubel angesetzt.
Für den sowjetischen Geheimdienst hatte sich der antifaschistische deutsche Klub allerdings ins Gegenteil, nämlich in ein »faschistisches Wespennest«, verwandelt. In einem Bericht an die Moskauer Zentrale hieß es, die »sogenannten Kommunisten« hätten meist kein Mitgliedsbuch. Rückfragen in Deutschland ergäben oft, daß die Betroffenen dort aus der Zeit der KP gar nicht bekannt seien. Bei einigen angeblichen Kommunisten, die als Propagandisten im Klub arbeiteten, handle es sich um ausgemachte Nazis. Als Beweise wurden Zeugenaussagen und Briefe von Denunzianten mit Namen und Adressen beigelegt.
In die Betriebe wurden auch deutsche Lektoren, deren Namen im Kaliningrader Archiv liegen, als Agitatoren geschickt. Im Zentralen Deutschen Klub folgten einer Agitationsstunde meistens Tanz

und Unterhaltung. Anders war vermutlich kein Deutscher in das Haus zu locken, allerdings mißfiel den sowjetischen Überwachern die Kombination von Politik und Tanz. Angeboten wurden auch russischer Sprachunterricht und schließlich an sechs Tagen in der Woche Filme. Das Kinoprogramm für den Monat April 1947 zeigte beispielsweise, daß hier die gleichen Filme vorgeführt wurden, wie sie damals auch in Moskau zu sehen waren. Deutsche Filme waren nicht dabei.

Im Dezember 1946 ordnete der Leiter der Zivilverwaltung im Kaliningrader Gebiet, Borissow, die Bildung eines »Deutschen Sektors« beim Kaliningrader Rundfunk an. Bis dahin hatte es nur den Straßenfunk gegeben. Nach dem Kostenvoranschlag sollte der Chefredakteur 900 Rubel verdienen. Für zwei »Literaturmitarbeiter« waren 550, für zwei Übersetzer 800, für zwei Sprecher 600 und für eine Stenotypistin 400 Rubel vorgesehen.

Seit 1947 erschien unter dem Titel »Neue Zeit« eine »Zeitung für die deutsche Bevölkerung des Kaliningrader Gebietes«, wie das Blatt im Untertitel hieß. Es umfaßte zwei Seiten im Großformat und kostete bis zur sowjetischen Währungsreform, die Ende 1947 stattfand, 20 Kopeken. Die Zeitung erschien zweimal in der Woche, am Donnerstag und am Sonntag. Die meisten Ausgaben vom Oktober 1947 bis zur Ausreise der letzten Deutschen ein Jahr später sind erhalten und liegen im staatlichen Archiv des Kaliningrader Gebietes. Die sowjetische Redaktionssekretärin des Blattes lebte als rüstige Pensionärin übrigens 1993 immer noch in der Stadt. (Eine Redaktionssekretärin war nicht etwa eine Schreibkraft, sondern eher so etwas wie die Verlagsleiterin.)

Die »Neue Zeit« gibt allerdings kaum Aufschluß über das Leben in Kaliningrad und die dortige deutsche Bevölkerung. Auch Nachrichten aus der Welt außerhalb des sowjetischen Machtbereichs, etwa aus Westdeutschland, wurden nicht gedruckt. Ein großer Teil des Platzes wurde für den Nachdruck von Kommentaren der Moskauer Parteizeitung »Prawda« benutzt, aus denen aber indirekt zu entnehmen war, daß die Welt sich bereits in zwei Lager gespalten hatte und der Kalte Krieg in vollem Gange war. Sonst füllten die sechs Spalten auf jeder Seite des Blattes Erfolgsmeldungen über vorzeitig erfüllte und übererfüllte Produktionspläne aus allen Ekken der Sowjetunion; so auch aus dem Gebiet Kaliningrad.

Da war unter der Überschrift »Wie man arbeiten muß« beispielsweise zu lesen:

Neue Ze…

Zeitung für die deutsche Bevölkerung des Ka…

32 / Sonntag, 12. Oktober 1947 … Erschei…

GEGEN DEN IMPERIALISMUS, FÜR FRIEDEN, FÜR DEMOKRATIE

n 5. Oktober wurde in der „Praw-
ein Kommunique über die in-
ıatorische Beratung von Ver-
rn einiger kommunistischer Par-
ı veröffentlicht, die Ende Sep-
ıer in Polen stattgefunden hat.
wurden auch die Deklaration
die Frage der internationalen
und die Resolution über einen
ıhrungsaustausch und die Koor-
ierung der Tätigkeit veröffent-
t, die auf dieser Beratung ange-
ımen wurden.

ie veröffentlichten Dokumente be-
n eine erstrangige politische
eutung.

e Beratung stellte einmütig fest,
bei der gegenwärtigen interna-
alen Lage und der Verstärkung
aggressiven Aktivität der impe-
istischen Reaktion eine weitere
enntheit der kommunistischen
teien und das Fehlen einer Ver-
tung unter ihnen falsch und
idlich sein würden. Dies könnte
zu einem ernstlichen Schaden
die Sache der Arbeiterklasse füh-

ie von der Beratung angenom-
ıe Deklaration enthält eine tief-
ınde marxistische Analyse der
ıntlichen Veränderungen, die in
internationalen Situation im
ebnis des zweiten Weltkrieges und
ıer Nachkriegszeit erfolgt sind.

reits im Laufe des Krieges gegen
faschistischen Aggressoren bestand
Lager der antihitlerschen Mächte-
lition ein tiefer Unterschied in
Bestimmung sowohl der Kriegs-
e als auch der Aufgaben des Auf-
s der Welt nach dem Kriege.
Sowjetunion und die demokra-
hen Länder strebten zur Wieder-
tellung und Festigung der demo-
tischen Grundsätze, zur völligen
uidierung des Faschismus und
Schaffung von Bedingungen, wel-
die Möglichkeit einer Wieder-
ung der deutschen imperialisti-
n Aggression ausschliessen. Die
jetunion und die demokratischen
der streben damit zur Sicher-
tung einer allseitigen und dauer-
ten Zusammenarbeit der von der
hitlerschen Bedrohung befreiten
ker.

Unter Benutzung aller nur möglichen Druckmittel, durch Bestechung mit Dollars und Einschüchterung mit der Atombombe, unter Anwendung des ganzen reichen Arsenals taktischer Mittel, der Erpressung und des Betruges, und Mobilisierung der Verräter der Sache der Arbeiterklasse aus den Reihen der rechten Sozialisten, in erster Linie der führenden Kreise der englischen Labour-Parteiler und der französischen Sozialisten, entfalten die imperialistischen Kräfte ihre aggressive Aktivität gleichzeitig nach allen Richtungen.

Jedoch trägt die amerikanische imperialistische Expansion nur dort Erfolge davon, wo sie nicht dem nötigen Widerstand begegnet. In den Ländern, in denen die Imperialisten in der Lage sind, sich auf Verräter der nationalen Interessen zu stützen, seien es die sozialistischen Blums oder die labour-parteilichen Bevins, die vor dem amerikanischen Kapital kriechen und selber ihre Länder auf den Weg der Vasallenschaft gegenüber den USA drängen, — dort entsteht eine wirkliche Drohung der Begründung der Dollar-Sklaverei.

In der neuen Nachkriegs-Situation ist es die direkte und heilige Pflicht der kommunistischen Parteien, das Banner der Verteidigung der nationalen Unabhängigkeit und Souveränität gegen die frechen Anschläge seitens der imperialistischen Monopole in die Hände zu nehmen.

Die Kräfte der Demokratie und des Sozialismus sind infolge des zweiten Weltkrieges unermesslich gewachsen. Wie die Reaktionäre und ihre Helfershelfer auch wüten mögen, es ist unmöglich, nicht mit den geschichtlichen Tatsachen zu rechnen. Und diese Tatsachen sprechen davon, dass, während als Ergebnis des ersten Weltkrieges der erste ernstliche Bruch der imperialistischen Kette erfolgte und auf einem Sechstel der Erde der mächtige sowjetische sozialistische Staat entstand, der zweite Weltkrieg der kapitalistischen Welt eine neue ernste Niederlage beigebracht hat. Es wurden zwei bis an die Zähne bewaffnete imperialistische und militärische Staaten niedergeworfen, die die Internationale Re-

kommunistischen Parteien.
mintern, die eine positive
der Hervorbringung von
der Arbeiterklasse gespielt
schon längst zu einer abg…
nen Etappe in der Gesch…
Entwicklung der intern…
Arbeiterbewegung geworde…
zur Komintern zurückkehr…
rückwärts und nicht vorwä…

Die hervorragende Rolle
munisten im anti-fasc…
Kampf, der zugleich ein K…
die nationale Befreiung un…
geburt vieler von den hitlers…
panten versklavter europä…
ker war, hat ihnen eine f…
dete Autorität bei Millionen,
Menschen" in Europa gew…

„Das Anwachsen des Ein…
Kommunisten — sagte Gen…
— kann man nicht als ei…
betrachten. Es stellt eine
setzmässige Erscheinung
Einfluss der Kommuniste…
halb gewachsen, weil die
nisten in den schweren J…
Herrschaft des Faschismus
sich als zuverlässige, kühn…
opfernde Kämpfer gegen …
stische Regime und für d…
der Völker erwiesen habe…

Die bourgeoise Presse
lässlich der Beschlüsse d…
renz der neun kommunist…
teien Lärm geschlagen.
York Times" und der „…
Guardian", die „Daily …
der „Figaro" überschreie…
voll Verzweiflung, inde…
einer „kommunistischen G…
kommunistischen „Vers…
schwatzen. Ihnen spre…
Herren Churchills und
ähnlichen Politiker des …
mus nach.

Was ist los, Ihr Herren…
chem Grunde der Lärm?

Sie sind, wie sich herau…
allem darüber empört, d…
treter der neun komm…
Parteien beschlossen, sich
Konferenz zu versammel…
Informationsbüro einger…
ben. Aber was ist denn
sonderes? Die Sozialisten…
dern hatten zusammen …
Parteilern in der letzten

Vom Frühjahr 1947 bis zum Oktober 1948 erschien zweimal in der Woche die »Neue Zeit« als »Zeitung für die deutsche Bevölkerung des Kaliningrader Gebietes«. Sie enthielt vor allem sowjetische Propaganda und nur wenige Berichte aus dem Gebiet.
Foto: Kaliningrader Gebietsarchiv

r Gebietes

chentlich — Preis 20 Kop.

Ein Werk für synthetischen Kautschuk wiederhergestellt

Ende September ist der erste Bauabschnitt des Woroneshsker Werks namens S. M. Kirow wiederhergestellt und in Betrieb genommen worden. Bei der Wiederherstellung des Werks sind äußerst umfangreiche Arbeiten zu seiner Instandsetzung und technischen Ausstattung ausgeführt worden.

Genosse Stalin hat die Bauarbeiter und Monteure zur endgültigen Wiederherstellung und Inbetriebnahme des ersten Bauabschnitts des Werks für synthetischen Kautschuk telegraphisch beglückwünscht.

wir den 30. Jahrestag der Großen Sozialistischen
evolution mit hohen Produktionserfolgen!

Wie man arbeiten muß

en Oktober. Von den Bäumen Blätter, der Wind treibt sie Seiten auseinander. Das ist Anzeichen des Spätherbstes herannahenden Winters. Die ten der Bauarbeiter, von dem streben erfüllt, den 30. Jahres-roßen Oktoberrevolution mit serfolgen zu begehen, span- alle Kräfte an, um die Pläne zu erfüllen und rechtzeitig, Eintritt der Kälte, die öffent-bäude und Wohnhäuser für er vorzubereiten. Die Bau-en viel zu tun.

n Baustellen brodelt es vor on dem allgemeinen Arbeits-Sowjetmenschen hingerissen, ch die bei der Wiederher-der Gebäude beschäftigten Arbeiter eine gewissenhafte g zur Arbeit.

Ul. Monetnaja (früher Tragh-aße) in Kaliningrad wird das Fachschule für Kommunal-instand gesetzt. Auf dieser arbeitet eine Malerbrigade, ister Willy Raabe ist. Der 54 Jahre alt, er hat einige seinem Beruf gewidmet. eitet gut und erfüllt die Norm Anderthalbfache. Und sein n ist hoch — für August abe 800 Rubel, für September den letzten Monaten bildete rbeiterinnen im Malerhand-werk aus — Hilde Stolzenberg, Elly Schoenfeld, Anni Rockel und Erna Schirrmacher. Sie führen jetzt bereits selbständig alle Vorbereitungsarbeiten aus — das Verputzen, das Spachteln und das Waschen der Wände und Decken. Die genannten Arbeiterinnen leisten nicht weniger als 120 Prozent der Norm je Schicht.

Unlängst erhielt die Brigade des Meisters Raabe den Auftrag, die Ausbesserung von fünf Zimmern vorzunehmen. Die Arbeit wurde zwei Tage vor der Frist ausgeführt.

Auf derselben Baustelle arbeitet Gustav Lehwald. Einmal wurde ihm aufgetragen, Wände und Decken von einer Fläche von 250 qm zu verputzen. Der Bauführer fragte Lehwald:

„In wieviel Tagen werden Sie den Auftrag ausführen?"

Ohne viel nachzudenken, antwortete der Stuckateur:

„In fünfzehn!"

Er hielt sein Wort — anstelle von 6 qm täglich, verputzte Lehwald 17, was die Norm fast um das Dreifache übersteigt. Für diese Arbeit erhält Lehwald 1014 Rubel.

Ehrlich bemüht sich auf der Baustelle auch der Tischler Karl Wittkuhn — er stellt Türen und Fensterrahmen her. Nach der Norm sind täglich zwei Rahmen anzufertigen, aber Wittkuhn gelingt es drei herzustellen.

So muß man arbeiten! **L. Kruglow**

Straßenbahner bereiten sich auf den Winter vor

gschaft der Arbeiter und Ange- 2. Straßenbahn-Wagenparks, dem Arbeitsmonat zur Vor-der Unternehmungen auf die er winterlichen Bedingungen auf. Der Direktor des Depots billigte die Initiative dieser Arbeiter und versprach, günstige Arbeitsbedingungen für sie zu schaffen.

Zu den Aufgaben der Maurer gehörte

Für die Erhaltung der Kartoffel- und Gemüseernte sorgen

Das Sowjetvolk, das die durch den verheerenden Hitlerschen Einfall hervorgerufenen Schwierigkeiten heldenhaft überwindet, geht zuversichtlich an die Schaffung eines Überflusses an allen Nahrungsmitteln im Lande.

Eine außerordentliche Rolle beim Aufschwung der Landwirtschaft des Landes spielten die Beschlüsse des Februarplenums des Zentralkomitees der KPdSU (B), die ein Programm der raschen Wiederherstellung und weiteren Entwicklung der Landwirtschaft vorzeichneten. Dieses Programm wurde sogleich als Richtlinie im ganzen Lande zur Anwendung gebracht. Darum ergab sich in diesem Jahr eine hohe Getreideernte. Darum gab es auf den Feldern der Kollektivwirtschaften und Sowjetgüter eine reiche Kartoffelernte. Darum erbrachten die Gemüsekulturen reiche Früchte.

Von den Feldern und Gemüsegärten der Kollektivwirtschaften, der Sowjetgüter und der Hilfswirtschaften der Unternehmungen in den Städten unseres Gebiets ergoß sich ein reicher Strom von Kartoffeln und Gemüse. Tausende von Arbeitern und Arbeiterinnen sind mit dem Auf- und Abladen, mit der Verarbeitung, Sortierung und Einlagerung für eine langdauernde winterliche Aufbewahrung tätig.

Der Umfang dieser Arbeit ist leicht allein aus folgender Tatsache zu ersehen: in Kaliningrad zum Beispiel gibt es nicht eine Handelsorganisation, nicht ein Werk oder überhaupt ein Industrieunternehmen, die bei der Beschaffung von Kartoffeln und Gemüse zum Winter beiseite stehen.

Ihre zweckmäßige, dauernde Aufbewahrung während des ganzen Win-

»In der Ul. Monetnaja (früher Tragh. Kirchenstraße) in Kaliningrad wird das Haus der Fachschule für Kommunalbauwesen instand gesetzt. Auf dieser Baustelle arbeitet eine Malerbrigade, deren Meister Willy Raabe ist. Der Meister ist 54 Jahre alt, er hat einige Jahrzehnte seinem Beruf gewidmet und erfüllt die Norm um das Anderthalbfache. Und sein Arbeitslohn ist hoch – für August erhielt Raabe 800 Rubel, für September 870. In den letzten Monaten bildete er vier Arbeiterinnen im Malerhandwerk aus – Hilde Stolzenberg, Elly Schoenfeld, Anni Rockel und Erna Schirrmacher. Sie führen jetzt bereits selbständig alle Vorbereitungsarbeiten aus – das Verputzen, das Spachteln und das Waschen der Wände und Decken. Die genannten Arbeiterinnen leisten nicht weniger als 120 Prozent der Norm je Schicht.«

Unterzeichnet war der Bericht mit dem russischen Autorennamen L. Kruglow. So wie auch die übrigen Berichte über die Deutschen von Russen verfaßt waren.
Anzeigen erschienen natürlich in der Zeitung nicht. Nur einmal gab es eine in eigener Sache: »Die Redaktion der Zeitung ›Neue Zeit‹ sucht einen Übersetzer und Korrektor, der Russisch und Deutsch beherrscht und einen Chauffeur.« Die Adresse der Zeitung war der Stalingradski Prospekt 29. Sie hatte sogar schon eine öffentliche Telefonnummer: 42-62. Wer damals russisch konnte, war ein gesuchter Mann.
Nicht nur in den Deutschen Klubs wurde getanzt, sondern im Sommer auch draußen an verschiedenen Plätzen der Stadt – beispielsweise im Tiergarten –, ohne Unterschied zwischen Russen und Deutschen. Es gab ernsthafte Konzerte, nur war das Beschaffen der Instrumente schwierig. Deutsche Künstler waren genug vorhanden, sie traten auch in den sowjetischen Soldatenklubs auf. In einem der deutschen Krankenhäuser bildete sich ein Chor aus Ärzten und Pflegepersonal.
Auch die evangelischen und katholischen Pfarrer konnten Gottesdienste halten. Die Pfarrer hatten zu denen gehört, die zunächst in das Lager Rothenstein gesperrt worden waren. Dort hatten sich Internierte bereits zu Andachten zusammengefunden. Später versuchten die Pfarrer, wieder ein Gemeindeleben in Gang zu bringen, nicht nur mit Gottesdiensten, sondern auch mit Konfirmandenunterricht. Die Kirchen waren mit Ausnahme der im Vorort Ponarth allerdings alle zerstört oder beschädigt. Unzerstört war auch ein Gemeindehaus im Stadtteil Liep. In diesen beiden Häusern wurden Gottesdienste gehalten. Von der evangelischen Ponarther Kirche

im Süden der Stadt läuteten am Sonntag sogar die Glocken. Sonst konnten nur behelfsmäßige Räume benutzt werden. Es wurden auch immer wieder Pfarrer verhaftet und in ihren Wohnungen Haussuchungen durchgeführt. Allerdings wurden sie als Arbeiter anerkannt und erhielten die »Produktenkarte«, jedoch kein Geld.
1947, als sich die russische Einstellung gegenüber den Deutschen vorsichtig zu ändern begann und gleichzeitig vom MWD insgeheim die Zwangsaussiedlung vorbereitet wurde, kamen die sowjetischen Behörden auf die Idee, einen evangelischen Bischof einzusetzen. Sie hatten dafür Hugo Linck, den Pfarrer der Gemeinde des Königsberger Stadtteils Liep, ausersehen. Er galt als der Leiter der evangelischen Kirche in der Stadt. Linck versuchte den Sowjets klar zu machen, daß Bischöfe nicht vom Staat eingesetzt werden könnten, und sie ließen von der Idee ab.
In Königsberg arbeiteten nicht nur deutsche Zivilisten und allmählich immer mehr zugewanderte Russen. Auch Kriegsgefangene waren in der Stadt und in anderen Orten des Gebietes eingesetzt. In Königsberg beschäftigten die Zellstoff- und Papierfabriken eine große Zahl von Kriegsgefangenen. Sie hatten aber Schwierigkeiten mit ihrer Unterbringung. Sie hatten dafür die frühere Filiale der Zeiss-Werke, eines Rüstungsbetriebes, mit Beschlag belegt. Zwischen der Leitung der Zellstoffabrik und der Flotte entbrannte darüber ein erbitterter Streit. Die Fabrik ignorierte alle Anweisungen, die Räume von Zeiss freizugeben, weil sie keine anderen hatte. Die Flotte verlangte kategorisch die Verlegung des Gefangenenlagers, weil sie den Betrieb für sich nutzen wollte.
In den monatelangen Streit wurde die Zivilverwaltung eingeschaltet, die wieder einmal mit Befehlen, in denen keine Lösung aufgezeigt wurde, operierte.

Befehl

der Verwaltung für zivile Angelegenheiten des Kaliningrader Gebiets
Nr. 587 Kaliningrad, den 3. Dezember 1946
Betrifft: Übergabe der ehemaligen Filiale des Zeiss-Werkes an die Südbaltische Flotte
Mit dem Befehl Nr. 266 vom 17. Juli 1946 wurde der Leiter der Verwaltung der Zellstoff- und Papierfabriken, Genosse Gorbunow, verpflichtet, die Räume der früheren Filiale des Zeiss-Werkes, die zweckentfremdet als Kriegsgefangenenlager für die Bedienung der Zellstoff- und Papierfabrik 2 genutzt werden, bis zum 15. August d.J. an den Chef der Rückwärtigen Führung der Südbaltischen Flotte zu übergeben. Der Befehl wurde jedoch

bis heute nicht erfüllt, was eine schwere Situation bei der Instandhaltung der Schiffsgeschütze der Flotte zur Folge hat.
Ich weise darauf hin, daß der Verwaltungsleiter, Genosse Gorbunow, und der Direktor der Papierfabrik 2 bisher die termingerechte Erfüllung des Befehls nie in Frage gestellt haben.
In Abänderung des Befehls Nr. 266 vom 17. Juli 1946 befehle ich
1. dem Leiter der Verwaltung der Zellstoff- und Papierfabriken des Kaliningrader Gebiets, Genosse Gorbunow,
a) den Korpus 1 bis spätestens 5. Dezember d.J. bis auf die Bäckerei voll zu räumen;
b) die restlichen vom Kriegsgefangenenlager belegten Räume werden bis spätestens 1. April geräumt.
2. Der Chef der Rückwärtigen Führung der Südbaltischen Flotte, Ingenieur-Konteradmiral Burchanow, übernimmt die Gebäude mit einem Protokoll und erstattet Erfüllungsmeldung.
Stellvertretender Leiter der Zivilverwaltung
des Kaliningrader Gebiets
Fadejew

Durchgestrichen wurde am Schluß ein Satz: »Ich warne, daß die Schuldigen bei Nichterfüllung dieses Befehls zur parteilichen Verantwortung gezogen werden.«

Kinder ohne Eltern und ohne Obdach

Eine besonders schlimme Folge des Krieges waren die vielen Kinder, die keine Eltern oder sonstige Angehörige mehr hatten. Die sowjetischen Behörden hatten für sie Kinderheime und Auffangstellen unter russischer Leitung eingerichtet, in denen 1947 in Königsberg und im umliegenden Gebiet 4536 aufgegriffene deutsche Kinder untergebracht waren. Das waren mehr als vier Prozent der gesamten deutschen Bevölkerung.
Die Kinder irrten, wenn ihre Eltern umgekommen waren oder wenn sie von ihnen durch die Ereignisse getrennt worden waren, und sich niemand ihrer annahm, herum, lebten von Diebstählen, schlossen sich auch den Banden von jungen Russen an und landeten in den Heimen. In den meisten Heimen herrschte ein strenges Regime, aber es gab dort wenigstens etwas zu essen. In der ersten Zeit schlossen sich elternlose deutsche Kinder auch sowjetischen Truppen an, die sie als eine Art Maskottchen mitnahmen. Einige

fanden Unterschlupf bei russischen Offiziersfamilien, wurden schließlich adoptiert, wechselten die Namen und wurden zu Russen.

Im Umgang mit herumstreunenden, obdachlosen Kindern hatten die sowjetischen Behörden langjährige Erfahrungen. Sie waren eine Erblast der Revolution von 1917. »Besprisorniki« (die ohne Obdach) hießen sie und lebten von Diebstählen und anderen Verbrechen. Nach der Revolution wurde eine »Kommission für obdachlose Kinder« gegründet, die ausgerechnet der Chef der gefürchteten Geheimpolizei Tscheka (Vorläufer von NKWD und MWD), der aus Polen stammende Feliks Dzierzynski, leitete. Auf dem Weg über Kinderkommunen, in denen die Kinder selbst verantwortungsvolle Aufgaben übernahmen, sollten sie in das normale Leben zurückfinden. Anton Makarenko, ein auch international sehr bekannter Pädagoge, leitete solche kommunistischen Arbeitskolonien für obdachlose Kinder in der Zeit nach der Revolution.

Unter den Papieren des Kaliningrader Gebietsarchivs aus den ersten Nachkriegsjahren befindet sich eine handgeschriebene Liste mit den Namen von 54 obdachlosen deutschen Kindern. Sie ist an den Leiter der Zivilverwaltung des Gebietes Kaliningrad, Borissow, adressiert und ist von Hauptmann Serysch, dem stellvertretenden Militärkommandanten des Königsberger Landkreises, unterschrieben. Sie trägt kein Datum, muß aber aus dem Juni 1946 stammen, weil sie wahrscheinlich zu den Papieren im Zusammenhang mit der Übergabe der Verwaltung vom Militär auf die zivilen Behörden gehört. Von Hauptmann Serysch stammen aus dieser Zeit auch andere Papiere, die im Archiv lagern.

Aus dieser Namensliste geht nicht hervor, ob die Kinder in Heimen oder in einem der Auffanglager des Innenministeriums waren. Aber die Angaben, die zu den Namen der Kinder gemacht wurden, lassen etwas von dem grausamen Schicksal ahnen, das hinter jedem Namen steht. Neben den Familiennamen und Vornamen sind die Geburtstage aufgeführt, manche sind unsicher. Da heißt es »1. (4.) 8. 1935«. Oder es ist nur eine Jahreszahl angegeben. Bei vielen fehlen die Angaben über den Heimatort, weil die Kinder von drei, vier oder sechs Jahren ihn wahrscheinlich nicht wußten. Soweit es ihm bekannt war, hatte Hauptmann Serysch dazugeschrieben, was aus den Eltern geworden war: »Eltern im Frühjahr 45 gestorben.« »Eltern 1945 an Typhus gestorben.« »Vater Soldat,

Mutter im November 1945 gestorben.« »Eltern tot.« »Vater Soldat, Mutter 1945 gestorben.« »Vater Soldat, Mutter seit 1945 verschollen.« »Vater im Krieg gefallen oder vermißt, Mutter im Juni 45 an Typhus gestorben.« »Vater im Krieg verschollen.« »Weiß über die Eltern nichts.«

Kinderreiche »Familien« irrten obdachlos ohne Eltern herum. Auf der Namensliste stehen vier Kinder einer Familie Faust im Alter zwischen sechs und 14 Jahren, sechs Kinder einer Familie Fischer zwischen vier und 15 Jahren, sechs Kinder mit Namen Krause von neun bis 14 Jahren, vier Kinder mit Namen Bierkant von vier bis 13 Jahren.

Unter den deutschen Touristen, die 1993 nach Kaliningrad kamen, war eine Frau aus München. Sie war schon zum zweiten Mal hier. Es zog sie immer wieder nach Quednau und Tannenwalde am nördlichen Stadtrand von Königsberg. Als Königsberg kapitulierte, war sie sieben Jahre alt. Sie hatte bei Verwandten in Tannenwalde gelebt. Der Vater war als Soldat gefallen oder vermißt. Von der Mutter, die in Königsberg zurückgeblieben war, wußte sie nichts. Sie kam schließlich in ein Kinderheim in Quednau. Zunächst wurde es von einem Deutschen geleitet, dann kamen russische Kommandanten. Das Personal bestand aus deutschen Frauen. »Der erste russische Kommandant war sehr nett, ich mußte ihm immer eine Zeitung kaufen gehen. Aber es gab immer weniger zu essen.« Dann kam ein neuer russischer Kommandant. »Der war häßlich.« Das Waisenhaus war in einem dreistöckigen Gebäude untergebracht. Gegenüber war eine Baracke. Dort führten die Kinder Theaterstücke auf, spielten und sangen Lieder. Die Sprache war Deutsch. Als eine Schule für deutsche Kinder eingerichtet wurde, weigerte das Mädchen aus Königsberg sich, den Unterricht zu besuchen. Es wollte nicht russisch lernen. In der Nähe waren sowjetische Soldaten untergebracht. »Ich glaube, sie mochten mich, weil ich blond war und eine Stupsnase hatte. Sie waren sehr gut zu mir und gaben mir zu essen.« Die Frau aus München, die das Leben auch in Deutschland umhergetrieben hat und die nun kurz vor der Pensionierung stand, konnte diese Zeit nicht vergessen. Die Erinnerung hat sie jahrelang wie ein Trauma verfolgt. Aber sie wollte wiederkommen. Es bedrückte sie, daß in Quednau immer mehr Häuser aus der Zeit, die sie noch in Erinnerung hatte, abgerissen wurden. »Hier ist meine Heimat, nur hier«, sagte sie und fügte hinzu: »Hier in Königsberg möchte ich leben.« Sie möchte wissen, was aus den

anderen Kindern geworden ist. Aber sie hat von keinem mehr etwas gehört.
In einem Übergabeprotokoll von der Militär- auf die Zivilverwaltung vom 28. Mai 1946 heißt es:

Für deutsche Waisenkinder wurden fünf Kinderheime in der Stadt Königsberg und 14 bei den Militärkommandanturen der Bezirke eingerichtet. Insgesamt sind dort 2468 Kinder untergebracht. Das Personal zählt 180 Personen. Die Finanzpläne der Kinderheime wurden vom Chef der Zivilverwaltung (Generalmajor Gusi) bestätigt und aus dem Gebietshaushalt finanziert.
Lebensmittel für die Waisenhäuser werden von Wojentorg (Anm.: Hauptverwaltung des Militärhandels) geliefert, jedoch nur stockend. Fast das gesamte Bedienungspersonal besteht aus Deutschen. In der Stadt Königsberg wurden die Direktoren der Waisenhäuser vom antifaschistischen Klub empfohlen, in den Bezirken von den Kommandanten.

Das Problem der Waisen und der obdachlosen deutschen Kinder beschränkte sich nicht nur auf die Zeit nach den Kampfhandlungen. Immer mehr Kinder standen plötzlich völlig allein da, weil die Mütter – Väter waren ja meistens nicht da – an den Folgen der Entkräftung, der Schwerarbeit und der Seuchen gestorben waren. So verdoppelte sich nahezu die Zahl der Waisenkinder in den Heimen von Mitte 1946 bis zum Beginn der Aussiedlung im Herbst 1947 von 2468 auf 4536.
Nicht nur elternlose deutsche Kinder streunten umher. Der Chef der Kaliningrader Gebietsverwaltung für zivile Angelegenheiten, Borissow, erließ am 24. November 1946 den Befehl Nummer 574, in dem die Einrichtung von Stellen zur Aufnahme und Verteilung von obdachlosen Kindern angeordnet wurde, ohne daß dabei wie sonst üblich zwischen Deutschen und Sowjetbürgern unterschieden wurde.

Zur Bekämpfung der Obdachlosigkeit bei Kindern sowie zur Unterbringung, Behandlung und Arbeitsvermittlung von obdachlosen Kindern befehle ich:
§1
Die Gebietsabteilung des Innenministeriums zur Bekämpfung der Obdachlosigkeit bei Kindern erhält die Genehmigung, drei Aufnahme- und Verteilungsstellen in den Städten Kaliningrad, Tschernjachowsk und Sowjetsk mit je 50 Plätzen einzurichten. Die Gebietsverwaltung des Innenministeriums legt mir bis zum 15. Dezember Finanz- und Stellenpläne vor.

§2
Die Chefs der städtischen Zivilverwaltungen von Kaliningrad (Kolossow), Tschernjachowsk (Rudenko) und Sowjetsk (Swerjew) finden bis zum 10. Dezember d. J. Räume für Aufnahmestellen und führen entsprechende Renovierungs- und Einrichtungsarbeiten durch.
§3
Der Chef der Gebietsfinanzverwaltung, Genosse Perewoschtschikow, stellt 70000 Rubel zur Verfügung, und zwar 30000 für Kaliningrad und je 20000 für Tschernjachowsk und Sowjetsk.
§4
Der Chef der Gebietsverwaltung für Volksbildung, Genosse Dolgatschow, stellt Erzieher für die Kinderaufnahmestellen zur Verfügung.

Keine Gebäude und keine Lehrer für deutsche Schulen

Zu den ersten Maßnahmen der neuen Zivilverwaltung für die deutsche Bevölkerung gehörte 1946 auch die Einrichtung von deutschen Schulen. Sie sollten aus Grundschulen mit vier Jahrgängen und siebenklassigen Schulen bestehen. Die Weisung dazu kam aus Moskau, allerdings nicht von der sowjetischen, sondern von der dafür zuständigen regionalen russischen Regierung. Grundlage dafür war der Beschluß Nr. 428 der Regierung der Russischen Föderation vom 18. Juni 1946. Mit der Suche nach Lehrern und deren politischer Ausbildung hatte bereits die Militärverwaltung begonnen.
Der Unterricht sollte mit sieben Jahren beginnen. Insgesamt waren für die deutschen Kinder des Kaliningrader Gebiets 40 Grundschulen und zehn siebenklassige Schulen vorgesehen. Sie sollten 200 Klassen für die Grundstufe und 30 Klassen für das fünfte bis siebente Schuljahr umfassen. Auf die Stadt Königsberg entfielen nach dem Plan zehn Grundschulen und vier siebenklassige Schulen. Die Zivilverwaltung rechnete mit etwa 9000 Schülern, davon 4700 in Königsberg.
Angesichts der katastrophalen Schulsituation, die bereits für die sowjetischen Kinder bestand, waren das kühne Vorstellungen. Mitte 1946, als der Plan für die deutschen Schulen aufgestellt wurde, hatte die Schulverwaltung des Gebietes zwar Planstellen für die russischen Schulen, ein Guthaben von 337850 Rubel auf einem Konto der Staatsbank, aber kein Personal. Bei den Abteilungen für

Volksbildung in den drei Städten Königsberg, Insterburg und Tilsit sowie in den 14 Bezirken waren 78 Planstellen vorhanden, aber nur 13 besetzt. In sechs Bezirken existierte überhaupt keine Abteilung für Volksbildung. Im ganzen Gebiet waren seit einem Jahr für sowjetische Kinder fünf Mittelschulen, vier siebenklassige Schulen und elf Grundschulen in Betrieb. An ihnen unterrichteten 186 Lehrer 2470 Kinder. In einem Protokoll vom 27. Mai 1946 hieß es:

Da es im Schuljahr 1945/46 in mehreren Bezirken keine Schulen gab, ist das Gesetz über die allgemeine Schulbildung im Gebiet Königsberg nicht erfüllt worden. Nach ungenauen Angaben sind mehr als 1000 Kinder nicht in die Schule gegangen. Der Plan für die Schaffung eines Schulnetzes wurde aufgestellt, jedoch nicht erfüllt.

Das waren vollkommen unzureichende Voraussetzungen für die Bildung eines weiteren Schulsystems für die deutschen Kinder. Der Leiter der Zivilverwaltung, Borissow, tat das Übliche. Er erließ einen Befehl, von dem er vermutlich von vornherein wußte, daß er nicht zu erfüllen war.

Befehl

der Gebietsverwaltung für zivile Angelegenheiten des Kaliningrader Gebiets.

2. August 1946 Nr. 302 Kaliningrad

Betrifft: Eröffnung von Schulen für deutsche Kinder

In Erfüllung des Beschlusses des Ministerrates der RSFSR Nr. 458 vom 18. Juli 1946 befehle ich:

1. Die Leiter der zivilen Verwaltung in den Städten und Bezirken eröffnen bis zum 10. Oktober 1946 in größeren Städten und Siedlungen mit deutscher Bevölkerung Grundschulen und siebenklassige Schulen für deutsche schulpflichtige Kinder.
2. Ein Plan für die Eröffnung der Schulen in den einzelnen Bezirken, und zwar 40 Grundschulen und zehn siebenklassigen Schulen für insgesamt 9000 Kinder, wird wie in der Anlage angegeben aufgestellt.
3. Der Unterricht erfolgt nach den Programmen nichtrussischer Sowjetschulen in der Muttersprache.
4. Der Leiter der Gebietsabteilung für Volksbildung, Genosse Dolgatschow, wird beauftragt

a) bis Ende August 1946 Schuldirektoren, Lehrkörperleiter sowie Lehrer für Russisch, Geschichte und Geographie unter der russischen Bevölkerung zu finden;

b) für diese Schulen die erforderliche Zahl von Lehrern unter der örtlichen Bevölkerung zu finden, einen zweimonatigen Vorbereitungslehrgang mit ihnen abzuhalten und sie bis zum 5. Oktober auf die Schulen zu verteilen;

c) geeignete Maßnahmen zur Versorgung der Schulen mit Programmen, Lehrbüchern sowie Lehr- und Anschauungsmitteln, Schulheften und Schreibutensilien zu ergreifen;
d) Die Gebietsabteilung für Volksbildung erhält die Genehmigung, zwei Inspekteure für die Leitung der nichtrussischen Schulen und einen Dolmetscher in ihren Stellenplan aufzunehmen.
e) Vom 1. bis zum 20. September findet die Anmeldung schulpflichtiger Kinder in den Schulen statt, die anschließend auf Klassen und Schulen gemäß der gültigen Norm aufgeteilt werden.
f) In einem Brief an Garde-Generaloberst Galizki wird um entsprechende Weisung an die Direktoren der Militärsowchosen gebeten, Hilfe bei der Organisierung nichtrussischer sowjetischer Schulen für Kinder deutscher Arbeiter auf den Militärsowchosen zu leisten.
g) Die Vorbereitungen für das Schuljahr in den Schulen werden systematisch überwacht.
5. Die Leiter der Zivilverwaltungen in den Städten und Bezirken
a) sorgen dafür, daß dieser Befehl über die Eröffnung von Grundschulen und nichtrussischen sowjetischen siebenklassigen Schulen der deutschen Bevölkerung erläutert wird;
b) erörtern und erstellen auf Grund des Gesamtplans einen Plan für die Eröffnung von Schulen in den jeweiligen Bezirken und finden Räumlichkeiten dafür. Bis zum 15. September werden Schulgebäude und Lehrerwohnungen renoviert sowie mit Heizung und Beleuchtung versehen;
c) organisieren Reparaturen und die Neufertigung von Schulbänken, Tischen, Stühlen, Kleiderständern und notwendiger Ausrüstung. Diese Arbeiten werden von der Bevölkerung und den Betrieben der örtlichen Industrie und in Handwerksbetrieben vorgenommen.
6. Der Leiter der Gebietsplanungsstelle stellt nach Aufträgen der Gebietsabteilung für Volksbildung das erforderliche Baumaterial für die Renovierung der Schulen zur Verfügung.
7. Der Leiter der Gebietsabteilung für Volksbildung sorgt für die reibungslose Finanzierung der Schulen und deren Vorbereitung für das Schuljahr.
Leiter der Gebietsverwaltung für zivile Angelegenheiten
Borissow

Angesichts der immer noch chaotischen Situation in Königsberg, das nun Kaliningrad hieß, ging der Befehl völlig an der Realität vorbei. Nur für einen Teil der vorgesehenen 50 Schulen wurden Räume gefunden, die Renovierungsarbeiten verliefen schleppend. Auch Lehrer gab es nicht in ausreichender Zahl. Viele waren als Parteigenossen in die Internierungslager nach Insterburg oder Pr. Eylau geschickt worden und nicht zurückgekehrt. Manche mochten auch trotz der Verlockungen von Produktenkarten, Versorgung wie russische Lehrer und Aussicht auf eine bessere Unterkunft nicht mitmachen. Am 9. Oktober, einen Tag vor dem ursprünglich geplanten Beginn des Unterrichts, war klar, daß kein Plan eingehalten worden war. Der Genosse Borissow erließ wieder einen seiner Befehle, die im Land so wenig beachtet wurden.

Befehl

des Leiters der Kaliningrader Gebietsverwaltung für zivile Angelegenheiten

Nr. 471

Kaliningrad, den 9. Oktober 1946

Betrifft: Vorbereitungen für die Eröffnung nichtrussischer sowjetischer Schulen

Es wird festgestellt, daß der Beschluß des Ministerrats der RSFSR vom 18. Juni d. J. Nr. 428 über die Eröffnung nichtrussischer Schulen völlig unbefriedigend erfüllt wird. Von 50 Schulgebäuden laufen Renovierungsarbeiten nur in 30. Anstelle von 4500 Schulbänken wurden nur 1200 bereitgestellt. Im Vorbereitungslehrgang sind nur 140 Lehrer an Stelle der benötigten 240 erfaßt.

Besonders schlecht verlaufen die Vorbereitungen für die Eröffnung nichtrussischer Schulen in der Stadt Kaliningrad, wo bisher von 14 Schulgebäuden nur fünf gefunden wurden. Es gibt nur 100 Schulbänke. Es gibt bisher keine Lehrer, auch keine Lehrgangsteilnehmer. Unbefriedigend verlaufen die Vorbereitungen für die Schuleröffnung auch in den Bezirken Prawdinsk, Krasnosnamensk und Gussew.

Um die rechtzeitige Eröffnung nichtrussischer sowjetischer Schulen sicherzustellen, befehle ich:

Die Leiter der Stadt- und Bezirksverwaltungen für zivile Angelegenheiten müssen:

a) Renovierungsarbeiten in Schulen und Lehrerwohnungen bis zum 20. Oktober d. J. abschließen.

b) Die Einsatzbereitschaft der Schulen wird mit einem Übernahme- und Übergabeprotokoll bestätigt, um den rechtzeitigen und wohlorganisierten Beginn des Schuljahres zu gewährleisten.

c) unter der lokalen Bevölkerung die fehlenden Lehrkräfte finden. Es müssen Personen mit allgemeiner und pädagogischer mittlerer Schulbildung sein, die in der Lage sind, in einer nichtrussischen sowjetischen Schule zu arbeiten. Sie müssen bis zum 15. Oktober den Vorbereitungslehrgang in der Gebietsabteilung für Volksbildung antreten.

d) der örtlichen Bevölkerung die Maßnahmen zur Eröffnung nichtrussischer sowjetischer Schulen für deutsche Kinder erläutern und die Bevölkerung zur praktischen Arbeit bei der Vorbereitung der Schulen für das Schuljahr heranziehen.

2. Der Leiter der Gebietsabteilung für Volksbildung, Genosse Dolgatschow

a) kontrolliert besonders streng die laufenden Vorbereitungen für die Eröffnung der nichtrussischen Schulen in jedem Bezirk;

b) sorgt bis zum 20. Oktober d. J. für die volle Belegung des Vorbereitungslehrgangs für Lehrer nichtrussischer Schulen;
c) sucht Lehrer unter den Lehrgangsteilnehmern aus und entsendet sie bis zum Beginn des Schuljahres in die Bezirke;
d) stellt Unterrichtsprogramme, Lehrbücher, Lehr- und Anschauungsmittel sowie Schreibgerät bereit;
e) löst zusammen mit dem Ministerium für Volksbildung der RSFSR die Frage der Unterrichtsprogramme für den muttersprachlichen Unterrricht (Deutsch) und den Russischunterricht, Geschichte und Geographie sowie die Frage der Entsendung von Direktoren und Schulleitern aus deutschkundigen Russen.
3. Der Leiter der Gebietsfinanzbehörde, Genosse Perewoschtschikow
a) stellt eine reibungslose Finanzierung aller Maßnahmen zur Organisierung nichtrussischer Schulen sicher;
b) finanziert den Lehrervorbereitungslehrgang für nichtrussische Schulen in Höhe 250 000 Rubel laut Finanzplan der Gebietsabteilung für Volksbildung.
4. Der Leiter der Gebietsabteilung für Handel, Genosse Bratschikow
a) übernimmt ab 1. Oktober die Versorgung der Lehrer nichtrussischer Schulen zu gleichen Bedingungen wie aller anderen Lehrer des Gebietes;
b) stellt zwei Mahlzeiten pro Tag für 150 Teilnehmer des Lehrgangs für Lehrer nichtrussischer Schulen zur Verfügung;
c) bittet das Volksbildungsministerium der RSFSR, 150 Schlafdecken, 600 Meter Stoff für Matratzenbezüge und 1200 Meter Stoff für die Bettwäsche für das Wohnheim des Lehrgangs zur Verfügung zu stellen.
5) Mein Stellvertreter, Genosse Kerget I.S., kontrolliert ständig den Verlauf der Organisation der nichtrussischen Schulen des Gebietes.
Leiter der Kaliningrader Gebietsverwaltung
für zivile Angelegenheiten Borissow

Auch bei der deutschen Bevölkerung wurde die Einrichtung der Schulen nicht überall begrüßt. Die Mütter waren nicht immer bereit, ihre Kinder, die eine wichtige Rolle im Kampf ums Überleben spielten, in die Schule zu schicken. Die Kinder »arbeiteten« auf dem schwarzen Markt. Gesetze aus Moskau über die Schulpflicht interessierten nicht. Die Mütter mußten überredet werden, ihre Kinder zum Unterricht zu schicken. Die Lehrer suchten in den Ruinen nach den Behausungen, in denen sie Kinder vermuteten. Lockmittel waren die Lebensmittelkarten, die die Kinder erhielten, und die geheizten Schulräume.

Die Zivilverwaltung redete um das Problem der Kinder auf dem schwarzen Markt herum. Es wurde mit »öffentlicher Ruhestörung durch Kinder und Halbwüchsige« umschrieben. Die Kinder verdienten damit Geld, daß sie sich Zigaretten, Eintrittskarten, Bonbons und alles, was sonst knapp war, beschafften und weiterverkauften. Zigaretten kosteten bei ihnen einen Rubel das Stück. Im strengen Winter 1946/47 nahm der Handel durch die Kinder besonders zu. Für viele Familien war er lebenswichtig, weil die offizielle »gesellschaftlich nützliche« Arbeit wegen des strengen Frostes knapp geworden war. Die Zivilverwaltung unternahm einen ziemlich untauglichen Versuch, diesen Handel zu unterdrücken.

Befehl

des Leiters der Zivilverwaltung des Kaliningrader Gebietes
Betrifft: Maßnahmen zur Bekämpfung der öffentlichen Ruhestörung durch Kinder und Halbwüchsige in den Städten des Kaliningrader Gebietes.
Kaliningrad, den 26. November 1946
Zur Vermeidung der öffentlichen Ruhestörung durch Kinder und Halbwüchsige in den Städten des Kaliningrader Gebiets, gestützt auf § »a« 4 des Beschlusses des Zentralen Exekutivkomitees und des Rates der Volkskommisare der RSFSR vom 30. 03. 1931

befehle ich:

1. Künftig sollen nicht zugelassen werden:
a) die Beschäftigung von Kindern mit Straßenhandel jeder Art, Schuhputzen, dem Weiterkauf von Theaterkarten, Betätigung als Akrobaten, Sänger u. ä. auf den Märkten, in den Straßen, Boulevards usw.
b) Störung der öffentlichen Ruhe durch Kinder (Spiele aller Art, Rollschuhfahren u. ä. an nicht erlaubten Orten, Baden, wo Badeverbot besteht, Schießen mit Zwillen u. ä.).
2. Allen Handelsorganisationen, Restaurants, Bierstuben, Kantinen, Büfetts und Cafés wird verboten, Tabak und Tabakerzeugnisse, Spielkarten, Spirituosen und Bier an Kinder und Halbwüchsige unter 16 Jahren zu verkaufen.
3. Personen, die Verletzungen der Punkte 1 und 2 dieses Befehls durch Kinder und Halbwüchsige verschulden (Eltern, Vormunde, Mitarbeiter von Theatern, Klubhäusern u. ä. sowie Mitarbeiter von Handelsorganisationen und Gaststätten), werden auf dem Verwaltungswege verwarnt oder werden mit einer Geldstrafe bis zu 100 Rubel belegt oder müssen Strafarbeiten bis zu 30 Tagen ableisten.
4. Eltern und Vormunde werden für Flegeleien der Kinder von den Milizorganen zur administrativen Verantwortung nach § 18 des Beschlusses des Rates der Volkskommissare der UdSSR und des ZK der WKP (b) vom 31. Mai 1935 gezogen.
5. Dieser Befehl tritt am Tag seiner Unterzeichnung in Kraft und gilt auf dem Territorium des Kaliningrader Gebietes für die Dauer von einem Jahr.
Leiter der Zivilverwaltung
des Kaliningrader Gebiets Borissow

Eine der Schulen, die tatsächlich den Unterricht aufnahmen, lag in der Luisenallee in der Nähe des Tiergartens in Königsberg. Sie war in einer instandgesetzten früheren Schule untergebracht. Die wichtigsten Fächer waren Deutsch, Rechnen, Russisch und Englisch. Der Russischunterricht begann in der vierten Klasse, der Englischunterricht in der fünften. Außer Russisch wurden alle Fächer von deutschen Lehrern gegeben. Der Unterricht begann mit 330 Kindern. Die Lehrbücher waren in der Sowjetunion gedruckt worden.
Die Schule wurde auch von Kindern aus einem nahegelegenen Waisenhaus besucht. »Sie unterschieden sich von allen anderen, der Ausdruck ihrer Gesichter war starr«, berichtete die Lehrerin Lucy Falk später. »Jeden Morgen das gleiche Bild: Voran ging ein junges Mädchen, die Waisenkinder zu zweit folgten im langen Trupp, kein Kind lief aus der Reihe. In ihren dunklen Flauschmänteln wirkte die wohlgeordnete Kinderschar wie ein Trauerzug. Obwohl den Kindern im Waisenhaus, das unter russischer Leitung stand, nichts abging, kam keine Freude auf. Man warb um die Seele der Kinder, doch vergebens, sie war noch erstarrt. Die Kinder hatten zuviel erlebt, gesehen und auch verloren.« (Kalenderbuch 1968 »Der redliche Ostpreuße«.)
Die Befehle des Genossen Borissow, den Schulbetrieb für die deutschen Kinder in Gang zu bringen, machten bald immer weniger Sinn, denn schon nach wenigen Monaten begannen die Vorbereitungen des Innenministeriums zur Deportation der deutschen Bevölkerung. Mit dem Beginn der Aussiedlung ging auch die Zahl der Schüler zurück. Im März 1948 wurde die deutsche Schule in der Luisenallee, die nun Uliza Komsomolskaja hieß, wie die anderen Schulen aus Mangel an Kindern geschlossen. Fast nur noch arbeitsfähige Deutsche waren in der Stadt zurückgeblieben.

»Gesellschaftlich nützliche« Arbeiter

Im Juni 1947 legte Generalmajor Trofimow aus Kaliningrad dem Moskauer Innenministerium einen detaillierten Bericht über die Deutschen des Gebietes vor. Wahrscheinlich sollten die darin enthaltenen Daten die Grundlage für die Entscheidungen sein, die die Kreml-Führung treffen sollte. Auch er trug den Vermerk »Streng geheim«.

Die Gesamtzahl der deutschen Bevölkerung wurde nun mit 107408 etwas niedriger als im letzten Bericht angegeben. Angesichts der hohen Sterblichkeit konnte das nicht verwundern. Mehr als zwei Drittel lebten auf dem Land, ein Drittel in den Städten Kaliningrad, Sowjetsk und Tschernjachowsk, wie nun die neuen Namen für Königsberg, Tilsit und Insterburg waren. Unter dem Strich stimmen die Zahlen in den letzten Stellen wieder nicht ganz überein, wenn sie addiert werden. Auf Kleinigkeiten kam es wohl nicht an.
Was die Deutschen, die einer »gesellschaftlich nützlichen Arbeit« nachgingen, im einzelnen taten, war bei der Ausgabe von Ausweisen am 1. Oktober 1946 ermittelt worden. Am 21. Juni 1946 hatte die sowjetische Regierung mit dem Beschluß Nummer 1298 die Verwaltung des Königsberger Gebiets angewiesen, noch einmal die gesamte Bevölkerung zu registrieren und den Ortschaften zuzuordnen. An Sowjetbürger sollten dabei Pässe ausgegeben werden, an die deutsche Bevölkerung provisorische Ausweise in russischer und deutscher Sprache. Auch »Pässe« für die Sowjetbürger waren nur im Inland gültige Ausweise.
Bei dieser mit der Ausgabe von Ausweisen verbundenen Registrierung wurden die gerade ausgeübten Beschäftigungen der Deutschen aufgenommen, nicht aber die erlernten oder früheren Berufe. Deshalb ist aus dieser Statistik auch nicht zu ersehen, ob ein früherer Lehrer oder eine Sparkassenangestellte nun unter den Landarbeitern oder den Hilfsarbeiterinnen zu finden war. Auffallend ist die sehr geringe Zahl von Deutschen in gehobenen Positionen. Nur 41 Ingenieure werden aufgelistet, 7 Agronomen oder 17 Tierzüchter. Auch die 82 Traktoristen gehörten schon zu den großen Spezialisten. Dagegen gab es 20782 Landarbeiter und 9278 Hilfsarbeiter. Die hohe Zahl von 2536 Papierarbeitern war auf die Zellstoffabriken in Kaliningrad und mehreren anderen Städten zurückzuführen, die als erste den Betrieb wieder aufgenommen hatten und auch Kriegsgefangene und eine immer größere Zahl von sowjetischen Arbeitern beschäftigten. Der größte Arbeitgeber waren die Streitkräfte. Sie beschäftigten 14000 Deutsche, nahezu alle Landarbeiter auf den Militärsowchosen.
Die Angaben über die Bevölkerungsstruktur waren wichtig, damit Moskau wußte, wie viele Russen oder Angehörige anderer Nationen der Sowjetunion geschickt werden mußten, um wenigstens die Stellen zu besetzen, die bei einer Abschiebung der Deutschen frei wurden.

Inzwischen war die Ausstellung von Ausreisegenehmigungen wieder eingestellt worden, weil die als »umfassende Regelung« bezeichnete Abschiebung zu erwarten war. 1744 Genehmigungen waren bis zum 10. Juni erteilt worden, alle in die Sowjetische Besatzungszone Deutschlands. Die Genehmigung war nicht gleichbedeutend mit der Abreise, denn es gab keine fahrplanmäßigen Züge dorthin. Die Ausreise war nur in Sammeltransporten möglich. Nur 1121 waren bis zum Stichtag auch abgereist. Unter den Deutschen hatte das wieder zu neuer Beunruhigung geführt. Sie glaubten, daß sie nun auf unbestimmte Zeit festgehalten würden und die Ausreise in weite Ferne gerückt war.

Generalmajor Trofimows detaillierter Bericht über die Zahl der Deutschen, ihre Zusammensetzung nach Alter und Geschlecht, ihre Verteilung auf die Städte und das Land, ihre ausgeübten Berufe und ihre Arbeitgeber wurde im Juni nach Moskau übermittelt. Manche dieser Begriffe sind schwer zu verstehen. Die Kommunalarbeiter, die sich so gut wie ganz aus Deutschen zusammensetzten, waren beispielsweise in der Hauptsache Bauarbeiter. Mehrere Hundert waren mit der Instandsetzung der Wasserversorgung und der Kanalisation beschäftigt.

Streng geheim

Innenministerium der UdSSR

Verwaltung des Innenministeriums für das Gebiet Kaliningrad

Kaliningrad, (Datum fehlt) Juni 1947

INFORMATION

Auf dem Territorium des Kaliningrader Gebiets leben 107408 Deutsche, davon: 70408 Personen auf dem Land und 37000 in den Städten, und zwar 34888 in Kaliningrad, 1610 in Sowjetsk, 1382 in Tschernjachowsk.

Von der gesamten deutschen Bevölkerung:

a) Männer – 20800, Frauen – 57135
b) bis zu 16 Jahren 29437
   von 16 bis 25 Jahren 12078
   von 25 bis 50 Jahren 33411
   über 50 Jahren 32346

Nach Berufen (bei der Ausstellung von Pässen per 1. 10. 1946):

1. Papierarbeiter 2536
2. Binnenschiffer 659
3. Holzarbeiter 531
4. Eisenbahnarbeiter 528
5. Metallarbeiter 67
6. Schlosser 632

7.	Dreher	133
8.	Elektriker	428
9.	Fernmeldetechniker	92
10.	Kommunalarbeiter	3332
11.	Lebensmittelarbeiter	2528
12.	Ingenieure	41
13.	Fischer	2669
14.	Hilfsarbeiter	9278
15.	Medizinisches Personal	1712
16.	Angestellte	3028
17.	Landarbeiter	20782
18.	Traktoristen	82
19.	Tierzüchter	17
20.	Agronomen	7

In Betrieben und anderen Einrichtungen des Gebietes gingen 32514 Menschen nach dem Stand vom 1. 5. 1947 einer gesellschaftlich nützlichen Arbeit nach, darunter in Zahlen nach Behörden:

1.	Ministerium für Schiffbauindustrie	500
2.	Ministerium für Transport	450
3.	Ministerium für Seeschiffahrt	150
4.	Ministerium für Binnenschiffahrt	320
5.	Ministerium für Zellulose- und Papierindustrie	2729
6.	Ministerium für Fischindustrie der westlichen Rayons	600
7.	Ministerium für Fleisch- und Milchindustrie	1800
8.	Ministerium für Holzindustrie	1000
9.	Ministerium für Kraftwerke	542
10.	Ministerium für Fernmeldewesen	90
11.	Ministerium für Eisenbahntransport	714
12.	Ministerium für kommunale Wohnungswirtschaft	3650
13.	Ministerium für Lebensmittelindustrie	104
14.	Ministerium für Beschaffung	224
15.	Ministerium für Genußmittelindustrie	224
16.	Ministerium für Handel	629
17.	Ministerium für Gesundheitswesen	2600
18.	Ministerium für Bauwesen der Armee und Flotte	500
19.	Ministerium für Fischindustrie der östlichen Rayons	130
20.	Ministerium für lokale Industrie	718
21.	Ministerium für die Industrie von Baumaterial	240
22.	Militärsowchosen	14000
23.	Verwaltung der Gewerbegenossenschaften	500
24.	Fischereigenossenschaftsverband	100

Ein großer Teil der deutschen Bevölkerung äußert den Wunsch, nach Deutschland auszureisen.

Im Jahre 1947 hat der Strom von Ausreiseanträgen von Deutschen besonders zugenommen.

Bis zum 10. Juni 1947 wurden 6526 solcher Anträge bei den Organen der Miliz der Verwaltung des Innenministeriums eingereicht, von denen 1744 Genehmigungen zur Ausreise in die sowjetische Besatzungszone erteilt wurden.
Von den Antragstellern, die eine Genehmigung erhielten, sind 1121 nach Deutschland ausgereist.
Leiter der Verwaltung des Innenministeriums
im Kaliningrader Gebiet
Generalmajor Trofimow

SED-Familien dürfen ausreisen

Im April 1946 wurde in der sowjetischen Besatzungszone in Deutschland die Sozialistische Einheitspartei Deutschlands gegründet. Sie war unter dem Druck der Besatzungsmacht als eine Vereinigung von Kommunisten und Sozialdemokraten entstanden und wurde von Anfang an von den Kommunisten dominiert. Diese Gründung hatte Auswirkungen auch auf Königsberg. Eine Reihe von Funktionären der SED in der sowjetischen Besatzungszone stammte aus dem Osten und hatte dort enge Familienangehörige und Verwandte zurücklassen müssen, darunter auch in Königsberg. Nachdem der Postverkehr wieder aufgenommen war, bemühten sich sowohl die SED in der sowjetischen Besatzungszone als auch die in Königsberg Zurückgebliebenen um die Ausreise. Sie wandten sich an das Kaliningrader Gebietskomitee der Kommunistischen Partei, das allerdings erst im März 1947 gegründet worden war, als immer mehr Sowjetbürger zuwanderten. Die SED in Berlin benutzte den Weg über die Sowjetische Militäradministration in Deutschland, die den Ausreisewunsch unterstützte. Für die Königsberger Verwandten von führenden Mitgliedern anderer Parteien, die in der sowjetischen Besatzungszone zugelassen waren, setzte sich die Militäradministration nicht ein.
Die Angelegenheit lief zunächst auf einer nicht besonders hohen Ebene zwischen sowjetischen Stellen in Berlin und in Kaliningrad. Die ersten Kontakte darüber gab es zu Beginn des Jahres 1947. Bald danach wechselte die Leitung des MWD in Kaliningrad. Der bisherige Chef, Generalmajor Trofimow, wurde Ende Juni 1947 abberufen und durch Generalmajor Djomin ersetzt. Der neue MWD-Chef in Kaliningrad wollte die Entscheidung nicht übernehmen. Inzwi-

schen hatten sowieso die geheimen Überlegungen begonnen, alle Deutschen auszuweisen. Djomin wandte sich an Generaloberst Serow, den stellvertretenden Innenminister in Moskau, der die Sache an Generaloberst Kruglow, den Minister selbst, weiterschob. Aber auch der holte sich Rückendeckung und ließ Wjatscheslaw Molotow entscheiden, der nicht nur Außenminister, sondern auch Erster Stellvertretender Ministerpräsident war und als Vertreter Stalins die normalen Regierungsgeschäfte leitete. Für die Entscheidung über die Ausreise von zuletzt 265 Angehörigen kommunistischer Funktionäre und 300 vorübergehend ausgeliehenen Fachleuten aus der britischen Zone mußte die Spitze der sowjetischen Führung bemüht werden.

Für Mitteilungen, die schnell übermittelt werden sollten, gab es das interne Telefonnetz der Armee und der Regierung, das die ganze Sowjetunion umspannte. Die russische Abkürzung hieß »WTsch« und bedeutete »Hochfrequenz«. Hochfrequenzverbindungen galten als besonders abhörsicher. Damit wurde ein Sondernetz mit einer begrenzten Anzahl von Anschlüssen eingerichtet. Heute bestehen nur noch Hochfrequenzverbindungen, der Begriff für das Sondernetz aber blieb bestehen. Er bezog sich auf das sogenannte »Regierungstelefon«. Dieses Netz war mit besonderen Telefonapparaten mit dem Sowjetwappen auf der Wählscheibe ausgestattet. Die Bezeichnung »WTsch« (entsprechende deutsche Abkürzung HF) wurde meist bei der Armee und auch bei den Sicherheitsdiensten wie dem Innenministerium MWD benutzt. Berichte, die so übermittelt wurden, trugen ganz oben den Vermerk »Aufgenommen durch HF« und am Schluß die Namen, wer den Bericht aufgegeben und wer ihn aufgenommen hatte. Meistens waren es Sekretärinnen. Im Zivilbereich wurde von »Kreml-Telefon« gesprochen oder auch von der »Wertuschka«, einem Kurbeltelefon. Das war nicht ganz korrekt und erinnerte noch an die Zeit Lenins. Außer diesem Netz existierte noch ein weiteres mit einem viel enger gezogenen Kreis von Berechtigten. Daran waren das Politbüro und das Zentralkomitee der Partei, die Gebietsparteichefs, die oberste Armeeführung und die Spitze des Staatsicherheitsdienstes angeschlossen.

Über das HF-Telefon richtete Djomin seine Anfrage an Moskau. Von Angehörigen von SED-Funktionären war darin mit keinem Wort die Rede. Djomins Anfrage hatte folgenden Wortlaut:

Aufgenommen durch HF

An den Stellvertretenden Innenminister
der UdSSR
Generaloberst Genossen Serow I. A.

Der Chef der Verwaltung der Kommandantur der Sowjetischen Militäradministration in Deutschland SMAD, Generalmajor Gorochow, hat sich an uns mit der Bitte um Umsiedlung von 292 Deutschen aus dem Gebiet Kaliningrad nach Deutschland gewandt.

Genosse Gorochow weist darauf hin, daß die Umsiedlung dieser Deutschen von der deutschen Zentralverwaltung beantragt wurde. Die Kommandantur ist bereit, die genannten Deutschen anzunehmen, falls sie wohl organisiert, mit entsprechenden Personalpapieren und Passierscheinen in die Stadt Brandenburg geschickt werden.

Ich bitte um Ihre Weisung über die mögliche Umsiedlung der genannten Deutschen.

Chef der Verwaltung des Innenministeriums für das Gebiet Kaliningrad
Djomin
17. Juli 1947

Da offensichtlich in der Angelegenheit nichts geschah, wandte Djomin sich direkt an den Innenminister Generaloberst Kruglow. Er verwies darauf, daß es sich dabei um 108 Familien leitender SED-Funktionäre handelte. Der Unterschied zu den 292 Deutschen, die in der Mitteilung an Serow vom Juli erwähnt wurden, liegt darin, daß einmal von Familien und dann von der Zahl aller Familienmitglieder ausgegangen wurde. Außerdem verwies er darauf, daß auch Oberst Tulpanow, der Leiter der Informationsabteilung der Sowjetischen Militäradministration in Deutschland, sich mit einer gleichen Bitte an die Kaliningrader Parteiführung gewandt hatte. Oberst Tulpanow war trotz seines verhältnismäßig niedrigen militärischen Ranges eine der wichtigsten politischen Persönlichkeiten der sowjetischen Besatzungsmacht. Außerdem wünschte Djomin auch eine Entscheidung, was denn mit den 300 deutschen Fachleuten bei der Flotte in Pillau geschehen sollte.

Streng geheim
Innenministerium der UdSSR
Verwaltung für das Gebiet Kaliningrad
Kaliningrad, den 3. September 1947
An den Innenminister der UdSSR
Generaloberst Genossen Kruglow S. N.

Anfang Juli 1947 kam über die Kommandantur der Sowjetischen Militäradministration in Deutschland (SMAD) ein Antrag des Zentralsekretariats der SED mit der Bitte um Ausreisegenehmigungen aus dem Gebiet Kaliningrad in die Sowjetische Besatzungszone Deutschlands für 108 Familien leitender Funktionäre der SED.

Da die Ausgabe von Genehmigungen zum Verlassen des Gebietes Kaliningrad an Deutsche eingestellt wurde, erteilten wir den Familien der SED-Funktionäre keine Genehmigungen.

Der Leiter der Informationsabteilung der SMAD, Oberst Tulpanow, hat sich mit einer entsprechenden Bitte auch an das Kaliningrader Gebietskomitee der WKP(b) gewandt.

Das Gebietskomitee der WKP(b) unterstützt die Bitte des Leiters der Informationsabteilung der SMAD und besteht auf der Ausgabe von Ausreisegenehmigungen nach Deutschland für die genannten Deutschen.

Der Militärrat der 4. Flotte der Kriegsmarine hat inzwischen beim Gebietskomitee der WKP(b) und der Verwaltung des Innenministeriums die Übersiedlung von 300 deutschen Spezialisten beantragt, die 1946 aus der englischen Besatzungszone Deutschlands gekommen sind. Diese Deutschen waren im Auftrag des Flottenkommandos zu Vertragsarbeiten auf Schwimmkränen in die Stadt Baltijsk (Pillau) gekommen. Sie wurden vom Kommando durch russische Arbeiter ersetzt in dem Maße, in dem diese sich mit der Technik der Schwimmkräne vertraut gemacht hatten. Nach Ablauf der Vertragszeit müssen die Deutschen nach Deutschland zurückkehren.

Das Flottenkommando stellt Transportmittel für die Beförderung dieser Deutschen nach Deutschland. Die Verwaltung des Inneren bittet darum, die Frage der Genehmigung zum Grenzübertritt für sie zu entscheiden.

Das Gebietskomitee der WKP(b) unterstützt den Antrag des Flottenkommandos und bittet um eine schnelle Entscheidung in dieser Frage, weil die Anwesenheit der erwähnten Deutschen in den Grenzen der Stadt Baltijsk, einem bedeutenden Marinestützpunkt, äußerst unerwünscht ist.

Ich bitte um ihre diesbezügliche Weisung.

Leiter der Verwaltung des Innenministeriums
für das Gebiet Kaliningrad
Generalmajor Djomin

Kruglow schob die Angelegenheit weiter. Er schickte ein Schreiben mit gleichem Inhalt und dem Vermerk »Streng geheim« an Molotow.

Molotow genehmigte die Ausreise. Die Genehmigungen sprachen sich unter den Deutschen offensichtlich sofort herum und erweckten neue Hoffnungen unter ihnen auf eine baldige Ausreise. Solche Nachrichten und Gerüchte verbreiteten sich mit rasender Geschwindigkeit. Sofort setzte eine neue Flut von Ausreiseanträgen ein. Kaliningrad meldete das nach Moskau, und der Innenminister reichte die Berichte wieder an Molotow weiter.

Geheim
Genossen Molotow W. M.
In Ergänzung unseres Schreibens vom 13. September dieses Jahres bezüglich der Aussiedlung von 108 Familien leitender Funktionäre der SED in die Sowjetische Besatzungszone Deutschlands und 300 Deutschen aus der Stadt Baltijsk teile ich Ihnen mit:
In Verbindung mit den Anträgen von Deutschen, die in der Sowjetischen Besatzungszone Deutschlands leben, und auf Grund des Schreibens des Innenministeriums der UdSSR vom 31. Januar diesen Jahres wurde von Ihnen die Zustimmung erteilt, die Aussiedlung der deutschen Familien aus dem Gebiet Kaliningrad zu ihren Verwandten in der Sowjetischen Besatzungszone Deutschlands zu genehmigen. Das Innenministerium hatte Ihnen von 90 Anträgen von Deutschen auf Aussiedlung von 215 Familienangehörigen berichtet.
In Erfüllung Ihrer Entscheidung wurden Genehmigungen für die Aussiedlung von insgesamt 265 Personen ausgegeben.
In der folgenden Zeit trafen massenweise Anträge von Deutschen mit der Bitte ein, sie im Rahmen der Familienzusammenführung wegen der materiellen Lebensumstände und aus anderen Gründen ausreisen zu lassen.
Das Innenministerium der UdSSR richtete entsprechende Berichte zu Ihren Händen an den Ministerrat der UdSSR am 30. Mai dieses Jahres. Die Verwaltung des Innenministeriums des Gebietes Kaliningrad wurde angewiesen, bis zur grundsätzlichen Entscheidung keine Ausreisegenehmigungen zu erteilen.
Minister des Inneren der UdSSR
Für die Richtigkeit: (Unterschrift) (S. Kruglow)
18. 09. 47

Während die Deutschen im Gebiet von Kaliningrad glaubten, sie seien völlig der Willkür untergeordneter MWD-Offiziere ausgeliefert, beschäftigte sich die sowjetische Führung über viele Monate hinweg mit ihrer Zukunft und bereitete die »grundsätzliche Entscheidung« vor. Sie wurde lange und gründlich vorbereitet.

Vierte Geschichtsstunde: Russen und Preußen

Neusiedler, die aus Rußland in das Königsberger Gebiet kamen, wußten nicht, daß hier Russen und Preußen mehrfach gemeinsame Geschichte gemacht und erlebt haben, daß hier die Interessen beider Seiten aufeinander getroffen waren, im guten wie im schlechten. Sie wußten auch nicht, daß Königsberg schon einmal für ein paar Jahre russisch war, und zwar freiwillig. In sowjetischen Geschichtsbüchern stand so etwas nicht. Aber vielleicht wäre es nützlich gewesen, sich daran zu erinnern, als die Ausweisung aller hier lebenden Deutschen in Angriff genommen wurde.

Preußen wurde zwar 1466 durch den Zweiten Thorner Frieden von den polnischen Königen abhängig, aber für kurze Zeit war es auch ein schwedisches Lehen. Als 1655 der schwedische König Karl X. Gustav in Polen einfiel und bis nach Krakau vormarschierte, kam der preußische Herzog, brandenburgische Kurfürst und polnische Vasall Friedrich Wilhelm, der später als der »Große Kurfürst« bekannt wurde, in beträchtliche Bedrängnis. Er mußte das Herzogtum Preußen nun als schwedisches Lehen nehmen. Als sich das Kriegsglück gegen den schwedischen König wandte, sicherte dieser Preußen vertraglich die Souveränität zu, um es auf seiner Seite zu halten. Friedrich Wilhelm gelang in dieser schwierigen Zeit ein diplomatisches Kunststück. Auch Polen erkannte die preußische Souveränität an und die preußischen Herzöge brauchten keinem König mehr den Vasalleneid zu leisten.

Die kurze Abhängigkeit von Schweden kam Preußen allerdings teuer zu stehen. Im Oktober 1656 fielen mit den Polen verbündete Tataren tief in den Süden Preußens ein und brannten 13 Städte, 245 Dörfer und 37 Kirchen nieder. Sie töteten 23 000 Menschen und verschleppten 34 000 in die Gefangenschaft. Flüchtlinge ohne jegliche Habe zogen in Richtung auf Königsberg. Dort breitete sich Entsetzen aus, aber nicht nur vor den Greueln des Krieges: Die Königsberger fürchteten, daß die Flüchtlinge auch die Pest einschleppen könnten. »Tatare« war noch Jahrhunderte später ein Schreckenswort in Ostpreußen, und in keinem Schulbuch fehlte eine Geschichte über diese Zeit. Die Furcht vor den Einfällen aus dem Osten saß in Preußen tief. Menschen auf der Flucht hatte Königsberg nicht nur 1945 gesehen.

Im Mai 1697 wurde von Friedrich III., dem Sohn des Großen

Kurfürsten, in Königsberg eine »Große Moskowitische Ambassade« empfangen, zu der incognito auch Zar Peter I. gehörte. Die Russen entpuppten sich als trinkfeste Gäste. Größere Auswirkungen hatte dieser Besuch nicht. Die Russen hatten allerdings schon früher erkennen lassen, daß sie am liebsten Preußen zu einem russischen Lehen gemacht hätten.

In den Jahren 1713 und 1714 schlossen die Russen mit dem nunmehrigen preußischen König, damals war es der als »Soldatenkönig« bezeichnete Friedrich Wilhelm I., zwei gegen Schweden gerichtete Vereinbarungen, die verblüffend an das Geheime Zusatzprotokoll des Hitler-Stalin-Paktes von 1939 erinnern. Nur damals wurde statt polnischem Besitz schwedischer aufgeteilt. In den Geheimvereinbarungen teilten Rußland und Preußen die Ländereien untereinander auf, die an der Ostseeküste noch in schwedischem Besitz waren. In der ersten wurde dem König Vorpommern mit Stettin zugesichert, dessen Besitz er schon lange angestrebt hatte. In der zweiten unterstützte der König die Ansprüche des Zaren auf Ingermanland. Das war die Gegend rund um die neue Hauptstadt St. Petersburg, die der Zar auf ihm gar nicht gehörenden Grund an der Mündung des Flusses Newa errichten ließ. Ingermanland war das Gebiet zwischen Peipussee, Ilmensee und Ladogasee. Dazu gehörten auch die Städte Wiborg und Narwa. Weiterhin beanspruchte der Zar Estland und Karelien und bekundete sein Interesse an Livland.

Im Jahre 1718 machte Zar Peter mit großem Gefolge wieder einen Besuch beim preußischen König Friedrich Wilhelm, diesmal in Berlin. Da den Russen ein schlimmer Ruf vorausging, ließ die Königin aus den vorgesehenen Quartieren alles überflüssige Mobiliar und alle zerbrechlichen Gegenstände in Sicherheit bringen. Die Russen kamen zu Schiff über die Spree zum Schloß Monbijou, das Eosander von Göthe, neben Schlüter einer der großen Baumeister Berlins, 1703 errichtet hatte. »Mongbischu« – den Berlinern ging das Französische seit dem Einzug von Tausenden Hugenotten-Flüchtlingen leicht über die Lippen – heißt »Mein Kleinod«. Da legte der Zar also an. Er trug eine Kluft, die an einen Matrosenanzug erinnerte. Er umarmte die Königin und wollte sie nach russischer Sitte abküssen. Bei Tisch saß der Zar natürlich neben der Königin. Er fuchtelte so mit dem Messer herum, daß die Monarchin es mit der Angst zu tun bekam. Der Zar beruhigte sie und versicherte ihr, daß sie keine Angst zu haben brauche. Dafür nahm er ihre Hand und drückte sie so heftig, daß Majestät vor Schmerz aufschrie. Der Zar lachte und meinte, seine Zarin sei so zart nicht. Als die Russen nach vier Tagen abzogen, war in Monbijou ein Schaden von 6000 Talern zu beheben. Im Frieden von Nystad, den Rußland 1721 mit Schweden zur Beendigung des letzten Nordischen Krieges schloß, erhielten die Russen das, was ihnen schon der preußische König zugesichert hatte. Den Deutschen im Baltikum wurden politische Sonderrechte zugebilligt, die dazu führten, daß die »baltischen Barone« als Minister und Generäle der Zaren eine führende Rolle in Rußland spielen konnten.

Zum nächsten bedeutsamen Zusammentreffen zwischen Preußen, Königsberg und Rußland kam es im Siebenjährigen Krieg, der 1756 begann. Friedrich II., den viele Geschichtsschreiber später als »Friedrich den Großen« oder der Volksmund als den »Alten Fritz« bezeichneten, hatte diesen Krieg begonnen, an dem die Historiker immer noch herumdeuteln, ob er ein Präventivschlag oder doch nur ein Angriffskrieg war. Friedrich, der Frauenfeind, hatte in diesem Krieg zunächst drei Frauen gegen sich: Die Habsburgerin Maria Theresia, Jeanne Antoinette Poisson, die besser als Madame de Pompadour und Mätresse des französischen Königs Ludiwg XV. bekannt war, und Zarin Elisabeth von Rußland, die sich von Friedrich persönlich beleidigt gefühlt hatte. Er hatte sie als eine »mannstolle Branntweintrinkerin« und als »Drachen« bezeichnet.

Friedrich begann seinen Feldzug mit einem Schlag gegen Sachsen, sah sich aber plötzlich einem Zweifrontenkrieg gegenüber. Zarin Elisabeth setzte ihre Armee unter dem Oberbefehl von Feldmarschall Stepan Apraksin in Richtung auf Preußen in Marsch. An diesem Feldzug nahm als junger Leutnant des Infanterieregiments Ingermanland Aleksandr Suworow teil, der später zum ruhmreichen Oberbefehlshaber der russischen Armee aufstieg und nach dem die Sowjets einen ihrer höchsten militärischen Orden benannten, als sie im Zweiten Weltkrieg die vaterländische Geschichte wiederentdeckten.

In einer russischen Suworow-Biographie heißt es über die Armee, die zunächst gegen das preußische Memel vorrückte: »Jeder adlige Offizier hatte einen Zug von etwa einem Dutzend Bagagewagen mit seinen persönlichen Sachen. Apraksin, der Oberbefehlshaber, hatte sogar ein paar Hundert.«

Auch auf preußischer Seite schleppten die Offiziere mit, was ihnen zu persönlicher Bequemlichkeit unentbehrlich erschien. Bei den Preußen wurden den Kompanieführern ein Wagen und zwei Reitpferde zugebilligt. Ein Leutnant mußte mit einem Reitpferd und einem

Packpferd auskommen. Ein Kompanieführer war nicht nur Soldat, sondern gleichzeitig eine Art Unternehmer. Die Kompanie war nicht nur eine Kampf-, sondern auch eine Wirtschaftseinheit, die der König pauschal bezahlte. Davon konnte der Offizier gut etwas zur Seite legen. Die höheren preußischen Offiziere reisten zwar nicht so aufwendig wie der russische Feldmarschall Apraksin, aber mit einem Packwagen kamen sie auch nicht aus.

Apraksin rückte also mit seinem Heer gegen Preußen vor. Rußland verfügte zu dieser Zeit über 128000 Mann, von denen 97000 zur »Linie« gehörten und somit an der Front eingesetzt werden konnten. Außerdem besaßen die Russen 250 Geschütze und weitere 63 Belagerungskanonen, die aber schwer zu transportieren waren. Preußen hatte 180000 Mann, darunter einen erheblichen Teil Kavallerie. Aber der Osten war fast entblößt.

König Friedrich hatte seinem Feldmarschall von Lehwaldt auf dem östlichen Kriegsschauplatz den Auftrag erteilt, die Russen zu besiegen, den polnischen Teil Preußens zu annektieren, der immer noch Königsberg und Berlin trennte, und mit den Russen einen Waffenstillstand zu schließen. Der Krieg verlief jedoch ganz anders.

In der schon erwähnten Suworow-Biographie wurden die preußischen Soldaten so beschrieben: »Die preußische Armee bestand weitgehend aus Söldnern und zum Dienst gepreßten Leuten aus verschiedenen Ländern, aus Abenteurern und Vagabunden, viele waren unter dem Einfluß von Alkohol angeworben worden. Diese ungleiche Masse von Söldnern hatte sich strengster und grausamster Disziplin unterzuordnen. Die preußische Armee wurde durch schier unmenschliche Strafen zusammengehalten, die für die leichtesten Vergehen verhängt wurden. Trotzdem wurde jeder Rückzug der Armee von umfangreichen Desertionen begleitet. Wieder ergriffenen Deserteuren wurden Ohren und Nasen abgeschnitten. Viele so zugerichtete Männer kamen in die russischen Lager. Wenn die preußische Armee durch einen Wald oder ein nicht abgeerntetes Getreidefeld marschierte, wurden Wachen an der Marschroute aufgestellt, um eine Flucht der Soldaten zu verhindern.«

Diese Beschreibung scheint der Wahrheit nahezukommen. Denn als Friedrich sich im Zweiten Schlesischen Krieg aus Böhmen zurückzog, hatte er allein über 15000 Deserteure abzuschreiben.

Anfang Juli 1757 standen die Russen endlich vor den Toren von Memel. Zu ihnen gehörten auch Finnen, Esten und Letten. Unter den russischen Offizieren waren viele adlige Deutsche aus Livland, deren

Vorfahren mit den Schwertbrüdern und dem Deutschen Orden ins Land gekommen waren. Den russischen Vorstoß auf Memel führte General Willim Fermor. Geboren wurde er als William Fermor in England, war 1720 im Alter von 19 Jahren in russische Dienste getreten und hatte an den Kriegen gegen Türken und Schweden teilgenommen.

Am 6. Juli übergab der preußische Kommandant die Stadt. Er wurde deswegen nicht von seinem König mit dem Tode bestraft, wie es Hitler mit General Lasch in Königsberg tat. Am 1. August setzten die Russen den Vormarsch fort, am 5. August besetzten sie Gumbinnen und am 11. August Insterburg. Das waren Namen von Städten, um die auch im Ersten und im Zweiten Weltkrieg erbittert gekämpft wurde. Dann rückten die Russen weiter nach Westen auf Königsberg vor.

Östlich von Insterburg bei Groß-Jägersdorf traf Apraksins russische Armee am 30. August auf die Preußen unter Feldmarschall Lehwaldt. Das Schlachtfeld war eine flache Gegend, im Süden und Westen von Wald umschlossen. Innerhalb kurzer Zeit zogen sich die Preußen auf der ganzen Front zurück, zunächst in guter Ordnung und dann in völliger Auflösung. Von preußischen Chronisten wurde die Schlacht dennoch gelegentlich als Sieg dargestellt, da Apraksin sich nämlich aus scheinbar unerklärlichen Gründen plötzlich nach Kurland zurückgezogen hatte. Der unglückliche Apraksin hatte einem Gerücht über den Tod der Zarin Elisabeth geglaubt, verlor deswegen nicht nur seinen Posten, sondern wurde auch in Festungshaft genommen und starb ein Jahr später. Feldmarschall Lehwaldt wird kaum an seinen Sieg geglaubt haben. Er zog sich aus dem östlichen Preußen zurück und räumte Anfang Januar 1758 auch Königsberg.

Bald standen die Russen vor Königsberg. Ihr Oberbefehlshaber war nun Feldmarschall Fermor, der Engländer in russischen Diensten. Welch ein Unterschied zu 1945: Die Königsberger waren froh, als endlich die Russen einzogen, die auch das ganze östliche Preußen besetzten. Sie begrüßten sie mit dem Geläut der Glocken. Die Russen zogen mit den Klängen von Marschmusik ein. Da wurde nicht geplündert, da mußten nicht die Frauen und Töchter versteckt werden. Ausgerechnet am Geburtstag von König Friedrich, am 24. Januar 1758, huldigten die Königsberger der russischen Zarin Elisabeth. Aus Preußen wurden freiwillig russische Untertane. Die Königsberger Münze prägte nun Geld mit dem Namen der Zarin statt des Königs, und der Drucker und Verleger Hartung führte im Kopf seiner Zeitung nicht den preußischen Adler, sondern den russischen. Er hatte unter der preußischen Zensur zu leiden gehabt.

Bei den Russen ging alles lockerer zu als unter den geizigen preußischen Königen. Die Russen ließen dem Leben freien Lauf. Ihre Offiziere liebten fröhliche Feste. Königsberg spürte einen Hauch von St. Petersburg. Während sich in den übrigen Ländereien des Königs Friedrich die Wirtschaft unter der Last des Krieges dem Kollaps näherte, profitierte Königsberg unter der neuen Öffnung nach Osten. Allerdings: Die Königsberger waren als russische Untertane auch nicht besonders glücklich. Die russische Obrigkeit war in einem Punkt nicht anders als die preußische: Auch sie verlangte alle Arten von Steuern und Kontributionen.

Königsbergs erste russische Zeit ging 1762 abrupt zu Ende, als Zarin Elisabeth starb und sich die ganze politische Konstellation in dem vom Siebenjährigen Krieg rundum erschöpften Europa von einem Tag auf den anderen änderte. Elisabeths Nachfolger wurde der Friedrich-Bewunderer Peter III., den seine Frau Katharina, die mit 16 Jahren als preußische Generalstochter und Prinzessin von Anhalt-Zerbst nach Rußland verheiratet worden war, ermorden ließ. Für Friedrich war der Tod der Zarin Elisabeth die Rettung. Rußland schied aus dem Kreis der Kriegsgegner aus.

Die preußischen Beamten und Offiziere kehrten nach Königsberg und in die anderen russisch gewordenen Städten und Kreise in Ostpreußen zurück. König Friedrich verzieh den Königsbergern nie, daß sie der Zarin Elisabeth gehuldigt hatten. Er setzte nie wieder einen Fuß von Brandenburg ins östliche Preußen. Dabei hatte er sehr wenig getan, um den Osten zu verteidigen. Als das Glück ihn im Siebenjährigen Krieg verlassen zu haben schien, entwarf Friedrich sogar einen Plan, der durch die Preisgabe Preußens die Russen aus dem Kreis der Gegner heraushalten sollte. 1757 dachte er daran, jenes Preußen, das später als Ostpreußen bezeichnet wurde, den Russen abzutreten. Aber die Russen nahmen es sich selbst und dachten damals nicht daran, aus der Koalition gegen Friedrich auszuscheiden.

Preußen und Rußland betrieben nach dem Tod der Zarin Elisabeth eine gemeinsame Politik, deren Opfer Polen wurde. Diese Politik, an der sich auch Österreich beteiligte, hatte Auswirkungen bis in die Gegenwart. Polen war durch innere Streitereien nahezu unregierbar geworden. 1772 bei der ersten Teilung Polens erhielt Friedrich das

»königliche Preußen« ohne Danzig, Thorn und Graudenz von Polen zurück. Bei der zweiten Teilung kamen 1793 unter König Friedrich Wilhelm II. auch die restlichen Städte dazu. Bei der dritten Teilung im Jahre 1795 fielen an Preußen noch rein polnische Gebiete, deren Verwaltung niemals gelang.

Bei der ersten und der zweiten polnischen Teilung wird meistens übersehen, daß dadurch wieder die Einheit des 300 Jahre lang geteilten Preußens hergestellt wurde. Diese Teilung hat länger gedauert als die polnischen Teilungen. Zwischen dem »Preußen königlichen Anteils« und dem Herzogtum Preußen gab es trotzdem keinen Eisernen Vorhang, sondern immer enge Verbindungen. Beide Landtage arbeiteten lange zusammen. Vertreter des Landtags des Herzogtums nahmen bis zum Jahre 1612 an vielen Sitzungen des Landtags im polnischen »königlichen Preußen« teil. Ein weiteres Bindeglied war die Königsberger Universität. Sie war eine evangelische Hochschule. Im polnischen »königlichen Preußen« war die wohlhabende Stadtbevölkerung überwiegend deutsch und protestantisch. Sie schickte ihre Söhne zum Studium nach Königsberg.

Mit dem Betrieb einer heutigen Hochschule war die damalige Königsberger Universität allerdings nicht zu vergleichen. Einem »Adres-Calender vom Königreich Preußen auf das Jahr 1784« ist zu entnehmen, daß die Universität die vier klassischen Fakultäten Theologie, Jura, Medizin und Philosophie mit insgesamt 18 Professoren und sechs Privatdozenten umfaßte. Sie hatte damit nicht mehr Lehrkräfte als heute ein kleines Gymnasium in einer Kreisstadt. Die meisten Professoren hatten noch einen zweiten Beruf. Die Theologen waren Konsistorialräte oder Oberhofprediger am Dom. Bei den Juristen fanden sich die Zweitberufe Kriminalrat und Bibliothekar. Bei den Medizinern waren als weitere Berufe Stadt- und Samländischer Physikus (etwa Stadt- und Kreisamtsarzt) oder Hofapotheker angegeben. Die Philosophen betreuten als Bibliothekare nebenbei die Schloß- und die Ratsbibliothek.

Von den 18 Professoren der Königsberger Universität des Jahres 1784 ist nur noch ein Name bekannt. Es ist der Professor für Logik und Metaphysik Immanuel Kant, von dem es noch hieß: »Wohnet auf dem Ochsenmarkt.« Er hatte keinen zweiten Beruf.

Die nächste bedeutende russisch-preußische Berührung mit weitreichenden Folgen für ganz Europa war die Demütigung Preußens durch Napoleon, der Zusammenbruch des preußischen Staates, das mehrjährige Asyl des aus Berlin geflüchteten Königspaares in Kö-

nigsberg und Memel, Napoleons Angriff auf Rußland, seine vernichtende Niederlage, die führende Rolle preußischer Patrioten in Königsberg und ihre Unterstützung durch Rußland bei der Erhebung gegen Napoleon.
Preußen hatte zunächst vergeblich versucht, sich aus der Auseinandersetzung zwischen Frankreich einerseits und Österreich und Rußland andererseits herauszuhalten. Preußen sollte als Mittler Frankreich zum Rückzug aus Deutschland und anderen europäischen Staaten bewegen und bei einem Mißlingen an der Seite Österreichs und Rußlands in den Krieg eintreten. Zur Vermittlung kam es nicht mehr, weil Napoleon Österreichern und Russen 1805 bei Austerlitz eine schwere Niederlage beibrachte. 1806 wurden die Preußen bei Jena und Auerstedt geschlagen. Das preußische Heer und der Staat brachen zusammen, das Königspaar floh nach Königsberg, wo es am 9. Dezember 1806 eintraf, und reiste bald darauf, weil auch Königsberg nicht mehr vor den Franzosen sicher erschien, im tiefsten Winter weiter nach Memel. Preußischer König war Friedrich Wilhelm III., seine Frau war Luise aus dem Hause Mecklenburg-Strelitz, die wie keine andere vom Volk verehrt und geliebt wurde. Am 8. Februar konnten die Russen zwar bei Preußisch Eylau, ungefähr 40 Kilometer südlich von Königsberg eine Schlacht gegen Napoleon gewinnen – sie wurden dabei von einem preußischen Hilfskorps unterstützt –, aber die Russen versäumten es, den Sieg auszunutzen. Während der König längere Zeit mit dem Zaren Alexander in der Gegend von Memel zusammen war, kehrte Königin Luise nach Königsberg zurück. Aber sie mußte bald wieder nach Memel fliehen, weil die Franzosen die Russen nun bei Friedland, ebenfalls nur ungefähr 40 Kilometer von Königsberg entfernt, schlugen und dann auch Königsberg besetzten. Im Gebiet des späteren Ostpreußens operierte eine gewaltige napoleonische Armee von ungefähr 600000 Mann, die sich aus dem Land ernährten und es so aussaugten, daß die Folgen noch nach Jahrzehnten nicht überwunden waren.
In Tilsit verhandelten Preußen, Russen und Franzosen. Die Berater des preußischen Königs verfielen auf die Idee, bei den Verhandlungen die einzige Waffe einzusetzen, über die sie noch verfügten – den Charme der Königin Luise. Sie haßte Napoleon, aber sie machte sich doch zu einem Opfergang von Memel nach Tilsit auf, um ihn zu überreden, den Bestand Preußens zu erhalten. Sie hatte keinen Erfolg. Der König, vom russischen Zaren im Stich gelassen, mußte

im Tilsiter Frieden auf alle Gebiete westlich der Elbe und in Polen verzichten.

Napoleon wollte England in die Knie zwingen und dazu den ganzen europäischen Kontinent fest im Griff haben. Auch Rußland mußte an Frankreich gebunden sein. Preußen sollte schwach und französisch besetzt sein und hohe Kontributionen zahlen, deren Höhe noch nicht einmal festgesetzt war.

Das preußische Königspaar, immer noch im Asyl, siedelte im Januar 1808 von Memel nach Königsberg über und kehrte erst einen Tag vor dem Heiligen Abend des nächsten Jahres unter dem Jubel der Bevölkerung nach Berlin zurück.

Als Rußland aus der Kontinentalsperre gegen England aus wirtschaftlichen Gründen ausschied, war Napoleon zum Angriff gegen das Zarenreich entschlossen. Preußen wurde im Februar 1812 zu einem Vertrag gezwungen, in dem es sich verpflichten mußte, im Falle eines Krieges gegen Rußland ein Hilfskorps zu stellen. Zu diesem Zeitpunkt waren Napoleons Vorbereitungen bereits in vollem Gange. Ostpreußen war das Hauptaufmarschgebiet. Napoleons »Große Armee« standen an die 600000 Mann und 1146 Geschütze zum Einmarsch in Rußland zur Verfügung. Dazu gehörten Truppen aus vielen unterworfenen europäischen Ländern, so das preußische Hilfskorps, Österreicher, Bayern, Württemberger, Sachsen, Westfalen und Soldaten aus anderen in den Rheinbund gezwungenen deutschen Kleinstaaten.

Die Parallelen der Geschichte sind verblüffend. So wie Napoleon Rußland angriff und den Plan zur Niederwerfung Englands aufschob, handelte auch Hitler. So wie Napoleon am 22. Juni 1812 Rußland, griff Hitler am 22. Juni 1941 die Sowjetunion an. Beide scheiterten schon im ersten Winter in oder vor Moskau.

Während der preußische König Friedrich Wilhelm III. sich Napoleon beugte, hatte die preußische Opposition Zuflucht in Rußland gesucht und gefunden. Ihr Führer war Heinrich Friedrich Karl Freiherr vom und zum Stein, eigentlich kein Preuße. Er stammte aus Nassau an der Lahn. Als preußischer Minister zerstritt er sich nach dem Zusammenbruch des Staates mit dem König und wurde entlassen. Im Mai 1812 ging er auf Einladung von Zar Alexander I. nach Petersburg. In Rußland hatten auch der Major im Generalstab Karl von Clausewitz Zuflucht gefunden. Er trat 1812 in das russische Heer ein. Stein berief nach Petersburg Ernst Moritz Arndt, der dort eine große Anzahl politischer Flugschriften verfaßte.

Außerdem war eine beträchtliche Zahl von deutschen Offizieren und Soldaten nach Rußland geflüchtet. Die meisten von ihnen waren Preußen. Entweder waren sie in die russische Armee eingetreten oder beteiligten sich in Petersburg an der Bildung einer Deutschen Legion, die aus ehemaligen Gefangenen, Überläufern und Freiwilligen bestand. Im Frühjahr 1813 zählte die Legion mehr als 4000 Mann. Die Uniform bestand aus einem grünen Rock mit roten Aufschlägen an Ärmeln und Rockschößen, einem hohen roten Kragen, weißen Hosen und einem russischen Infanterietschako.

Als Napoleon Moskau erreicht hatte, verließen die Menschen die Stadt und zündeten die Holzhäuser an. Der russische Generalgouverneur der Stadt, Graf Fjodor Rostoptschin, richtete einen Aufruf an die Russen, der dem von Stalin ähnlich war: »Vertilgt das ausländische Ungeziefer und übergebt die Leichname den Wölfen und den Raben!«

Nachdem Napoleons Armee geschlagen war und die Reste völlig demoralisiert sich der preußischen Grenze näherten, wurden sie im Norden vom russischen Wittgensteinschen Korps verfolgt, dessen Vorhut der deutschstämmige General von Diebitsch führte. Auf der napoleonischen Seite stand ihm das preußische Hilfsheer unter dem General Hans David Ludwig Graf Yorck gegenüber. Ohne Genehmigung seines Königs schloß er mit Diebitsch, dessen Adjutant der inzwischen zum Oberst beförderte Clausewitz war, die Konvention von Tauroggen, die die Neutralisierung des preußischen Korps bedeutete. Er habe zwischen dem Verlust des größten Teils seiner Truppen mit allem Material oder deren Rettung zu wählen, schrieb er zur Begründung an seinen bisherigen Oberbefehlshaber Marschall Macdonald. Yorck hoffte auf die nachträgliche Billigung seines Schrittes durch den König. Aber Friedrich Wilhelm, der noch immer nicht den Abfall von Napoleon wagte, setzte Yorck ab.

Trotzdem erschien Yorck am 8. Januar 1813 in Königsberg und übernahm das Oberkommando in Ostpreußen. Am 28. kam der Freiherr vom Stein in die Stadt. Er hatte die Generalvollmacht des Zaren, in Ostpreußen den Widerstand gegen Napoleon zu organisieren. Für Stein war Ostpreußen ein mit Rußland verbündetes Land. Eine Versammlung der ostpreußischen Landstände in Königsberg beschloß ein von Clausewitz ausgearbeitetes und von Yorck vorgelegtes Landwehrgesetz. Ostpreußen stellte allein für den Kampf an der Seite Rußlands 20000 Mann Landwehr, 13000 Mann Reserve und ein Kavallerieregiment. Dahinter stand eine russische Aufforde-

rung zur Mobilmachung. Der weitere Verlauf der »Befreiungskriege«, die in der Völkerschlacht von Leipzig gipfelten, ist bekannt. Das nächste russisch-deutsche Aufeinandertreffen in Ostpreußen fand nicht in Königsberg statt. Diesmal standen sich beide Seiten als Feinde gegenüber. Zu Beginn des Ersten Weltkrieges ließ Rußland zwei gewaltige Armeen gegen das schwach gesicherte Ostpreußen aufmarschieren, die genau die Bewegungen ausführen sollten wie die sowjetischen Truppen im Jahre 1945. Eine Wilna-Armee unter General Rennenkampf sollte nach Westen auf Königsberg zumarschieren. Eine zweite Weichsel-Armee unter General Samsonow sollte von Süden zum Meer vorstoßen. Königsberg sollte eingekreist und genommen werden, dann sollte der Marsch auf Berlin fortgesetzt werden.

Die sowjetische Geschichtsschreibung hatte die Rolle beider Seiten umgekehrt. Danach waren nicht die Russen in Ostpreußen, sondern die Deutschen von dort aus in Rußland eingefallen. An solchen Richtlinien für den Geschichtsunterricht durfte selbst ein Heerführer wie Marschall Wassilewski nicht rütteln. In seinen Memoiren schrieb er am Anfang des Kapitels »Im Frühling 1945 in Ostpreußen«: »Ostpreußen war früher in Deutschland in einen strategischen Hauptaufmarschplatz für Überfälle auf Rußland und Polen umgewandelt worden. Aus diesem Aufmarschgebiet erfolgte der Überfall auf Rußland im Jahre 1914. Von hier aus verübten die Truppen des Kaisers im Jahre 1918 einen Schlag gegen Petrograd. Von hier aus rückten die faschistischen Heerscharen im Jahre 1941 vor.«

Pawel von Rennenkampf, deutscher Abstammung, Generaladjutant Seiner Kaiserlichen Majestät und General der Kavallerie, erließ nach seinem Einmarsch eine Bekanntmachung an die Einwohner Ostpreußens. Darin hieß es: »Gestern d. 4.–17. August überschritt das Kaiserliche Russische Heer die Grenze Preußens, und mit dem deutschen Heere kämpfend setzt es seinen Vormarsch fort. Der Wille des Kaisers aller Reußen ist, die friedlichen Einwohner zu schonen.« Rennenkampf drohte Strafen bei Widerstand durch die Einwohner an. Auch beim kleinsten Anschlag würde der Ort niedergebrannt. Aber: »Falls die Einwohner Ostpreußens sich keine feindlichen Handlungen zuschulden kommen lassen, so wird auch der kleinste dem russischen Heere erwiesene Dienst reichlich bezahlt und belohnt werden; die Ortschaften werden verschont und das Eigentumsrecht wird gewahrt bleiben.«

Rennenkampf verfügte in seiner Armee über fünf Kavalleriedivisio-

nen und drei Armeekorps, Aleksandr Samsonow in der Warschau-Armee über drei Kavalleriedivisionen und fünf Armeekorps. Der Zangenangriff gegen Ostpreußen gelang nicht. Die Russen waren zwar einmarschiert, aber der reaktivierte General Paul von Beneckendorff und Hindenburg und sein Generalstabschef Erich Ludendorff zogen im Eiltempo alle verfügbaren Kräfte im Süden gegen Samsonow zusammen und schlugen ihn vernichtend. Der Sieg wurde von den Deutschen als Schlacht bei Tannenberg bezeichnet, als sei es die Revanche für die Niederlage des Ordensheeres im Jahre 1410. Tatsächlich fand Hindenburgs Kesselschlacht ziemlich entfernt von Tannenberg statt. General Samsonow erschoß sich, als er die Katastrophe begriff.

Die deutsche Bevölkerung flüchtete vor den in Ostpreußen eingedrungenen russischen Truppen. Der Schrecken waren nun die Kosaken, die hundert Jahre zuvor in Königsberg noch als Befreier begrüßt worden waren. Sie prügelten mit der Nagaika, der Riemenpeitsche, auf die Menschen ein, steckten Häuser in Brand und verschleppten Geiseln. So wie 1945 die NKWD-Offiziere nach Parteigenossen und SS-Angehörigen suchten, so suchten die Kosaken nach Förstern, die sie für besonders gefährlich hielten. Die Flüchtlingstrecks bewegten sich 1914 in den gleichen Richtungen wie 1945. Sie zogen aus Insterburg und Gumbinnen in Richtung auf Königsberg und aus dem südlichen Masuren nach Norden in Richtung auf das Frische Haff. Aber mit dem Schrecken von 1945 war das alles nicht zu vergleichen.

Der Befehl zur Aussiedlung

Am 11. Oktober 1947 faßte der Ministerrat der Sowjetunion in Moskau einen Beschluß »Über die Aussiedlung der Deutschen aus dem Kaliningrader Gebiet der RSFSR in die Sowjetische Besatzungszone Deutschlands«. Der Beschluß hatte die Nummer 3547-1169s. Er war geheim und wurde niemals veröffentlicht.
Wie so vieles in der Sowjetunion war dieser Beschluß eine Formalie, die Bestätigung einer längst an anderer Stelle gefallenen Entscheidung. Der Ministerrat war die sowjetische Regierung. Bis 1946 hieß sie Rat der Volkskommissare. Vorsitzender war seit 1941 Josef Stalin, Erster Stellvertreter der Außenminister Wjatscheslaw Molotow. Ob Stalin diese Sitzung am 11. Oktober geleitet hat, ist nicht bekannt. Es ist auch bedeutungslos. Die Entscheidung muß schon früher gefallen sein.
Aus der Vollzugsmeldung nach Abschluß der Aussiedlung ist zu entnehmen, wer den Auftrag dazu gegeben hatte. Der Bericht über die beendete Aktion ging an Stalin, Molotow und Berija.
Daß der Ministerratsbeschluß vom 11. Oktober nur noch eine Farce war, läßt sich daraus schließen, daß an diesem Tag das Parteiorgan »Prawda« eine ganze Seite mit Dankesadressen von Bewohnern Kaliningrads und mit Erfolgsmeldungen über den dortigen Aufbau abdruckte. Es muß also alles gut vorbereitet worden sein.
Stalin hatte auch in den letzten Kriegsjahren persönlich hinter der Deportation einer Reihe kaukasischer Völker, der Kalmyken und der Krimtataren gestanden, denen Zusammenarbeit mit den Deutschen vorgeworfen worden war. Der berüchtigte Geheimdienstchef Lawrenti Berija hatte Stalin laufend über den Fortgang der Deportationen berichtet.
Ein Experte für Deportationen war der jetzige stellvertretende Innenminister und Generaloberst Iwan A. Serow. Sein Name tauchte im Zusammenhang mit allen Deportationen, angefangen von den Wolgadeutschen, über die Krimtataren bis zu den Kaukasusvölkern auf. Unter vielen Deportationsberichten, die nach Moskau geschickt wurden, stand sein Name. Auch damals wurde akribisch die Zahl nach Frauen, Männern und Kindern unter 16 Jahren aufgeschlüsselt. Serow hatte nach dem Krieg im Kampf gegen die Partisanen im Baltikum eine wichtige Rolle gespielt und hatte die

Organisation des NKWD in der Sowjetischen Besatzungszone Deutschlands aufgebaut. Nun war er einer der Ansprechpartner für den Kaliningrader MWD-Chef in der Frage der Deportation der Deutschen. Der 1905 geborene Serow stieg später noch weiter auf. Als 1954 der Staatssicherheitsdienst aus dem Innenministerium ausgegliedert und das Komitee für Staatssicherheit (KGB) gegründet wurde, war Serow dessen erster Chef.

Der sonst oft so träge Apparat setzte den Ministerratsbeschluß mit unglaublicher Geschwindigkeit in die Tat um. In Kaliningrad hatte inzwischen der dortige Sicherheitschef gewechselt. Generalmajor Trofimow, der die ganze Aussiedlungsaktion in Gang gebracht hatte, war durch Generalmajor Wladimir I. Djomin, der einen harten Kurs steuerte, ersetzt worden.

Schon drei Tage nach dem Beschluß des Ministerrats gab der Innenminister Generaloberst Kruglow einen 15 Punkte umfassenden Befehl heraus, in dem die Umsiedlung von zunächst 30000 Deutschen noch im Oktober und im November angeordnet wurde. Zuerst sollten die Deutschen aus dem Marinestützpunkt Baltijsk, wie nun Pillau hieß, aus dem militärisch wichtigen Gebiet an der Ostseeküste, Kinder aus Heimen und Kinderauffanglagern, Alte aus Invalidenheimen und die Deutschen, die keiner »gesellschaftlich nützlichen Arbeit« nachgingen, abgeschoben werden. Die meisten Kinderheime befanden sich außerhalb der Stadt.

Kruglow schickte sofort Generalleutnant Stachanow nach Königsberg, der dort während der Aktion der ranghöchste MWD-Offizier war.

Der Befehl von Innenminister Kruglow enthielt Anweisungen für alle möglichen Fragen, angefangen vom Gepäck, das die Aussiedler mitnehmen durften, über Zugbegleitung und medizinische Versorgung bis zur Verpflegung und den Transport zum Bahnhof. Im Befehl wurde nicht Rücksicht darauf genommen, daß ein großer Teil der Königsberger gar nicht in die sowjetische Besatzungszone wollte, sondern zu Verwandten in den Westzonen.

In dem Befehl wurde kein Wort darüber verloren, wie und wo die ausgesiedelten Deutschen in der sowjetischen Besatzungszone unterzubringen waren oder wie die, die in die Westzonen wollten, weitergeleitet werden sollten. Mit den Besatzungsbehörden der übrigen Zonen wurde darüber nicht gesprochen. Nur Pasewalk in Vorpommern wurde als Zielort der Züge festgelegt. Das lag in der sowjetischen Zone.

Die Transporte sollten auf einer der beiden Strecken nach Polen fahren, die noch die europäische Normalspur und nicht die russische Breitspur hatten. Es gab eine Strecke von Insterburg aus und eine vom alten Königsberger Güterbahnhof. Diese Gleise hatten die Streitkräfte für sich reserviert, weil sie so ohne Umladen an der polnischen Grenze eine Eisenbahnverbindung zu ihren Truppen in Polen und in ihrer deutschen Besatzungszone hatten. NKWD und der Nachfolger MWD brauchten außerdem das Kaliningrader Gleis für Transporte von Menschen in beiden Richtungen, von Heimkehrern und Gefangenen.

Streng geheim

BEFEHL
des Innenministers der UdSSR
für das Jahr 1947
Inhalt:

Nr. 001067. Über die Aussiedlung der Deutschen aus dem Gebiet Kaliningrad der RSFSR in die Sowjetische Besatzungszone Deutschlands.

Nr. 001067 Moskau, 14. Oktober 1947

In Erfüllung des Beschlusses des Ministerrats der UdSSR vom 11. Oktober 1947 Nr. 3547-1169s »Über die Aussiedlung der Deutschen aus dem Kaliningrader Gebiet der RSFSR in die Sowjetische Besatzungszone Deutschlands«

befehle ich:

1. Dem Leiter der Verwaltung des Innenministeriums im Gebiet Kaliningrad, Generalmajor Genossen Djomin, im Jahre 1947 aus dem Kaliningrader Gebiet in die Sowjetische Besatzungszone Deutschlands 30000 Deutsche auszusiedeln, davon 10000 im Oktober und 20000 im November.
2. In erster Linie sind Deutsche auszusiedeln, die in Baltijsk und im Bezirk an der Ostseeküste leben, sowie aus anderen Rayons des Gebietes arbeitsunfähige deutsche Familien, die einer gesellschaftlich nützlichen Arbeit nicht nachgehen, deutsche Kinder aus Kinderheimen und ältere Deutsche aus Invalidenheimen.
3. Deutsche Aussiedler dürfen persönliche Sachen bis zu 300 Kilogramm pro Familie mitnehmen, mit Ausnahme von Gegenständen und Wertsachen, deren Ausfuhr nach den Zollvorschriften verboten ist.
4. Der zurückbleibende Besitz der deutschen Aussiedler wird von Vertretern des Kaliningrader Gebietsexekutivkomitees nach vorliegenden Weisungen erfaßt und übernommen.
5. Zur Hilfestellung bei der Arbeitsorganisation der Aussiedlung aus dem Gebiet Kaliningrad wird Generalleutnant Genosse Stachanow dorthin abkommandiert, der zusammen mit dem Genossen Djomin, dem Kaliningrader Gebietsexekutivkomitee und dem Vertreter des Eisenbahnministe-

2

СОВ. СЕКРЕТНО

ПРИКАЗ

МИНИСТРА ВНУТРЕННИХ ДЕЛ СОЮЗА ССР

за 1947 год

СОДЕРЖАНИЕ:

№ 001067. О переселении немцев из Калининградской области РСФСР в Советскую зону оккупации Германии.

№ 001067. 14 октября 1947 года. гор. Москва

УТРАТИЛ СИЛУ
Прик. № 404 1955 г.

Во исполнение постановления Совета Министров СССР от 11 октября 1947 года № 3547-1169с "О переселении немцев из Калининградской области РСФСР в Советскую зону оккупации Германии" -

ПРИКАЗЫВАЮ:

1. Начальнику УМВД по Калининградской области генерал-майору тов. ДЕМИНУ переселить в 1947 году из Калининградской области в Советскую зону оккупации Германии 30 тыс. немцев, из них 10 тыс. человек в октябре и 20 тыс. человек в ноябре 1947 года.

2. Переселению подлежат в первую очередь немцы, проживающие в гор. Балтийске и в районе побережья Балтийского моря, а из других районов области нетрудоспособные семьи немцев, не занятые общественно-полезным трудом, немецкие дети, находящиеся в детских домах, и престарелые немцы, содержащиеся в домах инвалидов.

3. Переселяемым немцам разрешается взять с собой личное имущество до 300 кг. на семью, за исключением предметов и ценностей, запрещенных к вывозу таможенными правилами.

4. Оставшееся на месте имущество переселяемых немцев учитывается и принимается представителями Калининградского облисполкома, согласно имеющимся у них указаниям.

Befehl des sowjetischen Innenministers, Generaloberst Sergej Kruglow, vom 14. Oktober 1947 zur Aussiedlung aller Deutschen aus dem Kaliningrader Gebiet riums eine Anleitung für die Aussiedlung der Deutschen aus dem Kaliningrader Gebiet ausarbeiten und dem Innenminister der UdSSR zur Bestätigung vorlegen soll.

6. Generalleutnant Genosse Stachanow und Generalmajor Genosse Djomin bilden für das Gebiet und die Rayons operative Arbeitsgruppen für die Aussiedlung der Deutschen nach Deutschland, denen Vertreter der Exekutivkomitees des Gebietes und der Rayons angehören sollen. Zur Vervollständigung der operativen Gruppen des Gebietes und der Rayons sollen auch operative Mitarbeiter des Innenministeriums und Offiziere der Truppen des Innenministeriums eingesetzt werden.

7. Die operativen Gruppen des Gebietes und der Rayons übernehmen die Erfassung der deutschen Aussiedler, sorgen für den Transport vom Wohnort zur Eisenbahn, für die Lebensmittelversorgung und die Übergabe an die Chefs der Züge.

8. Für die Begleitung der Aussiedler nach Deutschland setzt der Leiter der Verwaltung des Innenministeriums im Kaliningrader Gebiet, Generalmajor Genosse Djomin, die erforderliche Anzahl von Chefs der Züge sowie je zwei Stellvertreter ein, von denen einer für die Nachrichtenverbindung unterwegs und der andere für die Aufrechterhaltung der Ordnung während der Fahrt und an den Haltestellen verantwortlich sein wird.

9. Der Chef der Wachtruppen des Innenministeriums der UdSSR, Generalleutnant Genosse Botschkow, stellt auf Antrag von Generalmajor Genosse Djomin für die Begleitung der deutschen Aussiedler Sergeanten und Soldaten zur Verfügung, pro Zug zwölf Begleiter.

10. Der Leiter der Abteilung für Eisenbahn- und Wassertransporte des Innenministeriums der UdSSR, Generalmajor Genosse Arkadjew, stellt auf Antrag von Generalmajor Genosse Djomin rollendes Material an den gewünschten Orten bereit und sorgt für das Vorwärtskommen der Züge mit den deutschen Aussiedlern in die Sowjetische Besatzungszone Deutschlands.

11. Der Leiter der Zentralen Finanzabteilung des Innenministeriums der UdSSR, Oberst des Intendanturdienstes Genosse Karmanow, wickelt über das Finanzministerium der UdSSR die Finanzierung der mit der Erfüllung dieses Befehls verbundenen Maßnahmen ab.

12. Generalmajor Genosse Djomin beantragt beim Gesundheitsministerium der UdSSR Ärzte und medizinisches Personal für die sanitäre Überwachung und medizinische Betreuung der deutschen Aussiedler im Umfang eines Arztes und zweier Krankenschwestern pro Zug.

13. Der Leiter der Hauptverwaltung des Inneren Dienstes des Innenministeriums der UdSSR, Generalmajor des Intendanturdienstes Genosse Gornostajew:

a) gibt an die deutschen Aussiedler für die Reise Trockenverpflegung für 15 Tage nach den Normen für Arbeiter der Industrie und des Fernmeldewesens aus;

b) stellt für den Autotransport der deutschen Aussiedler bis zur Eisenbahn

Benzin aus dem durch den Beschluß des Ministerrats der UdSSR zugewiesenen Kontingent zur Verfügung.
Die aufgebrauchten Lebensmittel und Treibstoffe werden aus den Kontingenten auf Grund des Beschlusses des Ministerrats wieder aufgefüllt.
14. Der Leiter der Grenztruppen des Innenministeriums der UdSSR sorgt dafür, daß die Züge mit den Aussiedlern an der Grenze nach Listen, die von den Chefs der Züge vorgelegt werden, durchgelassen werden.
15. Der Leiter der Verwaltung des Innenministeriums im Kaliningrader Gebiet, Generalmajor Genosse Djomin, berichtet täglich über den Verlauf der Aussiedlung an das Innenministerium der UdSSR.
Innenminister der UdSSR
Generaloberst S. Kruglow

Innenminister Generaloberst Sergej N. Kruglow war erst 39 Jahre alt. Er hatte eine steile Karriere in der Partei und im Staatssicherheitsdienst hinter sich. Beim Geheimdienst war Vertuschen an der Tagesordnung, und so wurde über Kruglows Lebenslauf so gut wie nichts bekannt. Daran änderte auch nichts, daß er nach Stalins Tod in den tiefen Sturz der »Parteifeinde« wie Molotow oder Malenkow hineingezogen wurde. Kruglow wurde 1907 im Dorf Ustja im Gouvernement Twer als Sohn von Bauern geboren. (Twer wurde 1931 in Kalinin umbenannt, so wie Königsberg 1946 in Kaliningrad.) Mit 16 Jahren trat Kruglow in den kommunistischen Jugendverband Komsomol ein, mit 21 war er Parteimitglied. Erst arbeitete er auf dem Land, dann wurde er von 1931 bis 1937 zum Studium geschickt: Karl-Liebknecht-Hochschule, Moskauer Institut für Orientalistik, Institut »Roter Professoren«. Mit 30 Jahren arbeitete er im Zentralkomitee der Kommunistischen Partei. 1938 wurde Kruglow zum Sicherheitsdienst NKWD abkommandiert und wurde dort »Sonderbeauftragter«. Über seine Tätigkeit in den folgenden Jahren gibt es keine Angaben, wohl aber einige Fotos, die beweisen, daß er sehr hoch aufgestiegen war. Er gehörte zu den sowjetischen Delegationen bei den Konferenzen in San Francisco, auf der von April bis Juni 1945 die Gründung der Vereinten Nationen vorbereitet wurde, und bei der Potsdamer Konferenz im Juli und August 1945. Auf einem Foto geht er in San Francisco neben Außenminister Molotow in Zivil zum Konferenzort. Auf der anderen Seite geht neben Molotow Andrej Gromyko, damals sowjetischer Botschafter in den USA und später selbst Außenminister. Auf einem anderen Foto aus Potsdam ist Kruglow in einer Konferenzpause hinter Stalin, Truman, dem amerikanischen Außenmini-

ster Byrnes und Molotow zu sehen. In diesem Jahr wurde Kruglow Stellvertretender Volkskommissar für Innere Angelegenheiten. Volkskommissare hießen bis 1946 die sowjetischen Minister. 1946 wurde das NKWD in das Innenministerium mit der russischen Abkürzung MWD umgewandelt. Kruglow wurde Minister und blieb es, als 1953 die Ministerien für Innere Angelegenheiten und Staatssicherheit zusammengelegt wurden.
1947 und 1948 war Sergej N. Kruglow verantwortlich für die Deportation der deutschen Bevölkerung aus dem Kaliningrader Gebiet. Er muß das Vertrauen des nach Stalins Tod 1953 erschossenen obersten Sicherheitschefs Lawrenti Berija besessen haben, sonst hätte er diesen Posten nicht erhalten können. 1954 wurde aus dem Ministerium das Komitee für Staatssicherheit (KGB) ausgegliedert, das sein Stellvertreter Generaloberst Serow übernahm. Kruglow blieb Minister des Restministeriums und wurde am 31. Januar 1956, unmittelbar vor dem 20. Parteitag, auf dem Chruschtschow die Stalin-Verbrechen anprangerte, von seinem Posten abgelöst. Der Abstieg war deutlich. Kruglow wurde Vizeminister für den Kraftwerksbau, dann war er nur noch Stellvertretender Vorsitzender des Volkswirtschaftsrates des Kirower Wirtschaftsbezirks. Vom November 1957 stammt das letzte Datum. Kruglow wurde »aus Gesundheitsgründen« pensioniert.

Generalleutnant Stachanow trifft letzte Vorbereitungen

Ohne daß die Deutschen irgend etwas davon ahnten, begannen die Vorbereitungen für ihren Abtransport in die sowjetische Besatzungszone. Generalleutnant Stachanow traf in Kaliningrad ein und nahm umgehend die Fäden in die Hand. Im Hauptquartier der Kaliningrader Verwaltung des Innenministeriums setzte hektische Aktivität ein, als ginge es darum, einen Truppenaufmarsch für eine bevorstehende Schlacht zu organisieren.
Außer den Gebieten an der Küste, aus denen das Militär die Deutschen möglichst schnell loswerden wollte, hatte auch das Innenministerium seine Wünsche. Es wollte keine Deutschen mehr im Grenzstreifen zu Polen haben. Die Sowjetunion lebte immer in panischer Angst vor Agenten und subversiven Elementen, die über die Grenzen eindringen oder ausbrechen könnten. Auch die Deut-

schen, die es noch in der Nähe der Grenze gab, wurden deshalb auf die Liste für die ersten Transporte gesetzt.

Von sowjetischer Seite wurde die Leitung der Ausführung der Aktion in die Hände der Miliz gelegt, wie die dem Innenministerium unterstehende Polizei hieß. Die ebenfalls beteiligten Exekutivkomitees des Gebietes und der Rayons waren die Verwaltungen für das ganze nördliche Ostpreußen und der einzelnen Bezirke. Hinzugezogen wurden auch der Leiter der 2. Abteilung der Kaliningrader Verwaltung des Ministeriums für Staatssicherheit und die Leiter des Staatssicherheitsapparates in den Rayons. Die 2. Abteilung war die Spionageabwehr.

Generalleutnant Stachanow arbeitete zusammen mit Generalmajor Djomin einen Operationsplan aus, der dem Innenminister zur Genehmigung vorgelegt wurde. Wegen der Eile erfolgte die Meldung über das Kreml-Telefon der Regierung.

Telefonische Mitteilung über HF
Von Kaliningrad
An Moskau, Innenministerium der UdSSR – Genossen Kruglow
Nach Abstimmung mit den lokalen Behörden berichten wir über den Stand der Vorbereitungen für die Aussiedlung der Deutschen:

1. Nach annähernden Angaben der Verwaltung des Innenministeriums lebten auf dem Territorium des Gebietes im Juni dieses Jahres 105558 Deutsche, davon 37795 in Kaliningrad, 23192 in den vier Küstenstädten und 44571 in 14 Rayons des Gebietes. Diese Angaben sind veraltet und müssen präzisiert werden. Mit dieser Arbeit wurde begonnen.
2. Nach Abstimmung mit den lokalen Behörden sollen aus der Stadt Baltijsk und den Küstengebieten der Halbinsel Samland 6000 Menschen, aus der Stadt Kaliningrad 4000 Menschen abtransportiert werden, darunter ungefähr 300 aus Invalidenheimen und ungefähr 3000 Kinder aus Kinderheimen. Die Züge wurden für den 22., 24., 26., 28. und 30. Oktober bestellt.
3. Das Verladen erfolgt in Kaliningrad direkt in Waggons mit europäischer Spurbreite, um das Umladen an der Grenze zu vermeiden.
4. Der Abtransport von weiteren 20000 Personen soll im November nach den Revolutionsfeierlichkeiten erfolgen, voraussichtlich am 10. November, in zehn Zügen, vor allem ebenfalls aus den Küstenrayons von Kaliningrad und auch aus den grenznahen Rayons, aus anderen Rayons nur Arbeitsunfähige.
5. Für die Leitung der Aussiedlung wurde im Gebiet eine operative Arbeitsgruppe geschaffen: Stellvertretender Leiter der Verwaltung des Innenministeriums für die Miliz Nawachlichin (Leiter), Stellvertretender Vorsitzender des Gebietsexekutivkomitees Kerget, Leiter der 2. Abteilung

der Verwaltung des Innenministeriums Frolow. In den Rayons wurden eigene operative Gruppen gebildet unter Führung der Leiter der Miliz mit den Stellvertretenden Vorsitzenden Exekutivkomitees der Rayons sowie den Leitern der Staatssicherheit in den Rayons.
6. Die Aussiedler werden über den bevorstehenden Abtransport 24 Stunden vor der Abreise persönlich nach vorher aufgestellten Listen informiert.
7. Der zurückbleibende Besitz der Aussiedler wird von den Eigentümern übernommen und von den Exekutivkomitees der Rayons erfaßt.
8. Die Ausgabe der Reiseverpflegung und die Abnahme der Personalpapiere erfolgen beim Einsteigen in die Züge.
9. Nach Rücksprache mit dem Genossen Chruljow wird die Frage des Autotransports positiv entschieden.
10. Um 22.00 Uhr wird am 16. 10. eine Beratung der Leiter der Abteilungen des Innenministeriums der Rayons (Leiter der operativen Gruppen) zur Unterweisung über die Erfassung und die Organisation des Abtransports der Aussiedler einberufen.
11. Die Anleitung für die Aussiedlung wird Ihnen am 16. Oktober dieses Jahres zur Unterschrift vorgelegt.
Wir bitten, die vorgeschlagenen Maßnahmen zu bestätigen.

Stachanow
Djomin

Zwischenbilanz vor der Aussiedlung

Zum Beginn der Aussiedlung kann eine Zwischenbilanz gezogen werden, über die Toten, die Arbeitsstellen, die Waisenkinder.
Die sowjetischen Behörden registrierten nun laufend die Zahl der Deutschen. Sie brauchten sie für ihre Planungen im Zusammenhang mit der Deportation. Sie mußten wissen, wie viele Züge sie zum Transport nach Deutschland bereitstellen mußten, welche Lebensmittel erforderlich waren, wie viele neue Arbeitskräfte aus der Sowjetunion geschickt werden mußten, damit die Produktion nicht zusammenbrach. Auch die Finanzierung mußte geklärt werden. Die Deportation kostete Geld.
Ermitteln ließ sich die Zahl der Deutschen wegen des unzulänglichen Meldesystems wahrscheinlich nie ganz genau. Trotz Ungenauigkeiten lassen die vorliegenden Angaben die Bevölkerungsentwicklung dennoch deutlich erkennen. Die Zahl der Deutschen verringerte sich bis zum Juni 1947 ständig in starkem Ausmaß. Über die Gründe tauchten in den sowjetischen Berichten keine Angaben

auf. Es kann keinen Zweifel darüber geben, wo sie geblieben sind: in den Massengräbern.
Aus den Zahlen seit der Erfassung der Bevölkerung am 1. Juni 1946 läßt sich herauslesen, wie viele Deutsche danach Opfer des Hungers, der Krankheiten und der Seuchen wurden. Neben den ersten Monaten nach Beendigung der Kämpfe galt der Winter von 1946 auf 1947 als die schlimmste Zeit. Innerhalb eines Jahres von Mitte 1946 bis 1947 sank die Zahl der deutschen Bevölkerung von 116737 auf 105558. Das waren 11179 Menschen weniger! Die erste Zahl stammt von der Volkszählung, die zweite aus der Meldung der MWD-Generäle Stachanow und Djomin an den Innenminister. Unter Berücksichtigung der 1121 Deutschen, die Anfang 1947 in die sowjetische Besatzungszone ausgereist waren, blieben 10058 Menschen in der Statistik verschwunden. Da es kaum Geburten gab, müssen sie als die Toten eines Jahres angesehen werden. 10058 waren eine Todesrate von über 8,6 Prozent in einem einzigen Jahr.
Über die Zahl der ums Leben gekommenen deutschen Zivilisten vor dem 1. Juni 1946 lassen sich nur Spekulationen anstellen. Aber sie läßt sich mit hoher Wahrscheinlichkeit aus den vorliegenden Daten errechnen.
Im April 1945 wurden im nördlichen Ostpreußen vom Krieg vermutlich 137000 deutsche Zivilisten überrollt. Diese Zahl hatte das NKWD nach Moskau gemeldet. Das NKWD mußte am ehesten einen ungefähren Überblick haben, denn es hatte alle greifbaren Deutschen vernommen. Das bedeutet, daß in den 14 Monaten bis zur Volkszählung am 1. Juni 1946, bei der eine deutsche Zivilbevölkerung von 116737 Menschen ermittelt wurde, über 20000 verschwunden sind. Als »wichtigste Ursache für den Bevölkerungsschwund« gab der geheime NKWD-Bericht den Hungertod an. Vom Ende der Kämpfe bis Mitte 1947 vor Beginn der Aussiedlung sank die Zahl der Deutschen um etwa 32000. Zum größten Teil sind sie verhungert, wurden Opfer von Seuchen oder verschwanden in Lagern.
Die schreckliche Todesbilanz drückt sich auch in der sprunghaften Zunahme der Waisenkinder aus, die sich von Mitte 1946 bis zum Beginn der Aussiedlung im Jahre 1947 auf über 4500 nahezu verdoppelt hatte. Auffallend waren dabei die vielen Geschwister aus kinderreichen Familien, deren Mütter die Strapazen nicht überstanden haben. Wenn sie eine Arbeit hatten, erhielten sie trotzdem für keins der Kinder eine Lebensmittelzuteilung, höch-

auarbeiten zur Sicherung der Dom-Ruine. Das Geld kommt von ıssischen und deutschen Stellen. *Foto: Autoren*

Urne für Geldspenden mit deutscher Aufschrift in einer provisorischen Kapelle des Doms.
Foto: Autoren

Bauarbeiten im Inneren des Doms.
Foto: Autoren

Ruine des Doms von der Seite des Hauptportals. Davor stehen Bauhütten.
Foto: Autoren

Das Grabmal des Philosophen Immanuel Kant an der Seite des Doms. Es wurde 1924 gebaut.
Foto: Autoren

Das Denkmal des Philosophen Immanuel Kant wurde mit deutscher Hilfe neu gegossen und steht vor dem Eingang zur Universität.
Foto: Autoren

Im Sommer 1993 wurde in Germau (Russkoje) im Samland von der Kreisgemeinschaft Fischhausen ein Eisenkreuz zur Erinnerung an die deutschen Kriegstoten aufgestellt. Es steht neben einem sowjetischen Soldatenfriedhof. An der Feier nahmen Deutsche und Russen teil.
Foto: Gisela Hußfeld

stens wenn sie sie in eine der etwa seit Beginn des Jahres 1947 hier und da eröffneten deutschen Schulen schickten.

Beim Übergang von der Militär- auf die Zivilverwaltung fand Mitte 1946 eine Konferenz des sogenannten »Gebietsaktivs« statt. Daran nahmen alle wichtigen Leute des Gebiets teil. Über die Konferenz wurde ein 50 Seiten starkes Protokoll angefertigt. Der Kommandeur der 11. Gardearmee, Generaloberst Galizki, erklärte auf der Konferenz, daß die Bevölkerung sich nicht einmal selbst versorgen könne. Den Russen könne man eher beikommen als den Deutschen, die sich mit Schiebereien und Straßenhandel beschäftigten anstatt in der Landwirtschaft zu arbeiten. Viele deutsche Frauen gingen der Prostitution nach. »Wir müssen mindestens 40000 Deutsche mit allen Mitteln zur Arbeit zwingen«, sagte Galizki.

Der Chef der zivilen Verwaltung von Tapiau, Aleksandrow, erklärte dagegen, er komme mit seinen Deutschen gut zurecht. Wenn sie Kartoffeln und andere Lebensmittel erhielten, würden sie gerne auf dem Land arbeiten. Der Armee präsentierte er eine eigene Rechnung. Einmal hätten Soldaten der 11. Gardearmee zwei deutsche Frauen, die die besten Arbeiterinnen waren, vergewaltigt. Ein anderes Mal sei eine Handgranate in das Haus eines Zuwanderers aus Zentralrußland geworfen worden. Vorher hatte die Armee das Haus zugunsten der Zivilisten räumen müssen.

Von 1946 auf 1947 verschlechterten sich die Arbeitsmöglichkeiten für die Deutschen rapide. Mitte 1946 arbeiteten 49500 Deutsche, mehr als Generaloberst Galizki verlangt hatte. Davon waren 26500 auf Sowchosen und bei den Truppenteilen beschäftigt. 10500 arbeiteten in den Industriebetrieben und deren landwirtschaftlichen Hilfsgütern, 3100 bei den verschiedensten Kommandanturen und der Rest bei sonstigen Betrieben und Organisationen. Am 1. Mai 1947 hatten nach der Meldung von MWD-Generalmajor Trofimow nur noch 32514 eine Arbeit. Das heißt, daß innerhalb von elf Monaten 16986 Deutsche oder ein Drittel ihre Beschäftigung verloren hatten. Während des strengen Winters wurde an vielen Stellen die Arbeit eingestellt. Im ganzen Gebiet herrschte eine lähmende Stagnation. Verlust der Arbeit bedeutete gleichzeitig, daß es keine Lebensmittel und kein Geld mehr gab. Wer sich nicht auf »Spekulation« auf dem schwarzen Markt verlegte, womit sowieso mehr zu verdienen war als durch Arbeit, wer keine Hilfe durch Verwandte erhalten konnte, dem drohte der Hungertod.

Die Miliz klopft an die Tür

Am 21. Oktober, zehn Tage nach dem Beschluß der Regierung über die Aussiedlung, klopften abends Angehörige der Miliz an die Türen der Deutschen, die für den ersten Transport vorgesehen waren. Die völlig überraschten Deutschen erfuhren, daß sie ihre Sachen zu packen und sich am nächsten Tag an einem Sammelpunkt einzufinden hatten. Sie würden von dort aus mit Lastwagen zum Bahnhof gebracht und nach Deutschland abtransportiert werden. Auf dem Güterbahnhof stand der erste Zug mit Waggons in europäischer Spurbreite bereit.
Das ging nicht ohne Aufregung und Verwirrung ab. Aus Königsberg wurden nur Deutsche ausgesiedelt, die keine »gesellschaftlich nützliche Arbeit« verrichtet hatten. Das waren meist ältere Leute, die auf den Unterhalt durch arbeitende Verwandte angewiesen waren. Die aber arbeiteten oft auf den Sowchosen in der Umgebung und wurden dort noch zurückgehalten. Meist erfuhren sie nicht einmal von der Ausreise, weil die Zeit von 24 Stunden nicht ausreichte, um sie zu informieren. Wenn sie am Sonntag in die Stadt kamen und Kartoffeln oder Brot mitbrachten, standen sie vor einem verlassenen Keller, der noch vor wenigen Tagen als Wohnung gedient hatte. Familien wurden erneut zerrissen, Verzweiflung brach aus. Die sowjetischen Behörden verrieten ihre Pläne nicht. Sie sagten den Deutschen nicht, daß sie bald alle ausreisen durften, mußten.
Mit den ersten Transporten wollten die Behörden möglichst schnell die zahlreichen deutschen Waisenkinder abschieben. Die Kinder wurden aus den Heimen mit Lastwagen zum früheren Königsberger Hauptbahnhof gebracht. Besagte Touristin aus München, die immer noch das Trauma ihrer Zeit im Kinderheim von Quednau am nördlichen Stadtrand von Königsberg verfolgt und die es immer wieder nach hier zog, erinnert sich: »Wir fuhren mit dem Lastwagen, und auf einmal habe ich die Straße erkannt, in der wir früher gewohnt haben.« Nach ihrer Erinnerung wurden die Kinder auf dem Bahnsteig des früheren Königsberger Hauptbahnhofs in Reih und Glied aufgestellt, wo an sie Zucker, Weißbrot, Margarine und Heizmaterial für die Fahrt ausgegeben wurde. In der Erinnerung war es der Hauptbahnhof und nicht der Güterbahnhof, von dem die Züge wegen der anderen Spurbreite nur abfahren konnten. Hier

bemerkten die Kinder zum ersten Mal, daß auch an anderen Orten Waisenhäuser bestanden hatten. Auf die Reise wurden nur gesunde Kinder geschickt. So wurde ein Geschwisterpaar aus dem Heim in Quednau getrennt.

Das blonde Mädchen mit der Stupsnase aus dem Heim in Quednau landete in einem Kinderheim in Bautzen in der sowjetischen Besatzungszone. Nach einigen Wochen wurde die Mutter in Westdeutschland gefunden. Sie war rechtzeitig aus Königsberg evakuiert worden. Mit zehn Jahren ging das Mädchen aus Königsberg zum ersten Mal in eine richtige Schule.

Im »Königsberger Express«, einem Blatt in deutscher Sprache, das besonders an Touristen verkauft wird, stand im August 1993 ein Leserbrief der Russin Inga Dubowa, die als Kind nach Königsberg gekommen war:

»Ich wohne im ehemaligen Königsberg und schreibe in der Hoffnung, daß mir geholfen wird, meinen Freund aus der Kindheit zu finden, mit dem uns der Krieg zusammengeführt und auseinandergerissen hat. Im Mai 1946 kam ich mit meiner Schwester und Eltern nach Königsberg. Es war eine schlimme Zeit: ausgebombte Stadt und hungrige Kinder, die ihre Eltern verloren hatten. Zuweilen wurde auch an die Tür unseres Hauses geklopft. Und niemals hat meine Mutter einem einen Teller Suppe oder ein Stück Brot verweigert. Damals wohnten wir in der Körte-Allee 20, und daneben, im Haus 22, wohnte in der russischen Familie Matwejew ein deutscher Junge. Er hieß Hans. Zu der Zeit war er acht Jahre alt. Wir Kinder waren eng befreundet. 1948 aber wurde er samt anderen Kindern nach Deutschland deportiert. Ich entsinne mich unseres Abschieds, wie wir die Lebensmittel für den Weg gesammelt und geweint haben. Wir wollten uns nicht trennen. Die Kinderherzen spürten, dieser Abschied könnte für immer sein. Wo mag er jetzt sein, der Hans?«

Die Listen der Miliz mit den Namen der Auszusiedelnden waren ziemlich ungenau. Nicht alle Deutsche wurden dort gefunden, wo sie gesucht wurden. Damit die Zahl stimmte, schickte die Miliz dann einfach irgendwelche anderen Deutschen auf den Weg. Sie hatten dann nicht einmal mehr die Zeit, das notwendigste Gepäck zusammenzuraffen.

In mancher Hinsicht unterschied sich die Ausreise der Deutschen aus dem Kaliningrader Gebiet jedoch von den brutalen Deportationen der Deutschen von der Wolga im Jahre 1941 oder der Kauka-

susvölker und Krimtataren im Jahre 1944. Das Ministerium des Inneren bemühte sich um einen humanen Anstrich der Aktion. Die Aussiedler wurden nicht mehr wie Gefangene unter Bewachung zum Bahnhof gebracht. Oft verabschiedeten sich ihre russischen Arbeitskollegen unter Tränen von ihnen. Auf den Lastwagen durften sie auch einen beträchtlichen Teil ihrer bescheidenen Habe mitnehmen, die sie noch besaßen.
Rubel durften nicht ausgeführt werden. Viele Aussiedler hatten noch Reichsmark, die hier nichts wert waren, die sie aber mitnehmen wollten. Die Währungsreform in Deutschland hatte noch nicht stattgefunden. Kleine Beträge durften sie behalten, größere wurden beschlagnahmt. Abgenommen wurden ihnen auch die sowjetischen Ausweise. Die Kontrolle des Gepäcks erfolgte nur in Stichproben gründlich, sonst oberflächlich.
Und dann eine Prozedur, die die Deutschen nicht verstanden: Einsteigen in die Waggons mit Gepäck, alles wieder aussteigen, abzählen, Kontrolle aller Winkel der Waggons mit Taschenlampen. Die Deutschen hielten das für Schikane. Die Russen wußten, warum sie das taten. Sie suchten nach illegalen Flüchtlingen. Die Deutschen, die ausreisen durften, hatten auch in den Augen mancher Russen das große Los gezogen ...
Der erste Zug mit 2000 Aussiedlern verließ am 22. Oktober 1947 den Güterbahnhof von Königsberg, das nun Kaliningrad hieß. So wie es im ausgearbeiteten Plan vorgesehen war, folgten ihm im Abstand von zwei Tagen bis Ende Oktober vier weitere Züge. Sie passierten die Grenze zum polnischen Teil Ostpreußens bei Preußisch Eylau, auf dessen Bahnhof nun in kyrillischen Buchstaben der neue Ortsname Bagrationowsk stand.
Am 1. November 1947 schickte Generalmajor Djomin an Innenminister Kruglow einen telefonischen Zwischenbericht, in dem er den Vollzug der ersten Etappe der Aussiedlung meldete. Unter den 11352 Ausgesiedelten befanden sich 2962 elternlose Kinder.
Zu den Aussiedlern gehörten auch 309 Deutsche aus der Hafenstadt Baltijsk, dem früheren Pillau. Möglicherweise waren es die geheimnisvollen rund 300 Spezialisten für Schwimmkräne, die im Jahr zuvor die Briten aus ihrer Besatzungszone zu vertraglich vereinbarten Arbeiten geschickt hatten und deren Ausreise Stalins Stellvertreter und Außenminister Wjatscheslaw Molotow genehmigen mußte. Sie wurden in den Papieren nicht mehr erwähnt. Andere deutsche Zivilisten hatte es in Pillau nicht mehr gegeben.

Die Flotte hatte alle aus der weitgehend nur noch aus Trümmern bestehenden Stadt längst ausgesiedelt.
Zu den Deutschen, die mit den ersten Transporten im Oktober 1947 ausreisen durften, gehörten vermutlich auch die Verwandten der SED-Funktionäre, von denen in den sowjetischen Dokumenten ebenfalls nicht mehr die Rede war.

Mitteilung über HF

Aus Kaliningrad
An Moskau, Innenministerium der UdSSR, Genossen Kruglow
Ich melde, daß fünf Züge mit der in die Sowjetische Besatzungszone Deutschlands auszusiedelnden deutschen Bevölkerung in Erfüllung Ihres Befehls Nr. 001057 in der Zeit vom 22. bis zum 30. 10 dieses Jahres entsprechend Ihrer Anweisung die Station Kaliningrad verließen.
Die Züge fuhren zum Bestimmungsort Pasewalk.
Insgesamt wurden 11352 Personen abtransportiert, und zwar:
aus Baltijsk . . . . 309 Personen
von der Ostseeküste . . . . 4284 Personen
aus Kaliningrad . . . . 3683 Personen
Kinder aus Kinderheimen und Auffangstellen
des Innenministeriums . . . . 2962 Personen
Invaliden aus Altersheimen . . . . . . 114 Personen
6643 Personen von der Gesamtzahl der ausgesiedelten Deutschen gingen keiner gesellschaftlich nützlichen Arbeit nach.
Im Zusammenhang mit der Aussiedlung der Deutschen wurden keinerlei Zwischenfälle registriert. Auch sind keine Beschwerden seitens der Ausgesiedelten eingegangen.
An den Verladestellen wurden unseren Vertretern dort geschriebene Briefe mit Dankesäußerungen an die Sowjetregierung für die Fürsorge und die (gut) organisierte Umsiedlung übergeben.
In diesem Sinne werden auch die Vorbereitungen für die Abfahrt von weiteren zehn Zügen im November fortgesetzt.

Djomin

Durchgegeben von Schischlannikowa
Aufgenommen von Sidorowa
1. 11. 47 11.35

Die letzten Deutschen fahren

Im Dezember 1947 änderte sich die wirtschaftliche Situation der Menschen in der Sowjetunion mit einem Schlag, auch die der Deutschen im Kaliningrader Gebiet. Bei einer Währungsreform wurden zehn alte Rubel in einen neuen umgetauscht. Außerdem wurden die Karten für Lebensmittel abgeschafft.
Plötzlich wurden neue Geschäfte eröffnet. Die lebensnotwendigen Waren konnten nun preiswert gekauft werden, auch wenn die Läden nach wie vor nicht regelmäßig beliefert wurden. Sogar bisher unvorstellbare Luxusgüter wie Schokolade tauchten auf, wenn auch zu horrenden Preisen. Der Hunger hörte nun endlich auf. Die Deutschen konnten in den Läden wie die russische Bevölkerung einkaufen – falls sie das neue Geld hatten.
Im März 1948 wurden wieder die Ausreisetransporte in die sowjetische Besatzungszone aufgenommen. Grundlage war ein neuer Befehl von Innenminister Kruglow mit der Nummer 00205 aus dem Jahr 1948. Erneut war es eine Überraschungsaktion, und wieder wußten die Deutschen nicht, nach welchen Gesichtspunkten die sowjetischen Behörden dabei vorgingen. Inzwischen hatte sich bei ihnen zwar herumgesprochen, daß alle ausgesiedelt werden sollten, aber niemand wußte, in welchem Zeitraum das geschehen sollte. Angst ging um, noch im letzten Augenblick aus irgendeinem nichtigen Grund verhaftet zu werden. Alle »organisierten« auf ihren Arbeitsstellen, Deutsche wie Russen. Wer erwischt und angezeigt wurde, mußte mit jahrelangen Strafen rechnen. Das bedeutete Arbeitslager im Inneren der Sowjetunion und Ausschluß von der Aussiedlungaktion.
Da das ganze Ausreisesystem undurchsichtig erschien, zahlten Deutsche an die Miliz Bestechungsgelder, um so in einen der nächsten Transporte zu kommen. Die Milizionäre nahmen das Geld, ohne zu sagen, daß ihre Namen sowieso auf der nächsten Liste standen.
Nach den Transporten im Frühling mit etwa 30000 Aussiedlern schrumpfte die Zahl der Deutschen im Kaliningrader Gebiet auf nur noch etwa 40000 zusammen.
Der dritte und letzte Schub der Transporte wurde am 20. August 1948 aufgenommen. Diesmal ließen sich die sowjetischen Behörden erheblich mehr Zeit. Für die letzten 21 Züge, die wie alle

vorherigen jeweils etwa 2000 Aussiedler mitnahmen, wurden zwei Monate gebraucht. Der letzte fuhr am 21. Oktober ab. Am Güterbahnhof wurden den Aussiedlern in eigens eingerichteten Verkaufsständen Waren angeboten, die noch vor kurzer Zeit ganz und gar unvorstellbar gewesen waren. Es gab nicht nur reichlich Lebensmittel, Wurst und Schnaps, sondern auch Schuhe und seidene Strümpfe zu kaufen. Reiseverpflegung wurde jedoch nicht mehr wie im Vorjahr umsonst verteilt. Jeder mußte sie selbst bezahlen.
Nicht alle konnten davon Gebrauch machen. Nach wie vor war es Glücksache gewesen, für die Arbeit auch pünktlich oder überhaupt Geld zu bekommen. Einige Betriebe zahlten einfach nur einen Teil, andere hatten gar kein Geld in der Kasse und konnten nicht zahlen. Auch sie waren nicht früher von der Aussiedlung unterrichtet worden. In diesen Fällen schritt die Miliz ein und versuchte, das Geld aufzutreiben. Wo es nicht möglich war, zahlte die Kaliningrader Verwaltung den Deutschen wenigstens Geld zum Kauf von Lebensmitteln für die Reise aus. Zöllner stellten für beschlagnahmtes Geld und für Gegenstände, deren Ausfuhr verboten war, nicht immer Bescheinigungen aus. Sie steckten die Sachen hinterher in die eigene Tasche. So war das immer in Rußland, und so ist es bis heute geblieben.
Nach den Zahlen des Innenministeriums gab jeder Deutsche auf dem Güterbahnhof für die verschiedensten Waren im Durchschnitt etwa 55 Rubel aus. Aber 17647 hatten überhaupt nichts zum Ausgeben, nicht einmal für die Lebensmittel für eine siebentägige Bahnfahrt. Sie erhielten im Durchschnitt etwa 35 Rubel auf die Hand.
Ärger gab es mit einem Trunkenbold, dem Hauptmann Barinow von der MWD-Wachtruppe, der als Chef einer der Züge eingesetzt war. Ein Stück vor der Oder, in Schneidemühl, das nun polnisch Pila hieß, war er so betrunken, daß er die Abfahrt seines Zuges verpaßte. Hauptmann Barinow randalierte und verlangte von den Polen ein Auto, um dem Zug nachzufahren. Als erstes schloß ihn die kommunistiche Partei als Mitglied aus.
Die sowjetischen Grenzwächter fischten aus den Transporten elf Ausländer, drei Flüchtlinge aus Arbeitslagern und acht Kriegsgefangene heraus und nahmen sie fest. Ob anderen die Flucht auf diesem Weg gelungen ist, ist nicht bekannt.
Ziel der Züge war zunächst wieder Pasewalk in Vorpommern. Erste Station war dort die Entlausung. Dann wurden die Aussiedler zu

anderen Lagern weitergeleitet, vor allem nach Görlitz und nach Erfurt.

In den Aufnahmelagern in der sowjetischen Besatzungszone warteten kommunistische Agitatoren auf sie. Das war eine unerwartete Überraschung. Die Aussiedler hatten geglaubt, daß sie dem nun entronnen waren. Als die letzten Transporte im Herbst 1948 in Deutschland eintrafen, hatten in den Westzonen und auch in der sowjetischen Zone Währungsreformen stattgefunden. Das bedeutete, daß eventuell über alle Jahre hinweg gerettete Reichsmarkbeträge plötzlich nichts mehr wert waren. Außerdem hatten die beiden Währungsreformen die Spaltung Deutschlands vertieft. Wer im Osten ankam und in den Westen weiter wollte, mußte erneut den Weg der Flüchtlinge gehen.

Als der letzte Zug am 21. Oktober 1948 abfuhr, hatten nach Berechnungen des MWD 102125 deutsche Aussiedler ihre ostpreußische Heimat verlassen. So ganz genau stimmte die Zahl auch diesmal nicht, wenn die Einzelangaben für Männer, Frauen und Kinder zusammengezählt wurden . . .

Generalmajor Djomin schickte einen selbstzufriedenen Abschlußbericht an Innenminister Kruglow.

Streng geheim

An den Innenminister der UdSSR
Generaloberst
Genossen Kruglow S. N.
Moskau

BERICHT

Hiermit melde ich die Erfüllung Ihrer Befehle Nr. 00167 von 1947 und 00205 von 1948 über die Aussiedlung der deutschen Bevölkerung aus dem Gebiet Kaliningrad in die Sowjetische Besatzungszone Deutschlands.

Die gesamte Arbeit zur Organisation der Umsiedlung der Deutschen wurde in drei Etappen abgewickelt, in strenger Übereinstimmung mit der von Ihnen im Oktober 1947 bestätigten Anleitung.

Mit dem Abtransport des dritten Schubes wurde am 20. August 1948 begonnen. Der Abtransport wurde am 21. Oktober 1948 abgeschlossen. Insgesamt wurden 21 Züge zusammengestellt. Darin wurden transportiert:

Männer	9051 Personen
Frauen	21267 Personen
Kinder	11897 Personen
Insgesamt:	42215 Personen

Die Züge waren in der Regel rechtzeitig am Ort des Abtransports da, mit Ausnahme der fünf letzten Züge im Oktober 1948, die mit einer Verspätung von zwei bis vier Tagen ankamen.

Es gab keine Beschwerden der deutschen Aussiedler über unkorrekte Handlungen der Mitarbeiter des Innenministeriums und der Miliz beim Einsteigen, während der Fahrt bzw. bei der Übergabe der Züge an die Vertreter der Sowjetischen Militärverwaltung in Deutschland.

In der ganzen Zeit gab es bei der letzten Aussiedlung nur einen Fall von unmoralischem Betragen seitens des Zugchefs Hauptmann Barinow.

Auf der Fahrt durch Polen gab sich der letztere dem Trunk hin. Am Bahnhof Pila blieb er zurück, zettelte einen Krawall mit der Eisenbahnbehörde an und forderte die Stellung eines Fahrzeugs, um den Zug einzuholen.

Barinow wurde von der Grundorganisation aus den Reihen der WKP(b) ausgeschlossen. Zur Zeit wird über die Frage seines weiteren Verbleibens bei den Organen des Innenministeriums entschieden.

Insgesamt wurden in der ganzen Zeit der Umsiedlung 48 Züge nach Deutschland zusammengestellt, in denen 102125 Personen transportiert wurden, davon:

Männer . . . . . 17521 Personen
Frauen . . . . . 50932 Personen
Kinder . . . . . 33622 Personen

Aus der Stadt Kaliningrad und den einzelnen Rayons kamen 95671 Personen, aus den Kinderauffangstellen und Kinderheimen 4536, aus den Altenheimen 797, aus Krankenhäusern 45 und aus der Litauischen SSR 1076.

An den Orten der Zusammenstellung und der Abfahrt der Züge wurden Verladeplätze eingerichtet, an denen die Zollkontrolle und die medizinische Bearbeitung vorgenommen wurden. Dort wurden auch Lebensmittel und Industriewaren verkauft. An die deutsche Bevölkerung, die keine Mittel zum Erwerb von Lebensmitteln hatte, wurde Geld ausgegeben.

Der Antransport zur Eisenbahn verlief organisiert. Insgesamt wurden zu diesem Zweck 160 Autos von den Streitkräften und 196 von den Wirtschaftsorganisationen des Gebietes zur Verfügung gestellt. Die Züge wurden nach den Vorschriften für die Beförderung von Personen im Sommer und im Winter eingerichtet.

Die Züge begleiteten ein Zugchef und zwei Stellvertreter, die vom Offiziersbestand der Verwaltung des Innenministers abgestellt wurden, sowie Ärzte der Gesundheitsbehörde des Gebietes. In jedem Waggon wurde ein deutscher Waggonältester eingesetzt.

In der ganzen Zeit starben von den 102125 Aussiedlern 48 Personen, und zwar:

Im Jahre 1947 33 Personen, davon 26 an Unterernährung, 6 an Altersschwäche, eine Person an Herzversagen.

Im Jahre 1948 15 Personen, davon 5 an Altersschwäche, 3 Erwachsene an Lungentuberkulose, 3 Kinder an Lungenentzündung und 7 Personen an Darminfektionen.

Die hohe Sterblichkeit im Jahre 1947 erklärt sich dadurch, daß in erster

Linie Deutsche ausgesiedelt wurden, die keiner gesellschaftlich nützlichen Arbeit nachgingen.
Bei der Einsteigekontrolle wurden 11 Personen als ausländische Staatsbürger identifiziert, die als Deutsche nach Deutschland ausreisen wollten. Außerdem wurden 3 Flüchtlinge aus Arbeitslagern und 8 Kriegsgefangene gefunden und festgenommen.
An den Verladestellen erhielten unsere Vertreter von den Aussiedlern 284 Briefe mit dem Dank an die Sowjetregierung für die Fürsorge und gute Organisation der Umsiedlung. Einige Kopien lege ich bei.
An den Verladestellen verkauften in der zweiten und dritten Etappe 6 Lebensmittelgeschäfte und 2 Konsumwarenläden Lebensmittel im Wert von 3082000 Rubel, vorwiegend Brot, Zucker, Fisch, Fleisch und Süßwaren. Dazu Konsumgüter im Wert von 706000 Rubel.
Das Gebietsexekutivkomitee zahlte an 17647 minderbemittelte Personen insgesamt 641221 Rubel für den Kauf von Lebensmitteln aus.
Bei der Abreise beklagten sich einige Aussiedler darüber, daß sie den ihnen zustehenden Lohn von den Betrieben, in denen sie gearbeitet hatten, nicht voll erhalten hatten. Die Verwaltung des Innenministeriums ergriff Maßnahmen, damit am Abreiseort abgerechnet werden konnte. In einigen Fällen fiel die Lohnzahlung wegen fehlenden Geldes oder aus anderen Gründen trotzdem aus. Alle diese Deutschen bekamen Geld für Lebensmittel vom Gebietsexekutivkomitee.
Bei der Übergabe der Züge beschwerten sich Deutsche bei den Vertretern der Sowjetischen Militäradministration in Deutschland über die Zöllner, die ihnen keine Quittungen über das abgenommene sowjetische Geld bzw. über abgenommene Wertgegenstände ausgestellt hatten. Es gab keine Beschwerden über die Organe des Innenministeriums, der Miliz oder deren Vertreter.
Genosse Minister! In Erfüllung Ihrer Befehle haben mehrere hundert Mitarbeiter der Verwaltung des Innenministeriums und der Miliz an dieser großen und komplizierten Arbeit teilgenommen.
Ich bitte Sie, diejenigen von ihnen, die sich durch gewissenhafte, angespannte und oft tagelange Arbeit besonders verdient gemacht haben, durch einen Befehl des Innenministeriums der UdSSR zu belobigen.
Die entsprechenden Unterlagen und einen Brief des Gebietskomitees der WKP(b) lege ich bei.

Leiter der Verwaltung des Innenministeriums
für das Kaliningrader Gebiet
Generalmajor
Djomin

Innenminister Kruglow versah das bei ihm eingegangene Schreiben oben auf der ersten Seite mit dem Vermerk: »Bitte einen ausführlichen Bericht an die Regierung mit Vorschlägen über die Auszeichnung unserer Mitarbeiter vorbereiten.«

Auch die, die letztlich den Befehl zur Ausweisung der Deutschen gegeben hatten, wurden unterrichtet. Auf der ersten Seite des in Moskau eingegangenen Berichts von Generalmajor Djomin steht handschriftlich der Satz: »Brief an die Genossen Stalin, Molotow, Berija wurde abgeschickt.«
Generalmajor Djomin schickte am 18. November 1948 die angeforderte Liste mit 19 Namen nach Moskau, die seine Vorschläge für Auszeichnungen und Belobigungen enthielt. Auf Platz eins stand der Miliz-Oberstleutnant A.M. Baranowski, der die Ehrennadel »Verdienter Mitarbeiter des Innenministeriums« erhalten sollte. Am Schluß der Liste stand der Stellvertretende Abteilungschef der 1. Feuerwehrmannschaft, S. M. Fedotow. Ihm sollte ein Dank ausgesprochen werden.

Ehe sich die Züge mit nahezu 30 Waggons auf dem Güterbahnhof in Kaliningrad in Bewegung setzten und die jeweils 2000 Aussiedler zum letzten Mal durch die Luken der Waggons einen Blick auf die Stadt warfen, wurden sie nochmals erniedrigt. Welch ein Zynismus: Sie sollten sich für das bedanken, was sie in den letzten dreieinhalb Jahren erlebt hatten.
Liesbeth Küttner aus dem samländischen Ort Obrotten erinnert sich: »Unser Abtransport erfolgte in verschlossenen Viehwaggons. Erst als wir in das polnisch besetzte Ostpreußen kamen, wurden die Türen geöffnet, und polnische Miliz übernahm den Transport. Jeder Waggon hatte einen Wagenführer. Von den Russen wurde verlangt, daß wir einen Dankesbrief an die Sowjetführung schreiben sollten (gute Behandlung, Abreise nach Deutschland usw.). Ich habe aber nicht gesehen, daß einer etwas geschrieben hat.« (Unser schönes Samland, September 1967.)
Frau Küttner irrte sich. Der Zug stand weiterhin bis zur Übergabe in der Sowjetischen Besatzungszone Deutschlands unter sowjetischem Kommando, wie der Fall des Zugchefs Hauptmann Barinow zeigte, der betrunken mit den Polen Streit anzettelte. Es wurden auch 284 »Dankesbriefe« fabriziert. Die Schreiben waren an den Genossen Stalin und an die Sowjetregierung adressiert. Wozu man die Menschen nur bringen konnte! Vielleicht hatten die Aussiedler geglaubt, daß das nur eine der üblichen Aktionen unterer Funktionäre war und die Briefe in den nächsten Ofen wandern würden. Weit gefehlt. Sie wurden ins Archiv des Innenministeriums genommen und überdauerten dort auch noch die Nachfolgeorganisation

KGB und die Sowjetunion. Ein Teil der 284 »Dankesbriefe« wurde vom Dolmetscher des Innenministeriums, Kusmin, ins Russische übersetzt und an den Bericht über den Abschluß der Aktion geheftet. So werden die Danksagungen vielleicht sogar zu Stalin gelangt sein. Ob er ihnen geglaubt hat?
Einige dieser Briefe lauten in der Rückübersetzung:

An die Sowjetregierung
Vier Jahre lang haben wir unter Führung der Sowjetregierung gut gelebt. Nun konnten wir vor der Abreise nach Deutschland genügend Lebensmittel und Konsumgüter einkaufen. Großer Dank an die Milizorgane für ihre gute Einstellung zu uns während der Fahrt.
Peter Franz, Ältester des Waggons Nr. 22

An den Genossen Stalin vom Waggon Nr. 2
Wir danken für die gute Verpflegung, die wir für die Reise nach Deutschland erhielten. Man hat uns sehr schnell von Sowjetsk nach Kaliningrad gebracht. Die Kontrolle war für uns nicht beschwerlich. Für die gute Reise und die schön eingerichteten Waggons danken wir Ihnen, Genosse Stalin, recht herzlich.
Fritz Zesemer Erich Urbschat

An die Regierung der UdSSR
Heute wurden wir mit Pferdewagen und Autos zur Bahn gebracht. Wir danken dafür recht herzlich. Wir danken auch dafür, daß wir am Bahnhof alles Notwendige für die Reise bekommen konnten. Wir freuen uns, daß unser Chef zur Verabschiedung kam und uns allen die Hand reichte. Wir nehmen sehr gute und freundschaftliche Erinnerungen aus der UdSSR in die Heimat mit.
32 Unterschriften

Einige Aussiedler, die solche Briefe schreiben mußten, versahen sie wie aus Trotz mit der Datumszeile »Königsberg/Ostpreußen« statt mit Kaliningrad.
Die sowjetischen Behörden im Kaliningrader Gebiet hatten niemals einen lückenlosen Überblick über die deutsche Bevölkerung. Sie hatten ihn nicht einmal über die inzwischen hier lebenden Russen. Rußland und die Sowjetunion hatten niemals eine funktionierende Verwaltung. Und so geschah es auch, daß immer noch Deutsche zurückgeblieben waren, die die Miliz nicht gefunden und dann einfach vergessen hatte. Einige Deutsche waren auch auf der Suche nach Lebensmitteln in Litauen oder in Weißrußland unterwegs. Als sie nach Königsberg zurückkamen, waren die übrigen

Deutschen fort. Einige wurden auch 1949 noch ausgesiedelt, und einige wenige sind für immer dort geblieben.
Generalmajor Wladimir Iwanowitsch Djomin hatte mit der Aussiedlung der Deutschen seine wichtigste Aufgabe in Kaliningrad abgeschlossen. Er blieb noch bis 1951 Leiter der Verwaltung für Innere Angelegenheiten des Kaliningrader Gebiets. Es gab auch in dieser Zeit für ihn viel Arbeit mit den neuen Bewohnern, die zum überwiegenden Teil alles andere als freiwillig hierher gekommen war.

Güterbahnhof der Schmerzen

Der Güterbahnhof, von dem die Transporte mit den Aussiedlern abgingen, war in den ersten Jahren nach dem Krieg ein geheimnisvoller Knotenpunkt zwischen Ost und West. Hier war einer der beiden Anschlüsse mit normaler europäischer Spurbreite, der ohne Umladen an der Grenze das sowjetisch gewordene nördliche Ostpreußen mit den in Polen und in Deutschland stationierten Truppen verband. Die zweite Strecke endete 100 Kilometer weiter östlich in Insterburg. Auf der Strecke vom Güterbahnhof in Königsberg, über Preußisch Eylau und hinüber ins polnisch gewordene südliche Ostpreußen wurden nicht nur Güter, sondern auch Menschen befördert.
Transporte mit deutschen Kriegsgefangenen gingen hier von West nach Ost ins Innere der Sowjetunion und auch von Ost nach West mit Heimkehrern. Hier kamen auch Züge mit ehemaligen sowjetischen Kriegsgefangenen und Zwangsarbeitern aus Deutschland an, die zunächst einmal vom NKWD verhört und überprüft wurden.
In einem Heimkehrerbericht aus Königsberg heißt es: »Da der Hauptbahnhof völlig zerstört ist, geht der gesamte Eisenbahnverkehr über den Güterbahnhof. Auf den Strecken arbeiten deutsche Frauen. Wenn die Züge mit den Gefangenentransporten, die teilweise bis zu 24 Stunden in Königsberg gestanden haben, ankamen, wollten die Frauen sich mit den Gefangenen unterhalten. Die Russen bewachten jedoch diese Transporte sehr scharf, so daß es nie zu einer Unterhaltung gekommen ist.«
Die Züge, mit denen im Oktober 1947 die ersten Aussiedler nach Deutschland reisten, unter denen sich viele Kinder aus Heimen und

Auffanglagern im Kaliningrader Gebiet befanden, brachten auf der Rückfahrt ebenfalls Männer, Frauen und Kinder mit. Sie kamen aus dem Lager 266 in Brandenburg. Dort wurden ehemalige aus der Sowjetunion stammende Kriegsgefangene und Deportierte, die bei Kriegsende in Westdeutschland waren, durchgeschleust. Dieses Lager hatte auch eine Abteilung für Kinder. Das Lager 266 unterstand ebenfalls dem NKWD oder dessen Nachfolger MWD. Zu denen, die in die Sowjetunion zurücktransportiert wurden, gehörten auch Deutsche aus der Ukraine, von der Krim oder aus dem Kaukasus, die mit dem Rückzug der deutschen Truppen bis nach Deutschland gekommen waren. Manche Männer hatten auch als Soldaten in der deutschen Wehrmacht gedient. Da sie beim Einmarsch der deutschen Truppen sowjetische Staatsbürger waren, wurden sie als Verräter an der Heimat angesehen. Auch die Westmächte beteiligten sich daran, sie aufzuspüren und an die sowjetischen Behörden zu übergeben. In der Sowjetunion erwarteten sie langjährige Strafen in Arbeitslagern.

Während vom Güterbahnhof in Kaliningrad deutsche Kinder aus Heimen und Auffanglagern in die sowjetische Besatzungszone abtransportiert wurden, kamen mit den Zügen in umgekehrter Richtung aus dem Lager 266 in Brandenburg ebenfalls Kinder nach Kaliningrad. Sie waren in Deutschland geboren. Darunter befanden sich Kinder von aus der Sowjetunion stammenden Deutschen und auch Kinder von sogenannten Fremdarbeitern.

Die Moskauer Zeitung »Segodnja« (Heute) berichtete über solche Kindertransporte. Zu einem von ihnen gehörte der noch heute in Kaliningrad lebende Erik Sperik. Er kam im Oktober 1947 – damals waren gerade die ersten Massentransporte aus Kaliningrad in Richtung Deutschland abgegangen – als Fünfjähriger mit einer Gruppe von Kindern aus dem Lager 266 in Brandenburg nach Kaliningrad und von da aus in das Kinderheim der Kleinstadt Slawsk, die früher Heinrichswalde hieß und in der Elchniederung liegt. Der damals elf Jahre alte Wladimir Morosow, der ebenfalls im Heim in Slawsk war, erinnerte sich an Erik: »Erik sprach nur Deutsch und kein Russisch. Er war der kleinste unter den Kindern, die ihn wegen seiner Gangart ›Scharik‹ (Kügelchen) nannten. Später wurde Sperik auf einer Versammlung der Zöglinge und der Erzieherinnen aufgrund seines Spitznamens in ›Scharikow‹ umbenannt. Der Vorname Erik wurde durch Petja ersetzt.«

Die Erzieherin Albina Kosyr berichtete: »Als die Geburtsurkunde

ausgefüllt werden mußte, wurde er aufgrund des Namens Scharikow als Russe eingetragen, obwohl er einen deutschen Namen und Vornamen hatte und nur Deutsch sprach. Die Angaben über seine Eltern und seinen Geburtsort – Stadt Kirow – wurden erfunden.«
Sperik erhielt 1991 nach langen Bemühungen seinen deutschen Namen und seine deutsche Nationalität zurück. Nationalität ist nicht gleichbedeutend mit Staatsangehörigkeit, neben der sowjetischen oder später russischen Staatsangehörigkeit stand in den Pässen auch eine der etwa hundert Nationalitäten des Landes.
Erik Sperik, den dieses Problem in späteren Jahren nicht losließ, konnte ermitteln, daß von zwölf ebenfalls aus Deutschland gekommen Kindern die Nationalität geändert wurde. Sie erhielten russische Namen und galten fortan als Russen.
Die Zeitung »Segodnja« schrieb: »In die Kaliningrader Kinderaufnahmestelle, die der Gebietsverwaltung des Inneren unterstand, wurden in der Regel ältere Kinder geschickt, so daß Erik Sperik eine Ausnahme war. Zwei Listen, über die die Redaktion verfügt, enthalten 69 Jungen und Mädchen im Alter zwischen sechs und 14 Jahren, die deutsche Namen hatten. Diese Kinder waren erwachsen genug, um sich später an ihre Herkunft erinnern zu können. Kleinere Kinder wurden gesondert weggeschickt. Sie kamen in Waisenhäuser und somit in ein russischsprachiges Milieu. Beim Erreichen des Schulalters verteilte man sie auf verschiedene Kinderheime. Für einige fanden sich Adoptiveltern.«
Einige Kinder, die von Kaliningrad nach Deutschland ausreisten, mußten ihre Väter zurücklassen. Sie waren Russen. Einige deutsche Frauen hatten mit Russen zusammengelebt, eine Heirat schien damals noch nicht vorstellbar. Der Befehl zur Ausreise erging an die deutschen Frauen und auch an ihre Kinder aus der Verbindung mit Russen. Daß dadurch »Familien« zerschlagen wurden, interessierte das MWD nicht.

Fünfte Geschichtsstunde: Die »Zitadelle des Militarismus«

Nun hatten die Sowjets die »Zitadelle des preußischen Militarismus«, wie sie Königsberg nannten, ausgelöscht. Nachdem General Lasch kapituliert hatte, bezeichnete sich der erste sowjetische General in der Stadt noch stolz als »Kommandant der Stadt und der Festung Königsberg«. Generaloberst Kusma N. Galizki, Befehlshaber der 11. Gardearmee, die einen wesentlichen Anteil an der Erstürmung Königsbergs hatte, ließ sich 1946 zusammen mit seinem Stabschef Generalleutnant I. I. Semjonow vor der von Geschoßeinschlägen gezeichneten Ruine des Schlosses und neben dem immer noch stehenden Denkmal Kaiser Wilhelms I. fotografieren. Die Russen nannten das Schloß »Zitadelle«. Und das Denkmal des deutschen Kaisers stand auch auf Fotos aus dem Jahre 1947 noch auf dem alten Platz.

Als der Kaliningrader Gebietsparteichef Nikolai Konowalow zwischen 1965 und 1969 das Schloß abreißen ließ, argumentierte er: »Das Schloß ist ein Denkmal des deutschen Militarismus und muß wie ein fauler Zahn mitsamt der Wurzel entfernt werden.«

Verbunden mit dem »Militarismus« war das »Junkertum«. Damit wurde die Schicht bezeichnet, die dieses System getragen hatte. Aber was hatten damit die Menschen in Königsberg zu tun?

Eine Zitadelle war Königsberg schon. Aber das, was als »preußischer Militarismus« bezeichnet wurde, kam nicht von hier, sondern aus Berlin und aus Potsdam. Zunächst war Königsberg wie viele wichtige Städte nur mit Wall und Graben befestigt. Mit der Entwicklung der Militärtechnik wurde 1843 mit dem Bau eines Befestigungsrings mit Bastionen begonnen, die alle Namen erhielten: Sternwarte, Wrangel-Turm, Dohna-Turm, Grolman, Litauen und Pregel. Bis 1882 wurden zwölf weiter vorgeschobene Forts angelegt, hinter denen eine Ringchaussee verlief. Die Forts waren aus hartgebrannten Ziegeln gebaut und durch meterhohe Erdaufschüttungen später gegen den Beschuß durch moderne Artillerie und Fliegerbomben geschützt. Auch sie hatten alle Namen. Es waren solide Bauten, die auch noch nach 150 Jahren als rote Ziegelflecken aus dem grauen Einerlei der sowjetischen Betonbauten hervorleuchteten. Die Bauwerke der »Zitadelle« waren keineswegs vernichtet. Ganz im Gegenteil wurde an ihrer Restaurierung gearbeitet, um in ihnen Restaurants, Ausstellungsräume und Museen einzurichten.

Festungen wurden nicht für Angriffe, sondern für die Verteidigung gebaut. Bis 1945 mußte die Festung Königsberg niemals verteidigt werden. 1914 hatte die russische Armee Rennenkampf sie fast erreicht. Im Vorfeld waren bereits die ersten berittenen Patrouillen aufgetaucht, aber nachdem die von Süden gegen Ostpreußen vorgerückte Samsonow-Armee von Hindenburg in der sogenannten Tannenberg-Schlacht vernichtet worden war, zog Rennenkampf sich zurück. Die Standfestigkeit der Festung Königsberg wurde nicht erprobt.

Im Winter 1944/1945 wurde der Ring zwischen den vorderen Forts zu einer Hauptkampflinie ausgebaut, auch mit Panzergräben und Minenfeldern gesichert. Davor wurde noch eine Vorfeldstellung mit Schützengräben angelegt, die aber wegen des Mangels an Soldaten gar nicht ausreichend besetzt werden konnte.

Der »preußische Militarismus« ging auf König Friedrich Wilhelm I. (1688–1740) zurück, der von seinem buckligen, aber vergnügungssüchtigen und verschwenderischen Vater Friedrich I. einen Staat mit völlig zerrütteten Finanzen übernommen hatte. Friedrich Wilhelm wurde von den Geschichtsschreibern später als der »Soldatenkönig« bezeichnet. Er schuf ein Staatswesen, in dem das Militär, aber keineswegs der Krieg die wichtigste Rolle spielte. An Kriegen beteiligte er sich schon aus Geiz nicht. In Preußen entstand ein Wirtschaftssystem, das nur in enger Symbiose mit dem Militär funktionierte und in dem der Adel in seiner Eigenschaft als Offizier und als Besitzer landwirtschaftlicher Güter ein wichtiges Verbindungsglied war. Dazu kam, daß der König sein System der Militärwirtschaft mit rücksichtsloser Strenge durchsetzte.

Wenn er seine Provinzen bereiste – und das tat er regelmäßig mindestens alle drei Jahre –, inspizierte er zuerst die Garnisonen und prüfte dann die Abrechnungen der Steuereintreiber. Er hatte zwar als erster preußischer Herrscher seine private Kasse von der des Staates getrennt, den Staat betrachtete er trotzdem als sein Privateigentum. Nur das Abrechnungsverfahren war übersichtlicher.

Junge Männer von stattlichem Wuchs lebten in Friedrich Wilhelms Staat gefährlich. Sie mußten damit rechnen, daß er sie für seine Garde, die »Langen Kerls«, einfangen ließ. Das von ihm erdachte System der Militarisierung des Staates baute aber auf anderen Prinzipien auf. Es war das 1733 eingeführte Kantonreglement. Dieses war eine wesentliche Grundlage für das, was später als »preußischer Militarismus« bezeichnet wurde.

Jedes Regiment erhielt einen Bezirk, einen »Kanton«, im Land zugewiesen. Dort hob es seine Soldaten aus. Noch vor dem Ersten Weltkrieg sagten preußische Soldaten, wenn sie zur Musterung mußten, daß sie »zum Kanton« gingen. Auch die »unsicheren Kantonisten« waren vermutlich die, die bei erstbester Gelegenheit zu desertieren versuchten.

Entziehen konnte sich diesem System kaum jemand. Schon im Kindesalter wurden die Jungen »enrolliert«, also erfaßt. Der Soldatenkönig führte eine Art von Wehrpflicht ein, die für die Betroffenen den Nachteil hatte, daß sie nicht ein oder zwei Jahre mit gelegentlichen Reserveübungen dauerte, sondern bis ins hohe Alter galt. Das Kantonsystem machte außerdem kostspielige Anwerbungen außerhalb der Landesgrenzen, wie sie damals üblich waren, überflüssig.

Der König verfügte über keine Kasernen, in denen er seine ständig wachsende Armee unterbringen konnte. Kasernen waren noch unbekannt. Der König legte seine Soldaten den Bürgern ins Quartier. Er lieferte nur Uniformen und Waffen und bezahlte das Essen. Einkaufen und kochen mußten die Soldaten selbst. So brachten die Garnisonen Geld in viele kleine preußische Städte. Überall auf den Plätzen waren die Exerzierkommandos zu hören. Überall prügelten die Unteroffiziere beim Exerzieren die Soldaten und die Offiziere die Unteroffiziere.

Die Soldaten lagen auch nicht das ganze Jahr über in den Garnisonen, sondern nur ein paar Monate. In der übrigen Zeit hatten sie für die Wirtschaft zu arbeiten.

Preußen war ein Agrarland mit wenigen freien und vielen den Gutsherren und den Domänenverwaltern zum Dienst verpflichteten Bauern. Es ließ sich gut einrichten, daß die Bauern und Bauernsöhne in der Zeit, in der auf den Höfen und Feldern wenig zu tun war, Soldaten waren. In der übrigen Zeit arbeiteten sie auf dem Land oder, wenn sie Handwerker waren, auch als »Freiwerker« in der Stadt.

Auch die Offiziere hatten in diesem System ihre Rolle. Der König nahm sie ebenfalls aus den Kantonen der Regimenter. Da sie in der Regel von den adligen Gütern stammten, waren sie während der Soldatenzeit die militärischen Vorgesetzten ihrer Leute, außerhalb der Militärzeit die Arbeitgeber und oft genug auch noch die Gerichtsherren, weil der König ihnen auch dieses Recht verliehen hatte.

Die Adligen wurden ebenfalls in diese Rolle gepreßt. Sie durften das Land nicht verlassen, weil sie sich dann dem Militärdienst hätten entziehen können. Junge Adlige wurden schon im Kindesalter in die Kadettenanstalten gesteckt.

Die Verflechtung von Militär und Wirtschaft ging noch weiter. Die Regimenter und Kompanien waren selbständige Wirtschaftseinheiten. Die Offiziere bekamen pauschal das Geld für ihre ganze Einheit. Wie sie damit über die Runden kamen, war ihre eigene Sache. Das System hatte den Vorteil, daß die Verwaltung einfach war. Es hatte den Nachteil, daß der Korruption der Offiziere Tür und Tor geöffnet waren. Das System der Kompaniewirtschaft war auch in anderen Armeen üblich. Die Russen zogen damit noch in den Ersten Weltkrieg.

Alleiniger Eigentümer dieses staatskapitalistischen und militaristischen Unternehmens war der König. Er setzte es mit harter Knute durch. Wer nicht gehorchte, mußte damit rechnen, daß er zum Spießrutenlaufen »durch die Gasse« geschickt wurde. In zwei Reihen aufgestellte Soldaten prügelten auf den Delinquenten, der zwischen ihnen durchlaufen mußte, mit Ruten ein. Untertan des Königs zu sein, war mit absolutem Gehorsam verbunden.

Dieses ganz auf das Militär abgestellte System, das auch Ansätze von sozialer Fürsorge zeigte, konnte paradoxerweise nur dann gut funktionieren, solange der König seine Soldaten nicht in einen Krieg schickte. Und der Soldatenkönig führte nicht Krieg.

Das Kantonsreglement von 1733 galt in Preußen noch bis zur Zeit der napoleonischen Kriege. Bei seinem Tod (1740) umfaßte die Armee bei etwa dreieinhalb Millionen Einwohnern in seinen gesamten Ländereien 83 000 Mann und der Staatsschatz ca. 10 Millionen Taler. Durch brutalen Drill wurde auch die Armee Friedrichs II., des Sohnes des »Soldatenkönigs«, zusammengehalten und nun auch in zahlreiche Kriege geführt. Friedrichs Regimenter zogen in Reih und Glied zum Klang der Pfeifen und Dröhnen der Trommeln in die Schlacht. Seine Soldaten waren so gedrillt, daß sie schneller laden und schießen konnten als alle anderen Armeen. Das machte ihre Überlegenheit aus. 180 000 Opfer allein auf preußischer Seite hat der Siebenjährige Krieg gefordert, der geführt wurde, um zu entscheiden, ob Schlesien zu Preußen oder zu Österreich gehören sollte. Aber dynastische Kriege dieser Art waren keine preußische Spezialität. Für »Erbfolgekriege« schickten die Herrscher an allen Ecken Europas ihre Untertanen in den Tod.

Als der »Alte Fritz« keine Kriege mehr führte, baute er das »Friderizianische System« weiter aus: aufgeklärter Absolutismus mit Vor-

herrschaft des preußischen Adels über Bauern und Städte und weitere Verstärkung der Armee, die zuletzt rund 240000 Mann umfaßte. Als Friedrich II. 1786 starb, stand die Französische Revolution vor der Tür und mit Napoleon auch eine ganz neue Militärdoktrin.

Der Großgrundbesitz der »Junker« in Preußen – dem späteren Ostpreußen – war noch in der Zeit des Deutschen Ordens als Folge von Kriegen entstanden. Kriege konnte der Orden nicht mit den wenigen Rittern führen, die ihm angehörten. Er mußte deshalb Verträge mit Söldnerführern schließen, konnte sie aber oft genug nicht bezahlen. Deshalb bot er ihnen Land an. Eine damals übliche Form der Landzuteilung sah so aus: Ein Söldnerführer erhielt soviel Land, wie er an einem Tag umreiten konnte.

Einer der größten Landbesitze war auf andere Art zusammengekommen: In der Gegend zwischen den Städten Insterburg und Wehlau, in der die Pest besonders schlimm gewütet hatte und die fast menschenleer war, kaufte damals Fürst Leopold von Dessau, besser bekannt als »der alte Dessauer«, der Feldmarschall und bekannte Haudegen, ein ganzes Gebiet von darniederliegenden Dörfern und Gütern auf, im ganzen ungefähr 125 Quadratkilometer. Viel wird er dafür nicht bezahlt haben, auch wenn das »Bauernlegen«, das Einziehen von bäuerlichem Besitz durch die Gutsherrschaft, in Preußen seit 1709 verboten war. Was der Feldmarschall erwarb, hatte als »Dessauische Lande« noch lange Bestand und galt als musterhafte Landwirtschaft. Nach ihm war auch der »Dessauer Hof« in Insterburg benannt, in dem im Ersten Weltkrieg der russische General Rennenkampf sein Hauptquartier aufgeschlagen hatte. Hauptsitz dieses kleinen Imperiums war allerdings Bubainen, wo sich der Fürst in den Jahren 1734 bis 1737 ein 130-Zimmer-Schloß bauen ließ. Er selbst hielt sich dort höchstens im Sommer auf, und schon zehn Jahre nach seinem Tod brannten es die Russen, die sich im Krieg gegen Preußen befanden, nieder.

Das, was heute als preußischer Militarismus bezeichnet wird, erlebte seine Auferstehung mit dem deutschen Kaiserreich. Das Militär spielte in der Gesellschaft eine hervorragende Rolle (und wurde gleichzeitig zur Zielscheibe der Karikaturisten). Bei der Garde in Berlin und bei den Regimentern mit den großen Namen stellte der Adel nach wie vor das Offizierskorps, in anderen Truppenteilen tauchten aber immer mehr Bürgerliche als Offiziere auf. Bürgerliche Eitelkeit und Glorifizierung des Militärs verbanden sich bei den Einjährig-Freiwilligen. Auf diesem Weg konnten vor allem die Be-

amten aus dem Mittelstand zum Reserveoffizier aufsteigen und bei feierlichen Anlässen in der Kleinstadt die Uniform anziehen. Auch diese Art von Militarismus war keine Erfindung des preußischen Königsberg.

Die Kommunisten allerdings verstanden unter Militarismus etwas anderes. Militarismus war für sie ein »reaktionäres politisches System herrschender Ausbeuterklassen, das zur Unterdrückung der Volksmassen des eigenen Landes und zur Verwirklichung ihrer Expansionspolitik gegenüber anderen Ländern den militärischen Mitteln, vor allem dem Krieg, die Hauptrolle in der Politik zuweist«. So beschrieb es das »Kleine politische Wörterbuch« der einstigen DDR. Und so ungefähr stellten es sich die sowjetischen Soldaten vor, die Königsberg, die »Zitadelle des preußischen Militarismus« erobert hatten. Von der sehr viel komplizierteren Rolle der Armee in Preußen, die im Krieg gegen Napoleon auch eine mit Rußland verbündete Bürgerarmee war, hatte niemand von ihnen eine Ahnung. Hätten sie um die Verflechtung von Militär und Wirtschaft unter dem »Soldatenkönig« gewußt, wären ihnen vielleicht Ähnlichkeiten mit der Roten Armee und ihrem eigenen gewaltigen Wirtschaftsimperium aufgefallen, das bis zu den Militärsowchosen im Königsberger Gebiet reichte.

Die Festung Königsberg hatte vor dem Ersten Weltkrieg tatsächlich eine beträchtliche Garnison, die im Bild der Stadt unübersehbar war. Nach einem »Wegweiser durch Königsberg i. Pr. und Umgebung« aus dem Jahre 1910 bestand die Garnison aus dem Grenadierregiment Kronprinz (1. Ostpr.) Nr. 1, dem Grenadierregiment König Friedrich Wilhelm I. (2. Ostpr.) Nr. 3, dem Infanterieregiment Herzog Karl von Mecklenburg-Strelitz (6. Ostpr.) Nr. 43, dem Kürassierregiment Graf Wrangel (Ostpr.) Nr. 3, dem 1. Ostpr. Feldartillerieregiment Nr. 16, dem 2. Ostpr. Feldartillerieregiment Nr. 52, dem Fußartillerieregiment v. Linger (Ostpr.) Nr. 1, dem Pionierbataillon Fürst Radziwill (Ostpr.) Nr. 1, dem Samländischen Pionierbataillon Nr. 18 und dem Ostpr. Trainbataillon Nr. 1.

1939, vor Ausbruch des Zweiten Weltkrieges, lagen in Königsberg neben den verschiedenen Stäben und Militärverwaltungen viel weniger Truppen: ein Infanterieregiment, ein Artillerieregiment, eine schwere Artillerieabteilung, eine Beobachtungsabteilung, zwei Pionierbataillone, eine Sanitätsabteilung, eine Aufklärungsabteilung, eine Nachrichtenabteilung und auch Luftwaffe.

Der Wert der Dokumente und der Zahlen

Die sowjetischen Papiere, die hier angeführt werden, waren niemals zur Veröffentlichung bestimmt. Sie stammen aus Archiven in Moskau, soweit es um die Deportation geht, und aus dem staatlichen Archiv des Gebietes Kaliningrad, soweit es die Lebensbedingungen der Deutschen im nördlichen Ostpreußen unter sowjetischer Militärverwaltung und der dann folgenden Zivilverwaltung betrifft. Sie waren Arbeitsunterlagen sowjetischer Behörden. Diese Dokumente sind nicht als ein geordneter Packen Papier vorhanden, sie mußten Blatt für Blatt zusammengesucht werden. Viele Papiere im Kaliningrader Gebietsarchiv, dessen Mitarbeiter große Hilfsbereitschaft und auch persönliches Interesse gezeigt haben, sind vergilbte mit der Hand beschriebene Blätter. Die sowjetische Verwaltung war so arm, daß sie in Königsberg für höhere Dienstgrade zwar Schreibmaschinen hatte, aber aus Papiermangel oft die Rückseiten alter deutscher Briefe beschrieb. In den Bezirksverwaltungen waren nicht einmal überall Schreibmaschinen vorhanden. Deshalb sind viele Berichte mit Tinte und Feder geschrieben.

Dokumente werden von nüchternen Formalien bestimmt. Aus Königsberg liegen besonders viele Schriftstücke aus der Zeit vor, als über alle möglichen Gebiete Protokolle über die Übergabe von der Militärverwaltung auf zivile Behörden angefertigt wurden. Sie lassen die Zusammenhänge erkennen, die den Deutschen in ihren Notbehausungen verborgen bleiben mußten. Die Deportierten haben aus Königsberg und dem nördlichen Ostpreußen viele persönliche Erlebnisberichte mitgebracht, bei denen aber die Hintergründe verborgen bleiben mußten. Sowjetische Dokumente und Augenzeugenberichte ergänzen sich nun. Auch zwischen den Zeilen der Dokumente ist viel vom Leben, vom Hunger, von den Krankheiten, von den elternlosen Kindern, von der Arbeit des »Apparates« herauszulesen.

In Gesprächen während der Arbeit an diesem Buch war immer wieder zu hören: »Die Dokumente sind doch alle gefälscht.« Wer sie hätte fälschen wollen, hätte ein Heer von Experten in Bewegung setzen müssen. Warum hätte man das tun sollen? Und wer hätte das tun sollen? Es sind Papiere der Sowjetunion, die es nicht mehr gibt.

Und man hätte ahnen müssen, daß zwei Journalisten kommen würden, um nach ihnen zu suchen.
Einige Dokumente über Königsberg werden nach wie vor wie Staatsgeheimnisse behandelt. Am Haus Puschkinskaja 15, einer Parallelstraße der Moskauer Hauptstraße Twerskaja, hängt ein Schild mit der Aufschrift »Zentrum für Dokumente der Gegenwartsgeschichte«. An der Fassade prangen die Reliefs von Marx, Engels und Lenin. Es ist das frühere Archiv der Kommunistischen Partei der Sowjetunion. Hier liegen auch zwei dicke Mappen mit Berichten der Königsberger Behörden an die Moskauer Zentrale. Sie tragen den Vermerk »Streng geheim« und stammen aus der Zeit von Mai und Juni 1946. Das Archiv befragte eine Expertenkommission, ob die Dokumente herausgegeben werden können. Die Experten traten deswegen zu einer Sondersitzung zusammen. Aber auch sie wollten die Verantwortung nicht übernehmen und reichten die Angelegenheit zur Entscheidung an das Sicherheitsministerium weiter. Bald darauf löste der russische Präsident Boris Jelzin das Sicherheitsministerium auf. Deshalb wurde dort auch nichts mehr entschieden.
In sowjetischen Dokumenten kommen am Anfang oft die Worte »Ich befehle« vor. Das ist eine traditionelle russische Form der Anordnung. Auch im nachkommunistischen Rußland hat sich das nicht geändert. Das bedeutete noch längst nicht, daß Befehle buchstabengetreu oder überhaupt ausgeführt wurden. Korruption, Gleichgültigkeit, Alkohol und Schlendrian gehörten zum Alltag der Verwaltung. Arbeitsnormen und Planerfüllung beherrschten das Leben in den Betrieben. Jeder wußte, daß dort viele Produktionszahlen gefälscht waren. Ein Plan zur Gründung von 50 deutschen Schulen bedeutete noch längst nicht, daß tatsächlich alle eingerichtet wurden, wo es nicht einmal gelungen war, Schulen für alle sowjetischen Kinder zu eröffnen. Das muß man bei der Bewertung solcher Dokumente bedenken.
Es gab in der Sowjetunion durchaus mit Absicht gefälschte Zahlen. Sie waren von vornherein für die Öffentlichkeit bestimmt und sollten eine Propagandawirkung haben. Auch wenn sie für jedermann als plumpe Fälschungen zu erkennen waren, wurde daran festgehalten. Niemand konnte es wagen, sie zu ändern. Eine solche Fälschung war die Meldung des Sowinform-Büros über die Verluste der deutschen Wehrmacht und die Kriegsbeute, die in Königsberg gemacht worden war. Bereits am Tag der Beendigung des Kampfes

war sie verbreitet worden. So wurde die Zahl der Soldaten in Königsberg vom ersten Bericht über die Kapitulation, über die sowjetische Enzyklopädie, die Militärenzyklopädie bis hin zu den unter dem Titel »Die Sache eines ganzen Lebens« erschienenen Memoiren von Marschall Wassilewski mit vier Divisionen und einigen anderen Verbänden wie dem Volkssturm mit 130000 Mann angegeben. In Wirklichkeit waren es nur 30000. Jeder Soldat wußte, daß eine deutsche Division höchstens noch 7000 bis 8000 Mann hatte. Es hätte dem Bild des sowjetischen Militärs allerdings geschadet, wenn berichtet worden wäre, daß 250000 Mann und 3000 Flugzeuge dieses Häuflein deutscher Soldaten erst nach drei Monaten bezwingen konnten.

Die Zahlen aber, die die Generalmajore Trofimow und Djomin von der MWD-Filiale Kaliningrad nach Moskau über die Deutschen in ihrem Gebiet meldeten, waren internes Arbeitsmaterial. Sie unterschieden sich allerdings sehr von denen, die die in den Westen Deutschlands gelangten Aussiedler mitbrachten. Die sprachen durchweg von 20000 bis höchstens 30000 Deportierten und damit Überlebenden, ohne anzugeben, worauf sie sich dabei stützten. Auch Fritz Gause, ein Chronist der Stadt, sprach in seinem Buch »Königsberg in Preußen« von 25000 Überlebenden, ohne dafür eine Quelle zu nennen. Nach den Dokumenten des sowjetischen Innenministeriums wurden aber mehr als 102000 Deutsche ausgesiedelt, einschließlich 1076 aus der Litauischen Sowjetrepublik. Danach müßten 70000 bis 80000 Menschen im Königsberger Gebiet mehr überlebt haben als im Westen Deutschlands bisher angenommen wurde.

Die Gesamtverluste an Toten und in den Lagern Verschwundenen dürften damit seit den letzten Kampfhandlungen im nördlichen Ostpreußen im April 1945 bis zum Ende der Aussiedlung etwa 36000 betragen haben. Das ist die Differenz zwischen den vermuteten 137000 deutschen Zivilisten vom April 1945 und den 101000 (ohne die aus Litauen gekommenen) bis Ende Oktober 1948 Deportierten. Allein seit dem 1. Juni 1946, als die ersten halbwegs verläßlich erscheinenden Zahlen nach der Volkszählung vorlagen, sind 15000 Deutsche aus der Statistik verschwunden und vermutlich an den Entbehrungen verstorben. Erst seit Mitte 1947, als die Lebensumstände sich gebessert haben, sank auch die Todesrate deutlich.

Die sowjetischen Zahlen von über 100000 Ausgereisten decken sich auch mit der Zahl von 48 bereitgestellten Zügen, die jeweils etwas über 2000 Deutsche transportierten. In den Dokumenten werden zum Teil auch die Tage der Abfahrt angegeben. Die Daten der Transporte vom Herbst 1947 und Frühjahr 1948 in den Meldungen des Generalmajors Djomin nach Moskau entsprechen den Angaben deutscher Aussiedler. Sie stimmen sowohl mit Einzelberichten als auch mit den Daten in dem Buch von Pfarrer Hugo Linck »Königsberg 1945–1948« überein. Auch Linck wußte, daß in jedem Zug etwa 2000 Deutsche abtransportiert wurden. Er selbst war bei einem der Frühjahrstransporte des Jahres 1948 dabei, die Masse reiste erst nach ihm und im Herbst aus. Die Zahl der bis dahin abgegangenen Züge ließ sich etwa übersehen. Schon vor Pfarrer Linck mußten etwa 40000 Deutsche ausgereist sein.

Die sowjetische Geheimpolizei hat über ihr Wirken und auch ihre Untaten nicht nur pedantisch Buch geführt, sondern die Berichte zudem in Archiven aufbewahrt. Über die Erschießung der kriegsgefangenen polnischen Offiziere in Katyn und an zwei anderen Orten wurden detaillierte Zahlenangaben gefunden. Über die Deportationen der kaukasischen Völker oder der Krimtataren wurde ebenso wie über die Deutschen aus Königsberg in allen Einzelheiten nach Moskau berichtet – Gesamtzahlen, Frauen, Männer, Kinder, Bedarf an Eisenbahnwaggons, Bedarf an Lastwagen, Zahl der eingesetzten NKWD-Truppen, auf dem Transport Verstorbene. Auch das sind heute keine Geheimnisse mehr.

Außer dem sowjetischen Innenministerium hätte noch eine zweite Stelle sagen können, wie viele Deutsche das Inferno von Königsberg überlebt haben. Es hätten die deutschen Behörden der sowjetischen Besatzungszone sein können, die die Aussiedler übernahmen. Aber auch sie schwiegen. Zu dem, was in der Sowjetunion vorging, durften und wollten sie nichts sagen.

Die neuen Bewohner

Nach der Ausreise der letzten Deutschen wurde Königsberg eine russische Stadt, und doch wurde sie es nicht ganz. Die Trümmer wurden fortgeräumt, aber wie in so vielen Städten, über die der Krieg hinweggegangen war, ließen sich einige Bauten wie durch ein Wunder schnell wieder instand setzen. Überdauert hatten die Festungsanlagen aus hartgebrannten roten Ziegeln, die Kasernen, viele Schulen, die wichtigsten Verwaltungsbauten, aber viel zu wenig Wohnhäuser, in denen die Menschen noch leben konnten. In den Vororten schien der Krieg manche Straßenzüge weitgehend übersehen zu haben. Und so ist der Hauch der Vergangenheit dennoch vielfach zu spüren. Diese Vergangenheit sind nicht die Jahrhunderte der Geschichte, sondern die Jahrzehnte, in denen Königsberg zu einer Großstadt, zu einem Industrie-, Handels- und Verwaltungszentrum wurde. Und es ist die Landschaft am Pregel mit den Teichen in der Stadt, auch wenn sie stark verändert sind, die Bäume an den alten Straßen.

Die schwersten Verwüstungen haben die britischen Bombenangriffe vom August 1944 angerichtet. Damals ging der ganze Stadtkern in Flammen auf. Zu einem großen Teil wurde er mit unglaublich tristen Plattenhäusern zugebaut. Die sowjetischen Einheitswohnungen in Kaliningrad unterschieden sich nicht von denen in Moskau, in Kiew oder in Wladiwostok im Fernen Osten. In der ganzen Sowjetunion wurden Wohnungen nach einem einheitlichen Bauplan errichtet.

Aber wo früher die Innenstadt von Königsberg war, gibt es auch noch eine große freie Fläche, auf der Unkraut wuchert. Sie wird von neuen Straßen durchschnitten, wo es früher keine Straßen gab. Auf dieser kahlen Fläche stand früher Haus an Haus, Geschäft neben Geschäft, Lagerhaus an Lagerhaus. Nun ragen nur zwei Bauten heraus, ein alter und ein neuer. Der alte ist die Runie des Doms auf dem Kneiphof, einer Insel, die einmal eine der drei selbständigen Königsberger Städte war. Der neue ist ein Ungetüm aus Beton, dessen Bau vor 20 Jahren begonnen wurde, den wegen Baufälligkeit aber niemand zu betreten wagt und der wohl niemals fertig wird. Es sollte das »Haus der Räte« werden.

Am Dom, an dessen Seite das Grabmal des Philosophen Immanuel Kant wie durch ein Wunder erhalten geblieben ist, wurde mit dem Wiederaufbau begonnen. Zunächst ist es nicht viel mehr als eine Sicherung der Bausubstanz. An oberster Stelle der Geldgeber sind auf einer Tafel das russische Kulturministerium und die Verwaltung des Kaliningrader Gebietes verzeichnet. Aber es kommen auch beträchtliche Mittel aus Deutschland. Gleich neben dem Eingang in das noch dachlose Schiff des Domes ist eine kleine Kapelle eingerichtet. Vor einem Kreuz auf einer Art Altar, auf dem eine russische Bibel liegt, ist eine Tafel in deutscher Sprache angebracht: »Zur Erinnerung an die Opfer der Bombardierung August 1944.«

Es ist seltsam. Es gibt in dieser Stadt und in diesem Gebiet inzwischen auch von Deutschen aufgestellte Gedenksteine der verschiedensten Art. Die russische Bevölkerung kann mit ihnen nicht viel anfangen, weil sie die Hintergründe nicht kennt. Der einzige, den es geben müßte, der auch ohne Provokation und mit Würde aufgestellt werden könnte, den gibt es nicht: einen Gedenkstein für die zigtausend Toten der Jahre 1945 bis 1948. Oder wenigstens einen in zwei Sprachen gegen Krieg und Gewalt für alle Opfer, für Deutsche und Russen, für Soldaten und Zivilisten.

Die Betonruine inmitten der Wüste befindet sich ungefähr dort, wo früher das Schloß stand. Die Russen sagten dazu »Zitadelle«, aber das war es nicht. Die britischen Bombenangriffe hatten das Schloß, in dem mehrere preußische Könige gekrönt wurden, schon stark gezeichnet. Durch Beschuß beim Sturm auf die Stadt wurden die Wunden noch tiefer. Trotzdem, das Schloß hätte wahrscheinlich gerettet werden können. Als der Kaliningrader Parteichef Nikolai Konowalow, der die Beseitigung von Baudenkmälern aus deutscher Zeit betrieb, auch die Ruine des Schlosses abreißen lassen wollte, protestierte 1966 eine Gruppe von Architekten und anderen Intellektuellen in einem Brief an den sowjetischen Parteichef Leonid Breschnew gegen den Plan. Zu den Unterzeichnern des Briefes gehörte auch der aus Weißrußland gekommene damalige junge Redakteur der örtlichen Zeitung des kommunistischen Jugendverbandes »Kaliningradski Komsomolez«, Boris Nisnewitsch. Die Folgen für ihn: Er verlor seinen Posten und konnte zehn Jahre lang keine Zeile mehr veröffentlichen. Heute ist er Redakteur der »Kaliningradskaja Prawda«, die früher Parteizeitung war und jetzt den Mitarbeitern gehört.

Parteichef Nikolai Semjonowitsch Konowalow, Jahrgang 1907, galt als einer der unerfreulichsten Vertreter der Sowjetmacht im Kaliningrader Gebiet. Er kam 1956 als zweiter Mann hierher. Vorher hatte er im Zentralkomitee in Moskau gearbeitet. 1961 rückte er auf den ersten Platz vor. Er war fest verankert im kommunistischen Machtapparat, war Mitglied des Zentralkomitees und des Obersten Sowjets (des Parlaments der Sowjetunion). Er blieb bis zum Beginn der Glasnost-Zeit, der von Michail Gorbatschow propagierten neuen Offenheit, im Jahre 1985 in Kaliningrad. Als er sich nach Moskau in die Pension zurückzog, gehörte er mit 78 Jahren zu der Riege der Uralt-Funktionäre, die die Sowjetunion in die Stagnation geführt hatten. Er starb im Oktober 1993.

Mit dem Abbruch des Schlosses, das er ein »Denkmal des deutschen Militarismus« genannt hatte, wurde auf seine Anweisung schon 1965 begonnen. Die geschichtsträchtigen Ziegelsteine wurden weiterverwertet. Am liebsten hätte Konowalow das Schloß gleich sprengen lassen. Trotz der Proteste erfolgte der endgültige Abbruch dann 1969.
Keiner seiner Vorgänger hatte sich an das Schloß gewagt. Sein Amtsvorgänger Fjodor W. Markow, Jahrgang 1910, der 1952 ebenfalls aus Moskau nach Kaliningrad gekommen war, hatte die Ruine stehenlassen. An die Stelle des Schlosses wollte Konowalow ein »Haus der Räte« setzen. Aber in 20 Jahren wurde nur der Rohbau geschafft. Zu gebrauchen ist er wahrscheinlich nicht, weil er wegen statischer Fehler als unsicher gilt. Die Kaliningrader bezeichnen den Klotz dennoch als nützlich: Er ist in dem Einerlei der Plattenbauten wenigstens ein Orientierungspunkt.
Inzwischen wurde festgestellt, daß Konowalow der Abbruch des Schlosses nicht vollständig gelungen ist. Die »Wurzel« konnte er nicht entfernen. Auf dem Gelände wurde ein ausgedehntes Kellersystem entdeckt, das nun freigelegt und Besuchern zugänglich gemacht werden soll. Darunter wird wahrscheinlich auch das »Blutgericht«, das früher so berühmte Weinlokal, zum Vorschein kommen.
Bis 1960 existierte für die Stadt nicht einmal ein Bebauungsplan. Es wurden nur Trümmer fortgeräumt. Es gibt Kaliningrader Bürger, die behaupten, daß die Stadt auf einem Pulverfaß stehe. Zahlreiche deutsche Munitionslager seien nicht beseitigt, sondern nur zugeschüttet worden. Manchmal habe die sowjetische Armee darüber neue Depots angelegt.
Inzwischen hat es sich als Glücksfall erwiesen, daß das ehemalige Stadtzentrum immer noch ein unbebautes, weitgehend verwildertes kahles Gelände ist. Für die künftige Gestaltung soll ein internationaler Architekten-Wettbewerb ausgeschrieben werden, der eine einmalige Chance ist. Völlig unklar ist jedoch, wie das alles finanziert werden soll.
Das Kaliningrader Gebiet ist eine der wirtschaftlich schwächsten Gegenden Rußlands. Das jährliche Defizit beträgt 40 Milliarden Rubel. Das waren gut 60 Millionen Mark nach dem Kurs von 1993. Das zweite große Problem war bisher in der Sowjetunion und in Rußland, daß für repräsentative Bauten prächtige Entwürfe von den Architekten erstellt wurden, daß gebaut wurde und dann erst

bemerkt wurde, daß der Untergrund vielleicht dazu gar nicht taugte. Mit der Übergabe des Baus war die Sache erledigt. Für die Unterhaltung und die Beseitigung der Schäden wurde nichts mehr getan.

Vom Kommunismus geprägte Städte hatten niemals ein Zentrum zum Flanieren mit Geschäften und Schaufenstern. Selbst in Moskau gab es das nicht. Auch im heutigen Kaliningrad ist so etwas unbekannt. Geschäfte dienen hier immer noch der Versorgung in den Wohnvierteln, falls sie klappt, aber niemals der Verlockung. Hier wäre endlich eine Chance für etwas anderes als einen Aufmarschplatz für Massenveranstaltungen im Stadtzentrum.

Mit 370000 Einwohnern ist Kaliningrad etwa so groß wie Königsberg vor dem Krieg. Aber Kaliningrad ist keine hektische Stadt. Es fahren viel weniger Autos als in anderen russischen Großstädten und abends ist kaum ein Mensch auf den Straßen zu sehen.

Die früheren Einwohner von Königsberg, die nun als Touristen und Devisenbringer für einige Tage in ihre Stadt zurückkehren, können nur mühsam die Fäden zur Vergangenheit knüpfen. Viele können keine Spuren wiederentdecken. Wo sie einmal gewohnt, als Kinder gespielt haben, verlaufen nicht mehr die Straßen wie früher, sind die Häuser abgerissen, wurden neue errichtet. Aber sie können in die Halle des Hauptbahnhofs gehen, der heute Südbahnhof heißt, und in dem sich bis auf die Verkleidung der Wände nichts verändert hat. Nur die Dächer über den Bahnsteigen sind nun statt mit Glas mit Holz gedeckt. Dabei hatte es in den ersten durchgesickerten Berichten nach dem Krieg geheißen, der Bahnhof sei völlig zerstört.

Neben dem Bahnhof ist das Postamt wie früher in Betrieb. Damals hatte es die Nummer 5, heute hat es die Nummer 15. Der Nordbahnhof hat das äußere Gesicht wie früher, auch wenn der Zugang zu den Bahnsteigen verlegt wurde. Gegenüber ist die russische Stadtverwaltung im selben Haus wie früher die deutsche. Das Gericht daneben ist Gericht, das Polizeipräsidium ist Sitz der Miliz, der russischen Polizei. Das Landesfinanzamt, in den letzten Kriegswochen ein deutsches Militärlazarett und dann das erste deutsche Krankenhaus, beherbergte das Gebietskomitee der kommunistischen Partei und ist nun Sitz der Gebietsverwaltung. Da sind auf beiden Seiten des Hinterroßgartens, der heutigen Uliza Klinitscheskaja, die früheren Städtischen Krankenanstalten und das frühere Diakonissen-Krankenhaus »Barmherzigkeit«, das noch erweitert

wurde. Fünf Stadttore sind erhalten, aber in einem jämmerlichen Zustand. Heute stehen die niedrigen Ziegelbauten in einem harten Kontrast zu den sie überragenden häßlichen Betonbauten.
Und da sind die wenigen Denkmäler, die an die deutsche Zeit erinnern. Da ist zunächst das Grabmal des Philosophen Immanuel Kant am Dom, an dem immer frische Blumen liegen, und ein mit deutscher Hilfe neu gegossenes Kant-Denkmal, das jetzt einen Platz vor der neu gebauten Universität erhalten hat. Über die Gründe für die Kant-Verehrung zu sowjetischer Zeit sollte man sich nicht täuschen. Kant galt den Kommunisten als Vordenker von Karl Marx. Auch das erhalten gebliebene Schiller-Denkmal – jetzt mit deutscher und russischer Inschrift – galt einem »fortschrittlichen« Dichter. An Julius Rupp, den Großvater von Käthe Kollwitz, erinnert ein Gedenkstein in der Nähe des Domes. Das von Käthe Kollwitz geschaffene Relief war so verwittert, daß es durch ein neues ersetzt werden mußte. Auch das war wohl in erster Linie Ausdruck der Verehrung für die den Arbeitern und Armen verbundene Künstlerin. In der Nähe des Betonklotzes des unvollendeten »Hauses der Räte« erinnert eine Tafel mit russischer Inschrift auf einer Rasenfläche daran, daß hier ein gewisser Ernst Teodor Amadej Gofman, der uns besser als E. T. A. Hoffmann bekannt ist, die ersten Jahre seines Lebens verbracht hat.

1950 hatte das Kaliningrader Gebiet bereits 407300 Einwohner. Mehr als die Hälfte wohnte in den Städten. 77,6 Prozent waren Russen, 9,4 Prozent Weißrussen, 5,8 Prozent Ukrainer, 3,5 Prozent Litauer und 3,7 Prozent Angehörige sonstiger Nationalitäten.
Der Zuzug von Neusiedlern hatte sich so beschleunigt, daß die Deportation der Deutschen mehr als ausgeglichen wurde. Am 1. Oktober 1948 hatte die Stadt Kaliningrad 104893 Einwohner. Die letzten Deutschen wurden im Laufe des Monats Oktober abtransportiert. Am 1. November hatte Königsberg trotzdem schon 106564 Einwohner, am 1. Dezember 108644 und am 1. Januar des folgenden Jahres 111033.
Nun leben im Kaliningrader Gebiet über 800000 Menschen. Vor dem Krieg waren es etwa 1,2 Millionen. Mit den Angehörigen der Armee und der Flotte sind es heute auch mehr als eine Million. 47 verschiedene Nationalitäten wurden gezählt. Das ist nichts Besonderes. Das entspricht dem Bild auch in anderen Gegenden Rußlands. Gesprochen wird überall nur russisch.

Die Stadt wurde zu einem wichtigen Zentrum der Hochseefischerei und der Fischverarbeitung. Der Fisch bestimmt weitgehend das Leben in Kaliningrad: von Forschungsinstituten über die Ausbildung des Personals für die Fangschiffe, die Produktion von Fanggeräten, die Schiffsreparatur, die Verarbeitung der Fänge bis zur Konserve und die Herstellung des Verpackungsmaterials. Gefischt wird von hier aus selbst im Südatlantik. Aber ein Teil der Flotte liegt verrostet wie die letzten Seelenverkäufer im Hafen fest. Die Schiffe haben keinen Treibstoff. Andere Fabriken aus der deutschen Zeit wurden wieder in Betrieb genommen. Dazu gehören neben den Werftanlagen vor allem die Zellulose- und Papierfabriken und eine Waggonfabrik.

Die Angehörigen der ersten Generation, die als Umsiedler meistens in ein ungeliebtes Land kamen, sind längst verstorben oder heute Pensionäre. Manche sind nach Rußland zurückgegangen, sobald es möglich war. Dieses Land war nicht Rußland, es war nicht ihr Land. Die aus dem Land getriebenen Deutschen, die ihre Häuser und Höfe, ihr Vieh und ihre Landmaschinen zurücklassen mußten, haben natürlich geglaubt, daß jeder ihre Heimat mit ihren Augen sehen müßte – als das schönste Land der Welt. Aber die stolze russische Mentalität ist anders: Was nicht wie in Rußland ist, das ist schlecht.

Die zweite und nun auch schon die dritte Generation bewegen solche Gedanken nicht mehr.

In Olsztyn, dem früheren Allenstein, im polnisch gewordenen Teil Ostpreußens erscheint eine Zeitschrift mit dem Titel »Borussia«, dem lateinischen Wort für Preußen. In ihr schreiben Polen, Litauer, Russen und Deutsche aus dem Raum, der früher als das ursprüngliche Preußen eine Einheit war. Darin stellte Weronika Tschernyschewa, Historikerin am Museum in Kaliningrad, Überlegungen über die Änderung des Bewußtseins der Menschen im Kaliningrader Gebiet an. Sie glaubt, daß sich die heutige Generation weitgehend von Rußland abgekoppelt hat und statt dessen nach Europa schaut und sich Europa zugehörig fühlt.

Die erste Generation der russischen Siedler habe sich hier noch in der Fremde gefühlt und habe spätestens im Alter nach Rußland zurückkehren wollen, um in der Heimat zu sterben. Das Gefühl der Vorläufigkeit habe dazu geführt, daß Häuser, Höfe und sogar intakte landwirtschaftliche Maschinen nicht genutzt wurden, daß alle vorgefundene örtliche Kultur abgelehnt und zerstört wurde und daß die höchsten sowjetischen Behörden diese Einstellung auch noch unterstützten.

Durch den Zusammenbruch der Sowjetunion und die tiefgreifenden Veränderungen betrachte die nun heranwachsende dritte Generation Rußland nicht mehr als das Vaterland. Die russischen Traditionen spielten bei ihr keine Rolle mehr. Natürlich wurden deutsche Traditionen nicht wiederentdeckt. Aber hier habe sich bereits etwas ganz Neues entwickelt, meint Weronika Tschernischewa. Viele junge Leute fühlten sich als Kosmopoliten, als Europäer. Selbst in der Sprache habe sich das Kaliningrader Gebiet zu einem eigenständigen Raum entwickelt. Von allen hier lebenden Nationalitäten werde zwar russisch gesprochen, es habe sich aber eine Sprache ohne jede Dialektfärbung, rein und geradezu literarisch herausgebildet.

Die meisten Touristen, die aus Deutschland hierherkommen, treten zuerst unsicher auf. Sie wissen nicht recht, wie sie sich verhalten sollen. Kaum einer von ihnen war vorher schon einmal in der früheren Sowjetunion oder in Rußland.

Bei einer Stadtrundfahrt sagte die russische Führerin den deutschen Touristen: »Dieser Boden ist etwas Einzigartiges in der Geschichte unserer beiden Völker. Es ist unsere gemeinsame Heimat. Ihre Gefühle sind verständlich. Sie begegnen in der Bevölkerung keiner Spur von Feindschaft oder Feindseligkeit. Es gibt viele private Kontakte, und auch wir haben viel über Deutschland erfahren, was wir früher nicht wußten.«

Es sind jeden Tag mehrere Busse mit Touristen aus Deutschland unterwegs. Alle fahren bestimmte Punkte an: den früheren Hauptbahnhof, der jetzt Südbahnhof heißt, die zu einem Konzertsaal umgebaute katholische Kirche am Oberhaberberg, den Dom, das neugegossene Kant-Denkmal vor der Universität am einstigen Paradeplatz, den Platz vor dem Nordbahnhof und die vom Krieg nur wenig mitgenommenen gutbürgerlichen Wohnviertel Amalienau und Juditten. Wo die Busse halten, werden die Touristen von dort bereits wartenden russischen Kindern umringt, die ihnen Ansichtskarten, Königsberger Wimpel, Bernstein oder das deutschsprachige Monatsblatt »Königsberger Express« verkaufen wollen. Manche verdienen damit wahrscheinlich mehr als ihre Väter in der Fabrik. So wie damals nach dem Krieg die deutschen Kinder auf dem schwarzen Markt am Nordbahnhof mehr verdienten als ihre arbeitenden Mütter . . .

Die Deutschen aus dem Osten kommen!

Die Touristen bleiben nur wenige Tage. Unter denen, die damals vertrieben wurden, ist keiner, der seinen alten Besitz wiederhaben will. Aber es kommen auch Deutsche, die sich für immer hier ansiedeln wollen. Sie kehren nicht aus dem Westen zurück, wie es die Russen der ersten Zuwanderergeneration nach dem Krieg befürchtet hatten, sie kommen aus dem Osten. Sie haben keine deutschen, sondern russische, kasachische oder kirgisische Pässe. Die meisten sind Kriegsflüchtlinge aus Zentralasien. 1993 lebten nach offiziellen Angaben 5000 solche Deutsche im Kaliningrader Gebiet. Aus Kreisen der Deutschen selbst wurden Zahlen bis zu 15000 genannt. Bei über 800000 Einwohnern fällt weder die eine noch die andere Zahl ins Gewicht. In der Stadt Kaliningrad wurden die Deutschen auf nur etwa 200 bis 300 Familien geschätzt. Niemand sollte sich da etwas vormachen. Die deutschen Zuwanderer sind nicht besonders willkommen, denn hier besteht an nichts ein Überfluß. Aber sie werden auch nicht besonders schikaniert. Wenn ein Deutscher ein Haus baut und auf einen Anschluß an Wasser und Strom ein Jahr warten muß, weiß er, daß es auch einen russischen Hausbauer nicht besser ergeht.
Die neu zugezogenen »deutschen« Familien sind in Wirklichkeit in der Mehrzahl national gemischt. Ein Teil ist deutsch, der andere russisch oder ukrainisch. Russisch ist auch in der Familie die gängige Sprache.
Das Wort »Rußlanddeutsche«, mit dem sie meist versehen werden, trifft auf die meisten von ihnen nicht zu, höchstens auf ihre Vorfahren. In den Nachfolgestaaten der auseinandergebrochenen Sowjetunion leben seit Generationen mehr als zwei Millionen Deutsche, die meisten davon nicht in Rußland, sondern in Kasachstan und in anderen zentralasiatischen Republiken. Stalin hatte die Masse von ihnen bei Kriegsbeginn aus dem europäischen Teil der Sowjetunion dorthin deportiert. Die Deutschen fühlen sich in Asien ebenso wie die dortigen Russen an die Wand gedrückt. Allerdings ist ihre Situation etwas anders, weil sie nicht wie die Russen die Schlüsselpositionen besetzt hielten und die Intelligenz stellten. Sie arbeiten meist in der Landwirtschaft oder in der Industrie. Aber in Kasachstan beispielsweise sprachen sie russisch und deutsch. Nun sollen sie auch die Staatssprache Kasachisch lernen.

Unter diesen Deutschen gibt es keine einheitliche Vorstellung über ihre Zukunft. In Bonn wird übersehen, daß sie keine Heimat- und Besitzlosen sind. Sie wurden zum großen Teil zwar während des Krieges aus ihren Wohngebieten an der Wolga, wo sie sogar eine eigene Autonome Republik hatten, von der Krim und aus dem Kaukasus, vor dem Eintreffen der deutschen Truppen nach Asien deportiert. Heute aber geht es nicht mehr um die Generation der Deportierten, sondern um deren Kinder und Enkel, die eigene Häuser und in der Garage ihr eigenes Auto haben. Diese Kinder und Enkel haben keinerlei persönliche Beziehung zu der Steppe an der südlichen Wolga, wo Bonn mit großem Eifer die Wiedererrichtung einer deutschen Wolgarepublik unterstützen wollte. Bonn hatte dabei auch übersehen, daß es schlecht mit Rußland Abmachungen treffen kann, ohne Kasachstan, das ein eigener Staat ist, von Anfang an zu konsultieren. Immerhin machen die Deutschen dort ungefähr sechs Prozent der Bevölkerung aus. Die deutsche Regierung erkundete nicht einmal gründlich die Meinung der Deutschen in Rußland oder in Kasachstan, sondern sprach vor allem mit den Funktionären ihrer Verbände, die alles andere als einer Meinung sind, sondern sich bis aufs Messer bekämpfen.
Bei über zwei Millionen Deutschen ist es kein Wunder, daß sie ganz unterschiedliche Vorstellungen von ihrer Zukunft haben. Wer ein Haus, ein Auto und ein eigenes Stück Land hat, wird nicht in eine unbekannte Steppe ziehen wollen, um dort neu anzufangen. Es sei denn, er fühlt sich wie in einigen Krisengebieten Zentralasiens von einer zunehmend feindlichen Umwelt bedroht, oder er will finanzielle Hilfen abschöpfen und dann weiterziehen. Die meisten möchten endlich besser leben. Und das scheint nur durch die Umsiedlung nach Deutschland möglich zu sein. Deutschland ist das Ziel Nummer eins. Daran gibt es keinerlei Zweifel.
Einige setzten auch auf die Wolga, einige Tausend sind bereits dorthin gezogen und viele von ihnen wieder abgewandert. Die Russen dort sind ihnen gegenüber ablehnend und feindlich. Eine deutsche Wolgarepublik wollen sie nicht zulassen.
Es bleiben noch einige andere Gebiete wie die Umgebung von Petersburg – und Königsberg. Auf der Suche nach einer neuen Heimat und einer eigenen Republik verfielen die Deutschen in den Nachfolgestaaten der Sowjetunion auf das nördliche Ostpreußen, das wirtschaftlich immer noch weit zurückgeblieben ist. Zwar hatte keiner von ihnen irgendeine persönliche Bindung nach dort, zwar

war ihnen allen die Geschichte dieses Landes so gut wie unbekannt, aber hier hätten sie an deutsche Traditionen anknüpfen können. »Königsberg ist ein Haus, wo ich das Bedürfnis habe, einen Nagel in die Wand zu schlagen«, heißt es in einem Brief eines Rußlanddeutschen. Neben der großen Masse, die nach Deutschland will, den wenigen, die auf eine deutsche Wolgarepublik setzen, und denen, die überhaupt nicht umsiedeln wollen, gibt es somit eine immer größer werdende Gruppe, die es nach Königsberg zieht.

Eine der Organisationen der Rußlanddeutschen, die auf Königsberg setzt, heißt »Freiheit«. Sie ist die radikalste und wird von ihren Gegnern auch als rechtsradikal bezeichnet. Sie wurde im Juni 1992 von Engel Hoffmann in Moskau gegründet, der sich mit der »Wiedergeburt«, dem größten Verband der Deutschen, zerstritten hatte. Die »Wiedergeburt« hatte zunächst die Idee der Wolga-Republik unterstützt, sie aber aufgegeben, als klar wurde, daß sie eine Utopie bleiben mußte. Hoffmann hat sein Hauptquartier in einer Moskauer »Kommualwohnung«, das heißt, er muß sie mit einem zweiten Bewohner teilen. Dem hohlwangigen Mitfünfziger dient die ausgeklappte Tür einer Hausbar als Schreibtisch. Der Rest des Raumes ist mit antiken Möbeln vollgestellt, die sich übereinander türmen. Aus dem Handel mit alten Möbeln finanziert er seine Organisation. Seine Briefe versieht er mit einem runden Stempel, der in der Mitte einen Adler hat, der sehr dem auf einem deutschen Fünfmarkstück ähnelt.

Am 22. Juni 1993, ausgerechnet dem Jahrestag des deutschen Angriffs auf die Sowjetunion, veranstaltete die »Freiheit« in Moskau einen Kongreß unter dem Motto »Deutsches Land Königsberg – unsere historische Heimat«. Daran nahmen 120 Delegierte von 86 Organisationen aus der ganzen Ex-Sowjetunion teil. Angeblich vertraten sie 12000 Mitglieder, aber das glaubte wohl niemand.

Der populäre russische Rundfunksender »Majak« (Leuchtturm) brachte darüber einen Bericht, in dem es hieß:

»Rußlanddeutsche diskutieren auf ihrer Konferenz die Idee einer deutschen Ostseerepublik. Der Koordinationsrat ihrer Gesellschaft hat inzwischen Vorschläge über die Gründung einer deutschen Ostseerepublik auf dem Territorium des heutigen Gebietes Kaliningrad dem russischen Präsidenten und dem Parlament unterbreitet. Die erste landesweite Konferenz der rußlanddeutschen Gesellschaft lief unter dem Motto ›Deutsches Land Königsberg – unsere historische Heimat‹. Auf der heutigen Tagung erklärte der Präsident der Gesellschaft, Engel Hoffmann: ›Erst wenn die Rußlanddeutschen ihre eigene Staatlichkeit in Königsberg bekommen haben, wird man sagen können, daß der Zweite Weltkrieg abgeschlossen ist.‹«

Hoffmann trat damit nicht nur den Russen auf die Füße, sondern auch Funktionären anderer deutscher Organisationen. Heinrich Groth, Präsident des Zwischenstaatlichen Rates der Deutschen der früheren UdSSR, protestierte beim russischen Informationsminister Michail Fedotow gegen den Rundfunkbericht. Den Rußlanddeutschen würden »nicht vorhandene politische Ambitionen im Gebiet Kaliningrad unterstellt«. Es gebe mehrere Organisationen der Deutschen, auf deren Kongressen niemals behauptet worden sei, daß das Kaliningrader Gebiet die »historische Heimat der Rußlanddeutschen« sei. »Kein ernstzunehmender Aktivist unserer Bewegung hat je von der Staatlichkeit in dieser Region gesprochen, die mit den Rußlanddeutschen nichts zu tun hat.« In Rußland wird gerne hinter allem ein geheimnisvoller Drahtzieher vermutet. Und so meinte denn Groth auch: »Die Rundfunkinformation ist kein Zufall oder Fehler, sondern eine wohlüberlegte Provokation, die einen Ausbruch deutschfeindlicher Stimmungen im Gebiet Kaliningrad auslösen und die deutsche Nationalbewegung in den Augen der russischen Bevölkerung in Mißkredit bringen soll.«
Viktor Diesendorf, der Präsident der »Wiedergeburt«, vermutete in einem Artikel seiner Verbandszeitschrift, daß Hoffmann »hohe Beschützer« habe. Er habe es auf mysteriöse Weise geschafft, als Vertreter des rußlanddeutschen Volkes an der Beratung über die neue russische Verfassung im Kreml teilzunehmen. Als Ergänzung zum Verfassungsentwurf von Boris Jelzin habe er in ultimativer Form die Schaffung der Ostseerepublik gefordert, sei in der Versammlung aber auf Empörung gestoßen.
Wer ist dieser Mann, der für die Deutschen aus der ehemaligen Sowjetunion eine eigene Ostseerepublik gründen will? Ein Phantast? Ein Nationalist und Revanchist? Ist seine Organisation nichts anderes als eine Ansammlung von einigen Dutzend Rechtsextremisten? Über sich selbst erzählt er phantastische Geschichten, die nicht nachzuprüfen sind.

Eine zweite Organisation, die sich für die Ansiedlung von Deutschen im Kaliningrader Gebiet einsetzt, ist die »Stiftung Baltische

Liga«, die von Kurt Wiedmeier, einem Moskauer Journalisten, geführt wird. Seine Vorfahren kamen im vorigen Jahrhundert nach Georgien und ließen sich in der Nähe von Tiflis nieder, wo sie Weinberge und Fabriken besaßen. Die jüngere Geschichte der Familie Wiedmeier wich vom Klischee der Deutschen in der Sowjetunion nicht ab. Der Vater wurde 1941 verhaftet. Kurt wurde mit Mutter, Großmutter und den beiden Geschwistern über Baku und das Kaspische Meer in die kasachische Steppe deportiert, wo nur er überlebte. Er wurde von einer Tante aufgezogen. Obwohl er 1951 in der geheimen Rüstungsschmiede Stalinsk, der heutigen Atomstadt Tscheljabinsk-40, eine Verpflichtung unterschreiben mußte, den Ort 75 Jahre lang nicht zu verlassen, konnte er schon 1955 ein Journalistikstudium an der Moskauer Universität beginnen. Nach dem Abschluß wurde er »als erster Deutscher« Redakteur beim »Neuen Leben«, der damaligen zentralen Wochenzeitung für die Deutschen in der Sowjetunion. Zwischendurch lernte er als Bauarbeiter zum ersten Mal die preußische Hauptstadt kennen. 1960 half er beim Wegräumen von Ruinen. (Die Ziegelsteine wurden als Baumaterial in das Innere Rußlands geschafft.)

Die Idee einer Baltischen Republik kam Wiedmeier schon 1965. Wie er sagt, habe er immer wieder versucht, sein Projekt, wie man aus dem langsam verkommenden Bärenwinkel am westlichen Zipfel der Sowjetunion ein blühendes Land machen könnte, in einer Zeitung unterzubringen. Beim eigenen Blatt handelte er sich sofort einen strengen Verweis ein. Weitere Versuche scheiterten. Einmal gelang es ihm, einen kleinen Artikel im Blatt des kommunistischen Jugendverbandes Komsomol in Kaliningrad unterzubringen. Er wurde von anderen Beiträgen unter der Gesamtüberschrift »Baltische Republik – ja, aber nicht bei uns« eingerahmt. 1979 mußte er wegen seiner Aktivitäten das »Neue Leben« verlassen.

Zehn Jahre als Reisefotograf brachten ihn in die entlegensten Ecken des Landes. Begegnungen mit Landsleuten hätten ihn in seiner Überzeugung bestärkt, sagt Wiedmeier, daß nur Königsberg für eine deutsche Autonomie in Frage käme. Das Glasnost-Jahr 1989 brachte den Durchbruch. Damals startete er zusammen mit dem Moskauer Intellektuellenblatt »Literaturnaja Gaseta« eine Umfrage über mögliche Varianten einer Umsiedlung der Deutschen. Das Ergebnis: Nur 13 Prozent wollten an die Wolga. Vom Rest sprachen sich 60 Prozent für die Aussiedlung nach Deutschland aus, aber 40 Prozent für Königsberg. »Das war auch allerhand.« Das Echo sei überwältigend gewesen. Briefe seien säckeweise gekommen. Immer noch käme neue Post. Ganze Dörfer meldeten sich bei ihm, mit Listen und Beschlüssen von Dorfversammlungen. Die Frage, die immer wieder gestellt wurde, hieß: »Wann gibt es die Baltische Republik?«

Bald wurde ihm die Notwendigkeit einer Organisation zur Umsiedlung nach Königsberg klar. 1991 ging er ans Werk. »Danach gab es komische Dinge mit dem Telefon. Bei den Worten ›Wolga‹ oder ›Königsberg‹ fiel es aus, auch bei völlig harmlosen Gesprächen«, erinnert sich Wiedmeier. »Ich habe lange gezaudert, weil die ›Wiedergeburt‹ mir Spalterabsichten vorwarf. Sie waren damals ja für die Wolga-Republik. Im Sommer 1991 war es dann soweit. Für den 23. August war die konstituierende Versammlung mit 150 Teilnehmern aus dem ganzen Land angesetzt.« Was Kurt Wiedmeier nicht wissen konnte: Am 19. August begann der Putsch gegen Gorbatschow in Moskau, und alles schien ins Wasser zu fallen. Die Einreise nach Moskau wurde gesperrt. Trotzdem machte er mit nur 35 Kongreßteilnehmern seinen eigenen Putsch in der rußlanddeutschen Bewegung. Das Statut der »Stiftung Baltische Liga« wurde verabschiedet. Wiedmeier sagt: »Als Ziel gaben wir an, Deutsche vor allem aus den Spannungsregionen in das Gebiet Kaliningrad umzusiedeln. Auf Vorschlag des damaligen russischen Ministerpräsidenten Iwan Silajew, der die Idee unterstützte, wurden auch die russischen Gebiete Nowgorod und Brjansk sowie die Umgebung Moskaus zusätzlich reingenommen. Es ging um fast entvölkerte Landstriche. Besser als die Wolga war es schon.«

Silajew hatte sicherlich keine Ahnung, daß die ersten im Jahre 1946 für Ostpreußen rekrutierten russischen Kolchosbauern ausgerechnet aus Brjansk kamen, wohin er nun deutsche Siedler schicken wollte.

Die damalige russische Regierung sagte zu, die Neusiedler von zentralen Steuern und Abgaben zu befreien. Die Zollfreistellung war für die Hilfe aus Deutschland unentbehrlich. Im »Neuen Leben« wurde ein Spalte »Baltische Liga« eingeführt. Plötzlich wurde Wiedmeiers Idee hoffähig. Am 19. Juli 1992 wurde die Organisation vom russischen Justizministerium registriert. Mit knapp 60 Mitgliedern war sie im Herbst 1993 ein winziger Verein mit großen Plänen und wenig Geld. Ohne Geld läuft aber nichts.

Die Umsiedler brauchen Häuser. Die Immobilienpreise in Kaliningrad sind in kürzester Zeit unerschwinglich geworden. Die geschäftstüchtigen Kaukasier, die politische Veränderungen frühzeitig wittern und jeden Preis zahlen, haben Kaliningrad für sich entdeckt. Bis 1991 konnte man ein Haus noch für 400000 Rubel kaufen. Zwei Jahre später bewegten sich die Preise zwischen 20 und 40 Millionen, wobei natürlich auch die horrende Inflation berücksichtigt werden mußte. Deutsche in Zentralasien verkauften ihre Häuser meist für ein Fünftel dieser Summe und waren froh, wenn sie aus den Spannungsgebieten heil davonkommen konnten.

Das Hauptargument der Gegner der »Stiftung Baltische Liga« und der »Freiheit« ist: »Rußlanddeutsche hatten niemals etwas mit Königsberg zu tun.« Die Gegner unter den Organisationen sind die große »Wiedergeburt«, die sich von der Wolga-Idee abgewandt hat und für die Auswanderung nach Deutschland eintritt, und der »Bund der Deutschen«, der sich weiter für die Wolga-Republik einsetzt. Dort lebten 1989 schon 48000 Deutsche. Aber vier Jahre später waren es nur noch 33000. Von den ersten Umsiedlern ist kaum noch jemand da. Es war für sie nur eine Zwischenstation, um in den Genuß deutscher Hilfe zu kommen.

Nach Königsberg möchten auch Leute von der Wolga übersiedeln. »Dort kann uns niemand mehr wie hier sagen, das sei nicht unser Land«, heißt es in einem Brief. Selbst Aussiedler, die inzwischen in Deutschland sind, interessieren sich für die Baltische Republik. Sie vermissen in Deutschland eine wohlwollende Atmosphäre. Wiedmeier meint lachend: »Für unsere Leute ist Königsberg ein Stück Deutschland, wo man russisch sprechen und ein Sowjet bleiben kann.« Auch die Feindseligkeit sei viel kleiner als in anderen russischen Gebieten. In Königsberg lebten Leute, die selbst zugezogen sind. Es gebe keinen Nährboden für nationalen Zwist.

Die jetzigen russischen Unternehmer in Kaliningrad wollten nur schnelles Geld verdienen. Sie verwandelten das Gebiet in einen Umschlagplatz für Schmuggelware. »Vor allem müssen die Bauindustrie und die Landwirtschaft wiederaufgebaut werden«, meint Wiedmeier. »Natürlich ist alles verwahrlost. 120000 Hektar hat die sowjetische Meliorationsbehörde ›Wodokanal‹ unbrauchbar gemacht. Große Flächen sind versumpft. Es gibt riesige Mücken, die dort früher unbekannt waren. Aber dieses Land ist noch heilbar.« Deshalb will die Liga ihre Umsiedler im Landesinneren in der Gegend von Tilsit und Gumbinnen unterbringen und nicht an der Küste, wo alle hinwollen.

Gumbinnen? Dort wurden früher doch schon andere Siedler hingeschickt: vom preußischen König Friedrich Wilhelm I. die Salzburger »Exulanten« und von der russischen Umsiedlerbehörde die Kolchosniki aus Brjansk! Nach Gussew, ins frühere Gumbinnen, sind mit Hilfe der »Baltischen Liga« 18 Familien aus dem Dorf Orlowka in Kirgisien gezogen. Eine Straße am Stadtrand heißt jetzt »Orlowskaja«.

Wiedmeier schwebt ein Koordinierungszentrum in Königsberg vor. Meist kämen zuerst ein paar Leute aus einem deutschen Dorf in Rußland oder in Kasachstan. Die Umsiedlung ist vom Dorf bereits beschlossen. Die Abgesandten schauen sich die Gegend an, fragen herum, wo es Arbeit gibt. Das Zentrum müßte ein Gästehaus haben, wo die Leute schlafen könnten. Drei oder vier festangestellte Mitarbeiter könnten auch den Schriftwechsel mit anderen Gebieten erledigen. Aber dafür sei kein Geld da. Königsberg dürfe sich nicht entwickeln wie das Wolga-Gebiet, das nur als Durchzugsstation benutzt werde. Nach Königsberg sollten nur Leute kommen, die dort bleiben wollen.

Wiedmeier sagt: »Für Rußland wäre es eine hervorragende Möglichkeit, um ein Beispiel einer harmonischen, friedlichen Lösung nationaler Konflikte zu setzen. Es muß ja nicht Republik heißen. Wichtig ist, daß Rußlanddeutsche hinziehen. Ein deutsches Siedlungsgebiet muß von unten wachsen, mit Schulen und Kindergärten. Wenn sie dort leben, werden sie das Gebiet an Rußland fester binden, als es die gesamte Baltische Flotte vermag. Diese Verdächtigungen, daß sich die Deutschen abtrennen werden, sind Unsinn. Der Rußlanddeutsche ist zuerst Russe und erst dann Deutscher. Alle großen Deutschen in Rußland waren russische Patrioten. Sie fühlten sich als Bürger dieses Landes. Diese Gerüchte sind Ausdruck der inneren Unsicherheit der Russen, die den Deutschen unterstellen, was sie an anderer Stelle selbst tun würden.«

Auch in Kaliningrad selbst wurden verschiedene Organisationen der Deutschen gegründet, wahrscheinlich zu viele. Es gibt eine »Eintracht«, eine »Einheit«, eine »Landsmannschaft«, einen Koordinierungsrat der Rußlanddeutschen, einen »Bund deutscher Farmer«, dazu kommt noch eine Reihe örtlicher Vereine außerhalb Kaliningrads. Es wurde ein deutsch-russisches Haus gebaut, das schwer zu finden und mit einem hohen Drahtzaun umgeben ist, als wollte es sich selbst isolieren. Dahinter stehen die Stiftung Königsberg in Essen und die Gesellschaft »Eintracht« in Kaliningrad, die angibt, in der Stadt etwa 300 und in Zweigstellen außerhalb 1000

Mitglieder zu haben. Darunter seien nicht nur Deutsche, sondern auch interessierte Russen und Angehörige anderer Nationalitäten. Das Geld kommt natürlich aus Deutschland.
Rechtsradikale aus Deutschland versuchen, diese diffuse Stimmung zwischen den verschiedenen Gruppen für sich auszunutzen. Die russischen Behörden haben eine Liste mit den Namen von etwa einem Dutzend unerwünschten Deutschen aus rechtsextremen Organisationen zusammengestellt, die kein Einreisevisum erhalten.

Die Insel

Die Russen hatten in der Zeit des Kommunismus und der Abriegelung gegenüber dem Ausland niemals das Gefühl, daß sie eingesperrt waren wie die Bewohner der kleinen DDR, der Tschechoslowakei oder Rumäniens. Ihr Land, die Sowjetunion, war so riesengroß, daß sie an die Ostsee, ans Schwarze Meer, in den Kaukasus, nach Samarkand oder zu den sibirischen Strömen fahren konnten. Es gab zwar vielerlei Hindernisse wie militärische Sperrgebiete, fehlende Unterkünfte und zu wenig Plätze in den Flugzeugen und Eisenbahnzügen. Das waren Schwierigkeiten, an die man seit Jahrzehnten gewohnt war. Aber weite Reisen konnte man durchaus machen.
Die Russen im Kaliningrader Gebiet sind nun eingesperrt. Mit dem Auto stoßen sie von Kaliningrad aus in ungefähr einer Stunde, ganz gleich in welche Richtung sie fahren, auf die Grenze zu Polen oder zu Litauen oder ans Meer. Dieses Gefühl der Enge ist ihnen bisher völlig fremd gewesen. Zudem sind die beiden Nachbarn nicht gerade ihre Freunde. Entlang der Grenze wurde im Dezember 1993 von der russischen Gebietsverwaltung eine fünf Kilometer breite Sperrzone eingerichtet.
Für die Zukunft des Kaliningrader Gebiets ist eine Lehre aus der Vergangenheit nützlich. So wie das Gebiet heute eine politische Insel ist, war es auch Ostpreußen in seiner Geschichte immer wieder.
Solange Preußen oder sein Nachfolger Ostpreußen bestanden, war für sie die Verbindung »ins Reich«, wie man hier sagte, von existentieller Wichtigkeit. Während einer langen Zeit seiner Geschichte war Preußen aber durch zu Polen gehörendes Gebiet vom

Deutschen Reich getrennt. Trotzdem funktionierten die Handelswege, marschierten hier brandenburgische oder preußische Truppen durch, zogen die Trecks von Hugenotten oder Salzburger Glaubensflüchtlingen nach Königsberg und ins östliche Preußen, auf katastrophalen Straßen, die kaum noch als Straßen bezeichnet werden konnten. Und immer spielte daneben auch der Schiffsweg über die Ostsee eine Rolle. Er ermöglichte es, polnisches Gebiet zu umfahren.

Nach dem Ersten Weltkrieg wurde Ostpreußen wieder zu einer Insel. Der Teil, der vorher als Westpreußen bezeichnet worden war, mußte weitgehend an Polen abgetreten werden, das dadurch einen Zugang zur Ostsee erhielt. Danzig, 1807 durch Napoleon »Freie Stadt«, wurde 1920 ein »Freistaat« mit Sonderrechten für Polen.

Die Ansprüche Polens waren allerdings viel weitergegangen. Polen saß am Tisch der Siegermächte, obwohl es als Staat am Krieg nicht hatte teilnehmen können, weil es nicht existiert hatte. Sowohl von Deutschland und Österreich als auch von Rußland und den westlichen Alliierten war den Polen die Wiederherstellung ihres Staates zugesichert worden, wenn auch in verschiedener Form und Größe. Polnische Legionen hatten auf der Seite Österreichs gestanden, aber die polnischen Parteien waren gespalten, auf welche Seite sie setzen sollten. Auf der Friedenskonferenz von Brest-Litowsk im März 1918 lehnten es die Bolschewisten ab, daß die Polen als Verhandlungspartner an der Seite der Deutschen und Österreicher teilnahmen. Als die Mittelmächte einen Separatfrieden mit der Ukraine ohne Beteiligung Polens schlossen, hatten sie es mit allen polnischen Parteien verdorben. Nach der deutschen Niederlage mußte aufgrund des Friedensvertrages von Versailles, bei dem Polen nun am Tisch der Sieger saß, im Süden Ostpreußens und in dem früher zu Westpreußen gehörenden Gebiet um Marienburg und Marienwerder die Bevölkerung unter internationaler Aufsicht über die Zugehörigkeit zu Deutschland oder Polen abstimmen. Polen erlitt eine zutiefst blamable Niederlage. Das ganze Gebiet zwischen Marienburg im Westen und dem Strom Memel im Osten blieb bei Deutschland und wurde nun als Provinz Ostpreußen verwaltet.

Das polnische Gebiet, das Ostpreußen vom »Reich« trennte, wurde von den Deutschen als »polnischer Korridor« bezeichnet. Im Friedensvertrag von Versailles, der am 28. Juni 1919 unterzeichnet wurde, verpflichtete sich Polen, »den Personen, Waren, Schiffen, Kähnen, Waggons und Postsendungen im Transit zwischen Ostpreußen und dem übrigen Deutschland Transitfreiheit durch das polnische Gebiet einschließlich seiner Gewässer zu gewähren«. Sie sollten mindestens so wie polnische Personen und Transporte behandelt werden. Transitgüter sollten von allen Zoll- oder anderen ähnlichen Gebühren befreit sein.

Möglichkeiten der Schikanen gab es viele, und die polnischen Behörden wandten sie an. Deshalb wurde schon im Januar 1920 von der Reichsregierung der »Seedienst Ostpreußen« eingerichtet, für den die Reedereien Hapag und Lloyd sowie eine Stettiner Reederei drei kleinere Schiffe zur Verfügung stellten, die zwischen Swinemünde und Pillau pendelten. Schließlich wurden mehrere neue Schiffe eigens für den Seedienst gebaut. Sie waren so etwas wie die Vorfahren der heutigen modernen Ostseefähren. Die Schiffe erhielten die Namen »Hansestadt Danzig«, »Preußen« und »Tannenberg«. Die »Tannenberg« war mit 5504 BRT am größten. Sie konnte 2000 Passagiere befördern. Die Routen wurden schließlich erweitert. Stettin, Travemünde und Kiel kamen als Häfen im »Reich« dazu. Im Osten wurden auch Danzig und Memel angelaufen. Bis zu 300000 Passagiere beförderte der Seedienst im Jahr. Einen Flugverkehr wie heute gab es damals noch nicht. Die Flotte des Seedienstes nahm übrigens ein ungewöhnliches Ende. Alle drei Schiffe wurden 1939 zu Hilfskriegsschiffen umgerüstet und vor allem zum Minenlegen eingesetzt. Am 9. Juli 1941 liefen sie im Verband vor der Insel Öland in eine schwedische Minensperre. Ein Schiff nach dem anderen fuhr auf Minen auf. Alle drei sanken.

Trotz der Insellage und der Transportprobleme war Ostpreußen zwischen den beiden Weltkriegen nicht abgeschnitten. Die Geschäfte in Ostpreußen waren ebenso versorgt wie die im Rheinland. Allerdings wurden damals nicht so viele Waren wie heute hin- und hertransportiert. Große Gebiete Ostpreußens wurden von einem Wasserkraftwerk in der Nähe von Friedland an der Alle mit Strom versorgt. Ein weiteres wichtiges Kraftwerk lag in Peyse am Frischen Haff und konnte über See direkt mit Brennstoff versorgt werden. Fast alle Rohstoffe für die Industrie mußten von außerhalb herantransportiert werden.

Da damals die Mobilität der Menschen längst nicht so groß war, das Reisen über weite Strecken noch die Ausnahme bildete, das Auto die Entfernungen nicht zusammenschmelzen ließ, bestand in Ost-

preußen auch nicht das Gefühl der Enge. Außerdem war Ostpreußen doppelt so groß wie das heutige Kaliningrader Gebiet.
Das frühere Ostpreußen ist heute dreigeteilt zwischen Rußland, Polen und Litauen. Der Norden mit dem früheren Königsberg gehört zu Rußland, der Süden zu Polen und das Memelgebiet zu Litauen. Der russische Teil ist wieder eine Insel und vom übrigen Rußland auf dem Landweg nur durch zwei andere Staaten zu erreichen.
Das größte Problem ist der Transit durch Litauen. Alle Transporte müssen außerdem noch durch Belarus, das frühere Weißrußland, aber dort gibt es bisher keine Schwierigkeiten. Der Seeweg wäre um vieles länger. Kaliningrad hat keine ausreichenden und während des ganzen Jahres sicheren Hafenanlagen. Trotz eines Transitvertrages zwischen Litauen und Rußland ist die Eisenbahnverbindung voller Probleme und Risiken. Die Arbeitsweise der litauischen Grenzbürokratie läßt sich nicht durch Verträge beeinflussen, die Maßnahmen der litauischen Regierung sind unberechenbar. Außerdem haben sich Eisenbahnbanditen in Litauen auf die Transitzüge spezialisiert. Die Moskauer Wochenzeitung »Nowoje Wremja« behauptete, litauische Exporte an Buntmetallen stammten in Wirklichkeit aus ausgeplünderten Zügen, die aus Rußland nach Rußland über Litauen rollten. »In Vilnius hat man beschlossen, solche Transitzüge bewachen zu lassen. Das kostet 1,5 Dollar pro Tonne und Kilometer. Zahlen muß der Kaliningrader Abnehmer. Die Beförderung einer Tonne Fracht über 230 litauische Kilometer kommt ihn rund 400 Dollar zu stehen.«
Ebenso unsicher ist der Weg durch Polen nach Deutschland. Hier geht es um die Straßen. Ein großer Teil der russischen Importe von deutschen gebrauchten Autos erfolgt auf dem Landweg durch Polen nach Kaliningrad. Für den Transit verlangen gut organisierte und von der Polizei kaum behelligte Banden hohe Schutzgelder.
Die Kulturgesellschaft »Borussia« im polnischen Olsztyn, die die gleichnamige Zeitschrift herausgibt, hat Fäden über die Grenzen zu den beiden Nachbarn im früheren Preußen, zum russischen Kaliningrad und zu Litauen, geknüpft. Der polnische Schriftsteller Kazimierz Brakoniecki, der dieser Gesellschaft vorsteht, sieht keine Gemeinsamkeiten. Nach seiner Meinung grenzen hier nicht nur Polen und Rußland aneinander, sondern zwei Zivilisationen. »Die Kaliningrader Region ist ein Militärgebiet mit Armut und dem Zerfall von wirtschaftlichen und staatlichen Bindungen, ohne Zu-

kunft, das Denken ist provisorisch auf den Augenblick ausgerichtet, von Gleichgültigkeit bestimmt bei einer erheblichen Dosis an Nihilismus. Der ungesunde Materialismus verbindet sich mit mafiaähnlichen Umtrieben auf der Oberfläche, mit Elend und Ressentiments. Es fehlt die Identifikation mit dem Gebiet.«

Und die Zukunft? Den polnischen Teil des früheren südlichen Ostpreußens sieht Brakoniecki mit dem übrigen Polen auf dem Weg zu Demokratie, freier Marktwirtschaft, Achtung des Staates und des Rechts. »Im Kaliningrader Gebiet«, sagt er, »wird es eine lange Zeit des Stillstandes, der provisorischen absurden Verordnungen geben. Es wird Jahre von Träumereien in bezug auf ausländisches Kapital geben, das hier niemals richtig Fuß fassen wird.«

Meistens benutzte Brakoniecki den Namen Kaliningrad, manchmal auch den polnischen Krolewiec, niemals aber den deutschen Königsberg, der im russischen Kaliningrad schon wie selbstverständlich immer häufiger gebraucht wurde. Wirtschaftliche Bedeutung habe Krolewiec-Kaliningrad für Polen nicht. »Es gibt dort zwar zahlreiche polnische Firmenvertretungen«, sagt Brakoniecki, »aber der ›Goldene Markt‹ geht dem Ende zu, weil das Gebiet nichts produziert. Es ist nur ein Transitgebiet für die Mafia. Die staatliche Obrigkeit in Kaliningrad ist schlecht, ohne Ideen, und wenn, dann sind diese kurzfristig bemessen. Eine echte freie Wirtschaftszone wird dort in den nächsten Jahren nicht entstehen. Der Standort ist ungünstig, es fehlt an Interesse, ausländisches Kapital kann hier nicht angezogen werden. Die größten Sorgen bereitet die Tatsache, daß es keinen Gesamtplan für den gesellschaftlich-wirtschaftlich-politischen Bereich gibt. Hauptmerkmale der Menschen sind Entfremdung, mangelndes Verantwortungsgefühl, Unfähigkeit zur Arbeit für den Staat – was ist das dort schon für ein Staat! Desintegrierendes und egoistisches Streben herrschen vor.«

Und der Nationalismus der drei Nachbarn? Brakoniecki meint dazu: »Lediglich die Litauer sind Nationalisten en gros, jedoch ist ihr Nationalismus ohne Zukunft. Litauen wird niemals ein großes Land oder so etwas wie die Schweiz werden, es sei denn, es verzichtet auf den Nationalismus, der ja nach so vielen Jahren sowjetischer Okkupation verständlich ist. Die Russen in Kaliningrad sind gar keine richtigen Russen. Sie wollen vor allem Deutsche-Chinesen-Taiwanesen sein, egal was, nur um hier in diesem Tal des Elends nicht leben zu müssen.« Seine Landsleute dagegen sieht der Pole Brakoniecki als Patrioten. Er gehört zur jüngeren

Generation, und auch die polnischen Kommunisten haben, wenn ihnen Nationalismus vorgeworfen wurde, das weit von sich gewiesen und sich als Patrioten bezeichnet. So wurde es auch in der Schule den Kindern beigebracht. Brakoniecki verweist darauf, daß Polen keine Gebietsansprüche stelle. Offiziell tut es das nicht. Es gibt aber durchaus solche Strömungen. Dazu braucht man nur die Leserbriefe in polnischen Zeitungen zu studieren.

Es gebe keinen Nationalismus als politisches Problem, aber es gebe auch keinerlei Interessengemeinschaft von Litauern, Russen und Polen, meint Brakoniecki. »Polen driftet in die eigene Richtung ab«, sagt er, »setzt auf den Westen und auf sich selbst. Die beiden anderen Nationen sind damit beschäftigt, die Vergangenheit zu mythologisieren (Litauer) und den Alltag zu überstehen (Russen).« Und die Litauer? Dort ist es populär, in den entferntesten Ecken der Geschichte zu wühlen und Landkarten zu drucken und zu verkaufen, auf denen das ganze frühere Ostpreußen, das russische und das polnische, als litauisches Gebiet eingezeichnet sind samt einigen weiteren polnischen Gebieten. Dafür gibt es das Wort »Klein-Litauen«. Königsberg/Kaliningrad heißt bei den litauischen Nationalisten nur Karalaucius. Das ist populär, auch wenn solche Ansprüche mit einer siebeneinhalb Jahrhunderte zurückliegenden Zeit begründet werden, als der Deutsche Orden in das Gebiet der Pruzzen eindrang, die nicht einmal Litauer, sondern nur deren Verwandte waren. Der Orden hat auch weniger die Pruzzen bekämpft, sondern die Heiden. Noch 500 Jahre lang hat sich ihre Sprache erhalten, so sehr können sie wohl nicht unterdrückt worden sein. 500 Jahre sind von heute zurückgerechnet ein Zeitraum wie bis zur Entdeckung Amerikas. Damals sickerten in die menschenleere »Große Wildnis« in das Preußen des Deutschen Ordens die litauischen Siedler ein. Der ganze Osten des Ordenslandes und des späteren Herzogtums wurde schließlich als Preußisch-Litauen bezeichnet. Hier in Preußen wurde die litauische Schriftsprache entwickelt. So wie die pruzzische Sprache im Verlauf von fünf Jahrhunderten in Preußen unterging, starben auch Sprachen von anderen kleinen baltischen Völkern aus, die im Lettischen und Litauischen aufgingen. Eine blieb erhalten, aber in Deutschland – das Kurische, gesprochen von einer kleinen Schar von Fischern am Kurischen Haff.

Die Litauer genießen es, daß sie es dank ihrer geographischen Lage den Russen nun zeigen können, indem sie weitgehend den Transitverkehr nach Kaliningrad reglementieren können. Die Russen können ihnen zwar das Gas abdrehen, aber die Litauer können den Kaliningradern im Gegenzug den Strom sperren. Sie erschwerten auch den Transitverkehr, indem sie von den Russen zunächst Auslandspässe und dann auch Visa verlangten, auch wenn den Kaliningradern Ausnahmen zugesichert wurden.

Die Litauer halten die Zeit auch für günstig, um alte Rechnungen mit Polen zu begleichen. Als sie mit Polen über einen Nachbarschaftsvertrag verhandelten, verlangten sie von Warschau darin die schriftliche Anerkennung, daß die Besetzung der litauischen Hauptstadt Vilnius (Wilna) durch eine polnische Privatarmee 1920 eine Aggression war. Das Gebiet war bald danach in den polnischen Staat eingegliedert worden und war erst im Zuge der polnischen Teilung zwischen Deutschland und der Sowjetunion im Jahre 1939 an Litauen zurückgefallen.

Auch die Russen in Kaliningrad halten von ihren Nachbarn nichts. Für Polen wurde die Grenze des bis dahin gesperrten Militärgebiets schon früher geöffnet als für andere Ausländer. Zuerst hätten sie alle Geschäfte leergekauft, klagen die Russen, während sie selbst vor ausgeräumten Regalen gestanden hätten. Dann seien die Polen auf die Märkte mit Waren aus der ganzen Welt gekommen. »Pole ist keine Nationalität, sondern ein Beruf«, sagte eine Russin in Kaliningrad bitter.

Die Nachbarn in der Region des ehemaligen Preußen glauben, daß sie eine Vielzahl alter gegenseitiger Rechnungen zu begleichen haben. Jeder fühlt sich den anderen überlegen. Die Russen sehen sich als Angehörige einer Weltmacht. Die Litauer halten mythologische Rückschau und genießen es, daß die Russen beim Transit auf sie angewiesen sind und alle Schikanen hinnehmen müssen. Die Polen fühlen sich als dem Westen zugehörig.

Das Gebiet ist reich an gefährlichen Reibungspunkten. An eine Konfrontation mag niemand denken, weder Brakoniecki noch sonst jemand. Es gebe ja keine Gebietsforderungen. Offiziell gibt es sie nicht, aber die politischen Verhältnisse sind instabil und nicht vorauszuberechnen. Es besteht immer die Möglichkeit, daß hoch gereizt wird. Das Kaliningrader Gebiet ist wahrscheinlich das am höchsten gerüstete in ganz Europa. Hier wurden aus Deutschland, Polen und dem Baltikum zurückgezogene Truppen unter katastrophalen Bedingungen stationiert. Mehrere Offiziersfamilien leben zusammen in kleinen Wohnungen, Offiziere schlafen in ihren Büros. Das wird lange so bleiben, denn die russische Regierung ist froh, daß sie einen Platz gefunden hat, um die Truppen wenigstens so unterbringen zu können. Die Flottenbasis Baltijsk (Pillau) war 1993 um 150 Prozent überbelegt. Auf welcher Seite die hier stationierten Truppen bei jeder neuen politischen Krise in Moskau stehen, läßt sich nur von Fall zu Fall abschätzen, aber niemals auf lange Sicht voraussehen. Der Riß geht mitten durch die Armee und die Flotte. Aussagen wie »Die Armee steht hinter dem Präsidenten« gelten niemals grundsätzlich. Das Pendel kann immer nach links oder nach rechts ausschlagen.

Auch die Wahlen vom Ende des Jahres 1993 ergaben kein eindeutiges Bild. Die rechtsradikale Schirinowski-Partei der sogenannten »Liberaldemokraten« wurde mit 104000 Stimmen zwar die weitaus stärkste Kraft vor der »Wahl Rußlands«, die Jelzin unterstützte, mit 68000 und den Kommunisten mit 35956 Stimmen. Das Ergebnis alarmierte das benachbarte Polen. Eine der vielen wirren Äußerungen Schirinowskis betraf auch das Kaliningrader Gebiet. Er hatte sich für eine gemeinsame russisch-deutsche Verwaltung ausgesprochen. Für Schirinowskis Partei sollen vor allem Soldaten gestimmt haben. Als Direktkandidat wurde dagegen ein Militärjurist gewählt, den die »Russische Bewegung Demokratischer Reformen« nominiert hatte. Auch in den Föderationsrat, die andere Kammer, wurden zwei von den Reformern unterstützte unabhängige Kandidaten gewählt, darunter Juri Matotschkin, der Leiter der Verwaltung des Kaliningrader Gebiets.

So wie Polen über die Massierung des Militärs und die politische Entwicklung im Kaliningrader Gebiet besorgt ist, beargwöhnt Rußland die Bemühungen Polens, in die westlichen Verteidigungsstrukturen aufgenommen zu werden.

Polen in der NATO? Das ist aus Kaliningrader Sicht unvorstellbar. Das würde bedeuten, daß die Grenze des Militärbündnisses 40 Kilometer vor den Toren der Stadt verlaufen würde, daß polnische Generäle mit kommunistischer Vergangenheit, mit nationalistischer Gesinnung und allesamt noch in Moskau ausgebildet, hinter dieser Grenze mit NATO-Truppen ständen und durch Bundeswehr und Amerikaner im Rücken gestärkt würden. Wer so etwas will, muß wissen, daß er damit das diffizile Geflecht des doch irgendwie Nebeneinanderexistierens in diesem Gebiet zerstört und einen neuen Krisenherd anheizt. Um Polen eine Sicherheitsgarantie zu geben – und die will Warschau gegen Rußland haben –, braucht es

nicht NATO-Stäbe, in denen polnische und womöglich deutsche und amerikanische Generäle sitzen und Truppen an einer so exponierten russischen Grenze kommandieren. Wer das will, würde auch die Glaubwürdigkeit der deutschen Politik gegenüber der Sowjetunion bei der Auflösung der DDR und der Ausweitung des NATO-Gebietes bis an die Oder in Frage stellen.
Die deutsche Regierung hat bisher vor der Entwicklung im Kaliningrader Gebiet den Kopf weitgehend in den Sand gesteckt. Sie ignoriert die Einwanderung der Deutschen aus Zentralasien und finanziert sie im Gegensatz zum Wolga-Gebiet, zum St. Petersburger Umland oder zur Ukraine nicht. Eine Unterstützung könnte Polen verärgern, das sofort laut protestiert hat, als die Ansiedlung von Rußlanddeutschen im Kaliningrader Gebiet öffentlich erörtert wurde. Es spielt für Polen keine Rolle, daß es hier um russische und nicht um deutsche Staatsbürger ging. Polen befürchtet, daß bei einer deutschen Besiedlung auch ein Druck auf das südliche nun zu Polen gehörende frühere Ostpreußen entstehen könnte.

Preußen wird wiederentdeckt

Im Kaliningrader Gebiet ist eine unglaubliche Preußen-Euphorie ausgebrochen. Ganz besonders populär ist Königin Luise, die in der finstersten Zeit der preußischen Geschichte ihren erfolglosen Bittgang zu Napoleon in Tilsit unternommen hatte. Fast jeder in Kaliningrad weiß, wo früher die Luisen-Allee oder die Luisen-Schule war.
Je mehr sich dieses Gebiet von Moskau im Stich gelassen glaubt, desto mehr scheint das Interesse an der preußischen Vergangenheit zu wachsen. Es ist ein ungeheuerer Nachholbedarf zu spüren. Nun beginnt die Geschichte nicht erst am 9. April 1945 mit der Kapitulation der deutschen Truppen. Russische Fremdenführerinnen und Taxifahrer beschämen inzwischen viele deutsche Touristen, die hier geboren wurden, weil sie von dieser früheren Geschichte viel mehr als sie wissen. Im Gebietsarchiv wurde eine Fotoausstellung unter dem Titel »Königsberg – Kaliningrad« gezeigt, in der Bilder aus der deutschen Zeit und der Gegenwart gegenübergestellt wurden.
Mit Ausnahme einiger orthodoxer Uralt-Kommunisten, weiß hier jeder, daß die Benennung der Stadt im Jahre 1946 nach Michail

Kalinin, dem ständigen Ja-Sager zu Stalins Politik, ein Unglück war und zu einer Last wurde. Überall in Rußland und in anderen Nachfolgestaaten der Sowjetunion wurde der Name Kalinin gestrichen. Die Stadt Kalinin nördlich von Moskau hat schnell ihren historischen Namen Twer zurückerhalten. Im Gebietsparlament von Kaliningrad gaben die Kommunisten noch bis zum Putschversuch gegen den russischen Präsidenten Jelzin im September und Oktober 1993 den Ton an. Sie stürzten keine Lenin- und Kalinindenkmäler, sie strichen auch nicht die kommunistischen Namen von Straßen und Plätzen.

Die Stimmung in der Bevölkerung war anders. Nach Meinung wichtiger Leute in der Stadt war mehr als die Hälfte der Bewohner im Herbst 1993 für die Rückbenennung auf Königsberg. Von den Intellektuellen seien so gut wie alle dafür gewesen. Die jungen Leute sagten wie früher die jungen Deutschen auf ihre Stadt einfach »König«, so wie die Petersburger kurz von ihrer Stadt als »Piter« sprechen. Umbenennungen kosten aber auch einen Haufen Geld . . .

Weil der deutsche Umlaut »Ö« keinen entsprechenden Buchstaben im kyrillischen Alphabet hat, wird er mit einem »Jo« umschrieben. So wird aus Königsberg im Russischen Kjonigsberg. (In vielen deutschen Publikationen taucht die Umschreibung Kenigsberg auf. Der russische Laut Jo wird zwar wie ein E geschrieben, hat aber darüber zwei Punkte. Sie werden in Wörterbüchern und Lexika dazugesetzt, fallen im üblichen Druck aber fort.)

In der Stadt tauchen immer mehr deutsche Bezeichnungen auf, vor allem an Geschäften, selbst dort, wo gar keine Touristen hinkommen. So hing an einem Markt in einem Stadtteil, der zu deutscher Zeit den Namen Rosenau trug, ein deutschsprachiges Schild »Rosenauer Markt«. Eines Tages war es wieder weg wie auch andere deutsche Schilder auftauchten und verschwanden.

Die Stadt ist voll von unglaublichen Gerüchten. Eins besagte, daß die Deutschen wieder ihre Villen zurückbekommen, dafür aber den jetzigen Bewohnern neue Häuser bauen würden. Solche Gerüchte werden durchaus geglaubt.

Nicht alle Kaliningrader sind mit der Wiederentdeckung Preußens, mit den deutschen Aufschriften, einer unübersehbaren Öffnung nach Deutschland und einer »Germanisierung« durch die Tätigkeit der verschiedensten deutschen Organisationen und Kirchen in deutscher Sprache einverstanden. Bei der »Kaliningradskaja

Prawda«, der großen Zeitung des Gebietes, gehen viele Leserbriefe gegen diese Entwicklung ein, viel mehr als veröffentlicht werden.

Je mehr Moskau seine von Litauen und Polen eingeschlossenen Insulaner vernachlässigt, desto mehr wird dort nach Auswegen gesucht werden. Wie schwer es ist, sich auf Moskau zu verlassen, zeigt der Versuch, hier eine »Freie Wirtschaftszone« unter dem Namen »Jantarny Kraj« (Bernsteinland) ins Leben zu rufen, um vor allem durch Zollerleichterungen ausländische Firmen anzulocken. Nachdem Juri Matotschkin, der Chef der Verwaltung des Gebietes, eine Zollregelung mit Moskau ausgehandelt hatte, wurde sie kurz darauf durch eine neue Moskauer Bestimmung wieder aufgehoben. Matotschkin, Professor und Doktor der Wirtschaftswissenschaften, kam nach Kaliningrad als Erster Offizier und dann als Kapitän auf Hochseefischereifahrzeugen. Er wurde Rektor des Allunionsinstituts zur Fortbildung der Mitarbeiter der Fischindustrie. Er zählte in den kritischen Tagen zwischen Ende September und Anfang Oktober 1993, als sich in Moskau im »Weißen Haus« die Jelzin-Gegner verschanzten und zusammengeschossen wurden, zu den Reformern. Matotschkin war selbst Mitglied des Kongresses der Volksdeputierten in Moskau, war aber zur Zeit des Putschversuchs in Kaliningrad und nicht in der Hauptstadt. Bei den politischen Verhältnissen in Rußland sind so wichtige Posten wie der des Verwaltungschefs eines Gebietes nicht unbedingt sicher. Die Absichten des Präsidenten in Moskau und die Wünsche der Gebiete widersprechen sich oft genug.
So trat der energische Matotschkin zeitweise für die Umwandlung des Kaliningrader Gebiets in eine eigene Baltische Autonome Republik ein. Das konnte vieles bedeuten. Das konnte eine autonome Republik innerhalb Rußlands sein, von denen es schon eine Reihe gab und was auch andere Gebiete anstrebten. Das konnte aber auch neben Litauen, Lettland und Estland ein vierter baltischer Staat sein. Dann wieder gab er den Gedanken auf und verfolgte den Plan der Freien Wirtschaftszone.
Matotschkin setzt natürlich vor allem auf deutsche Unterstützung. Und er läßt sich auch gerne in Bonn versichern, wenn er dort beispielsweise in Begleitung des russischen Außenministers auftaucht, daß Deutschland keinerlei Gebietsansprüche stellt.
So einfach wie Bonn es sieht, ist die Sache sicherlich nicht. Das nördliche Ostpreußen ist ein Ostseeanrainer. Es liegt nur ungefähr

500 Kilometer Luftlinie von Berlin entfernt, ein ganzes Stück näher als München. Selbst wenn es selbstverständlich keine Gebietsansprüche erhebt, hat Deutschland dort schwer zu umschreibende Verpflichtungen, die sich aus der Geschichte ergeben, und auch gegenüber den Menschen, die von dort stammen. Auch wenn diese Menschen anerkennen, daß das Land ihnen nicht mehr gehört, so ist es doch – wie die russische Reiseführerin den deutschen Touristen in Kaliningrad sagte – die Heimat von Menschen aus zwei Völkern. Diese deutschen Verpflichtungen können sich nicht auf kulturelle Kontakte, auf Wohltätigkeit, Hilfe für »Rußlanddeutsche« oder Gottesdienste für ein paar Dutzend Menschen beschränken. Dieses Gebiet aber mit Rücksicht auf die polnischen und litauischen Nachbarn zu ignorieren und gefährliche Entwicklungen vor unserer Haustür nicht zu erkennen, muß beunruhigen. Die Anerkennung bestehender Grenzen kann nicht bedeuten, daß man dem gleichgültig gegenübersteht, was hinter diesen Grenzen geschieht, vor allem wenn dort ein Begrüßungskomitee mit offenen Armen wartet.
Die letzte Konsequenz, die Bonn in noch größere Verlegenheit bringen würde, wäre die Ausrufung eines eigenen Staates, wobei nicht vorherzusehen wäre, wie sich die hier stationierten russischen Armee- und Marineeinheiten verhalten würden.
In der Moskauer Wochenzeitung »Nowoje Wremja« (Neue Zeit) machte Matotschkin dunkle Andeutungen: »Wir werden genau verfolgen, wie sich die gesellschaftspolitische Situation in Rußland entwickelt. Wenn Kräfte die Oberhand gewinnen, die dem Wohlergehen unseres Gebietes im Wege stehen, werden wir die radikale Reservevariante ins Spiel bringen.« Gemeint war damit die Variante des Separatismus.
Das hatte Matotschkin kurz vor dem Putschversuch der Jelzin-Gegner im Herbst 1993 gesagt. Ein paar Wochen später war er in der litauischen Hauptstadt Vilnius. Dabei gab er den Litauern zu verstehen, daß das Kaliningrader Gebiet russischer Boden sei und er für separatistische Tendenzen nichts übrig habe. Aber er sprach sich für einen »neuen Status« mit einer Integrierung in alle Lebensbereiche der baltischen Region aus.
Von einer klaren Linie kann da keine Rede mehr sein ...

Was geschehen müßte

Was im Kaliningrader Gebiet geschehen müßte, damit es nicht mit großer Wahrscheinlichkeit zu einem internationalen Krisenherd wird, ist ziemlich einfach zu sagen: Es müßten die Konfliktstoffe, die sich aus der Insellage, der Vernachlässigung durch Moskau und der Abhängigkeit vom Transit durch Litauen und Polen ergeben, rechtzeitig beseitigt werden.

Das Kaliningrader Gebiet braucht ein eigenes Kraftwerk. Die Abhängigkeit von Stromlieferungen aus dem maroden Kernkraftwerk Ignalina in Litauen bedeutet, daß der Strom jederzeit zu Pressionen abgeschaltet werden kann. Wenn Rußland wegen Zahlungsrückständen kein Gas an Litauen liefert, kann Litauen den Strom für Kaliningrad abstellen. Außerdem muß sowieso ständig mit einem Kollaps des litauischen Atommeilers gerechnet werden. Dann hätten weder Litauen noch Kaliningrad Strom, falls Rußland über den alten Verbund nicht einspringt. In Kaliningrad müßte nicht unbedingt ein Kernkraftwerk gebaut werden, weil es dort bald wie das in Ignalina ein Sicherheitsrisiko darstellen würde.

Das Kaliningrader Gebiet braucht eine sichere Gasversorgung. Eine Stichleitung aus Polen von einer neuen Pipeline von Rußland nach Deutschland ist keine Sicherheitsgarantie. Kaliningrad braucht den Anschluß an eine Pipeline durch die Ostsee oder ein Terminal für Flüssiggas. Eine Pipeline aus den westlichen Lagern durch die Ostsee könnte umgekehrt zum Transit von Gas nach Polen, Litauen und die anderen baltischen Staaten benutzt werden, falls diese vielleicht in der Lage sein sollten, es zu bezahlen.

Das Kaliningrader Gebiet braucht eine leistungsfähige Eisenbahnverbindung nach Westen mit europäischer Normalspur. Dazu müßte die bestehende Strecke von Kaliningrad über Bagrationowsk (Preußisch Eylau), die die sowjetische Armee für Transporte nach Polen und die damalige DDR benutzt hatte, vollständig modernisiert werden. Da die Strecke in der Hauptsache dem Transit nach Deutschland dienen würde, erscheint es allerdings zweifelhaft, ob Polen Geld für die ebenfalls dringende Modernisierung ihres Teils zur Verfügung stellen würde.

Das Kaliningrader Gebiet braucht für den Straßentransport eine Autobahnverbindung nach Deutschland. Eine Autobahntrasse ist noch aus deutscher Zeit vorhanden, wurde damals allerdings nur

mit einer Fahrbahnrichtung fertig und nach dem Krieg nicht weitergebaut. Die Autobahn, deren Übergang nach Polen ebenfalls ausschließlich von der Armee benutzt wurde, führt am Frischen Haff entlang und reicht auf polnischem Gebiet bis Elbing. Daß die Polen daran kein großes Interesse haben, liegt auf der Hand.
Das Kaliningrader Gebiet braucht eine moderne Nachrichtenverbindung für Telefon und Datenübertragung, wenn es Geschäfte über die Grenzen hinweg machen will. Keine halbwegs ernstzunehmende ausländische Firma wird sich hier ansiedeln, wenn sie nicht jederzeit eine Telefonverbindung nach draußen hat.
Das Kaliningrader Gebiet braucht einen normal zugänglichen internationalen Hafen mit einem größeren Fährterminal. Dazu ist es notwendig, die Führung der Baltischen Flotte, die mit ihrem Stützpunkt Baltijsk (Pillau) die Zufahrt nach Kaliningrad blockiert, davon zu überzeugen, daß die Furcht vor Spionen und Saboteuren nicht mehr in die heutige Zeit paßt. Ihre Bewegungen können über Satelliten sowieso beobachtet werden. Die russische Armee und die Flotte, die hier einen riesigen Auffangraum für die aus Deutschland, Polen und dem Baltikum zurückgezogenen Truppen aufgebaut haben, müssen überzeugt werden, daß sie die zivile Entwicklung nicht behindern dürfen.
Das Kaliningrader Gebiet könnte durch eine Einbeziehung Polens in die NATO zu einem Raum des Mißtrauens und einer neuen militärischen Konfrontation werden. Dies muß bei allen diesbezüglichen Gesprächen immer bedacht werden.
Ungeachtet polnischer und litauischer Einwände sollte sich Deutschland der Entwicklung des Kaliningrader Gebiets annehmen. Aber auch die Ostseeanrainer Dänemark, Schweden und vielleicht auch Finnland sollten sich stärker daran beteiligen. Auch ihre Geschichte ist aufs engste mit dem Baltikum verbunden.

Die Wunden, die Narben, die Zeit

Nun geschehen viele Dinge, die noch vor kurzem undenkbar erschienen. Während die Kaliningrader Verwaltung sich darum bemüht, verschwommene Visionen von einer Freien Wirtschaftszone zu verwirklichen, während Deutsche aus Zentralasien zögernd und ohne jede offizielle Unterstützung einzeln und in ganzen Dorfgemeinschaften einsickern, überschwemmen die nun wohlhabend gewordenen einstigen deutschen Deportierten aus dem Westen ihre verarmte und heruntergewirtschaftete Heimat. Aber es kommen nicht nur Touristen und die so heißersehnten Geschäftsleute. Seitdem nicht mehr das gesamte Gebiet militärische Sperrzone und die Einreise verhältnismäßig einfach ist, schicken auch Verbände und Organisationen der einstigen Vertriebenen ihre Emissäre. Die Russen stehen ihnen mit einiger Ratlosigkeit gegenüber. Hilfssendungen und Hilfsangebote gehen ein, darunter für den Wiederaufbau historischer Bauwerke. Kontaktbüros aller Schattierungen werden eröffnet.

Umgekehrt reisen Bürgermeister aus den Städten der Kaliningradskaja Oblast nach Deutschland, sind Gäste bei den Heimattreffen, richten Grüße aus und laden ins frühere Ostpreußen ein. Manch solche Einladung war vielleicht mehr als Geste gedacht, ohne ihre Folgen zu bedenken. Eine solche Einladung wurde nach Swetlogorsk, in das frühere Ostseebad Rauschen, ausgesprochen.

450 ehemalige Bewohner des Samlands reisten mit Bussen und Autos im Sommer 1993 tatsächlich zu einem Heimattreffen dorthin, konnten auch in der früheren evangelischen Kirche einen Gottesdienst halten. Aber die Russen waren deutlich verschnupft. Keiner der eingeladenen Offiziellen erschien, weil er nicht erscheinen durfte. Die Samländer hatten noch mehr vor. Sie wollten in Germau, einem Ort in dessen Nähe 1945 schwere Kämpfe stattgefunden hatten und der heute Russkoje heißt, zum Gedenken an die deutschen Gefallenen ein mehrere Meter hohes Kreuz aus Eisen errichten. In der Nähe liegt eine Gedenkstätte für sowjetische Gefallene. Die russischen Behörden wollten die Feierstunde zunächst nicht genehmigen, ließen sie dann aber in letzter Stunde doch zu. 120 Deutsche und Russen nahmen daran teil. Louis-Ferdinand Schwarz, Jahrgang 1937, als Vertreter des früheren Kreises Fischhausen und die russische Bürgermeisterin von Russkoje legten gemeinsam einen Kranz nieder. Viele Russen schlossen sich mit Blumen an.

Im November 1948 wurde Oberstleutnant A. M. Baranowski, der die Zusammenstellung der Aussiedlerzüge, ihre Abfertigung und den Abtransport der Deutschen geleitet hatte, für die Verleihung der »Ehrennadel verdienter Mitarbeiter des Innenministeriums« vorgeschlagen. Er war der Stellvertretende Leiter der Miliz bei der

Verwaltung des Innenministeriums für das Gebiet Kaliningrad. Gelobt wurden von seinem Vorgesetzten seine Organisation, die Eigeninitiative und die äußerst gewissenhafte Arbeit. Er hat die Deutschen außer Landes geschafft.
Im Juli 1993 erhielt die Kreisgemeinschaft von Fischhausen im Samland, die ihren Sitz in Pinneberg bei Hamburg hat und in einem schönen alten Fachwerkhaus ein Museum eingerichtet hat, einen besonderen Besucher aus Kaliningrad. Es war Viktor Malafejew, Stellvertretender Leiter der Verwaltung für Innere Angelegenheiten des Kaliningrader Gebiets, einer der Amtsnachfolger von Oberstleutnant Baranowski, des Mannes, der 45 Jahre zuvor die Deportation der Deutschen so vorzüglich geleitet hatte.
Wahrscheinlich wußte Malafejew nicht viel von dem, was in den Jahren 1945 bis 1948 im Gebiet von Königsberg oder Kaliningrad, wie es dann hieß, geschehen ist, nichts von den Berichten, die von seiner Verwaltung nach Moskau geschickt wurden, in denen von Hunger, Verzweiflung und Kannibalismus unter den Deutschen die Rede war, nichts von den Befehlen, in denen minutiös die Aussiedlung angeordnet wurde. In der Sowjetunion war darüber ja nichts veröffentlicht worden. Die Akten lagen längst im Archiv. Die Zeit hat Wunden geheilt, auch wenn sie Narben hinterlassen haben. Malafejews Gastgeber gehörten wie er selbst zur Generation der Kinder der Verlierer und der Sieger des Krieges.
Malafejew schrieb ins Gästebuch: »Schön ist es, daß solche Begegnungen jetzt möglich sind.«

Deutsche und russische Ortsnamen

Angerapp (früher Darkehmen)	Osersk
Cranz	Selenogradsk
Ebenrode (Stallupönen)	Nesterow
Eydtkau (Eydtkuhnen)	Tschernyschewskoje
Fischhausen	Primorsk
Friedland	Prawdinsk
Gerdauen	Schelesnodoroschny
Gumbinnen	Gussew
Heiligenbeil	Mamonowo
Heinrichswalde	Slawsk
Insterburg	Tschernjachowsk
Königsberg	Kaliningrad
Labiau	Polessk
Pillau	Baltijsk
Preußisch Eylau	Bagrationowsk
Ragnit	Neman
Rauschen	Swetlogorsk
Schloßberg (Pillkallen)	Dobrowolsk
Tapiau	Gwardejsk
Tilsit	Sowjetsk
Wehlau	Snamensk

Literatur

Walther Franz, Geschichte der Stadt Königsberg, Königsberg, 1934 (Reprint, Frankfurt/Main, 1979).
Fritz Gause, Königsberg in Preußen, Leer, 1987.
Marija Gimbutas, Die Balten, München, 1983.
Gerd Heinrich, Geschichte Preußens, Frankfurt/M./Berlin/Wien, 1981.
Egbert Kieser, Danziger Bucht 1945, München/Esslingen, 1978.
Hansjoachim W. Koch, Geschichte Preußens, München, 1980.
General Otto Lasch, So fiel Königsberg, München, 1959.
Hugo Linck, Königsberg 1945–1948, Leer, 1952.
Hans Graf von Lehndorff, Ostpreußisches Tagebuch, München, 1961.
Friedbert Pflüger/Winfried Lipscher (Hg.), Feinde werden Freunde, Bonn 1993.
Ploetz Weimarer Republik, Freiburg/Würzburg, 1987.
Preußen, Katalog-Ausgabe zur Berliner Preußen-Ausstellung, Reinbeck bei Hamburg, 1981.
Hildegard Rosin, Führt noch ein Weg zurück? Leer, 1983.
Bruno Schumacher, Geschichte Ost- und Westpreußens, Würzburg, 1987.
Tannenberg, Herausgegeben im Auftrag des Reichsarchivs, Oldenburg i. O./Berlin, 1928.
A. M. Wassilewski, Delo Wsej Schisni (Die Sache eines ganzen Lebens), Moskau, 6. Auflage, 1988.
Hermann Weber, DDR-Dokumente zur Geschichte der Deutschen Demokratischen Republik 1945–1985, München, 1986.
Wegweiser durch Königsberg Pr. und Umgebung, Königsberg 1910, Leer, 1988.
Michael Wieck, Zeugnis vom Untergang Königsbergs, Heidelberg, 1988.

Register